2000 Years' History of Ancient West Asia

2000 Years' History of Ancient West Asia

—— 3100 BC – 1100 BC

古代西亚2000年

——公元前3100年—公元前1100年

蒋　鹏｜著

山东美术出版社

图书在版编目（CIP）数据

古代西亚2000年：公元前3100年—公元前1100年 / 蒋鹏著 .-- 济南：山东美术出版社，2022.3
ISBN 978-7-5330-9064-7

Ⅰ.①古… Ⅱ.①蒋… Ⅲ.①古代史－西亚－公元前3100－公元前1100 Ⅳ.①K370.2

中国版本图书馆CIP数据核字（2021）第276476号

责任编辑：赵　玲　李英蕾
审　　校：马翠莲
地图绘制：常少轩
封面设计：王世强

GUDAI XIYA 2000 NIAN —— GONGYUANQIAN 3100 NIAN—GONGYUANQIAN 1100 NIAN
古代西亚2000年——公元前3100年—公元前1100年

蒋　鹏　著

主管单位：山东出版传媒股份有限公司
出版发行：山东美术出版社
济南市市中区舜耕路517号书苑广场（邮编：250003）
http://www.sdmspub.com
E-mail:sdmscbs@163.com
电话：（0531）82098268　　传真：（0531）82066185
山东美术出版社发行部
济南市市中区舜耕路517号书苑广场（邮编：250003）
电话：（0531）86193028　86198029
制版印刷：青岛海蓝印刷有限责任公司
开　　本：889mm × 1194mm　1/16　18.75印张
字　　数：500千
印　　数：1-1000
版　　次：2022年3月第1版　2022年3月第1次印刷
定　　价：160.00元

书中所用地图由西安地图出版社绘制，并已通过自然资源部地图技术审查中心审查
审图号：GS（2022）311号

前 言

在人类文明诞生的初期，世界各地的人们对神灵和大自然的天、地、山川、河流、雷、雨、洪水和干旱等现象的崇拜和畏惧是共同的。随着人口数量的增长，人类对资源的需求不断增加，彼此之间的冲突随之而来，战争不可避免。神权或许可以将人类组织起来，通过集体劳动创造更丰富的物质财富，而战争则成为推动人类文明进入王权社会的重要因素。

古代西亚作为人类文明的摇篮，从它出现王权意识的那天起，似乎就进入了“春秋战国”时期。在残酷的竞争中，宗教、政治、农业、军事、科技以及文化、艺术等诸多方面也取得了长足的发展。大约从公元前4千纪起，美索不达米亚平原成为有文字记录的人类文明的发祥地之一，苏美尔人不仅建造了城市，发明了灌溉农业，而且还创造了书写文字，将文明带入青铜时代。

在这片文明核心区域的周围，越来越多相对落后的民族向这里靠拢，当来自西方的阿摩利人渗透到美索不达米亚后，他们接受了这里的众神，学习苏美尔人的文字，并且加入争夺领土和权力的战争之中。随后他们建立了巴比伦王国。巴比伦王国不是最古老的国家，不过，巴比伦人创立的政治、契约和法律成了西方世界文明的基石。

历史上有很多从蛮族转向农耕文明的民族，但是，像赫梯人那样迅速完成从游牧生活向定居文明转变，并称霸世界的事例并不多。赫梯人具有鲜明的特点，他们有着追求精神文明和世界财富的野心。他们用实用主义的思想打造出以军事实力为基础的帝国，使他们能够通过和平手段解决国际争端。在古代近东文明发展的历程中，蛮族的入侵和争霸促进了人类文明的融合。

公元前2000年前后，古代西亚文明发展到前所未有的高峰时，却出现了意想不到的大崩溃，宗教、政治、农耕、贸易乃至文字书写体系以及艺术等辉煌的文明突然消失了。这次崩溃表明：即便人类文明已发展到一定的高度，但在自然灾害以及人为破坏的综合打击下，仍会沦陷，甚至会彻底消亡。在经历一段漫长的“黑暗时期”之后，又重新找回前进的方向。因为在历史的长河中，人类文明的脚步永远是向着先进的方向迈进的。

公元前2000年西亚地图

目录

第一部分

权力

美索不达米亚，一片极为贫瘠的土地，古代居民却使用这里仅有的资源——泥土，令人惊讶地创造了世界上最早的文明，使之成为“文明的摇篮”。在这片土地上，出现了人类历史上第一座城市，高耸的塔庙，轮制陶器，刻在泥板上的最早的文字，以及第一所学校和图书馆；人类建立了中央集权统治，发起了有组织的战争，产生了奴隶制和社会分层。第一部法典、第一部农业历书、第一部药典在这里形成，最早的史诗、神话、寓言以及文学作品在这里流传，天文学和数学领域的基础也在此奠定。

一、神权

侧翼丘陵地带

考古学家清楚地揭示了早期人类群体定居生活的地方是一个被称为侧翼丘陵区的地带。这一地带在西亚东起于今天伊拉克和伊朗之间的扎格罗斯山脉（Zagros Mountains），北至亚美尼亚山岳以南，跨越底格里斯河和幼发拉底河（这两条河在位于伊拉克、叙利亚及土耳其之间的托罗斯山脉被大约400千米的草坡分开），继续向西南呈弧形经过黎巴嫩、以色列，一直延伸到约旦河谷。考古发现，用石头和修剪过的树干做成半地下的房子，居住地随处可见的鹿、狐狸、鸟儿和羚羊的骨头，证明在公元前12500年左右，早期人类已经在这里常年定居。

这个“肥沃新月”的弧形地带并不包括人类最早的文明发祥地——美索不达米亚冲积平原。

在人类文明发展的初期，人们就地取材，搭起草棚，在吃光所能找到的动植物之后，搬到另一个地方，再次重复这样的行为。而那些放弃采摘和狩猎，从逐水草而居的游牧生活方式转向定居农耕文明的人们则需要巨大的勇气。因为在遇到干旱、洪水、收成不佳或人多粮少以及农业技术等方面的制约时，这样的选择意味着更多的艰辛和更大的风险，在农耕生活陷入这样的困境时，不受季节变化影响的连续迁徙则能够提供更多的食物。历史上，有很多的民族在初期没有放弃跟随牲畜迁移的放牧生活，当逐渐壮大的人群有能力适应定居生活时，才筑起围墙，清洁环境，建立家园，创造性地实现了伟大的农耕文明。2019年7月16日，在耶路撒冷以西约5千米处的莫特扎镇（Motza）附近发现了一座有着约9000年历史的史前定居遗址。这个当时至少拥有两三千人的定居点可以与今天的城市耶路撒冷或特拉维夫的地位相媲美。

◀ 陶制女性塑像

陶土，高16.5厘米。沙塔尔·休于古城（Catal Huyuk），土耳其，公元前6000年。土耳其安卡拉博物馆，安卡拉，土耳其。

丰满的女性形象是最早的农业村落独特的作品，突出的女性特征表明她与生育有关。她的手放在两只豹子的头上。这尊塑像在祭祀中使用，是生育和富饶女神的化身。

黑海
里海
土耳其
亚美尼亚
凡湖
乌米亚湖
托罗斯山
侧翼丘陵地带
扎格罗斯山
伊朗高原
底格里斯河
幼发拉底河
美索不达米亚
叙利亚
约旦河
以色列
塞浦路斯
地中海
红海
波斯湾

侧翼丘陵地带

埃兰（Elam）

在扎格罗斯山脉南麓卡伦河（Karun River）与卡尔黑河（Kerkheh River）河谷的苏西安纳（Susiana）平原上，即今天伊朗胡泽斯坦（Huzestan）省境内，人类迈出了早期文明的脚步，这里是埃兰文明的发源地。这里的中心是苏撒（Susa），出土过制造精美的陶器、丝织品、石雕和刻画有战争及其他场景的圆柱印章，木制犁的使用证明了农业的进步。在伊朗西部人们还发现了至今仍未被破解的独特的图形文字，这种埃兰文字比已知的其他人类早期的文字还要早。在所发现的文献中，出现了马的图案，证明埃兰人已经开始使用马匹。根据C_{14}年代测定法，埃兰文明可以追溯到公元前4千纪中期[1]，比美索不达米亚地区的文明发展得早或与之同步。但是，在公元前4千纪末，苏撒走向了衰落，城邦发展的地位被底格里斯河和幼发拉底河流域的苏美尔文明超越。

▲ 彩陶

黏土，高8.1厘米—28.9厘米，直径6厘米—22.6厘米。雅典卫城墓葬，约公元前4000年—公元前3500年。卢浮宫博物馆，巴黎，法国。

成千上万件的彩陶在古代苏撒的墓地中被发现，虽然已经使用了转轮制造，但这些彩陶装饰图案上不对称及不规则的线条和环饰证明，它们依然是由手工精心制作的。它们可能是用于陈设，而不仅仅是日常使用。

彩陶器物主要有三种类型：喝水用的杯子，盛食物的盘子和小罐子。很多彩陶器物的装饰图案是独特的，虽然它们都具有地方风格，但显然不是批量重复生产的产物，反映出当时制造技能和绘画艺术的多样性和高水准。人们通过对装饰风格和样式的分析发现，这些彩陶的生产持续了几代人。

◀ 彩陶盘羊

淡黄陶土彩绘褐色斑点，高5.8厘米，长8.6厘米。约公元前4000年。卢浮宫博物馆，巴黎，法国。

苏撒早期的陶制动物形象具有突出基本要素的简约风格。盘羊的两条前腿和两条后腿都没有分开，头上的角表现明显，但没有刻画眼睛。

▶ 女性朝拜者

雪花石，高6.2厘米，宽4厘米，长4.5厘米。苏撒，乌鲁克晚期，约公元前3300年。卢浮宫博物馆，巴黎，法国。

这件祈祷的雕像可能是放置在神庙中的，作为朝拜者永久朝拜的象征。从雕像中可见苏撒女性的相貌，眼睛为大大的杏仁，鼻子从额头延伸而下，嘴唇丰满，头发束成公主发饰，身穿一件长裙，双手相扣在隆起的胸部，双膝跪地，脚很小，脚趾也被刻画出来。长长的裙子将双膝覆盖的这种跪姿是当时埃兰所有女性祈祷者的普遍形象。

乌鲁克的女神

相对于北纬30度以北干旱的美索不达米亚地区，托罗斯山脉和扎格罗斯山麓的山泉使亚美尼亚以南的丘陵和海拔较低的高原地区气候变得湿润，广袤的草场和丰富的野生动植物使得农业和畜牧业最初在侧翼丘陵地带发源，并向四周传播。文明的中心随后不断地向南发展，抵达了底格里斯河和幼发拉底河下游巨大的冲积平原，南起波斯湾，北至底格里斯河的萨马拉，东抵埃兰山脚，西南达阿拉伯高原的大沙漠边缘，人类文明的进程在美索不达米亚翻启了新的一页。

两河流域美索不达米亚的人们选择沿河而居，依赖河水带来的动植物生存，人类革命性生活方式——农耕文明下定居生活的形成，必然会造成对环境的破坏。当苏美尔人来到两河流域南部时，他们成了人类最早的城市文明的真正创造者。苏美尔人发明了灌溉农业，以减少不可预测的降雨和破坏性洪水的不利影响。城市控制农村，为使农民服从建立的宗教，文字书写随即诞生在这片盛产小麦和大麦的沃土之上。

苏美尔人最先创造的文化是乌鲁克（Uruk）文化，传统上人们认为乌鲁克文化流行于公元前3500年至公元前3100年之间，但根据新的C_{14}数据测定以及后世对年代的推算，这个起始时间可能要提前到公元前3800年甚至公元前4000年。直到公元前1世纪乌鲁克仍然是两河流域的重要城市，公元3世纪毁于波斯萨珊王朝。

大约建于公元前3200年的乌鲁克城坐落在美索不达米亚南部，城市的建筑群没有经过深思熟虑的规划。城市历经了长期的重建，成为可以容纳4万人的区域。中心区域的公共空间是天神安（An）和乌鲁克的城市女神伊南娜（Inanna）的神庙。具有独特宗教功能的白色神庙以及被称为伊安娜（E-anna）“天堂之屋”的建筑群表明，在乌鲁克文化早期，一切都带有宗教色彩。这座苏美尔人最重要的城市，其影响力不仅遍及整个美索不达米亚，而且远播地中海及安纳托利亚高原。在乌鲁克文化时期，快轮制陶技术已经被应用。公元前3300年前后，最早的原始楔形文字出现。到公元前3100年，冶铜业已经得到高度的发展并体现出社会功效，例如，职业分工和社会等级的形成。今天这座城市的遗址位于伊拉克塞马沃城附近的瓦尔卡（Warka）。

◀ 羊头

砂岩，高9厘米，宽11.5厘米，长15.5厘米。乌鲁克伊安娜神庙区，美索不达米亚，乌鲁克晚期—捷姆迭特·那色文化期，约公元前3300年—公元前2900年。柏林国家博物馆，柏林，德国。

▲ 卧着的动物

左：沥青石灰岩和银，高10.1厘米，长9.7厘米。右：石灰岩和青金石，高2.6厘米，长5.2厘米。乌鲁克伊南娜神庙区，美索不达米亚，乌鲁克晚期—捷姆迭特·那色文化期，约公元前3300年—公元前2900年。柏林国家博物馆，柏林，德国。[2]

在乌鲁克的伊南娜女神的神庙区内发现了许多动物的图像，显然用于祭祀仪式。几乎和实际大小一样的羊头来自伊安娜（“天堂之屋”）的一个祭祀区，这是乌鲁克一座供奉伊南娜女神的寺庙。一只卧着的公羊，它的一对角离得很近，呈蛇形；一头由大理石制成、特别漂亮的平卧牛犊，它的身体上有天青石的三叶状镶嵌物。这些精美的、代表供奉给神的牺牲证明，社会秩序的维护者就是“神”本身。

伊南娜，其名是“天之主宰”的意思，她具有多重身份：繁殖女神、丰饶女神、爱情女神、征战女神和纠纷女神。她是苏美尔神系中的中心女神，后来进入阿卡德神系，叫伊丝塔尔（Ishtar）。她本是乌鲁克的保护神，关于她的传说，既繁多又复杂。有的故事中说，因其父恩基（Enki）在给众神分配职能时忘了她而使她产生了怨气，于是恩基赋予她战斗和破坏的嗜好，以及吸引男性的能力。因而，她的情人和丈夫都不止一个，用情不专、反复无常、残忍凶狠、阴险诡诈是她性格中突出的方面。当然，有时她也有好的表现。

关于伊南娜，最著名的记载是5000年前流传于美索不达米亚的神话——《伊南娜与杜穆兹（Dumuzi）》。

女神伊南娜是金星神，她居住在天上的圣殿里，为了争夺冥府的统治权，成为冥世之主，她决心下到阴间。

伊南娜女神首先来到了乌鲁克、阿达布（Adab）、尼普尔（Nippur）、基什（Kish）等城市退还了女神在各个神殿里所具有的地位，然后，她戴上了王冠和项链，又套上了黄金的手镯，穿上了高贵的长衣，洒了香水。

她叫来侍女宁舒布拉（Ninshbura）女神，对她说："在我到冥府去的时候，你去恳求一下恩利尔神（Enlil）和月神南那神（Nanna），还有恩基神，求他们帮助，不要让我在冥府遭到虐待或杀害。你要在大神面前流泪，说些好话。"

女神伊南娜来到冥府的入口，对守门人说："开门！"

守门人见到是天上的女神伊南娜，便对她说："请等一下，我要去请示您的姐姐、冥府女王埃雷什奇伽儿（Ereshkigal），求得她的批准。"

埃雷什奇伽儿与妹妹的关系不好，听到守门人说伊南娜头戴王冠，服饰华丽，来到了冥府的入口，对守门人说："可以让她进来，把冥府的七道门都为我妹妹打开，但是，每进一道门，都要她从身上拿掉一件装饰品或衣服，这是我们冥府的规矩。"

于是，当伊南娜进入第一道门时，她的王冠被摘掉了；在第二道门，她的手杖被拿走了；在第三道门，她的天青石项链被拿走；在第四道门，她的耳环被拿走了；在第五道门，她的金手镯被拿走；在第六道门，她的胸前装饰品被拿走了；在第七道门，她的衣服被拿走了。

这样，被剥得赤身裸体的女神伊南娜被带到了地府的宫殿里。

坐在宫殿宝座上的埃雷什奇伽儿以及她身边的七位冥府的神认为伊南娜降临冥府是有罪的，对她进行了审判，埃雷什奇伽儿冷酷的目光投向了她的妹妹，亲口发出了死亡的判决。女神伊南娜的灵魂飞走了，她的身体当场倒下，尸体被悬挂在宫殿的墙壁上。

在伊南娜进入冥府三天三夜以后，女神的侍女宁舒布拉首先来到了恩利尔神的面前，说明了情况，恳求恩利尔神给予伊南娜帮助。但是，恩利尔神责难伊南娜任性的行为，不听她的申诉。宁舒布拉又去乌尔（Ur）城拜见南那神，可南那神和恩利尔神的说法相同，不接受她的恳求。接着，她去埃利都（Eridu）城，向恩基神照样诉说了一遍。恩基神担心女神伊南娜的命运，决定想法救出她。

他首先用指甲的污垢创造了两个人，一个叫库尔伽尔的阉人，另一个叫伽拉图尔的畸形者，恩基神把"活命的食物"交给了库尔伽尔，把"活命的水"交给伽拉图尔，并说道："你们到冥府去，首先要医治因疾病所苦恼的埃雷什奇伽尔。如果埃雷什奇伽尔说把河里的水和田里的大麦作为礼物送给你们，要拒绝接受这些东西，要求接受悬挂在墙壁上的伊南娜的尸体。把'活命的食物'和'活命的水'洒到尸体上，女神伊南娜就会站立起来。"

于是，他们两个人按照恩基神的吩咐急忙进入了冥府，看到了在病床上的冥府女王埃雷什奇伽尔，并医治了她的病。正如恩基神所料，二人拒绝了女王赏赐的礼物，得到了伊南娜的尸体。他们把"活命的食物"和"活命的水"洒到伊南娜的尸体上，她复活了，站立起来。

当女神伊南娜要离开冥府到地上去时，冥府的诸神告诉她，要想从冥府返回地上，必须带一个替身到这里来。女神伊南娜只能答应他们的要求。为了确保能将替身带到冥府，伽尔拉等几个精灵跟着女神伊南娜一起到了地上。

当他们见到为伊南娜穿着丧服的侍女宁舒布拉时，精灵们想要把她作为替身带到冥府里去，伊南娜念及她为了营救自己到处拜访大神们，于是，阻拦了。他们走到乌玛（Umma）城，见到了穿着丧服的夏拉神，精灵们想要把夏拉神作为替身带到冥府去，伊南娜说道："他是为我唱歌的人，给我理发的人，不能把他带走。"接着，他们见到了穿着丧服的拉塔拉库神，精灵们想要把他带走，拉塔拉库神是女神伊南娜身边的服务人员，所以，伊南娜又阻止了。

最后，走到库拉布平原，女神伊南娜的丈夫、年轻的牧神杜穆兹没有穿丧服，高兴地穿着漂亮的衣服。杜穆兹是苏美尔-阿卡德神祇谱系中地位显赫、影响广泛的神，他是地母神之子，植物神，据说被伤害致死，从他流出的鲜血中开出秋牡丹花。他是一切农作物和牛羊的生命之源。伊南娜痛苦的眼睛偏偏看到没有悲伤表情的丈夫杜穆兹，她愤怒得发疯似的说："精灵们啊，可以把那个杜穆兹带到冥府去。"

精灵们向杜穆兹猛扑过去，抓住了杜穆兹。杜穆兹很害怕，向天空举起双手，祈求太阳神乌图（Utu）解救他。

太阳神乌图怜悯年轻的杜穆兹的命运，把他变成蛇的形状，让他逃走了，并引导他去他姐姐天上的葡萄树神格什梯南娜那里。格什梯南娜就把弟弟隐藏了起来。

四处寻找杜穆兹的精灵伽尔拉等人终于来到了格什梯南娜面前，在她家里找了一圈儿也没有找到。接着，精灵们找到羊圈里，抓到了隐藏在那里的杜穆兹，把他带到冥府去了。

姐姐格什梯南娜流浪各地，四处寻找弟弟，最终在冥府里见到了弟弟。可是，因为两个人都得待在冥府里，姐姐和弟弟各待半年，于是决定在夏季和冬季交替地在冥府里居住。[3]

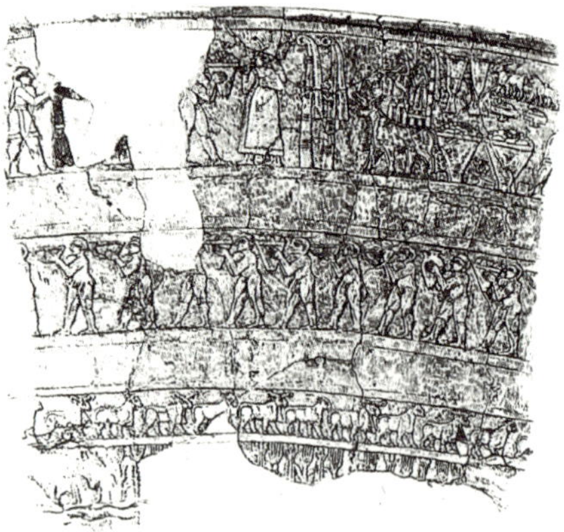

◀ **著名的雪花石浮雕大祭祀器皿，被称为"乌鲁克花瓶"**

雪花石，高100厘米。乌鲁克晚期，约公元前3300年—公元前3000年。伊拉克博物馆，巴格达，伊拉克。[4]

平面图中最上层，顶端缠绕成一个圆圈形的芦苇捆象征着神庙。花瓶的浮雕展示了水、谷物、雄性和雌性动物，以及手托盛满食物篮子的裸体男人，代表了苏美尔繁盛的生活场面，这是由女神伊南娜和她的配偶杜穆兹的结合所带来的（最上层中部的人物形象）。在公元前4千纪结束时，神和人的世界完全融合。

▲ 圆柱形印章压印的图案

美索不达米亚，乌鲁克晚期—捷姆迭特·那色文化期，约公元前3300年—公元前3000年。柏林近东博物馆，柏林，德国。

图案中也显示了芦苇束，由两只公羊象征的羊群，被喂食玫瑰形的花朵（这是女神伊南娜的另一种象征）。在祭祀仪式中，大祭司似乎穿着一种网袍，经常被展示为正在喂养神圣的女神伊南娜的牧群。

人类为神而存在

乌鲁克文化时期的考古证据表明，苏美尔人从早期开始就拥有神庙，并不断地进行重建，神庙逐渐变得更加复杂和庞大。那些奉献给神的供品丰富而精致，显然是当时所具有的最高的工艺水平。在乌鲁克发现的带有象形文字的小块泥板大都出自神庙内，是楔形文字书写体系的前身。文字所记录的只是货物的账目以及一些计算和编号，没有宗教、历史、文学等需要，没有记录语言的动机，这表明乌鲁克的储藏中心在神的管辖区域内，储存祭品和应对不时之需的物资，伊安娜神庙就是社会再分配的中心[5]，有管理的仓库接纳民众的供品和收获，并按照神的安排进行分配。在公元前4千纪晚期，自然发展起来的城市由可以与诸神沟通的祭司来管理，进入神庙的民众并非只是来朝拜的旁观者，他们是参与者，与神之间有着一种复杂的支配与被支配关系。在思想意识和习俗传统等诸多方面，他们总能在那个世界中找到自己的位置。所有人都会顺从其作为宇宙秩序的一部分，因为他们相信诸神真实地活在他们身边，还在地球上建立了政府，人类只是神的守护者，没有人可以脱离掌控世间万物的强大力量——神权。正如索基尔德·雅各布森在《哲学以前》中所写：

> 唯一真实的主权国家，完全独立于所有外部的控制，是宇宙自身所组成的国家，是受诸神集中统治的国家。而且，这个国家是控制着美索不达米亚领土的国家；诸神拥有这块土地，拥有这片国土上的大片庄园。最后，由于人类是专门为了诸神的利益而被创造出来的，人类的目的就是要为诸神服务。因此，没有人类机构在其设立之初，是出于对自身成员福利的考虑，它必须主要寻求诸神的利益。

▲ 刻有象形文字记录和祭司图案的管理泥板

黏土，高5.3厘米，宽4.8厘米，厚3.8厘米。美索不达米亚，约公元前3100年—公元前2900年。大都会艺术博物馆，纽约，美国。

美索不达米亚早期城市发现的象形文字泥板，记录了神庙中的谷物分配，背面的图案是一名祭司的活动场景。

在文明的初期，美索不达米亚人认为君王与神两者没有分别。一个城邦最早的统治者很可能是恩（En，或恩西Ensi），即苏美尔语中代表“高级祭司”的一个词。恩因而也可能是地球上本地神的代表，管理着神庙的土地和在土地上工作的人。[6]

世界上保存最古老的书面文学，是苏美尔人在公元前3千纪早期发展起来的，并继续被复制到公元1世纪。一个共同的主题就是神。他们对宇宙和人类存在的解释是多种多样的，在他们的思维方式中，神学思想并没有像历史上的宗教那样在某一时刻出现，在美索不达米亚，每一种叙述都提供了他们自己与神的愿景。因此，苏美尔人和后来的近东传统把苏美尔文明归功于诸神。

苏美尔人，神庙中贡献的雕像。[7]

在美索不达米亚，关于宇宙的起源，天与地的构成，众神造人的方法以及给予原始地球以生物等各种创世神话，有几种不同的版本。但是，其中一个重要的神话主题是共同的，那就是，人类存在的任务就是为了供养众神。

在由公元前3000多年前两个短小神话合并而成的《人类和农牧业的起源》的泥板文书中写道：

> 在天地分开之后，流淌着幼发拉底河和底格里斯河的苏美尔土地治理得井井有条，众神坐在一起商议，其中大神们有天神安、大气之神恩利尔、太阳神乌图、地和水神恩基。他们决定让在天和地的连接点尼普尔城的乌兹姆圣殿里的两位拉姆伽神（Lamga工艺之神）用他们自己的血液制造人类，这样，诸神所做的工作，今后就由人类去干。让人类去挖掘运河、分得土地、拿着锄头去掘土、提着篮子去收获，让他们去建造神的住宅。让人类辟地造田，使土地丰饶，收获大批的粮食，装满诸神的仓库，由此，人类被创造出来了。之后，不仅丰盈了苏美尔的国土，而且对诸神举行庄严的祭祀，正当地保卫神殿，还要及时地供水。恩利尔、宁胡尔萨格（Ninhursanga）等神负责教给人类各种知识，在国土上繁殖牛羊及各种牲畜，白天或黑夜在神殿里为神举行祭祀。最早的人类被创造出来的时候，在苏美尔的土地上，还没有牛、绵羊、驴和山羊，也没有大麦和谷物。人类最早居住在水里，他们不知道面包和酒，也不知道穿衣服，都是赤身裸体的。大神恩基和恩利尔发出命令，先创造羊赐给人类，人类建造栅栏，饲养家畜。谷物之神阿什南（Ashnan）把田地和草原赐给人类，在那里耕种，还发放了农具。很快家畜繁殖，五谷丰收，苏美尔国土丰饶。人们修建住所，同时给诸神修建了洁净的住宅。[8]

像所有城市文明的成员一样，在苏美尔人意识中，神创造了人类，为人类的生存提供了必要的物资，同时也为管理世界带来了秩序。

大洪水

目前所知的人类最早的史诗《吉尔伽美什》的第十一块泥板记载了人类历史上最著名的大洪水的故事，传承了苏美尔人的洪水神话。关于大洪水更广为人知的故事则是《圣经·创世纪》中诺亚方舟的事迹，其中许多细节，比如放出鸟去验证洪水是否已经消退，与苏美尔人的洪水故事非常相似。在起源于公元前3千纪晚期的《苏美尔王表》中第一次书面记载了古代近东地区发生的大洪水。在大洪水这一记述之后紧接着就出现了具有史实性的国王名字，这表明《苏美尔王表》的编制人员所记录的大洪水是公元前3千纪之初发生在苏美尔本地的真实历史事件。

在苏美尔人的洪水故事中，英雄被称为阿特拉-哈西斯（Atra-hasis，意为“极其智慧”）。这篇文章是已知最早和最系统的美索不达米亚人类原始历史的表述，它开始于对世界早期神话历史的描述：

◀ 苏美尔大洪水故事楔形文字泥板

黏土，高10.2厘米，宽13.3厘米，厚4.5厘米。尼普尔，美索不达米亚，古巴比伦时期，公元前1740年。宾夕法尼亚大学考古学与人类学博物馆，费城，美国。[9]

在那个时候，在人类创世之前，低级神必须努力挖掘河流、运河和沼泽，才能为神提供必要的食物。低级的众神对他们辛苦的劳动感到心烦意乱，于是放下工作，找恩利尔抗议。为了解决这一争端，高级神恩基建议创造人类来减轻神的负担。那时，男人和女人可以生育，但不受死亡的限制，因此导致了人口爆炸。这么多人的喧闹声打扰了神的休息，神恩利尔很不高兴，决定采取一个严厉的办法。为了减少人类的数量，他制造了一场瘟疫，但埃阿（Ea）神阻止了他，人类的数量继续扩大。接下来，恩利尔又阻止降雨，制造饥荒，又是埃阿再次保护了人类，并带来雨水结束干旱。沮丧之下，恩利尔决定引发洪水，再次毁灭人类。埃阿进行了干预，提醒阿特拉-哈西斯注意即将到来的危险，并建议他建造一艘船。这艘船建造好了，盖上了屋顶，并用沥青防水。不久，动物和家人都上了船，门也闩上了。一场大风暴持续了7天和7夜。洪水过后，阿特拉-哈西斯献祭给众神，众神闻着甘甜的香气，“像苍蝇一样聚集在祭物上”，最后阿特拉-哈西斯和他的妻子获得了永生。

在《圣经·创世纪》中，洪水是人类邪恶的结果。在洪水消退后，上帝没有赐予诺亚永生，而是发誓再也不毁灭他的造物。他赐福给诺亚和他的儿子们，告诉他们要“生儿育女，繁衍生息，充满大地”。在美索不达米亚神话的结尾，神赐予了大洪水故事中的主人公以永生（无论是苏美尔神话中的阿特拉-哈西斯，还是《吉尔伽美什》中的乌塔·那皮什提（Uta-napishti））。但是，为了控制人口，神显然限制了人类的寿命。恩利尔规定了有“生育的妇女和不生育的妇女”，进一步抑制人类的增长。在古老的美索不达米亚，人类只能服从神的主宰，寿命是神赐予的，就连冒死寻求长生，付出千辛万苦最终获得长生之药的吉尔伽美什（Gilgamesh）也不能实现自己的愿望。在《圣经》故事中，人类可以一厢情愿地希望上帝不要毁灭他所创造的美好生灵和环境，但公元前4千纪时，美索不达米亚的人们不敢奢望诸神会眷注人类，在他们心中，真实存在的诸神有着与人类同样的善良和邪恶，他们敬畏诸神，不敢过多地要求和指责。

在后来的《吉尔伽美什》故事中，当大洪水将要来临之际，拯救人类的是一个名叫乌塔·那皮什提的人，这就是苏美尔人的“诺亚”。不过，乌塔·那皮什提与《圣经》中的诺亚有所不同。当洪水结束后，诺亚对自己能得以存活感到得意，其他人受到惩罚变为泥土，他为神及自己的品行充满骄傲。而乌塔·那皮什提同样知道由于神为了宣泄他们自己的怒气，将所有的人都变成了泥土，当他打开方舟的船盖，阳光照射进来时，他坐下来哭了，是为那些无辜的死者哀悼。之后，才放出了鸟，并向诸神献上了祭品表示感恩。

美索不达米亚三角洲，并不是一片有着充足自然资源、伊甸园般的天堂，相反，这里的生存条件非常恶劣。居住在这片变幻莫测的土地上的人们只能勉强维持生活。他们的土地每年都会被洪水淹没，洪水退去，土地又会变得异常干旱。他们周围既没有石头，也没有可以提供木材的森林，更没有广阔的草地，金属矿产资源也十分匮乏，只有生长在河流两岸的芦苇和淤泥。在气候恶化、人口压力增加、更加复杂的人工灌溉系统不断扩大等诸多因素的迫使下，大洪水之后，以神权维系的美索不达米亚人类秩序将何去何从？

▶ 站立的裸体“祭司王”

石灰石，高25厘米。美索不达米亚，乌鲁克晚期，约公元前3300年—公元前3000年。苏黎世大学，苏黎世州，瑞士。

一根带子把头发绑起，头发落在脖子的后部，胡须形状像一个圆盘，嘴周围区域的胡须剃得很干净。脸颊雕刻有一些丰满，为高浮雕雕刻，可见肌肉，手臂紧紧地夹住身体，保持一种紧缩的姿势，腿部略有弯曲，巨大的脚充当了雕像的底座。这个裸体男人的姿态很可能与一种仪式活动有关，他似乎拿着某件东西，面向神庙。

二、以神的名义争霸

大洪水过后，也就是在公元前3千纪初期，美索不达米亚平原上形成了十几个像乌鲁克一样的城邦，包括基什（现在伊拉克Tell al-Uhaymir），乌尔（现在Mukayyar），拉尔萨（Larsa，现在Sankarah），拉伽什（Lagash，现在Tello），乌玛（现在Jokha），苏路帕克（Shuruppak），尼普尔（现在Niffer）以及有着更为久远历史的埃利都（Eridu，现在Abu Shahrein）等。与乌鲁克一样，每一座城市都是一位主神的故乡，庇护着那里的民众。乌尔是月神南那的故乡，尼普尔是苏美尔宗教的中心，是守护神、众神之父恩利尔的故乡；爱情与战争女神伊南娜庇护着乌鲁克，天神安也在乌鲁克。每座城市的统治者则是人神同体的象征，是庇护神在人间的代理，他们修建神庙并举行祭祀，以此来维护城邦的繁荣以及自己的统治稳定。

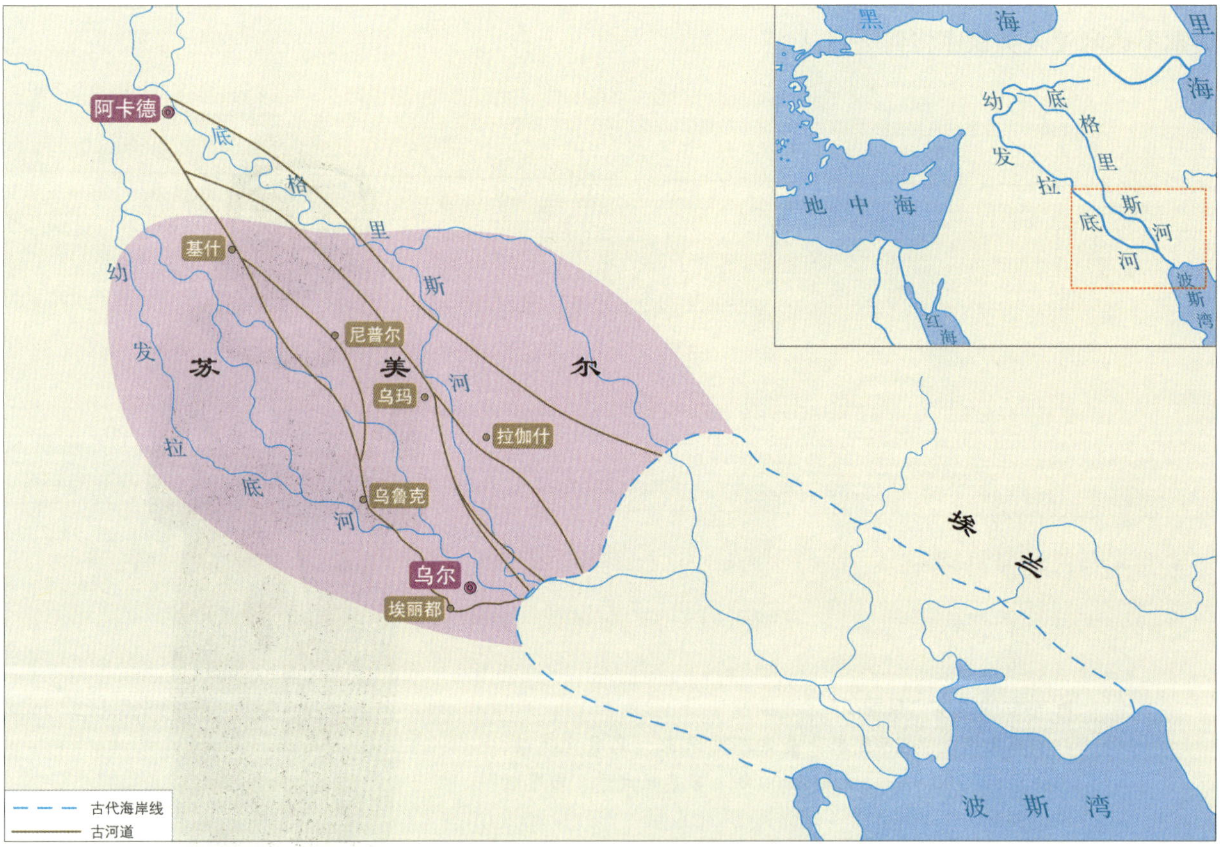

苏美尔早王朝时期（约公元前2900年—公元前2340年）波斯海岸线

与现在相比，当时波斯湾的海岸线要向内陆退缩几千米。

基什之王

基什和尼普尔

著名的《苏美尔王表》记载："大洪水之后，王权从天而降，王权在基什。"由此可知，位于平原北部的基什首先称雄于美索不达米亚，将霸权凌驾于其他城市之上。当时的农业完全依赖灌溉系统，这使人们意识到对水源的控制尤为重要，因此各城邦间的边界争端时有发生，有时会导致战争。

▶ 青铜匕首

铜合金，长28.5厘米，宽6.6厘米。青铜时代早期，约公元前2500年。大英博物馆，伦敦，英国。

叶片形匕首，中部两侧有血槽，护手略弯曲，手柄上饰有三条垂直的蛇，并有一个穿孔，这种浮雕装饰可使手握得手柄更紧。这种类型的匕首在基什和乌尔的考古中被发现。

战争

最初的战争迫使各城邦在危急时期授予一位有威望的人拥有最高指挥权，也就是一位临时的独裁者。公元前2900年之后，美索不达米亚出现了"卢伽尔（Lugal）"这一官职，这个词的原义是"伟大的人"，最初只是军事首领，几乎与苏美尔城市为保护自身不受敌人入侵而开始建造的防御墙于同一时期出现，[10]最早的王宫大约也在这个时期出现。随着危机持续和反复地出现，战争的地方化趋势不断发展，"卢伽尔"的最高权力逐渐成了永久的权力，领导地位也被固化，各城邦均以这一名号指称国王。

第一位将势力扩张到其他城邦的"安定四方之王"是基什国王伊塔纳（Etana），关于他的传说，有一则苏美尔时代就开始流传的神话故事记录在残存的泥板上：

> 大洪水泛滥之后，诸神决定为基什城选择一位国王，于是能力出众的伊塔纳被神授予了王权。他建设城市，开凿运河，并娶了妻子，但令他感到焦虑的问题就是他没有子女，王位将无人继承。此时，一条蛇和一只雕在太阳神沙玛什（Shamash）的面前订立了一个合约，发誓永远和睦相处，彼此互不伤害。但是，当他们各自的孩子出生后，雕破坏了约定，贪婪地吃掉了蛇的孩子。于是蛇便向太阳神沙玛什请求惩罚雕。沙玛什同情蛇的遭遇，告诉它去躲进一头死去的公牛身体里，当雕来吃牛的肉时，你就可以折断它的翅膀，然后把它扔进深渊。蛇依计行事，将雕扔进了深渊里。
>
> 一直以来，在基什城修建神庙、向诸神奉献各种礼物的伊塔纳终于来到了太阳神沙玛什的面前，向他乞求得到自己的后代。富有同情心的正义之神沙玛什为了帮助雕脱离困境，

指导伊塔纳去救助这只雕，并告诉他，那只雕会帮助他得到天上的生育法宝。伊塔纳从深渊中救出了雕，给它食物，不久雕身体恢复，飞了起来。雕带着伊塔纳飞上了天，向着天堂飞去。但是，随着飞行高度的不断升高，伊塔纳开始感到恐惧，他的决心动摇了，他不想为了妻子能生孩子去冒险了，他请求雕飞回到了地面。泥板到这里就没有了，后面的故事也断了。但是，《苏美尔王表》的名录说明伊塔纳最终有了自己的儿子，继承了王位。显然，伊塔纳后来进行了第二次飞行，并取得了成功，到达天堂得到了神奇的生育仙药。

◀ 伊塔纳神话泥板

黏土，高7厘米，宽10.5厘米。刻有阿卡德楔形文字。美索不达米亚，古巴比伦时期，约公元前1740年。皮尔庞特·摩根图书馆，纽约，美国。

伊塔纳是第一位被称为“卢伽尔”的基什国王，这则神话让我们看到了强烈的王位世袭意识，血缘开始注定天生的统治地位。

随后，王宫规模的不断扩大，以及国王地位和权力的不断强化，导致了神庙权威被逐渐侵蚀。这一过程的登峰造极之处就在于统治者，也就是卢伽尔，将各种神庙整合到王宫之中，或是王宫附近，同时宣称国王是在苏美尔人至高无上的神——恩利尔的帮助下持有了王位。[11]

神，在苏美尔人所发展的美索不达米亚信仰体系中是必不可少的，人们崇拜和敬奉无处不在的神灵，每个城邦的财产都属于它的守护神。在天上的众神之中，有3个是至高无上的：“安努”是伟大的天神，是诸神之王；“恩利尔”是地上的造物主；“恩基”是水、工艺和勤奋之神。其中，恩利尔又是至高神，他居住在尼普尔，这座城市的地位也高于其他诸城。因此，恩利尔和尼普尔被尊为地上无可争议的统治之源，以后的“苏美尔王们”都不是从他们本城和守护神那里得到统治权威，而是通过在尼普尔被承认来获得他们的王权。

《苏美尔王表》中基什的国王连续更迭。基什的地理位置处于苏美尔地区两河的上游，可以控制其他城邦的灌溉系统。为了获取更多的土地与资源，基什与其他国家和地区的征战也在不断发生。到了恩美巴拉格西（Enmebaragesi）统治时，这位基什之王在尼普尔建立了一座圣殿，献给最高的神祇恩利尔神，其他各城市都认同尼普尔成为宗教中心，也使得基什国王受到各城邦的拥戴，“基什之王”成为美索不达米亚地区最崇高的称号。之后，其他城市的统治者也有使用这一称号的。考古学家在尼普尔发现在一片花瓶碎片上刻有恩美巴拉格西的名字，这位基什的卢伽尔是现在可以确切追溯的美索不达米亚的历史人物，他的统治时间大约在公元前2700年。

▶《苏美尔王表》柱

黏土，高20厘米，宽9.1厘米。刻有苏美尔楔形文字。美索不达米亚，古巴比伦时期，约公元前1800年。牛津大学阿什莫林博物馆，牛津，英国。

铭文描述了早期美索不达米亚历史上霸权城市的循环。《苏美尔王表》中列出了一系列苏美尔城市、朝代和国王的统治记录，但不是我们所理解的历史，而是神话、传说和历史信息的结合。它从王权的神话起源开始，当时每个统治者的统治时间都非常长。随后写道："洪水过后，王权从天而降。"洪水是美索不达米亚文学作品中的主题，这个故事后来被改编，形成了诺亚故事的来源。

这个虚幻的列表证明了任何时候都只有一个城市权力中心统治着这片土地，王权在《苏美尔王表》中的城邦之间转移，只有强大的王权可以称霸一时。虽然后来发现的其他副本重建了完整的内容，但这个王表柱依然是最好的版本，不过它不一定是最真实的记录。

◀ 麦西里姆(Mesilim)权杖头

石灰石，直径16厘米，高19厘米。刻有苏美尔楔形文字。古代拉伽什的吉尔苏，美索不达米亚，公元前2600年—公元前2550年。卢浮宫博物馆，巴黎，法国。

麦西里姆是苏美尔城邦的一位国王，虽然他的名字没有出现在《苏美尔王表》中，但考古发现证明，他是重要的早期真实历史人物之一。他拥有"基什之王"的称号，在阿达布(Adab)和拉伽什修建神庙，在这两个城邦的铭文中，他的名字排在地方统治者之前，显然享有更高的霸主地位。

这个权杖只留存了石质的头部，当时应该有木质或其他材料制作的杖杆，可能是王权的象征。上面刻有代表宁吉尔苏神(Ningirsu)的狮子形象，是国王麦西里姆祭献给神庙的贡物。权标的铭文写道："麦西里姆，基什之王，宁吉尔苏神庙的建造者，为宁吉尔苏带来(这个权杖头)，卢加尔沙恩古尔(Lugalshaengur)(是)拉伽什王子。"

美索不达米亚的“春秋战国”

乌鲁克

大洪水之后，乌鲁克正从衰落期逐渐恢复，继基什之后也进入王朝时期。在一块大约23平方厘米的泥板上，用苏美尔文刻写了一部关于王朝第二任国王恩美尔卡（Enmerkar）的史诗《恩美尔卡与阿拉塔之王》。故事的情节大致是：

在乌鲁克东方的一座城市阿拉塔（Aratta），出产金属和各种矿物，它与乌鲁克相隔七座山脉，为了给乌鲁克的神修建神庙，在爱情与战争女神伊南娜的意愿驱使与庇护下，恩美尔卡决定征服阿拉塔。在伊南娜的指导下，恩美尔卡首先派了一位信使翻山越岭前往阿拉塔，传达恩美尔卡的要求，声称如果不贡献金银，将摧毁阿拉塔。但阿拉塔国王拒绝进贡，并说他也是伊南娜的信徒，是伊南娜让他成为阿拉塔的统治者。于是信使告诉他，伊南娜现在就在乌鲁克，并许诺恩美尔卡，阿拉塔将臣服于他。阿拉塔国王感到焦虑，但他依然要捍卫阿拉塔的独立，决定与恩美尔卡斗智。他向使者提出，为了拯救正处于饥荒中的阿拉塔人，乌鲁克要给阿拉塔提供大量的谷物，但是谷物要装在网袋里，不能用车载，要用驴驮，阿拉塔就将臣服。使者回到乌鲁克，恩美尔卡在书写和智慧女神尼萨巴（Nisaba，或尼达巴Nidaba）的教导下，完成了阿拉塔之王的这一请求，信使将谷物送到了阿拉塔，阿拉塔人因此不再遭受饥饿之苦。恩美尔卡让信使转告阿拉塔国王，让他把用红玉髓和天青石装饰的权杖交出。虽然阿拉塔人已经愿意归顺乌鲁克，但是阿拉塔国王却不守信用，再次向恩美尔卡提出了难题，他反而要求恩美尔卡制作一个权杖给他，这个权杖不能使用木材、黄金、白银、玉髓和天青石，他就会臣服。使者只得带回了这个口信，五年、十年，恩美尔卡终于制作出了这样的一个权杖，使者带着权杖第三次来到阿拉塔。见到权杖后，阿拉塔国王十分恐惧，但还是不想俯首称臣，再一次提出新的挑战。他要求恩美尔卡派出一位身穿非黑色、非白色、非棕色、非绿色也非其他颜色衣服的战士与自己的一位战士单独搏斗，看谁是强者。乌鲁克之王恩美尔卡接受了挑战，他会派一位战士去应战。但这一次，恩美尔卡已经失去了耐心，他向阿拉塔发出了最后的战书。他要求阿拉塔之王送来黄金、白银以及宝石在乌鲁克堆积成山，否则，将像野鸽子从树上坠地一般摧毁阿拉塔城。与以往几次由使者口头传达国王谕旨不同，这一次，恩美尔卡将这份最后通牒刻写在泥板上，让信使送达阿拉塔。阿拉塔国王仔细看着泥板上的文字，感受到了恩美尔卡的愤怒。此时，意外降临，苏美尔的暴风雨神伊什库尔（Ishkur）突然来到阿拉塔，带来了充足的野生谷物，阿拉塔一片丰收的景象。阿拉塔国王重获自信，再次振作。伊南娜女神并没有放弃阿拉塔，来自乌鲁克和阿拉塔的两位战士开始决斗。遗憾的是，史诗至此后残缺断文，不知道决斗的过程，更不清楚结局如何。但最终，阿拉塔之王和恩美尔卡取得了和解，友好相处，阿拉塔在农业上获得了进步，在乌鲁克，阿拉塔的金、银、宝石以及建筑材料也堆积起来。

这部史诗可能暗喻的历史真相是，恩美尔卡急需大量的黄金、白银、天青石以及各种建筑材料，在乌鲁克城中建造伊南娜女神和其他神祇的庙宇，他还需要一种当时很重要的材料，就是用于制作装饰品的红玉髓，于是欲对阿拉塔发动战争。但最终两国之间将要爆发的冲突通过“外交手段”和平解决了。同时，恩美尔卡为阿拉塔提供谷物，制造特殊的权杖，非黑色、非白色、非棕色、非绿色也非其他颜色的战士是用布料解决的。这些可以反映出，当时苏美尔人已经具有发达的农业和手工业。但史诗故事中似乎总有武力扩张的影子，为了获取苏美尔因缺乏而渴望的建筑、金属和矿物资源，强行深入外邦的领地是统治的需要，当然这要借助众神的力量，以神的名义来完成。

► 楔形文字泥板记录的恩美尔卡和阿拉塔领主的故事

黏土，高7.6厘米，宽5.6厘米，厚3厘米。尼普尔，美索不达米亚，古巴比伦时期，约公元前1740年。宾夕法尼亚大学考古学与人类学博物馆，费城，美国。

▲ 头饰

金、天青石、红玉髓，圆形坠直径4.7厘米。乌尔，美索不达米亚，约公元前2500年。大英博物馆，伦敦，英国。

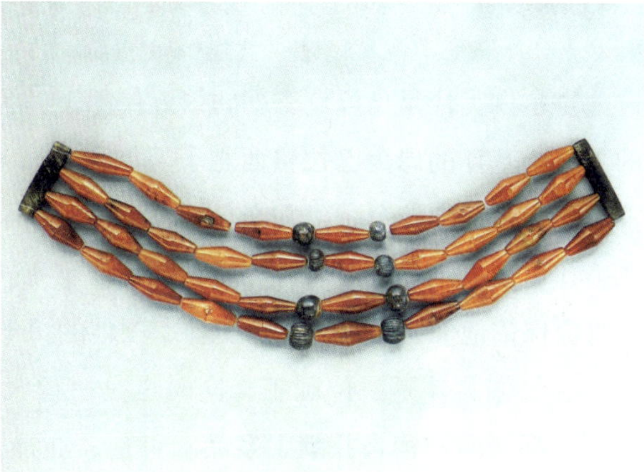

▲ 珠宝、装饰

红玉髓、天青石、页岩石，长43厘米。乌尔，美索不达米亚，约公元前2550年—公元前2400年。宾夕法尼亚大学考古学与人类学博物馆，费城，美国。[12]

在印度河谷这种红玉髓双锥珠子很可能是用于女人腰带的装饰，将很长的玉髓钻孔，是印度河珠子制造者独创的特殊工艺，他们可能使用了一种专业的钻头工具。在当时，全世界只有印度河工匠能钻通修长的玛瑙石料两端。在美索不达米亚的文献中记载，来自印度河谷的人群是被称为梅鲁哈（Meluhhan）的少数民族。

神赋予了人间王权，其目的就是为了使人类适时地服务诸神，“卢伽尔”就是诸神的代理人，民众只有顺从国王，才能服务诸神。

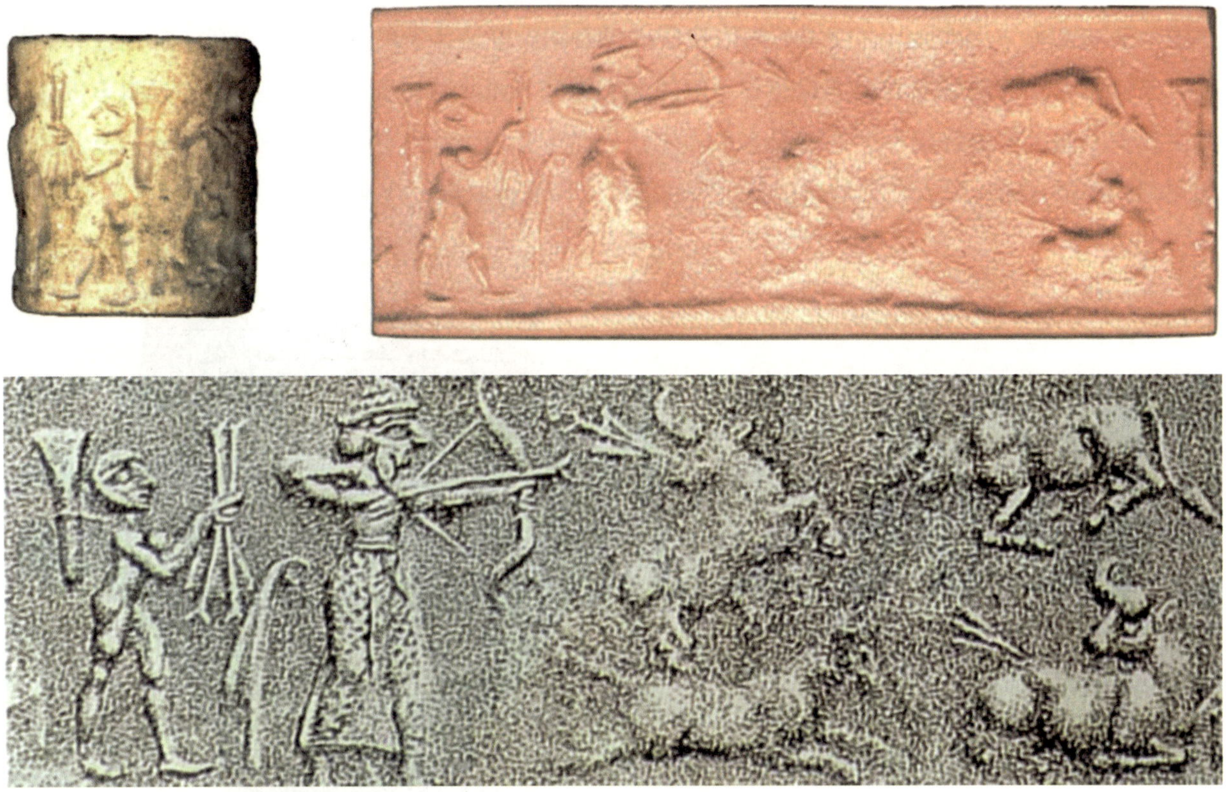

▲ 狩猎公牛场景的圆筒印章图案

石灰石。美索不达米亚，乌鲁克晚期，公元前2800年。大英博物馆，伦敦，英国。

无论是对狮子还是公牛的狩猎，都是统治者对于神的一种祭祀仪式。

吉尔伽美什是乌鲁克王朝的第五代国王，为他的故乡乌鲁克修建了宏伟的城墙，史诗记载了他的事迹。基什的恩美巴拉格西之子阿伽（Akka）国王担心乌鲁克的壮大会威胁到基什，派遣使者要求乌鲁克服从他的命令，并亲自统领大军包围了乌鲁克，在城墙外斩杀了乌鲁克求和的使者。吉尔伽美什早已决定要捍卫乌鲁克城，与阿伽誓死一战，于是他当众向女神伊南娜祈祷，民众相信伊南娜将会保佑他们，最终吉尔伽美什率领他的勇士们坚决抵抗，打败了阿伽。

吉尔伽美什是一位国王，同时也是一位大祭司，他捍卫神的至高权威，一切听从神的安排，做事前都要向神祷告并献上祭品。可是，在神话《吉尔伽美什与永生者的家园》（《吉尔伽美什》的原版）中，描述了吉尔伽美什为了乌鲁克的建设，与占据雪松林的怪物胡瓦瓦（Humvava）战斗，最终杀死胡瓦瓦，为城市获取木材的事迹。胡瓦瓦奉恩利尔之命在黎巴嫩山中守护雪松林，那是属于太阳神乌图的领地，可是，吉尔伽美什执意要去，他和同伴恩启都（Enkidu）带上了50个年轻的侍从并发给他们青铜武器，开始了远征。历尽千辛万苦，他们到了胡瓦瓦的雪松林。“胡瓦瓦一跃而起，凶恶的双目射出死光。他摇晃着巨首，狂风骤起。”在吉尔伽美什一次又一次勇敢的进攻下，胡瓦瓦倒下了，他抓住吉尔伽美什的手，乞求宽恕。但是，恩启都提醒吉尔伽美什，以后胡瓦瓦会有报复。胡瓦瓦开始气愤地指责恩启都，胡瓦瓦的“话音未落，两把利刃已刺进他的喉咙。吉尔伽美什和恩启都砍掉他的头颅。他们将其尸骸运至诸神之城尼普尔，向大神恩利尔及其配偶宁利尔（Ninlil）女神祭献。从此，雪松源源不断运到乌鲁克。吉尔伽美什名声大振，与诸神同为人们所尊崇”[13]。

为什么吉尔伽美什这次执意要与神作对，以恩利尔和乌图的树精为敌？

这则诗篇的年代相对要晚，可能是后世的改编，而且它既有阿卡德语版本也有苏美尔语版本，可见其流传性。很可能的是，具有祭司功能的国王，他在试图拉开王权与祭司之间的距离。为了在民众心中树立王权的威望，他在为民众争取利益的前提下，与神共舞，在将自己也塑造成神的形象时，也加强了王权的力量。当然，这一切还是要以神的名义。在统治者逐渐与神分离的过程中，他们依然会作为祭司尊崇神的高尚。

▲ 胡瓦瓦之死浮雕

陶板，高8.1厘米，宽13.8厘米。美索不达米亚，公元前18世纪—公元前17世纪。柏林近东博物馆，柏林，德国。

胡瓦瓦之死的场景出现在公元前2000年初的一块陶土牌上。蓄胡须的英雄把脚放在巨妖的腿上，抓住他的手腕，准备用棍子打他，而没有胡须的英雄则用脚踩住对手的手臂，抓住他的长发，用刀刺他的脖子。一个旁观者，手里拿着一根棍子，观察着这次遭遇。这个画面最符合苏美尔人吉尔伽美什和胡瓦瓦的神话，在这个神话中，据说恩启都砍下了胡瓦瓦的头。英雄左边较小的人物可能是陪同的乌鲁克五十名男子之一。

乌尔

就在北方的基什和南方的乌鲁克争雄之时，另一座重要的城市乌尔悄然崛起，公元前2600年或更晚一些，乌尔进入王朝阶段。梅斯阿尼帕达（Mesanepada）国王结束了乌鲁克和基什的霸权，成为美索不达米亚的新霸主。梅斯阿尼帕达的名字出现在《苏美尔王表》中：“拿着武器的乌鲁克被击倒，王权被乌尔夺去。在乌尔，梅斯阿尼帕达是国王，他统治了80年；之后梅什基昂南那(Meskiagnunna)，梅斯阿尼帕达的儿子，成为国王，统治了36年……”这两位国王在尼普尔重修了苏美尔主神恩利尔的神庙和供奉恩利尔之妻宁利尔女神神龛的吐玛尔神庙(Tummal)，以神的名义控制了基什和尼普尔。极为重要的《吐玛尔铭文》记载：“梅斯阿尼帕达建造了恩利尔神庙，梅什基昂南那为吐玛尔带来了宁利尔，使这片土地繁荣。”在建造神庙和敬献贡品之后，乌尔的国王将奉神的旨意，开始他们的远征，率领步兵和战车兵出征，使战败的敌人向其纳贡。

▲ 刻有麦桑尼帕达名字的珠子

青金石。长11.8厘米，宽1.9厘米。刻有苏美尔文字。马里宫廷，约公元前2400年—公元前2250年。叙利亚国家博物馆，大马士革，叙利亚。

青金石珠子上的铭文记载了乌尔第一王朝的缔造者梅斯阿尼帕达国王的名字，以及他父亲梅斯卡拉姆杜格(Meskalamdug)的名字。这里的铭文中出现了“基什之王”的文字，两个人都冠以“基什之王”的头衔。“Mes-ane-pada”的名字被翻译成“安神召唤的年轻人”。从磨损情况看，这个珠子是一直被佩戴的，是用于辟邪的护身符。

◀ ▼ 乌尔镶嵌盒子

贝壳、红色石灰石、天青石，高20厘米，长47厘米。乌尔王陵，美索不达米亚，约公元前2500年。大英博物馆，伦敦，英国。

盒子上的镶嵌图案描绘了围绕苏美尔王权的两个方面：对神的崇拜和军事战争。

▲ 装饰公牛头和镶嵌板的“大琴”

金、银、青金石、贝壳、沥青、木材，牛头高35.6厘米、板高33厘米，琴最大长度140厘米，背部直板117厘米。乌尔皇家陵墓，美索不达米亚，约公元前2550年—公元前2400年。宾夕法尼亚大学考古学与人类学博物馆，费城，美国。

著名的乌尔皇家陵墓，是一个大型墓地的一部分，其中有的陵墓中有多达70或80具同时死亡的尸体。

在出土这个“大琴”的墓葬中发现了三具女性的尸体，她们戴着最精美的头饰，可能是参加葬礼的音乐人和歌手。虽然这个琴的木质部分已经消失，但根据所发现的各个部分之间的关系，以及从墓中挖掘出的其他牛头，重新构建出了这个华丽的牛头。公牛的头和角大部分是用金片包裹在原来的木芯上，眼球是用贝壳制成，瞳孔和眼睑是用天青石做的，前额的毛发和角的尖端也是由天青石制成的。十二缕华贵而卷曲的胡须用天青石块镶嵌在一个边缘凸起的银质背板上。

立板是用未经装饰的木头做的，琴箱的正面用贝壳装饰。

装饰面板有四栏，每一栏都有贝壳镶嵌的图案，其背底被剔除并填充沥青。最上面的一栏中，一个裸体的男人抓住两只人头公牛。这个人有胡子，可能意味着他半神的身份，他的头两边分别有三绺奇特的头发，这个人物的形象一定与死者有关或就是死者。这个英雄和人头公牛交织在一起的形象无论在物质上还是精神上都高于下面三个镶嵌图板。下面的图板描绘了在阴间举行的葬礼宴会，或正在为进入阴间做准备的场景。在这个宴会场景中，参与的人被刻画成动物形象，但它们却像人一样在履行自己的职责。在第二栏中，一个犬形动物，用后腿站立，可能是一个屠夫，长着人的手，举着一张放满了动物肢体的桌子，腰间插着一把匕首。在它的后面，一只直立行走的狮子，右手拿着一个倒水的容器，左手拿着一个大罐子。第三栏描绘了一个动物乐队在为宴会伴奏。坐着的驴弹着八弦琴，琴上装饰着牛头，很像这件出土的琴的部分。一头站立的熊帮忙扶着琴的前板。一只小动物，也许是一只狐狸，坐在熊的右脚上，右手拿着一种乐器，左手放在膝盖上的一个平板上，上面可能写着演奏的歌曲。在最底部的一栏中，一个蝎子人侧面站立，左手拿着一个圆柱形的物体。蝎子人是一种与日出和日落的山脉，野兽和魔鬼之地，死者穿越之地有关的生物。在他的身后是一只用后腿站立的羚羊，这只羚羊长着人类的肩膀、手臂和双手，拿着两个杯子，杯子里所盛的饮料很可能是取自它身后的大陶罐。

在苏美尔早期，这种以动物描绘人类行为的艺术是罕见的。它的源头可能来自伊朗的原始埃兰，乌尔王陵又为其注入新的观念。这个琴将墓主人、神圣的公牛以及地下世界的宴会与音乐演奏联系在一起。这是已知苏美尔人创作的最有趣、最巧妙的作品之一。

这个琴的实物形状还可以在“乌尔镶嵌盒子”第一幅游行图案右上部第一行第二个人的手中见到。

▲ 蚀刻玛瑙珠子

玛瑙，直径4厘米—5厘米，长6厘米—7厘米。乌尔，美索不达米亚，约公元前2500年。大英博物馆，伦敦，英国。

这种蚀刻几何图案的红玛瑙珠在乌尔墓葬中与长的双锥珠子一起被发现，它们的理念和工艺来自印度河谷，在公元前3千纪出现在从俾路支到伊朗的陆路上，并延伸到美索不达米亚和地中海地区。一些蚀刻的红玛瑙图案具有近东的典型样式，而在印度河地区并不流行，表明美索不达米亚的人们已经从外国工匠手中学会了这种宝石的制作技术。乌尔遗址中的一些蚀刻红玛瑙珠子是在当地作坊中生产的，这种工艺很可能与最早的玻璃制造有关。

拉伽什和乌玛

公元前3千纪中叶，乌尔南舍（Ur-Nanshe）在美索不达米亚土地最为肥沃的中心地带拉伽什开创了“神庙国家”的王朝时代，当时的国王也是最高的祭司，即“祭司王”。从拉格什第一王朝开始，巴比伦尼亚的历史进入有史记载的父子相承的家王朝时期。[14]

◀ 乌尔南舍和家人的墙牌

石灰石，高23厘米，宽29厘米，厚7厘米。刻有苏美尔文字。古代吉尔苏，美索不达米亚，约公元前2495年—公元前2465年。卢浮宫博物馆，巴黎，法国。

这块牌子中间穿孔，是用木栓固定在墙上的。上面有六个浅浮雕表现的男性形象。他们的衣服上和牌子的背景上都刻有铭文，为这一场景提供了说明，并辨认出每一个人物，其中最大的是拉伽什的统治者乌尔南舍。他是一位强大的统治者，在公元前2450年左右建立了第一个拉伽什王朝，统治这个苏美尔城邦150年。他宽大细致的三层裙子，使他有别于其他人物，并表明了他的重要性。

穿孔的左边是四个几乎同样大小的男人，穿着光滑的裙子。像国王一样，他们把手放在胸前，这是一种崇拜的姿势，类似于许多同时代供奉在寺庙里的雕像。最小的一个人，在国王的正后方，是祭酒的安妮塔（Anita），她手里拿着一个长颈瓶，用于祭奠。在安妮塔的后面，与国王站在同一条地面线上的是阿库加尔（Akurgal），他作为乌尔南舍的儿子和继承人的身份在铭文中有说明。在阿库加尔的正上方是卢加莱曾（Lugalezen），他只是被指名道姓，但在其他铭文中，他被称为统治者的另一个儿子。其他人物的名字，古拉（Gula）和巴拉萨格努蒂（Barasagnudi），并没有出现在那个统治时期的其他铭文上，但他们也可能是王室的兄弟或国王随从中的高级官员。[15]

这幅浮雕是为了纪念乌尔南舍建造了一座供奉拉伽什守护神宁吉尔苏的神庙。监督建设这座城市的保护神庙宇是王权的重要职责之一，这一为神服务的形象是美索不达米亚永恒的主题。

▶ 拉伽什的统治者乌尔南舍浮雕

石灰石，高39厘米，宽46.5厘米，厚6.5厘米。古代吉尔苏，美索不达米亚，约公元前2495年—公元前2465年。卢浮宫博物馆，巴黎，法国。

浮雕描绘的是国王身边围绕着他的家人和宫廷成员，他就像一个普通的泥瓦匠，头上扛着一个篮子，装的是第一批用来建造圣庙的砖块，然后，他主持了庆祝活动的仪式宴会，表明他是神选中的卢伽尔。

到了乌尔南舍的孙子埃安纳吐姆（Eannatum）统治时期，他大兴土木，修建神庙，开凿运河，扩展势力，打败基什，驱除埃兰，远征马里（Mari），推翻了乌尔和乌鲁克的统治。

为了侵占对方的土地，拉伽什与邻邦乌玛的积怨已久，这两座城市间的战争持续了百年。早在基什之王麦西里姆的时代，为了调停两邦的纠纷，麦西里姆宣称苏美尔的审判神萨塔然（Sataran）显灵，告诉他两城之间的分界线，并且立碑标记，两个城邦在神灵的直接宣判下，都认同了这个裁决。然而在埃安纳吐姆统治拉伽什时战火重开，战争源于两个城邦争夺边境地区肥沃的古伊丁（Gu-edin），由祭司统治的乌玛率先采取了军事行动，在保护神的命令下，拔除了界碑，吞并了古伊丁，侵入拉伽什的平原。面对突然来犯的敌人，拉伽什整齐的长矛和盾牌军没有给他们可乘之机，残忍的屠杀事件被刻画在著名的"鹫碑"上，炫耀着埃安纳吐姆的胜利。"根据恩利尔的指示，他向他们撒开了大网，在平原上堆积起他们的躯体，他们纷纷倒下，为自己的命运哭泣。"古代艺术家在这块胜利的纪念碑上雕刻了布满敌人尸体的战场，秃鹫在尸体上盘旋，战友被埋葬，而俘虏则用作牺牲献祭，埃安纳吐姆英勇的形象被突出地展现。

这座石碑毫无疑问是拉伽什的宁吉尔苏神庙庭院中或主要房间里的一个独立的纪念碑，就像大多数美索不达米亚不朽的石碑一样，它是两边雕刻的。一面描绘了埃安纳吐姆在大地上打败乌玛勇士的胜利，另一面则从一个完全不同的角度描绘了同样的战斗，即在诸神的世界中进行的战斗。大地上所发生的一切是诸神意志的体现，在这一面的浮雕中，拉伽什的主神宁吉尔苏显然也是胜利者。鹫碑用两面对同一事件做了不同的解释，保持了世俗和神界的分离，但同时又紧密相连。作为统治者的埃安纳吐姆第一次被冠以神的头衔，死后在尼普尔受到崇拜。

▲ 鹫碑

石灰石，高180厘米，宽130厘米，厚11厘米。刻有埃安纳吐姆击败邻城乌玛的楔形文字。古代吉尔苏，美索不达米亚，公元前2450年—公元前2425年。卢浮宫博物馆，巴黎，法国。

左图（石碑的一面）：这一面浮雕被有组织地分隔，展示一系列穿着编织衣服的埃安纳吐姆在战争中的场景。在上面一栏的画面里，埃安纳吐姆拿着战斧，走在一排士兵的前面，这些士兵的盾牌重叠在一起，形成一个巨大的长方形防护体，士兵们向右走，踩在邻国乌玛士兵赤裸的尸体上。在接下来的一栏中，埃安纳吐姆在他的战车中向右移动，左手高举着一支长矛，在他身后，是两排来自拉伽什的武士，他们肩扛长矛，彼此重叠。虽然这块石碑的大部分已经遗失，但从残存的不同阶段的战争画面中，依然可以清楚地看到埃安纳吐姆的力量和权威，胜利的结果也用文字填充在背景中。右图（石碑的另一面）：宁吉尔苏在神的世界，他站得很高，占据了石碑画面的大部分，手里拿着一个神圣的象征物。长着狮头的雄鹰，用爪子抓着溃败的狮子，站在一张装满战败敌人的大网的顶端。

▲ 鹫碑局部

左：拉伽什的重装步兵方阵。右：为死去的战士向宁吉尔苏神献祭。

在之后的争斗中双方达成和约，乌玛臣服，每个乌玛人都必须向拉伽什进贡。此后，拉伽什国内的局势却发生了变化，受到拉伽什主神宁吉尔苏的庇护，祭司的权力日益增强，大肆搜刮财富。这激起权贵势力的强烈不满，因此他们也肆意征收各种税费。有一则铭文记载："从边境线直到海边，到处都是收税的。"更为严重的是祭司和权贵富人可以任意掠夺和迫害贫民而不受制裁，民众的生活极度窘迫。这使得拉伽什经济衰退，社会矛盾尖锐，巨大的阶级分化威胁着国家政权。

在这样的政治形势下，公元前24世纪的拉伽什出现了一位重要的改革家，他就是祭司王乌鲁卡基那（Urukagina）。铭文中记载："恩利尔的战神宁吉尔苏把拉伽什王国赐予乌鲁卡基那，从无数人中选择了他，赋予他统治的权力。他改革了以往的习俗，执行他的主人宁吉尔苏给他的指令。"[16]他的改革是通过颁布法令实施的，可以称为世界上最古老的法律，它意图使人们不再受债务的奴役，不再饥饿，没有偷盗和谋杀，没有非法的税收。乌鲁卡基那制止了犯罪，逐条规定了祭司不得克扣平民的各项财物，他以宁吉尔苏神的名义保护"幼子和寡妇免受强人压迫"。虽然，平衡祭司与权贵利益的过程中充满了摩擦，但是，在神权的庇护下，王权已经彰显，国王的权力更加强大。拉伽什恢复了昔日的秩序和古老的公道，城市开始繁荣。

▶ 乌鲁卡基那锥形柱

黏土。刻有推行司法改革的铭文，苏美尔楔形文字。美索不达米亚，古代吉尔苏，约公元前2350年。卢浮宫博物馆，巴黎，法国。

乌鲁卡基那做出了历史上第一次有记录的政府改革，试图实现更高水平的自由和平等，限制祭司和贵族的权力，减轻人们在经济、国家义务以及生活上的负担，打击盗窃和谋杀犯罪。他的法典中出现的"自由"（freedom，ama-gi）一词，是在有记载的历史上首次出现。

不过，他在他的国家废除了以前的一妻多夫制的习俗，如果一个女人与多个男人发生关系，那么她将被写着她罪行的石头砸死，而类似的法律对男人的通奸行为却没有惩罚。这些法律条款使现代的一些批评家指出，乌鲁卡基那的法典是"第一个歧视女性的书面证据"。

然而，乌鲁卡基那的锐意改革使他与贵族产生了隔阂。长期以来，贵族一直是军事阶层，他们能够召集领地上的民众投入捍卫国王的战场上去，可以带领军队奋勇战斗直至牺牲，这也是他们的特权有正当性的根源。历史上许多国王在疏远贵族之后遭到了悲惨的结局，这也是乌鲁卡基那所要面对的风险。

◀ 卢伽尔-达鲁立像

石灰石，高7.8厘米。刻有苏美尔楔形文字。阿达布，美索不达米亚，约公元前2550年—公元前2250年。古代东方博物馆，伊斯坦布尔，土耳其。[17]

南部美索不达米亚城邦阿达布的国王形象。

▶ 祭司祭酒场景的陶牌

内壳，高7.5厘米，宽4.6厘米。乌尔，美索不达米亚，约公元前2600年—公元前2500年。大英博物馆，伦敦，英国。

祭司的形象表现为剃光胡须，代表清洁，在美索不达米亚宗教群体中多为裸体的形象。

似乎像中国的春秋战国时期，你方争霸我又称雄，乌鲁卡基那还没有来得及稳固他的“社会改革”成果，乌玛已经出现了一位能向拉伽什讨还血债的复仇者——国王卢伽尔扎吉西（Lugal-zagesi）。在乌鲁卡基那统治的第七年，卢伽尔扎吉西的魔掌伸向了拉伽什，当时的泥板记录“恶魔一脚踏进了庄严的神龛”。他率军攻破了拉伽什城，进行了血腥的大屠杀，不仅将城中财宝洗劫一空，而且还焚毁了神庙和宫殿，报了一百多年前乌玛战败之仇。而国王乌鲁卡基那也因为失去了那些对他心怀不满的贵族的有效军事支持，在战败后跑到了邻近的城市吉尔苏（Girsu），卢伽尔扎吉西随后追到了这里，在围困了这座城市后不久，乌鲁卡基那从历史的记录中消失了。

在残酷蹂躏了拉伽什后，这位雄心勃勃的乌玛国王没有停下他的步伐，继续征服了乌鲁克、乌尔、拉尔萨等城邦，苏美尔的神圣中心尼普尔也在他的统治之下。他在乌鲁克建立了新的都城，自称“乌鲁克之王”“大地之王”，安神的祭司，恩利尔的首席统治者，女神伊南娜的供养者，恩基神智慧的彰显者，卢伽尔扎吉西成了全苏美尔联合王国的统治者。他让苏美尔各个城市的祭司们把他们所崇拜的主要的神召来做自己的保护者，在奉献给尼普尔的恩利尔神庙的铭文中写道：

> 所有土地的国王，恩利尔把王权交给卢伽尔扎吉西，让目光聚焦在他的身上，使所有的土地在他的脚下，从东到西臣服于他，自下海（波斯湾）沿底格里斯河和幼发拉底河而上，直至上海（地中海）为他铺平道路。恩利尔使他无敌于天下。河边的草地在他的脚下欣欣向荣，国民在他的统治下幸福快乐，所有那些在苏美尔的宝座上的人和外国的统治者，他们决定服从乌鲁克神圣的王权。乌鲁克在他的统治下过着快乐的日子。乌尔像一头公牛，在他身下向着天空昂起了头。拉尔萨，乌图神深爱的城市，在他的带领下快乐地享乐。乌

玛，萨拉（Sara）神深爱的城市，在他身下抬起了它巨大的角。萨巴拉（Zabala）之地如同一只失去羔羊的母羊，在他身下哭喊。琪安娜（Ki'ana）在他身下抬起脖子仰望。[18]

▶ 乌玛女王牌饰

黄金，高10.5厘米，宽8.5厘米，厚2厘米。刻有苏美尔楔形文字。乌玛，约公元前2500年—公元前2340年。卢浮宫博物馆，巴黎，法国。

这块牌子的上半部分呈月牙形，边缘很薄，侧面轻微弯曲，向底部变窄，表面有五个孔。这很可能是装在所供奉神像下巴上的胡子，也可能是用在其他重要物品上的装饰，是当时乌玛一个大型圣所的遗物碎片之一，属于乌玛女王巴拉·伊尔努（Bara'Irnun）献给神的贡品。铭文中提到了四代乌玛的国王，这些国王同样被他们拉伽什的敌人所记载。为了争夺边界，他们之间的战争持续了几代人。

文明的起源离不开神的力量，但逐渐地，王权在日益壮大，在苏美尔同族的城邦中，有共同的信仰，也遵奉各自的保护神。一旦争端开始，虽然有时候古人也会采取对话的方式，但无疑更多的是打着神的旗号，用武力来解决问题，从古至今。

闪米特人（Semitic）是对古代西亚一些语言相近民族的统称，他们的故乡是阿拉伯沙漠的叙利亚和巴勒斯坦。[19]闪米特人与后来的希伯来人（Hebrews）、巴比伦人、亚述人（Assyrians）、阿拉米人（Arameans）和腓尼基人（Phoenicians）所说的语言很接近，主要在美索不达米亚的北方使用，而南方的苏美尔人显然与他们来自不同的种族。

在不断地向世界各地扩散的过程中，大约在公元前2400年，闪米特人的东支来到了美索不达米亚南部苏美尔以北的地区。这些人操着与苏美尔语完全不同的语言，温和地走进了苏美尔的城邦社会，他们接受了苏美尔的文化，同时也加入各城邦之间争霸的战斗之中。

种族的差异固然是争斗的因素，但对权力的争夺或许才是人类贪婪欲望的主要表现。一部近东史，可以说就是一部闪米特与非闪米特流血搏斗的历史。[20]短短25年后，卢伽尔扎吉西的末日来了。

三、与神夺权

阿卡德帝国

大约在公元前2340年，一个名叫沙鲁金（Sharrum-kin）的人，也就是大名鼎鼎的萨尔贡（Sargon），拉开了闪米特人传奇的序幕，创建了人类历史上第一个庞大的帝国。

帝国的缔造者——萨尔贡

关于萨尔贡其人，很难确切地考证他的身世和生卒时间。据阿卡德语的史诗记载，他的母亲是一位女祭司，她将自己的儿子装入芦苇篮里遗弃在幼发拉底河中，把萨尔贡的命运交给了天机。后来，他从水中被救起，这就使后人对他充满敬仰而又无法确认他的身份。这个故事是《圣经》和后世许多类似的人物传记的最初原版。长大成人后的萨尔贡做了基什王乌尔扎巴巴（Ur-Zababa）的司酒官，成为国王的近臣，大权在握。根据《苏美尔王表》中基什最早的几位统治者的名字推断，基什最初应该也是闪米特人建立的家乡。

此时，苏美尔的新霸主卢伽尔扎吉西在征服了其他城邦之后，号称“乌鲁克之王”，自然也不会放过基什。他率军攻打基什，惊恐万分的国王乌尔扎巴巴逃跑了，卢伽尔扎吉西成功地征服了这座城市。然而，萨尔贡却率领着一支精锐的部队向乌鲁克进发，胜利的铭文记载：“他将乌鲁克城夷为平地，摧毁了城墙，与乌鲁克人作战并将其攻克。”[21]

当时，卢伽尔扎吉西并不在乌鲁克，他随即带领人马与萨尔贡决战，但是，他败了，败得很惨。萨尔贡用“套狗的项圈把他牵到了尼普尔的恩利尔神庙前示众”[22]，将他作为战俘（也许是“牺牲”）向恩利尔献祭。

萨尔贡戴上了基什的王冠，但是，他的王权缺乏正统的理论依据，所以他自称是女神伊丝塔尔赐予他王位，他的名字沙鲁金的意思就是“合法之王”。接下来，萨尔贡开始了实现他帝国梦想的一系列征战。记录他战胜卢伽尔扎吉西的铭文同样记录了他一直向南攻克乌尔，横扫乌玛，夺取拉伽什。他所到之城，尽毁城墙，一路打到了波斯湾的尽头。在那里，他象征性地“在海水里清洗了自己的武器”，这一胜利者的姿态成为后世征服者模仿的典范。

萨尔贡选择了一处与苏美尔各城邦最近距离不足300千米、一个名叫“阿卡德”[23]的重要地点建设了一座城市作为他的首都。这座城市的位置至今仍然是一个谜，很可能是在底格里斯河和迪亚拉河（Diyala Rivers）的交汇处，靠近现代城市巴格达。萨尔贡创建的闪米特帝国也以“阿卡德”的称呼被载入史册，他们以苏美尔楔形文字形式书写的闪米特语也被称为阿卡德语。阿卡德这座帝国的政治中心位于基什以北，萨尔贡在这里可以控制河流上的交通往来，也可以更近地眺望北方。

▶ 萨尔贡石碑

闪长岩，高50厘米，宽66厘米，厚47厘米。苏撒，尼普尔的恩利尔神庙，约公元前2334年—公元前2279年。卢浮宫博物馆，巴黎，法国。

虽然石碑严重损坏，但明确显示出受苏美尔人的石碑风格的影响，遵循严格的分栏形式。在下面的一栏中，萨尔贡出现了，他的名字刻在他的头部前面，看起来很像一个苏美尔国王。他身穿编织衣服，右肩被遮住，留着胡子，头戴皇家风格的发饰，与乌尔王陵出土的金头盔和埃安纳吐姆鹫碑中的头饰一致。他的身后是一个持遮阳伞的侍卫，再后面是剃去胡子、拿着武器的士兵或贵族，他们都穿着典型的编织绒的衣服。在上层的一栏中，是被绑住的裸体囚犯，他们的身体略微重叠，向左边行进。

▲ 黄金头盔

黄金，高23厘米。乌尔国王梅斯卡拉姆杜格墓，约公元前2550年—公元前2400年。伊拉克博物馆，巴格达，伊拉克。

精湛的工艺表现了苏美尔国王的发型。相比于萨尔贡的头发，苏美尔国王的头发梳理得更为精致，萨尔贡的蓄发似乎更多，发髻更大。

◀ 美索不达米亚胜利残碑

闪长岩，高46.2厘米，宽35厘米，厚18厘米。苏撒，阿卡德萨尔贡王朝，约公元前2334年—公元前2279年。卢浮宫博物馆，巴黎，法国。

从细节上看，这块收藏在卢浮宫博物馆的残碑很可能是萨尔贡石碑的一部分。同样，上面一栏将站立的士兵和跪着的卑微的敌人并列在一起，有一个人被长矛刺中向后倒下，他的腿清晰可见。在下面的一栏中，一名阿卡德士兵押着两个赤裸的被俘虏的敌人，他们的手腕被绑在背后，头发在头顶上扎成一簇，表明他们是外国人。押着他们向前的阿卡德士兵有一个非常不同的发型：剪成“碗”状。他穿着一条中等长度的裙子，身体由一条斜披着的宽肩带保护，这条肩带很可能是用厚布剪成的，起着护胸的作用。他随身携带着一种手柄上有弯刃的武器。

阿卡德雕塑中的新特点是努力通过视觉展示来阐明故事情节。为了让观众理解这场战役，俘虏必须被辨认出来。被捆绑的裸体囚犯，被剥夺了权力和任何行为能力，明显地与阿卡德士兵区分开来。他们是裸体的，甚至不再以士兵的身份出现。

硬质的火山岩是从很远的阿曼进口的，这是阿卡德时期皇家雕塑的首选材料，进一步提高了它们的声望。在保存下来的碎片中，除了萨尔贡的名字外，没有任何其他文字。

果然，萨尔贡没有停下他扩张的步伐，沿幼发拉底河逆流而上，直捣马里，占领埃布拉（Ebla），再向西北，直到小亚细亚的托罗斯山脉。在取得34场战争的胜利，使50个城市的统治者成为阶下囚之后，从“日出之地（东部的埃兰）”到“日落之处（小亚细亚某地）”，他将整个两河流域自上游至下游各地尽收囊中。萨尔贡在尼普尔的铭文记载：“萨尔贡国王在图图尔（Tuttul）向达干神（Dagan）鞠躬，他（达干神）把高地之地交给了他（萨尔贡）。马里，拉尔穆蒂（Iarmuti）和埃布拉，一直延伸到雪松之林（叙利亚北部）和银山（托罗斯山）。”[24]萨尔贡还在铭文中声称他是“世界之王，埃兰和帕拉胡姆（Parahshum，即马尔哈什，Marhashi）的征服者”，这是苏美尔以东的两个主要政权，他还列出了这些被他打败的国王和敌人的名字。[25]在阿卡德权力的鼎盛时期，这个大帝国的版图延伸到北部的安纳托利亚，东部的伊朗腹地，南部的阿拉伯半岛，以及西部的地中海。

有史料记载萨尔贡对诸神已表现出不尊重的态度，同时可以肯定的是，他也深刻意识到神对于他的统治权力有着强大的作用。所以，他依然是神在地上的代表，他像苏美尔人一样，在尼普尔修建神庙，向神献上祭品，而且，他还把自己的女儿恩赫杜安娜（Enheduanna）派送到乌尔，立她为月亮神南那的最高女祭司。

▶ 萨尔贡的女儿恩赫杜安娜圆盘

雪花石，直径25.6厘米，厚7.1厘米。刻有苏美尔楔形文字。乌尔，美索不达米亚，约公元前2300年—公元前2184年。宾夕法尼亚大学考古学与人类学博物馆，费城，美国。

在乌尔出土的圆盘，一面是水平的浮雕图案，另一面则刻着：“恩赫杜安娜，女祭司，南那神的妻子，世界之王萨尔贡的女儿……”恩赫杜安娜是一个从历史、考古和文学资料中都能了解到的人物，在她父亲统治时期被战略性地任命为乌尔的月神南那的恩图（Entu）女祭司，并持续担任这个职位直到她的侄子纳拉姆辛统治时期。作为恩图女祭司，她被认为是占卜选中作为女神宁吉尔（Ningal）的化身，即南那神的配偶，并代表宁吉尔维护对神的崇拜。

画面像印章一样有一栏浮雕图案，包含四个人物，描绘了一名裸体男祭司在举行仪式，他从一个容器中将祭酒倒入一个喇叭形的花瓶中。在祭司的身后站着一个从侧面看具有统治地位的女性形象，根据她在场景中的中心位置、她较大的形体以及她在仪式中监督者的角色，被确定为恩赫杜安娜。

她穿着一件长的编织衣服，戴着一顶卷边帽，这是一种特殊的头饰，与恩图女祭司的职位有关，在她的头饰下可以看到她的辫子。两个男性侍从，一个拿着类似拂尘的东西，另一个拿着有提梁的容器，跟着恩赫杜安娜，在视觉上平衡了构图。恩赫杜安娜举起右手表示致敬，批准了她面前的仪式，间接暗示了由她的父亲、兄弟以及侄子统治的阿卡德王朝的神圣。

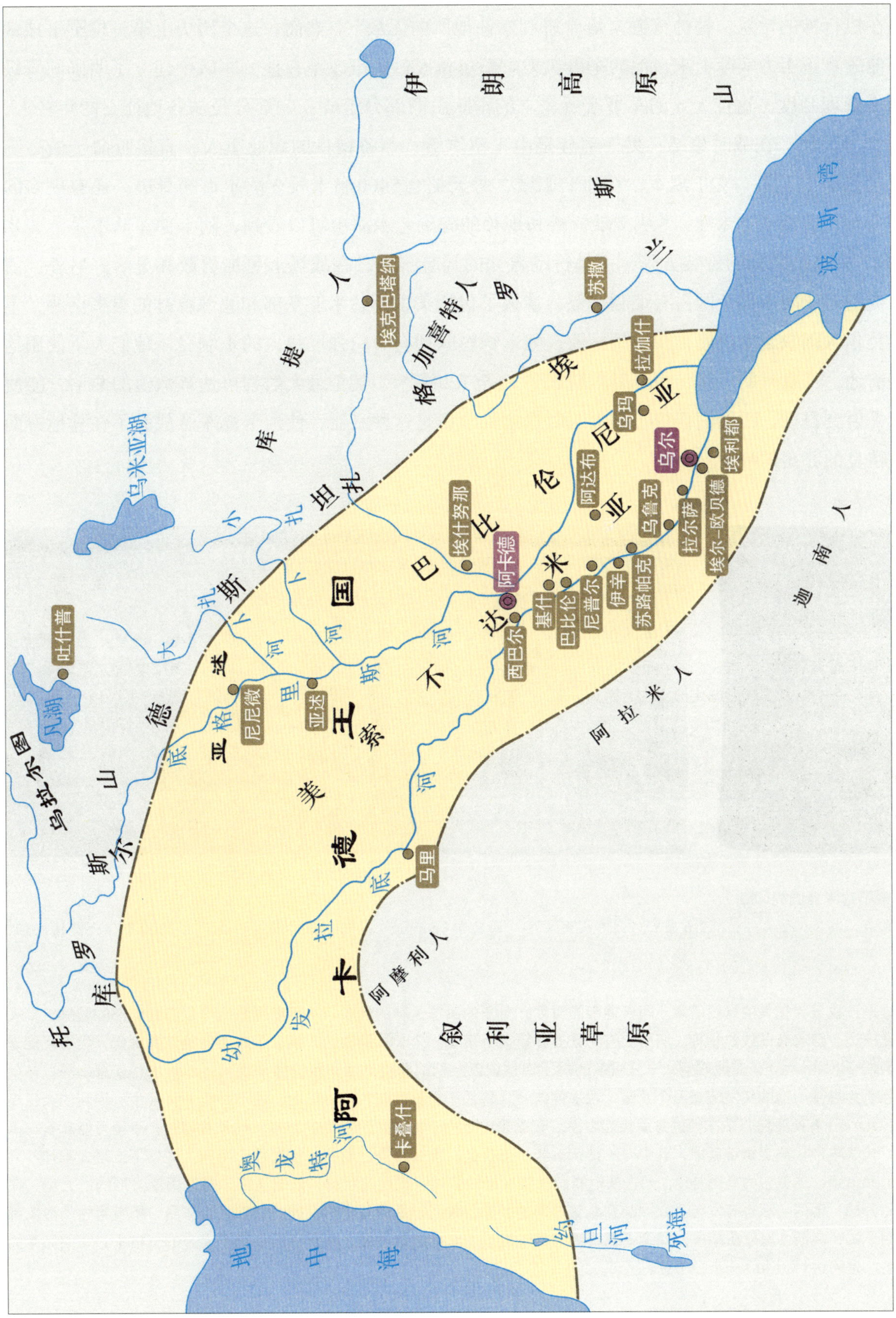

阿卡德王国的版图和部分城市

萨尔贡宣称，在他的背后，有最宠爱他的爱与丰产女神伊丝塔尔和众神之父恩利尔，他的征伐是在执行神的旨意，替神行道，是“恩利尔使他所向无敌”。然而，这个历史上第一位军事独裁者，他的真正实力实际上来自他的军事实力。萨尔贡经过军事改革在他的军队中建立了明确的等级和分工管理制度。这位天才的军事家所建立的军队由两部分组成：一部分是从各地征召的年轻人，他们作为民兵，在战时集结；另一部分是由王室供给、装备精良的职业军人，直接听命于最高统帅。这是历史上第一支正规军，在阿卡德城，每天都有5400名士兵在萨尔贡的身边，还有更多的战士分布在美索不达米亚。[26]从文献资料和现存的碑刻艺术品中可以看到，阿卡德军队不是苏美尔“鹫碑”中集结队列的重装方阵，而是行动自如的轻装步兵，在战场上更加勇敢和灵活。另外，值得一提的是，阿卡德帝国占有地利优势，掌握了包括美索不达米亚东部和北部森林的更多资源，不像苏美尔人因缺乏木材而很少使用弓箭，阿卡德军队拥有牵拉强度很大的木制弓。他们大量使用这种高箭速、长射程的弓箭，由于射程精确到90至120多米，甚至最大射程可达该数值的两倍，能使弓箭手射到目标，而他们仍处于敌人的射程之外。正是这种武器，使阿卡德军队战胜了在其他方面装备精良的苏美尔敌人。[27]

▲ 美索不达米亚圆筒印章

绿石，高3.9厘米，直径2.6厘米。刻有楔形文字。西巴尔（Sippar），阿卡德时期，约公元前2300年。大英博物馆，伦敦，英国。

这是一枚极为精美的绿石印章。阿卡德帝国时期，多角的头饰是神的代表。从印章中我们可以看到全部的脸露出，长发垂在一边，穿着有条纹的长袍，胳膊上有一张弓，箭筒上带着一个长长的穗的人物，虽然不能确定其身份，但有可能是猎神努斯卡（Nuska），在他右侧，一只吼叫的狮子离他很近。从肩膀流出水和鱼的神是埃阿，即淡水和智慧之神，苏美尔人称之为恩基。他的头发梳成三个发髻，右手伸向一只鸟，一只脚放在右边的山上，腿下卧着一头公牛。埃阿的大臣乌斯木（Usmu）有两张脸，站在他的身后抬起右手。在左侧山上的小树旁是伊丝塔尔女神，她长着翅膀，手里可能拿着一串枣子，代表丰产，肩上携带武器，其中有一把斧头和一把权杖，象征战争，卷曲的长发垂于两侧。她的下方是太阳神沙马什（Shamash，苏美尔的乌图神），光芒从他的肩膀处发出，他用一把锯齿状的刀砍出通路，穿过两座方形的山之间，在黎明时升起，他的头后也有发髻。众神都穿着有装饰的长袍，埃阿神和伊丝塔尔女神的衣着尤为华丽，所有男性的形象都是有胡子的，乌斯木有双重胡子。印章下部连绵的群山构成了众神的地平线，两行铭文在狮子上方的框格中，写明印章的所有者，是阿达（Adda）一个抄书吏。

大帝国的统一促进了河道进一步的扩充和完善，使得美索不达米亚农业所依赖的灌溉系统可在全国范围内调整，随之发展起来的更广泛的贸易到达了迪尔蒙（Dilmun，巴林），马干（Magan，今阿联酋和阿曼地区）以及更遥远的梅鲁哈（Meluhha，印度河谷）。在萨尔贡的铭文中称："他使来自迪尔蒙、马干和梅鲁哈的船只停靠在阿卡德码头。"根据美索不达米亚的资料，迪尔蒙以它的木材、来自马干的铜、阿富汗的锡、印度河谷的象牙供应给像拉伽什和乌尔这样的苏美尔城市，阿卡德至少有两次对马干发动过军事远征。

通过战争和贸易获得的财富超过了农业的产出，虽然王权与神权并存，但国家政治、经济管理的命令已出自王宫，而不是神庙，君主集权的思想和行为已经不再以神的意志为转移。在统一的王国中，新的官僚体系建立了。虽然有些被征服的原来城邦国家的苏美尔人统治阶层得到保留，但他们的统治不再是出于神的意愿，而是必须要顺从阿卡德的权威，在阿卡德官吏的控制下管理城市。在新建立的城市或不能确保当地人会效忠帝国的地区，萨尔贡则毫不犹豫地指派自己的阿卡德人去管理，例如在埃兰实行了殖民统治，建立的大型美索不达米亚庄园不允许埃兰人进入。

▲ 圆筒印章：英雄与水牛、牛头人与狮子搏斗

墨绿蛇纹石，高3.6厘米，直径2.5厘米。美索不达米亚，阿卡德时期，约公元前2300年。皮尔庞特·摩根图书馆，纽约，美国。

在这枚印章的场景中，中心两侧的战斗人物以成熟的阿卡德风格精雕细琢。在左边，裸体的、长着胡子的英雄与一头水牛搏斗；在右边，一个壮汉与一头狮子搏斗。他们之间是山上的一棵树。这枚印章的图案彰显了王权的力量，狮子头向后仰，嘴张得很大，锋利的牙齿露在外面，因被人控制而愤怒地咆哮着。狮子的爪子被牛头人紧紧抓住，试图用力掰开。这种阿卡德艺术家创造的最原始的视觉张力是在强调阿卡德国王的权力和支配地位。

虽然，伟大的萨尔贡在他的领土内统一了度量衡，规范了官方的书写文字，建立了新的税收系统。但由于整个帝国是在阿卡德贵族的强权笼罩之下。这样的统治对帝国不同阶层的管理并不是十分有效，所以国家总是处在叛乱的边缘。据《早期国王编年史》记载："在萨尔贡晚年的时候，所有国家都起来反抗他，并把他围困在阿卡德城内。他继续战斗，大范围地远征，粉碎了他们的叛乱，使敌人屈服在他的武力之下，并将大量的战利品带回阿卡德。"[28]他征战所到之处，甚至没有一只鸟儿可栖息的地方。[29]

阿卡德的闪米特人富足了，阿卡德城出现一片繁荣的景象，但那些被征服者的命运在萨尔贡及帝国官僚贵族的压力下处于痛苦之中。

历史上第一位统治帝国的闪米特人领袖萨尔贡在位统治了56年，为阿卡德打下的政治基础使他的后代得以维系帝国长达一百多年之久，比任何一个苏美尔王朝存在的时间都长。

▲ 圆筒印章：英雄与狮子搏斗

玉髓，高3.6厘米，直径2.3厘米。刻有苏美尔楔形文字。美索不达米亚，阿卡德时期，约公元前2400年—公元前2200年。大英博物馆，伦敦，英国。

印章的雕刻图案为蓄胡子的裸体英雄单膝跪地，与狮子进行搏斗。他仅系着一条腰带，一只手臂绕着狮子颈部，使它低下头，另一只手抓住狮子的尾巴，把它拉住，表现了无所畏惧的王权可以抵抗并战胜一切侵袭。

不杰出的两个儿子

萨尔贡是第一个将南美索不达米亚统一在一个政权下，建立起强大集权国家的国王。但是，当他死后，反抗阿卡德王国的叛乱在包括乌尔、拉伽什、乌玛以及埃兰在内的多地爆发。阿卡德的第二任国王，萨尔贡的儿子里姆什（Rimush）不得不面对这些针对他父亲所建立的阿卡德帝国的持续反抗。他立刻起兵征战，首先击败拉伽什、乌尔、阿达布以及其他城邦的卢伽尔，摧毁乌玛城，大量的苏美尔人被驱逐和囚禁，城市被破坏，居民遭到屠杀。在残忍而血腥地镇压之后，里姆什扼制住了苏美尔人寻求独立的愿望。里姆什向尼普尔的恩利尔神献上了一尊敬奉的雕像，他终于获得了“苏美尔之王”的称号。接着，他进军埃兰，因为埃兰人试图利用他与苏美尔人奋战的时机摆脱阿卡德的控制。在里姆什统治的第三年，他亲征埃兰和马尔哈什王国（Marhashi）等地，同样是捣毁城市，斩杀大量战俘，他打败了那里的敌人，甚至俘虏了埃兰的国王埃马赫西尼（Emakhsini）。这使他得到了“埃兰和马尔哈什征服者”的头衔，之后被冠以“世界之王”。

里姆什有力地打击了旧势力，震慑了被征服的民族，同时，作为专制君主，他的权力没有法律、制度或是传统的约束，唯一真正的威胁就是来自王室内部的阴谋。即位仅8年的里姆什被他宫廷内的朝臣谋杀了。

▲ 战斗场面的残碑和里姆什的铭文

石灰石，雕刻残碑：高34厘米，宽28厘米；铭文残碑：高28厘米，宽28.5厘米。刻有苏美尔楔形文字。古代吉尔苏，美索不达米亚，阿卡德里姆什统治时期，约公元前2278年—公元前2270年。卢浮宫博物馆，巴黎，法国。

这块在里姆什统治时期创作的石板两面雕刻，是石碑圆形顶部的一部分，萨尔贡石碑的风格倾向在这里更加明显。虽然也是由分栏系统构成，但与早期的石碑相比，这些图形之间的空间明显更大，身体重叠的部分被抛弃。人物雕刻的轮廓、清晰度以及姿态有所发展，更加生动、细致。

石碑的一面雕刻的是阿卡德艺术的一个主题——皇家的胜利。在受损的上栏中，三个弓箭手的腿清晰可见，他们背着箭袋，每个箭袋上都饰有一根长长的流苏。在下面一栏，他们成对出现在战场上。第一个人的脚下踏着敌人，双手拉开了弓，身穿一件毛茸茸的衣服，这表明他身居高位，可能就是国王本人。站在他旁边的是一名阿卡德战士，穿着中长裙子，躯体由宽肩带保护，他戴着萨尔贡统治后阿卡德士兵特有的窄皮头盔。他正准备干掉一个屈膝、双手张开表示投降的敌人。

石碑的另一面，两个士兵，其中一个拿着斧子，向前走去。在下栏，一个拿着长矛的士兵驱赶着一个胳膊被绑着的敌人，在远处，另一名战士向躺在地上乞求怜悯的敌人发起了攻击。

残碑的铭文提到了在阿卡德国王统治时期，拉伽什地区的财产清单，以及特别的人名和头衔。这座纪念碑是纪念在里姆什即位后不久，对包括拉伽什在内的苏美尔主要城市起义的镇压。倒下的“碗形”发型的敌人表明他们是苏美尔人，不是外国人。铭文中提到的土地是国王在胜利之后授予他的支持者的财产。

里姆什的兄弟马尼什图苏（Manishtushu）即位，他继承了前辈的统治政策，一方面同样好战，以武力征服不顺从的国家，另一方面也使用经济手段拉拢和监控阿卡德的官员和苏美尔的贵族。萨尔贡以前也运用过这一方法。马尼什图苏的远征，兵锋直指埃兰，并继续东进越过了波斯湾，深入阿曼境内。在那里，他击溃了32个城市所组成的联盟军，攫取了丰富的金属矿产和石料。同时，马尼什图苏也向苏美尔和埃兰的神庙施以慷慨的馈赠，以笼络当地的祭司权贵，他的雕像就被苏撒的祭司奉献给了埃兰的神。现存于巴黎卢浮宫博物馆的马尼什图苏方尖碑详细记录了一项他在基什及其周边购买土地的措施，这项措施实质上是将原先忠诚于马尼什图苏的阿卡德富人迁出，然后迁入不安分的苏美尔和阿卡德地方权贵。这样一方面体现出国王的恩惠，另一方面是为了更近距离地实施监控甚至将他们作为人质。值得重视的是，在当时表现马尼什图苏形象的艺术作品中，这位强大的国王已经非常罕见地与诸神平起平坐了，他以人的形象出现，但丝毫不亚于神的威严，甚至更为高傲。

◀ 马尼什图苏方尖碑（Manishtushu Obelisk）

闪长岩，高140厘米，长60厘米，厚60厘米。刻有阿卡德楔形文字。苏撒，阿卡德时期，约公元前2270年。卢浮宫博物馆，巴黎，法国。

在方尖碑的1519个格子中，刻着阿卡德楔形文字。这种材料是从马干进口到美索不达米亚的。马尼什图苏记录道：“他从‘下海’（波斯湾）以外的山上取下黑色的石头；他把它们装上船，停靠在阿卡德的码头上。他塑造了自己的雕像，并把它献给了恩利尔。”作为战利品，这块石碑在公元前12世纪被埃兰国王舒特鲁克-纳胡恩特（Shutruk-Nahunte）带到苏撒。

▲ 描绘众神之战的封印

黏土，压印图案高8.6厘米，宽6.7厘米。刻有楔形文字。布拉克（古代纳加尔），叙利亚，阿卡德时期，约公元前2300年—公元前2159年。代尔祖尔博物馆，代尔祖尔，叙利亚。[30]

在叙利亚东北部的布拉克发现的这枚封印是美索不达米亚南部以外关于阿卡德人的最重要的资料，残缺不全的印迹被结合起来，重构了原来的图案，其不寻常的主题和雕刻质量尤为引人注目。

主要场景显示了两个穿着编织服装的男性坐在那里，彼此面对面。他们的凳子是在一对反向的动物的背上，他们的脚也落在上面。每个人都向一只用后腿站立的四足动物伸出一只手，左边的人拿着一个杯子。两个人正走近坐着的人，一个人穿着长袍，长袍的边缘和底部都有流苏。另一个人戴着有角的头饰，可以认出是神，他穿着一条翘起的裙子，手里拿着一把可能是斧头的东西。旁边的场景表现神的争斗，是太阳神和一个被击败的握着折断的权杖的神。

坐在右边的人戴着有角、代表神的头饰，显然是一位神，他左边对面的人没有戴有角的头饰，他是人。因此提供了一个罕见的例子，人可以在神的面前坐着。这个人背对着正要接近他的神坐着，也是不寻常的。这个人就是阿卡德的国王马尼什图苏。

布拉克是阿卡德时期位于叙利亚哈布尔（Khabur）地区的一个主要城市，是阿卡德帝国北部最有权力的管理中心，这座城市很可能是被萨尔贡摧毁的。

与神比肩——纳拉姆辛（Naram-Sin）

公元前2254年或更晚些，马尼什图苏之子、萨尔贡的孙子纳拉姆辛即位。在他统治时期，帝国的疆域以及实力达到了顶峰。纳拉姆辛镇压了苏美尔人的反抗，也平定了阿卡德本土的起义，从发现的苏美尔印章铭文可知，当时苏美尔人的卢伽尔都臣服于他的阿卡德帝国，拉伽什和阿达布的统治者自称是纳拉姆辛的“仆人”。[31]他西进控制了马里，入侵叙利亚，到达地中海，向西北进入安纳托利亚中部，在他的铭文中记录：“自从创造人类以来，没有一个国王摧毁过阿尔马努姆（Armanum，阿勒颇，Aleppo）和埃布拉，战神涅伽尔（Nergal）用强大的武力为纳拉姆辛开辟了道路，将阿尔马努姆和埃布拉交给了他。之后，他又把阿马努斯山（Amanus）、雪松之山和上海（地中海）都交给了他。达干神的武力使他的王权更加强大，强大的纳拉姆辛，征服了阿尔马努姆和埃布拉。”[32]东南方向，纳拉姆辛迫使埃兰国王缔结条约，让埃兰人的军队听从他的命令，官方文件中使用阿卡德语取代埃兰语，埃兰国王还将自己的女儿嫁给了纳拉姆辛，并在埃兰的神殿中树起了纳拉姆辛的雕像。他进而又南征马干，确保了获取两河流域所缺乏的各种珍贵材料的商路畅通。他骄傲地自称“四方之王”和“宇宙之王”，已经不需要任何神灵的保佑，他完全可以依靠自己取得胜利。以往只有国王在死后才有可能成为神，而他是第一位在执政期间就将自己置于神的行列之中的国王，在他的名字前加上代表神的星号。阿卡德人在城中建起了纳拉姆辛的神庙，朝拜并祭祀他，为他树碑立传。

◀ 阿卡德国王纳拉姆辛胜利纪念碑

石灰石，高200厘米，宽105厘米。刻有阿卡德楔形文字。原矗立在西巴尔，后发现于苏撒，阿卡德时期，约公元前2250年。卢浮宫博物馆，巴黎，法国。

这幅著名的浮雕描绘了纳拉姆辛与强悍的卢路比人（Lullubi）的战争，卢路比人居住在扎格罗斯山脉东部。这件艺术品的画面不再使用分栏形式的组合，而是在一个统一的场景构图中刻画了真实的战斗场面，以及一个胜利的国王的标志。阿卡德士兵和卢路比敌人的形象以一系列上升的斜线方向安排。画面的焦点是纳拉姆辛，他以神-英雄-王的身份出现，他的神性以其有角的头盔体现，完美的身体体现了他的英雄气概。他一只脚微微登高的站姿表明他作为英勇的国王和战士的角色。他的脚下踩着被打败的敌人的尸体，他的前方很可能是敌人的首领被弓箭深深地射入咽喉，正在痛苦地死去。因为纳拉姆辛已经融入神的世界，被认为既是神又是王，所以不再有必要把人间世界和神的世界分开，不需要像以前那样用石碑的两面去表述。现在，一个场景表现了两个世界，而且在石碑顶部山峰上方雕刻着象征着伟大的神的星号。

► 纳拉姆辛残碑

玄武岩，高57厘米，宽42厘米，厚20厘米。刻有阿卡德楔形文字。安纳托利亚，阿卡德纳拉姆辛统治时期。古代东方博物馆，伊斯坦布尔，土耳其。[33]

这块纪念纳拉姆辛军事胜利的石碑碎片是在安纳托利亚东部发现的。玄武岩的材料表明它可能是在帝国北部的一个主要的阿卡德中心雕刻的。石碑上的文字和皇室人物都不完整，在铭文中可以识别出纳拉姆辛的名字，并且在开头冠以了神的星号。石碑是用来庆祝胜利的，文中提到了埃阿神和女神伊丝塔尔，并诅咒任何破坏这个碑文的人。

纳拉姆辛站立着面朝他的右侧。他穿着一件毛茸茸的衣服遮住左肩，右肩裸露在外面。每只手腕上都戴着沉重的手镯，每只手里都握着一件武器的把柄。他的大部分脸都被精心设计的长长的胡子遮住了，脑后的头发编成发髻。国王戴着一顶圆锥形的帽子，上面装饰着水平和垂直的线条，帽子的底边凸起。尽管他戴的这个帽子不是与神有关的角冠，但是，它类似于埃布拉的军帽，这表明纳拉姆辛在征服北方后戴上了这顶王冠。这是纳拉姆辛的一种独特表现，它包含了皇室和神的意义。

据《阿卡德咒》描述，强势的纳拉姆辛已经不可一世，与神夺权的他甚至毁掉了在尼普尔的恩利尔神庙。因此，伊南娜抛弃了阿卡德，智慧之神恩基收回他的智慧，天神安收回光环，于是，阿卡德面临覆灭的命运。为了惩罚阿卡德，恩利尔释放出伊朗山地的“野蛮人”库提（Gutian）部落，进行毁灭性报复。

实际上，我们有理由判断，纳拉姆辛虽然将自己置身于与恩利尔、埃阿等诸神并列，自封为“阿卡德之神”，但他并没有凌驾于诸神之上，他依然将自己的女儿派往乌尔和马里等地去做女祭司，自己也多次重修神庙，供奉诸神。他或许是想通过神化自己而实现帝国在思想上的统一，但是，他的这种君主集权的姿态使他与各地的神权祭司以及以神的名义行使特权的苏美尔贵族结下了深刻的怨恨，导致了多地的反叛不断。不过，纳拉姆辛以他杰出的才能不仅平定了叛乱，而且开疆扩土，创造了阿卡德的繁荣盛世。《阿卡德咒》中同样描绘了纳拉姆辛为阿卡德带来了民富国强、一派歌舞升平的太平景象。虽然在他统治的后期，不得不放弃帝国对一些地区的占领，例如叙利亚，但他已经有可能与神夺权。

▲ 被神化的纳拉姆辛和女神伊丝塔尔

石灰石，模具残片高11厘米，宽13.5厘米，外部直径约31厘米，内部直径约26厘米。美索不达米亚，阿卡德时期。乔纳森与珍妮特·罗森家族收藏，纽约，美国。[34]

这可能是用来制作盾牌的模具碎片，使用可塑材料（黄金）压入这个模具中，内部阴刻的场景将制作出一个有浮雕装饰图案的物品。

它描绘了纳拉姆辛作为神同时又是阿卡德国王的复杂形象。保存下来的场景显示了女神伊丝塔尔和纳拉姆辛国王在一个长方形的平台或塔上相对而坐，伊丝塔尔被描绘成好战的样子，坐在狮子宝座上，武器从她的肩膀上显露出来，纳拉姆辛的角冠清楚地表明了他的神性地位。女神用右手抓住纳拉姆辛的左手腕，用左手抓住四根绳子穿过她的身后，绑在站在自己城市上的两个首领以及两位山神的鼻子上。这些人都是被阿卡德国王击败的敌人，绳子的另一端系在纳拉姆辛手握的大环上。山神从山脉中走来，端着盛着贡品的碗。这个场景表达出，在女神伊丝塔尔的帮助下，纳拉姆辛征服了阿卡德东部或北部的一个山区，他神圣的王权将牢牢地控制着这些已经纳入自己帝国版图的地区。

正如《阿卡德咒》所言，真正给纳拉姆辛带来挑战和灾难的是来自帝国之外的野蛮入侵。

中央集权的阿卡德帝国凭借强大的武力控制着美索不达米亚诸国，同时，闪米特人尊重这里的传统，继承了苏美尔人对神的信仰，而且进一步改善了农业环境，还采用了苏美尔人的天文历法、数学和文学，留存下来的大量文物也见证了阿卡德艺术的辉煌。不过，在与帝国文明发展的同一时期，四周还居住着许多其他部落，如北部的苏巴里人（Subarians）和胡里安人（Hurrians），西部的阿摩利人（Amorites），东部的库提人、加喜特人（Kassites）和卢路比人（Lullubi），以及东南的埃兰人等。在强大的纳拉姆辛统治的末期，这些觊觎阿卡德财富的邻国已经在蠢蠢欲动。

扎格罗斯山中的库提人从东部侵入美索不达米亚平原，在记录乌鲁克与库提人激战的铭文中描述，库提人是“山中的蛇蝎，他们反对诸神，把苏美尔的王权转移到外国，使苏美尔充满恐怖。他们夺人妻子，抢劫儿童，在苏美尔挑起事端，发动叛乱”[35]。纳拉姆辛眼见着帝国的版图被野蛮的“山里人”吞噬，河流两岸，道路两边，哀伤的野草在滋长，城市的女儿们都因库提人的来临而哭泣，他在悲愤中离开了人间。

▲ 纳拉姆辛铭文和搏斗场景的罐子封泥

黏土，长8.3厘米，高6.4厘米，厚2.9厘米。刻有阿卡德楔形文字。美索不达米亚，阿卡德纳拉姆辛统治时期。乔纳森与珍妮特·罗森家族收藏，纽约，美国。[36]

这个封印属于宫廷的一位高级官员，国王的名字，冠以神的标志写在铭文的前两行：“纳拉姆辛，阿卡德的神，乌拉卜（Urab），书吏，是他的仆人。”

印章展示了英雄与各种动物搏斗的场景，这是阿卡德时期一个非常流行的主题。这个图案包括了右边三个形象的组合和左边两个形象的组合。铭文是作为整个印章设计的中心，还是作为与战斗组接壤的一个分界还不能确定。在三个形象组合的搏斗中，两名侧面头发非常独特、只系着三根腰带的英雄与一头直立、头向后转的狮子搏斗。两位英雄都抓住了狮子，左边的那个英雄将匕首刺入它的胸膛。在两个形象组合的一组中，狮子面对的是抓着它前腿的英雄，夸张地伸出的爪子，表现了被打败的狮子的痛苦。对细节的特别关注，如手臂的角度和肌肉组织的表现，创造了一种视觉张力，这是阿卡德艺术家最原始的成就之一，其目的在于强调权力和支配地位。

神的惩罚——蛮族

沙尔卡利沙里（Shar-kali-sharri）继承了父亲的王位，仍称为“众王之王”，在他的名字前冠以星号，以神自居。在库提人的破坏下，阿卡德已经江河日下，沙尔卡利沙里顽强地率领他的部队与来犯之敌作战，试图将所有野蛮的入侵者驱逐出境。虽然他父亲在位时，埃兰与他们的关系友好，但此时，埃兰宣布独立，不再使用阿卡德语。他出兵埃兰平叛，但又不得不放弃对埃兰的镇压，因为外敌对他的国家的袭击越来越频繁，情况日益严重。阿摩利人出现在阿卡德西部的边境，沙尔卡利沙里虽然在马里附近打败了他们，但他们还是占领了帝国的西北部。他还必须抵抗卢路比人和胡里安人的侵扰，与库提人进行激烈的交战，他也曾击溃库提人的侵略，囚禁了库提人的酋长。在举国危机四起，帝国大厦摇摇欲坠的情况下，沙尔卡利沙里坚守了25年之久，最终，似乎没有什么力量可以阻挡库提人野蛮部落凶狠的攻击，沙尔卡利沙里失败了，身死国亡。

▲ 沙尔卡利沙里的书吏伊布尼-沙尔鲁姆（Ibni-sharrum）的圆筒印章

蛇纹石，高3.9厘米，直径2.6厘米。刻有阿卡德楔形文字。美索不达米亚，阿卡德国王沙尔卡利沙里统治时期，公元前2217年—公元前2193年。卢浮宫博物馆，巴黎，法国。

这枚印章属于沙尔卡利沙里国王的抄写员伊布尼-沙尔鲁姆，他是当时有着重要地位的大臣。印章雕刻的主题涉及生命之水，是阿卡德时期艺术家所雕刻的完美的印章之一。两个留着长卷发的裸体英雄单膝跪地。在一个严格对称的构图中，每个人都拿着一个有水喷涌而出的花瓶。这是生命之水，是肥沃和富足的象征，有两头水牛昂着头在饮这里的水。在下面，一条蜿蜒的河流在群山之间流淌。水牛巨大的角支撑着一个长方形，其中的铭文被托举在水牛的背上。上面写着：“沙尔卡利沙里，阿卡德的国王，伊布尼-沙尔鲁姆，书写吏，是他的仆人。”

水牛的首次出现是在萨尔贡统治时期，是阿卡德雕刻艺术中的动物象征，他们是外来生物，很可能被豢养在动物园里。艺术家以高浮雕的手法把英雄和动物雕刻在一起，虽然没有达到解剖学的精确度，但通过表现强有力的肌肉和壮观的牛角强调了国王的力量和强大。铭文中沙尔卡利沙里的名字前被刻上了代表“神”的星号，说明此时他仍然以神自居。

王权的力量

沙尔卡利沙里的死标志着阿卡德王朝的结束，不过，这个昔日强大的集权国家将美索不达米亚南部的人们统一在一起，它所建立的文明不会消失。

战争是古代世界打破地域、民族之间固有状态的一种方式，使人的生产方式、宗教等思想意识得以传播和交流。在阿卡德王权的推动下，苏美尔和巴比伦尼亚的领土合为一体，闪族的阿卡德人和苏美尔人联合在一起。土地的整合增加了雨养和灌溉农业的产量，在中央集权机构的管理下建立的一系列小麦生产的重地，至少保证了在非严重干旱情况下帝国粮仓的充盈，进而也使阿卡德国王拥有了军事优势。由国王发动的对叙利亚、安纳托利亚、扎格罗斯山脉以东以及波斯湾地区的远征，使人们更广泛地接触世界，对包括胡里安人、阿摩利人、加喜特人等各民族有了更深入的认识。同时，各地区、各民族之间开辟了彼此连接的交通，随之而来的贸易不仅更多地满足了人们的生活需要，还促进了社会的繁荣和思想进步。在阿卡德时期，从安纳托利亚的银矿到现代阿富汗地区的青金石矿，从黎巴嫩的雪松到马干的铜矿和石材，远途贸易使大量的稀缺性资源进入美索不达米亚，这不仅加强了帝国的政治力量，彰显了皇室形象，也创造了更多的财富和文化艺术。

帝国在政治、社会组织、军事、商业以及文化等方面对美索不达米亚的历史发展产生了深远的影响，人类从此对国与国之间的关系增加了国际意识，强大的军事实力是帝国开疆扩土的保证，和平谈判和贸易往来也可以使各方得以昌盛。在阿卡德国王统一书写系统的命令下，各国都要使用阿卡德语，阿卡德语与苏美尔楔形文字结合形成的阿卡德书写系统成了美索不达米亚文明的基础，之后更是整个古代西亚各国之间商业和外交的通用语言。另外，阿卡德精美的雕刻艺术也为该地区今后高水平的艺术表现力打下了基础，阿卡德文明成为人类进步链条中的重要一环。

◀ 阿卡德国王头像

铜合金。尼尼微，阿卡德时期，约公元前2300年—公元前2159年。伊拉克博物馆，巴格达，伊拉克。

这个杰出的空心铜合金头像被发现于伊拉克北部的亚述城市尼尼微，很可惜，它的眼睛已经不在，最初的眼睛可能是用贝壳或象牙做的，上面有青金石的瞳孔。这个作品刚被发现时，人们认为它是萨尔贡的头像，但后来，许多学者认为，这个制作极为精美的头像显然属于阿卡德艺术的经典阶段，它无疑代表了阿卡德帝国国王的肖像，可能是马尼什图苏或纳拉姆辛，也可能是沙尔卡利沙里。精致的胡须和发型强调了男人的英雄气概，统治者完美的嘴唇、鼻子、眼睛与须发恰当的融合，给国王注入一种真正的宁静、强大和无所不知的威严感。它的脑后有着一个苏美尔人王室标志性的编起来的发髻，额头上盘绕的辫子下戴着一根平整的带子，使人想起更早的乌鲁克“祭司王”的头带。

阿卡德艺术家的辉煌成就令人印象深刻，虽然这在很大程度上是建立在前辈苏美尔人和同时代艺术的基础之上，但随着帝国势力范围的扩张，阿卡德人引入新的肖像和由不同刺激所产生的诠释，包括他们的闪米特背景和与新民族的接触。例如，西侵进入叙利亚，显然受到了不同地区更加注重艺术元素表现力在思想和形式上的影响，自马尼什图苏统治的时代，阿卡德艺术进入经典风格阶段，阿卡德的艺术达到了后来美索不达米亚艺术无法企及的高峰。

阿卡德人崇拜万神殿中的众神，阿卡德国王则是众神的代表，他们具有最高的地位和权力。实际上，众神在人间的关系和位置是得到了阿卡德国王们的认同和确定的。为了解决萨尔贡本人国王身份的合法性问题，从阿卡德政权开始，无论是基什之王，还是恩西或卢伽尔，国王通过与女神伊丝塔尔结合，再经过神的同意他的统治便合法化，这成了以后美索不达米亚的“经典标准”。萨尔贡把他的胜利归功于伊丝塔尔，他的女儿被指派为月神的女祭司，纳拉姆辛更成为第一位活着的人间神。国家的统治和对外的征战不仅出自神的指示，更可能来自国王的意识，而不同信仰的民族之间的融合更是来自王权的力量。

阿卡德的土地陷入极度的混乱，曾经强大的帝国现在已经无法维持对其他城邦的政治霸权，《苏美尔王表》发出了质问：“谁是国王？谁不是国王？”苏美尔城邦纷纷独立，阿卡德官员也在各地自治，美索不达米亚又回到了原先小国及部落联盟并存的状态。库提人占据美索不达米亚平原长达半个世纪，他们没有留下文字，也没有留下任何建筑和艺术作品，他们终结了一个文明，却没有建起另一个文明。“韦德纳年表”中提到库提人“不懂得如何被法律及神圣的制度统治”，他们没有王权的概念，在所谓的二十一位国王中，只有一人在位时间较长，但也只有七年，绝大多数国王的统治只是一两年，最后一位则只统治了四十天。

“运河和灌溉渠荒废，底格里斯河上再不能行船，也没有人灌溉田地，田地不再生产谷粒。”[37]库提人将美索不达米亚带入一个“黑暗时代”。

坐着崛起

野蛮的库提人在美索不达米亚无法建立一个中央集权的统治体系，不愿忍受压迫的苏美尔各城邦没有放弃为各自的独立与复苏而努力，首先崛起的是南部幅员辽阔的拉伽什，首都在吉尔苏。虽然需要贡献大量的财富与珍宝，附庸于库提王的统治，但到了乌尔巴巴（Ur-baba，或Ur-Ba’u）治理时期，这位关键性的领袖逐渐恢复经济，积累财富，重修神庙，使拉伽什重新回到了苏美尔独立城邦的地位，并将影响扩大到了乌尔、乌鲁克以及埃利都等大部分苏美尔地区。

公元前3千纪的最后一个时代，杰出的统治者古地亚（Gudea）延续了拉伽什的复苏，并使它更加繁荣。古地亚是乌尔巴巴的女婿和继承人，他没有像早期苏美尔和阿卡德帝国时期的君王那样热衷于武力，而是注重在精神上和经济上的发展。古地亚大力投入修建灌溉渠道和神庙，他在乌尔、尼普尔、阿达布和乌鲁克等城市重建了超过十二处神庙，并虔诚地向诸神敬献了众多自己的雕像。为此，他致力于开展对外贸易，从马干、迪尔蒙和黎巴嫩运来了制作雕像用的石材，从阿马努斯山和阿曼山区采来珍贵的雪松和其他木材，从阿拉伯北部运来了铜，从印度河谷购买来红玛瑙，还汇集了包括金、银、锡等贵金属矿产以及天青石等其他世界各地的物产，这些都显示出苏美尔经济的繁荣和复兴。在所有建造的神庙中，最奢华的一座便是吉尔苏城的保护神宁吉尔苏（Ningirsu）的神庙埃尼努（E-ninnu）。关于这座神庙，古地亚用1363行苏美尔文字在两个陶制圆柱上留下了最长、最复杂、以建筑为主题的赞美诗。《古地亚铭文圆柱》讲述了宁吉尔苏神告诉梦中的古地亚，令他建一座神庙并给了他一份建设方案，并描述了神庙祭祀的仪式。在埃尼努神庙中，古地亚以最高规格祭祀拉伽什的主神，并将苏美尔所崇拜的全部神祇供奉其中，拉伽什在悄然崛起。

◀ 乌尔巴巴雕像

闪长岩，高68厘米，宽37厘米，厚29厘米。古代吉尔苏，公元前2135年—公元前2125年。卢浮宫博物馆，巴黎，法国。

继承了苏美尔和阿卡德时期皇家使用闪长岩制作雕像的传统，拉伽什的统治者青睐这种缺乏艳丽色彩的石料，相比于天青石、金和银的炫耀效果，他们更注重对雕刻材料朴素的审美，这无疑有助于营造虔诚的气氛。统治者长而光滑的衣服突出了雕像双手的表现力，紧握双手的姿态强调了对神的专注。雕像在视觉上表达王权的特征依然可见，紧凑的身体比例传达出强大的存在感，裸露的右臂和肌肉是力量的象征。“强壮的手臂”从苏美尔早期开始就与“王权的力量”联系在一起。简约且自然真实的表现形式是这一时期拉伽什统治者雕像艺术的共同特点。

▶ 站立的古地亚雕像

钠云母，高41厘米。刻有苏美尔楔形文字。美索不达米亚，约公元前2090年。底特律艺术学院，底特律，美国。[38]

站立的古地亚雕像这件作品比例修长，巧妙地运用了石头半透明的色调和纹理，使得古地亚左肩上的衣服与身体更加吻合，面部和左臂上的褶皱被塑造得柔和、流畅。他笔直地站着，戴着一顶典型的卷毛宽边帽，双手祈祷，右手放在紧握的左拳上，带边饰的外袍套在较长的内袍上，内袍的边上也有绣花。雕像上的铭文刻着：“她接受了祈祷。”“她”是古地亚个人神宁吉什兹达（Ningishzida）的妻子、女神格什提南娜（Geshtinanna）。这一句铭文很重要，代表了古地亚向女神致敬，并获得了神的回答。铭文继续记载了古地亚为她在吉尔苏建造了一座神庙，制作和命名了这尊雕像，并将其奉献在神庙里。这件作品是古代近东雕塑中重要的不朽之作。

▶ 古地亚铭文圆柱

赤陶，左：高60厘米，直径32厘米；右：高56.5厘米，直径33厘米。刻有苏美尔楔形文字。古代吉尔苏，约公元前2120年。卢浮宫博物馆，巴黎，法国。

这对圆柱是由古地亚所制，中间的孔用于安装。在圆柱体上书写的楔形文字是阿卡德帝国时期至乌尔三期之间使用的典型形式，上面的苏美尔铭文讲述了一个神话，被称为《宁吉尔苏神庙的建造》：

从遥远过去的某一天开篇，当时，命运是由苏美尔众神中的最高神恩利尔决定，在众神的会议中，他带着赞许的目光看着他的儿子宁吉尔苏和他的城市拉伽什。奉恩利尔之命，宁吉尔苏将在拉伽什建造一座辉煌的神庙。

于是，古地亚被带入了梦境，在梦中，他见到了一个长着翅膀，头戴王冠，身边有两头狮子的巨人，命令他去建造一座埃尼努神庙。接着，在古地亚面前出现了两个人物，一个女人手里拿着一支金笔；一位英雄，拿着一块天青石板，上面画着一栋房子的平面图。英雄还给了古地亚一块用于建造房子的砖和盛放砖的篮子，而此时，一头驴子不耐烦地用蹄子做着姿势。醒来之后，古地亚并不能理解这个梦的意思，于是他乘船去拜访南舍女神（Nanshe），以求解神谕。南舍女神告诉古地亚，那个巨人是她的兄弟宁吉尔苏，那个拿着金笔的女人是书写女神尼萨巴（Nisaba），她指示建造神庙要按照“圣星”的方式规划。这位英雄是宁都布（Nindub），一位建筑神，正在测量神庙的规划。驴则代表古地亚本人，渴望着手进行建筑工作。

开工之时，古地亚命令进行全城清洁，停止一切诉讼事务，全体民众举行祈祷，他亲手奠基了第一块石头，“像母牛对待自己的牛犊一样，爱护神庙”。

在第三次被召唤进入梦境时，众神详细地为他设计了神庙建筑结构。圆柱铭文描述了古地亚所建造的神庙：“埃尼努神庙的可怕像一件衣服一样覆盖在大地上！它的房子！坐落在精炼的白银之上！它被涂上了Kohl（一种古老的眼影化妆粉），像月光一样散发出神圣的光芒！这所房子！它的前面是一座巍然屹立的大山！它的内部回荡着咒语和和谐的赞美诗！它的外表是天空，一座巨大的房子正在升腾！它外面的大厅是强大的众神做出审判的场所，这里不断地传出祈祷的声音！众神为它带来了丰富的食物！长有狮头的雄鹰标志被竖立在房子的周围，它的翅膀在明亮的山上展开！建造埃尼努神庙所使用的黏土是主神宁吉尔苏从爱丁（Edin）河圣心挑选，最恰当地融合而成，并由古地亚用天上的光辉画成，就像正在被倾倒的Kohl覆盖一样。”

考古遗迹已经不能发现这样的古地亚建筑实物，只能通过文字体会他的成就。

拉伽什已成为苏美尔的政治经济中心，古地亚就是阿卡德帝国在苏美尔地区的继承人。但是，他没有继承阿卡德时期的暴力和军国主义，取而代之的是对神虔诚的供奉，他延续了早期王朝的传统，声称自己拥有神的血统。从贡献给神的古地亚雕像看，这位国王敬畏神灵，虔诚、公正。他没有佩带武器，衣冠整齐，双手呈祈祷姿态，文化素养极高，他不会像阿卡德的君王那样高傲地脚踏敌人的尸体。他热爱他的臣民，为他的城市骄傲，在他统治期间，仅有一次率军出征，也只是威慑即回，从未派军留驻。在他的世界中，众神之间也不会发动争斗，他们会和谐地为人类带来财富，因为古地亚更希望温和、平静地发展他的国家。这是他所营造的意象盛宴，在侍奉众神的繁荣景象中，当诸神高兴时，人类就会受益。通过建造和维护神庙，从第一块砖的奠基到奢华装饰的布置，拉伽什城邦在这样的过程中聚集财富，复兴强盛。

◀ 古地亚坐像

花岗岩，坐像：高93厘米，宽46.5厘米，厚61.5厘米；建筑平面图：长28.5厘米，宽16.5厘米。刻有苏美尔楔形文字。古代吉尔苏，古地亚统治时期，约公元前2120年。卢浮宫博物馆，巴黎，法国。

这是古地亚最著名的雕像，石材和雕刻质量极佳，铭文的长度和内容独一无二，几乎覆盖了整座雕像，使这个雕像成了特别引人注目的纪念碑。古地亚穿着一件镶有花边的皇家长袍，一部分盖住左臂，另一部分被拉到右臂下，在胸前形成褶皱。他的膝上放着建筑平面图、手写笔和刻度尺，这是一个大胆的表现手法。在平面图上，可能刻画的是埃尼努神庙神圣的围墙，设计规整，遵循了美索不达米亚建筑的惯例。这座雕像是献给拉伽什万神殿的主神宁吉尔苏的，是古地亚作为埃尼努神庙建筑师的化身。

雕像上的长篇文字以一系列常规祭品开头，包括这一尊膜拜的雕像："古地亚的雕像，拉伽什的恩西（统治者）的雕像，他建造了埃尼努神庙。"因此，众神赋予他统治地位和必要的统治品质，"从他建造宁吉尔苏神庙的那一天起，他敬爱的主为他开辟了从下海到上海的道路"。古地亚把这尊雕像命名为"我为我的主建造了他的房子，生命是我的奖赏"，并把雕像献给神。雕像与铭文相呼应，体现了美索不达米亚的传统，那就是国王作为神庙建造者的代表，其重要的职责是神赋予的，古地亚向宁吉尔苏神传递他的善行，并通过这尊雕像和它的名字强调了他与神沟通的成功结果。

雕像的铭文中提到，"必须保存在奠酒的地方"，铭文将这座雕像与ki-a-nag联系起来，ki-a-nag字面意思是"倒水的地方"，在这里人们向死者祭酒，也就是向已故的统治者献祭。[39]这是雕像的另一种作用，在美索不达米亚的传统中是非常罕见的，也许苏美尔人是通过雕像向先人祭拜。

无论如何，古地亚的雕像和铭文明显地排除了苏美尔、阿卡德以军事胜利为主题的表现内容，标志着对美索不达米亚传统的背离。

铭文以对破坏和亵渎雕像的人的诅咒结束。

目前在古代吉尔苏遗址已经发现26座古地亚的雕像，古地亚是继阿卡德王朝之后第一位自称为神的统治者，他的雕像不仅是艺术品，而且当时被供奉在神庙中，每座雕像都表现出他对神虔诚的表情和姿态。在这些献给众神的雕像中他并不都是站立的，在神庙中他仰望众神但又坐着的雕像证明了他本身的神性。

古地亚的很多雕像上都刻有长篇铭文，有些继承了阿卡德国王铭文的传统，在铭文中出现了咒语。但是，古地亚铭文中的咒语篇幅变得更长了，诅咒也变得更加严厉，"众神不仅会使罪犯化为灰烬，而且将使他无处安身"。从古地亚开始，很多铭文中都会刻写咒语，这似乎在暗示，神权在人们心目中的弱化，需要国王来提醒所有人神的作用。那么，神会在什么方面惩罚人类呢？在古地亚的铭文中，他诅咒那些破坏雕像、违背他命令的人。而且，他的铭文已不像纳拉姆辛的咒语那样只是简单地诅咒违背国王意愿的人，他写道："最初，从种子发芽开始，没有人可以改变拉伽什统治者的话，他为宁吉尔苏神建起了埃尼努神庙，使事物按照应有的方式运行。"他是在告诫所有的人不能背叛他，因为他才是让世界秩序正常运转的人，是正义的化身。

▶ 古地亚坐像

闪长岩，高44厘米，宽21.5厘米，厚29.5厘米。刻有苏美尔楔形文字。古代吉尔苏，古地亚统治时期，约公元前2090年。大都会艺术博物馆，纽约，美国。

几乎所有的古地亚雕像都是用进口的闪长岩进行雕刻，平静的脸上没有胡须，浓密的弯眉下，厚重的眼睑中大大的眼睛注视着前方。他的鼻子突出但不太大，不胖的脸颊显得柔软而温和，嘴唇随意地闭着。在古地亚几乎所有的雕像中，他都穿着一件长至脚踝的衣服，露出右肩。他还戴着一顶宽边的帽子，帽子上的雕刻可能代表卷发。他双脚赤裸，双手以传统祈祷的姿势交叉合拢，右手握住左手，刚好在腰部以上，肌肉发达。这一形象和铭文都体现了古地亚虔诚的姿态，在铭文中，这尊雕像被命名为“让建造这座房子的古地亚长寿”。这个名字使雕像获得了生命，成为供奉的崇拜对象。

然而，被认为对神充满无比敬仰的古地亚，无论是向神致意，还是被引见到神的面前，这尊坐着的雕像似乎令人感到费解，因为之前从没有这样的雕像出现。可以肯定的是，古地亚坐着的雕像本身被认为是神圣的。

◀ 古地亚残碑

石灰石，高70.5厘米，宽65厘米。刻有苏美尔楔形文字。古代吉尔苏，古地亚统治时期，约公元前2090年。柏林近东博物馆，柏林，德国。

浮雕呈现了这一时期的一个典型主题，在这个“引见场景”中，一个地位较低的神领着一个虔诚者来到一位坐着的、地位较高的神面前。这个虔诚者的身份根据他长袍上简短的铭文可确定：“古地亚，拉伽什的统治者。”

古地亚光着头，穿着花边长袍，右手拿着一根棕榈枝，他没有直接接近大神。我们可以辨认出引领古地亚的是宁吉什兹达神，因为有长角的蛇头从他肩膀上露出来。他抓着古地亚的左手腕大步走在前面，戴着一顶有角的头冠，露出一张脸，穿着一件有条纹、垂到脚的长袍。他的头发被巧妙地梳在后面，胡须垂到胸前。他举起左手向大神致意，在这个神的前面有水流可见。右边的残片上，保存着一个后部有弯曲的王座和另一个稍微小一点的神，水流表明坐着的神是恩基。

在早期苏美尔人的崇拜中，宁吉尔苏神是农业和康复之神，他具有许多农业属性，也有使人类摆脱疾病和魔鬼的力量。但从阿卡德时期开始，美索不达米亚变得更加军事化，在库提人统治下，时代充满了暴力，宁吉尔苏成了一位战神。古地亚不崇尚武力，他对宁吉尔苏神的特别崇拜体现出他的内心世界和时代气息。

b

a

◀ 古地亚础桩雕像

铜合金，a高20.3厘米，b高33.5厘米。刻有苏美尔楔形文字。古代吉尔苏，古地亚统治时期，约公元前2090年。a.纳尔逊－阿特金斯艺术博物馆，堪萨斯城，密苏里州，美国。b.大都会艺术博物馆（借自皮尔庞特·摩根图书馆），纽约，美国。

在古代吉尔苏遗址发现的础桩雕像中，有一位头戴有角头饰的男神，手里抱着一根粗桩钉。这些人物形象在其他遗址中没有被发现过。这个神袒胸露背、穿着一条短裙跨坐在一个突出的台上。当它被插入砖块中，神的身体就会与砖块的表面齐平。一些这样的桩钉（b）上有铭文，提到了各种神。在主要建筑物的角落或门口发现有这样的础桩，或成对或三个一组。这是哪位神不能确定，可能是国王的个人神，不过作为王朝和神庙建筑的基础，代表了对王国永远的祝福。

▶ 双手相握的女性雕像

绿泥石，高17.8厘米，宽11.8厘米，厚6.7厘米。古代吉尔苏，古地亚统治时期，约公元前2120年。卢浮宫博物馆，巴黎，法国。

这是一件理想化的拉伽什王室公主的雕像。在古代吉尔苏遗址出土了十几个不完整的高级妇女的小雕像，全部都是用软石雕刻的，如绿泥石或石灰石，坚硬而珍贵的闪长岩似乎专用于表现君主。女性雕像一般都很小，但这尊雕像是个例外，它的全身高度可能超过30厘米。

雕像的细节表现了那个时代的特色。头发在额头和太阳穴位置呈波浪状，在头顶上形成一个发髻，由一条头带固定。由五个坚硬的圆环组成的项链环绕着脖子。带有花边的衣服沿着身体的轮廓紧贴胸部，对称地覆盖两肩，从手臂下穿过，在背部交叉成一个低“V”字形。

高质量的雕塑和清晰的面部证明她可能是古地亚的一位妻子——妮娜拉（Ninalla），古地亚的拉伽什前任国王乌尔巴巴的女儿。妇女在拉伽什宫廷中起着重要的作用，乌尔巴巴的三个女儿嫁给了三个王子，这三个王子后来都统治了这个国家，从而保证了拉伽什王朝的延续和君主的合法性。

古地亚死后，他的儿子乌尔宁吉尔苏（Ur-Ningirsu）继承了王位，统治了大约五年之后，王位由古地亚家族成员延续，直到纳马哈尼（Nammahani）被另一位伟大的国王乌尔纳木（Ur-Nammu）击败。从乌尔巴巴到纳马哈尼期间，六位国王与拉伽什的保护神同在，被称为拉伽什第二王朝。

▲ 乌尔宁吉尔苏站立的雕像

绿泥石，高55厘米。刻有苏美尔楔形文字。古代吉尔苏，乌尔宁吉尔苏统治时期，约公元前2080年。大都会艺术博物馆，纽约，美国。

乌尔宁吉尔苏是古地亚的儿子和继承者，是拉伽什的恩西。他的雕像保存下来的少之又少，没有一个是通过考古挖掘保存下来的，目前世界上已知的仅存3例。雕像的主体延续了古地亚的风格和形式，在细节和比例上有所差异。脚下是一个高的底座，上面有一个不同寻常的场景，跪着的人拿着盛满东西的篮子。他们不像战败的敌人，因为这一时期没有像阿卡德雕塑中尸横遍野的战争场景出现，他们更可能是维护神庙、向乌尔宁吉尔苏石像供奉祭品的人。

◀ 乌尔宁吉尔苏残像

闪长岩，高18厘米。刻有苏美尔楔形文字。古代吉尔苏，乌尔宁吉尔苏统治时期，约公元前2080年。柏林近东博物馆，柏林，德国。

这尊残缺不全的乌尔宁吉尔苏雕像与他的父亲、前任国王古地亚的形象形成了鲜明的对比。古地亚经常是光头，或者戴着一顶典型的帽子，不蓄胡须。而这尊乌尔宁吉尔苏的雕像，有着浓密的胡须和头发，他的发型是一缕缕卷曲的头发，几乎遮住了前额，看不到耳朵，就像戴着假发或毛皮帽子；同样不寻常的、精心排列成四层的胡须，完全覆盖了脸的下半部分；脸的上部主要是大眼睛、突出的眼睑，粗眉在中间相交。乌尔宁吉尔苏双手交握在胸前，做祈祷的姿态，他的右肩裸露在外，衣服的一角在右胸的上方。这件衣服显然是用很精细的织物制成，因为可以透过这件衣服看到他的身体，尤其是左臂和背部。这件公元前3千纪末期典型样式的衣服，唯一的装饰就是一条有条纹的边饰。这尊雕像可反映出苏美尔文化中对阿卡德艺术的保留。

背面的铭文是乌尔宁吉尔苏对他的个人神宁吉什兹达的献词，也记录了他与古地亚的关系："献给他的（个人）神宁吉什兹达，拉伽什的统治者，古地亚的儿子，拉伽什的统治者。"

在即将进入公元前3千纪的最后一个世纪时，苏美尔人在为了摆脱库提人野蛮统治的反抗过程中崛起。在乌鲁克，一位强有力的国王乌图赫加尔（Utu-hegal）率领一支军队，与库提人展开了一场血战，最终将已经逃跑的库提国王提里干（Tirigan）擒获，就是那位只统治了四十天的库提王。他跪伏在乌图赫加尔的脚下，乌图赫加尔“脚踏在他的脖颈上”[40]。这一熟悉的姿态标志着库提人统治的结束，驱逐库提人之后的美索不达米亚霸权被重新掌握在了苏美尔人手中。

◀ 乌鲁克国王乌图赫加尔青铜花瓶

铜合金，高15.9厘米，直径15.5厘米。刻有苏美尔楔形文字。瓦尔卡（古代乌鲁克），伊拉克，约公元前2123年—公元前2113年。大英博物馆，伦敦，英国。

乌图赫加尔将库提人赶出美索不达米亚南部，这件青铜器上刻有他的铭文：“乌图赫加尔，强大的男人，乌鲁克之王，四方之王，无论谁销毁这个铭文，写上他自己的名字，这个诅咒，愿他的统治被缩短！愿他的后代被消灭！愿安神，众神之王，伊南娜女神……诅咒他！”

乌图赫加尔采用了已经很久都没有听到的“四方之王”的头衔，但是，他的统治是短暂的。《苏美尔王表》第一次精确地记载，乌图赫加尔在位七年六个月零十五天。有文献说，他是在视察一处灌溉工程时溺水而亡，“尸体被河水冲走”。他的死是如此的出人意料，使得后来的学者不得不怀疑是否与一个人有关——他的心腹重臣，也是他的亲人，很可能是他的女婿——乌尔纳木。

苏美尔人的回归

乌图赫加尔收复尼普尔后，成为苏美尔的统治者，他将乌尔纳木派往一度是拉伽什附属国的乌尔，任命他为乌尔的总督。此时，拉伽什国王古地亚仍在掌权[41]，很快，乌尔纳木自立为王，乌图赫加尔离奇死亡，自称与乌鲁克有着血缘关系的乌尔纳木平稳地将美索不达米亚霸权转入自己手中。[42]攫取了“乌尔之王”头衔的乌尔纳木以乌尔为中心，于公元前2112年建立了一个新的王朝，《苏美尔王表》声称这是乌尔第三次统治美索不达米亚南部。今天我们称这一时期为乌尔第三王朝（Third Dynasty of Ur），简称乌尔三期（Ur III），历史上也称苏美尔复兴王朝（Sumerian Renaissance）或新苏美尔帝国（Neo-Sumerian Empire），因为正是在这个王朝统治时期，苏美尔经历了最后的繁荣。

公元前3千纪后期乌尔第三王朝时期的主要城市和地区

乌尔纳木必须征服拉伽什，不仅是要证明真正的霸权已经回到了乌尔，而且巨大的经济利益也是重要的因素。第二年乌尔与拉伽什开战，打败了拉伽什乌尔巴巴王朝的末王纳马哈尼，将拉伽什从苏美尔诸王国中抹去，乌尔纳木的铭文表明以前由拉伽什控制的南方海上贸易“马干和梅鲁哈的船只”回到了他的手中。很快，乌尔纳木控制了包括埃利都、乌鲁克、拉伽什、拉尔萨、阿达布和尼普尔在内的苏美尔地区，进而向北延伸，不仅将广阔的阿卡德地区归入他的囊中，考古出土的铭文显示，两河流域北部哈布尔河谷的布拉克也在其影响之内。乌尔纳木被称为“苏美尔和阿卡德之王”，这是第一个包括两个民族、两个地区的王衔[43]，意味着巴比伦尼亚的南北统一。在帝国的边缘地带，马里无论在商贸路线上，还是作为抵御外族入侵的要塞，都具有重要的地理价值。乌尔纳木不仅控制了这里，而且，他本人还迎娶了马里国王的女儿，建立了政治联姻的同盟。在东面，他与埃兰作战，以军事力量成功地迫使埃兰承认他的王权和统治。

在乌尔纳木统治的18年里，大部分时间他致力于经济建设和保持政治稳定。他重建道路，加固城墙，疏通沟渠，将城市建设得生机勃勃。他大力开凿运河，目的不仅是为了灌溉农田，更是为了保证航运商路的畅通。

◀ 头顶篮子的乌尔纳木础桩雕像

铜合金，高33.5厘米，宽13厘米。刻有苏美尔楔形文字。美索不达米亚，乌尔纳木统治时期，约公元前2097年—公元前2080年。皮尔庞特·摩根图书馆，纽约，美国。

乌尔三期表现统治者的艺术作品保留下来的很少，乌尔纳木也并非以雕塑闻名，但在他统治时期，出现了像这种顶着篮子的新的人物风格的金属础桩。唯一留存下来的乌尔纳木雕像描绘的是他顶着装有第一块砖的篮子，他赤裸着上身，穿着一条延伸到脚部的长裙子，头是秃的，安详、平静的面容比例匀称。础桩上的铭文证实它是用于国王的建筑工程。

塔庙(Ziggurat)

在乌尔城的中心，乌尔纳木建造了举世瞩目的月亮神南那的塔庙。这座为神和国王建造的奇迹几乎占了整个城市的北半部，直到今天，建筑的遗迹依然宏伟壮观。乌尔城的塔庙是迄今留存最好的塔庙，堪称古代美索不达米亚塔庙的典范，这一特殊形式的神庙建筑无疑成为《圣经》的巴贝塔、古埃及人的金字塔甚至古希腊神庙建筑创作的原型和灵感的源泉。[44]

▲ 乌尔城月亮神南那塔庙

泥砖、沥青、黏土砖，基座长65米，宽46米，高约30米。济加尔省(古代乌尔城遗址)，伊拉克。乌尔纳木统治时期。

位于今天伊拉克南部济加尔省内的古代乌尔城遗址，距纳西里耶(Nasiriyah)16千米。乌尔曾经是一座沿海城市，但现在海岸线发生了变化，已经成为幼发拉底河南岸的内陆地区。

塔庙现存三层高台，由泥砖建造而成，外表用沥青贴上一层烘烤后的黏土砖。基座长64米，宽46米，高度据推测有30米，现保存下来的部分高度为20米左右。位于整座建筑中轴上的主台阶直通最高层宽大的圣所。当时的人们可能会在下层的平台以及阶梯上举行典礼仪式，最高层是人类与神、天堂与人间交会的场所，相传是“国王与女神相爱的空间”。

乌尔纳木为新苏美尔帝国制定了一项重要的政治制度，他将帝国的疆域划分为行省进行统治。地方总督由国王任命，他们没有决策权，重大事务都出自国王。乌尔纳木派遣总督管理拉伽什，又派他的儿子去统治乌鲁克。他依然继承了苏美尔城邦的传统，各省都是为了某位神而划分的区域，各地区都像以往一样有自己的守护神。因此，他还在乌鲁克、埃利都和尼普尔等地为他所划定的本地守护神建造了神圣的塔庙。但是，依据考古发现，还有很多重要的城市没有塔庙遗迹，塔庙的存在似乎是有意为之。

◀ 乌尔纳木残碑

石灰石，高105厘米，宽71.8厘米，厚11厘米。乌尔，乌尔纳木统治时期，约公元前2097年—公元前2080年。宾夕法尼亚大学考古学与人类学博物馆，费城，美国。

20世纪20年代，宾夕法尼亚大学和大英博物馆在考古学家伦纳德·伍利（Leonard Woolley）的带领下对乌尔进行了发掘，他们发现了几百块属于一座高大的皇家石碑的碎片。这座石碑曾矗立在塔庙的一个庭院里，应该是为了纪念乌尔第三王朝的创始人乌尔纳木，石碑原来超过3米高，两侧各有五栏浮雕。1927年，美国的苏美尔研究学家对这些收藏在美国的石碑碎片进行了研究和复原，但结果并不成功。直到1986年，研究学家对伍利先生精心保存的碎片以及宾夕法尼亚大学博物馆地下室里的许多其他碎片再次进行了细致的考察。新的细节澄清了石碑浮雕的场景，使正确的复原得以实现。石碑的主题和风格都表明它属于乌尔纳木的时代，注重对人物姿态以及肌肉细节的描绘。

此图中的残碑是乌尔纳木石碑保存比较好的部分，虽然分三栏雕刻，但已经突破了早期的隔栏形式。中间的一栏是唯一保留了完整高度的一栏，尽管组成它的六块碎片已经分离了超过四千年，经修复后几乎完好无损，画面中即使是在厚重的衣服下面也可以感受到对优雅的脚、手臂、胸部和肩膀肌肉细腻的刻画。左边是国王的双脚和身体下部的长衣，他正在把祭酒倒在种有一棵植物的大花瓶中，花瓶前是一位坐着的男神。男神伸出的右手拿着一根短棍和一个有五股绳子的绳圈，也许这是神赐予国王用来牵制敌人鼻环的绳子。下面的一栏，最右边是一个秃顶的仆人，他正在帮助国王整理肩上扛着的建筑工具，一个斧头，一个用来挖土做泥砖的犁和一个篮子。他们站在一位神的身后，国王参加建设并制作第一块泥砖对国家具有重要的意义。

为了实现公道，行使正义的判决，人类历史上第一部成文法在新苏美尔帝国诞生。这部第一次以立法的形式预防和缓解社会矛盾，维护人道和秩序的法律被称为《乌尔纳木法典》（*Ur-Nammu Law-code*）。虽然这部法典究竟是由乌尔纳木本人还是他的儿子或继承者所编撰并最终完成的仍有争议，但是，该法典显示了苏美尔人浓厚的法律意识，与以后的《汉谟拉比法典》、中亚述法律相比，这些法律条款更具人道精神，明显反映出苏美尔法律经过了长期的发展。[45]《乌尔纳木法典》中乌尔纳木还统一了度量衡，比秦始皇统一度量衡早了近两千年。

▶《乌尔纳木法典》残留泥板

黏土。刻有苏美尔楔形文字。尼普尔，新苏美尔时期，公元前2112年—公元前2095年。伊斯坦布尔考古博物馆，伊斯坦布尔，土耳其。

该法典由30至35块泥板组成，但其中大多数并未保存下来。保存下来的有前言和主要涉及家庭纠纷的一些条目。法律以“如果……那么”的描写形式，成为后世法律模仿的格式。在前言中，规定了银用作一般等价物的质量和单位，1谢克尔（shekel）约为8.5克，60谢克尔为1米纳（mina），约0.5千克。在法律条款中，例如有规定：如果犯了谋杀罪或抢劫罪，必须处死。如果一个男人玷污了一个年轻人的处女妻子，他们就会杀了那个男人。如果一个男人强奸了别人的还是处女的女奴，那么他就必须支付5谢克尔的银子。如果一个男人第一次离婚他要支付给她1米纳白银。如果未来的岳父将女儿嫁给了别人，那么，要双倍退还彩礼。如果一个人伤害了别人的眼睛，要赔偿二分之一米纳的银子。如果砍掉了别人的脚，必须支付10谢克尔。如果用铜刀割了别人的鼻子，他必须付2/3米纳的银子。若打掉了别人的牙，就要付2谢克尔银子。如果女奴对主人出言不逊，就要在她的嘴上涂上厚厚的盐。如果做伪证，将被处以15谢克尔银子的罚款。如果废弃耕地，将受到处罚。

乌尔纳木所缔造的乌尔第三王朝是古代伊拉克的辉煌时期，致力于国家和平与繁荣的乌尔纳木却死在了战场上，死后被追认为神。他的后继者不但使国家的领土恢复到阿卡德帝国时那样幅员辽阔的状态，还将新苏美尔帝国带到了极盛。

▲哈什阿美尔（Hashamer）引见场景的圆柱印章

绿岩，高5.3厘米，直径3厘米。刻有苏美尔楔形文字。美索不达米亚，乌尔纳木统治时期，约公元前2097年—公元前2080年。大英博物馆，伦敦，英国。

在乌尔三期，印章上这样的场景随处可见，不过，这是唯一一枚铭文提及乌尔纳木国王的高品质印章。在这个场景中，一位女神戴着多角头冠、穿着织绒长袍，右手牵引着身后一位男性人物的手，向一个坐着的国王举手致敬。这个男人，右臂弯曲着，保持做礼拜的姿势。他身后站着另一位女神，头戴多角神冠，身穿条纹长袍，双手举起。右边是一个坐着的、留着胡须、穿着一件朴素长衣的男性人物，他向女神伸出右手，手腕上戴着手镯，头戴一顶典型的美索不达米亚统治者的帽子。他坐在一把椅子上，椅子的后腿像公牛腿的样式，在一轮新月之下，落座在两级的神坛上。与大多数这类印章上的人物不同，坐在这里的人手里没有拿杯子。印章上的七行铭文表明统治者是乌尔纳木，印章所有者应该是国王指派的伊什昆辛（Ishkun-Sin）的管理者哈什阿美尔。

苏美尔最后的繁荣

大约在公元前2094年，乌尔纳木的儿子舒尔吉（Shulgi）继承了乌尔第三王朝的伟业，出土的这一时期及其后重要的文献史料证实了他是一位杰出的人物。舒尔吉重视道德，精通书写和数学知识，并且能征善战。他有着充沛的精力，敢于同各种野兽搏斗。据说，他能在一天之内，从尼普尔跑到乌尔，然后再从乌尔跑回尼普尔，全程320千米。不仅如此，他还精通音乐，善于文学创作。他宣称他的母亲是宁荪（Ninsun）女神，太阳神乌图是他的兄弟和伙伴。

从舒尔吉起，乌尔第三王朝的国王开始效仿阿卡德国王纳拉姆辛，在活着的时候便将自己化身为神。这一做法的目的不仅是为了成为神的一员而受到膜拜，更重要的是使自己的王权统治更加稳固。舒尔吉使用了“土地之神”的头衔，在乌尔建造了供奉皇室崇拜的神庙，被神化的乌尔第三王朝国王的塑像被竖立在美索不达米亚诸神的神庙里。国王的神殿遍布整个帝国，他颁布命令要求必须定期在他的塑像前摆放贡品。在神圣的婚礼仪式上，为了保证土地的丰收，乌尔第三王朝的统治者扮演了伊南娜女神的配偶杜穆兹的角色，皇家赞美诗详细阐述了神圣的王权。

◀ 舒尔吉赞美诗楔形文字泥板

黏土，高12.7厘米，宽8.9厘米，厚3.8厘米。刻有苏美尔楔形文字。美索不达米亚，古巴比伦时期，约公元前1740年。宾夕法尼亚大学考古学与人类学博物馆，费城，美国。

当乌尔的国王统一了美索不达米亚南部时，他们进行了许多改革，包括修订文字系统，重视学校教育，使用文学促进社会融合，以及颂扬王权等。许多歌颂国王行为和神圣品质的赞美诗是在这个时候创作的。这是众多赞美诗中的一首，歌颂了王朝的第二位国王——神圣的舒尔吉。

就像诗的开头写道，国王从乌尔的首都来到了乌鲁克城，这里是女神伊南娜的家乡。他穿着华丽的衣服，吸引了女神的注意，女神答应和他相爱，舒尔吉扮演了伊南娜丈夫杜穆兹的角色。然后她宣布：“在战斗中，我将会引领你。在战斗中，我将像侍者一样，携带着你的武器。在你集合时，我就是你明智的谋士。在战场上，我将是你的灵感！”

舒尔吉接着前往拉尔萨城，在那里他拜访了太阳神乌图，伊南娜的哥哥。到恩尼吉（Ennigi），他得到了冥界之神尼纳祖（Ninazu）的祝福，最后回到乌尔，他进入月亮之神南那的神庙。舒尔吉国王坐在乌尔的王座上，在他的领土上伸张正义。

新苏美尔帝国的统治进入中央集权，国王的权力没有受到限制，虽然任命祭司要祈求神意，做事要占卜，但是，无论是发动战争还是和平时的国家大事都由国王一人决策。建筑神庙是国王的特权，地方总督无权建立神庙，但他们有权建立崇拜神化国王的庙宇。国王财产与神庙财产合二为一，国家农庄吞并了神庙农庄，或向诸神的神庙地产征税。统治精英们直接围绕着国王，包括他的亲戚、朝臣、祭司和军队长官，人数庞大的官吏、大量的抄写员和会计进行经济记录，评估各项支出，保管劳动力名单。属于国王的大片领地使用男工、女工以及奴隶耕种劳作，国家财产不仅包括土地，还包括制造篮子、加工羊毛、冶炼各种金属等拥有技工的作坊，虽然公社农民的个体家庭经济仍然存在，但土地的买卖被禁止。全体民众包括大量依赖于王宫和神庙的工匠、商人，以及占人口绝大多数的渔民和耕作者，在政治和宗教上构成了一个下等阶层，完全依附于统治者及其辅助人员构成的官僚集团。王宫不仅是一个军械库，同时还是一个储存皮革、羊毛、木材等物资的仓库。整个宫廷经济被通晓书写与计算的官吏们精密地组织并控制起来，他们主要的工作就是组织生产，以及随后对居民收获的征收和储存，并向统治精英和耕作者进行再分配。除此之外，贸易活动也是在统治者认为必要时，有组织地管控开展。[46]国王是城市保护神的人间代表，神权相对于来自对武力、读写能力和算术等方面垄断的王权来讲已不可同日而语了。

▶ 刻有舒尔吉名字的权重

闪长石，宽4.5厘米，高6.2厘米，重248克。刻有美索不达米亚楔形文字。美索不达米亚，新苏美尔时期，公元前2094年—公元前2047年。卢浮宫博物馆，巴黎，法国。

重二分之一米纳的石权，刻有国王舒尔吉的献词，上部有一轮新月，说明在乌尔第三王朝时它是在月神南那的神庙中使用。铭文写道：

“为神南那，
他的国王，
是神舒尔吉，
强大的领袖，
乌尔之王，
四方之王，
确定这二分之一米纳。”

◀ 普兹瑞什达干（Puzrish-Dagan）楔形文字泥板

黏土，长5.4厘米，宽11.43厘米。德莱海姆（Drehem），乌尔第三王朝，约公元前2094年—公元前2029年。大英博物馆，伦敦，英国。

在大量的泥板文献中，乌尔三期最重要的档案资料来源于普兹瑞什达干，即现在的德莱海姆。这是一个经济管理中心，由舒尔吉在尼普尔附近建立，是国家以牲口的形式征税的主要地点。成千上万的泥板记录了牲畜和动物产品的接收和再分配，特别是那些打算在尼普尔、乌鲁克和乌尔神庙用于祭祀的牲畜和动物产品。这些付款记录涵盖从大麦、芦苇、油类到宝石和金属等各种各样的物品，内容极为丰富。

这块泥板记录了按月计算的在属于恩利尔神的牛群中取走四十二头牛和六只驴，支付的各种费用。

乌尔和其他城市的考古证据显示，国王的宫殿在城中不是只有一处，有寝宫，也有处理朝政的宫廷，无论在何处，都是以王权为核心的政治和经济中心。

在舒尔吉统治时期，美索不达米亚是稳定和繁荣的，只是大约在他统治的第二十年，发生过内乱，舒尔吉将乌尔的居民组织起来，为国家服兵役。因此，这一年被命名为“乌尔居民被组织成持矛人之年”[47]。不久，舒尔吉完全控制了局面，之后的半个世纪没有再发生过内乱，旅行者可以在帝国全境内平安地行走。

然而，尽可能地拓展国家边界似乎是统治者必定要承担的使命。无论是侵略，还是抵御外族入侵，或是为了打通商路，舒尔吉的军事行动都是针对边远地区的。在他统治的后半期，开始了向北方的征战，沿底格里斯河而上，舒尔吉统治了亚述城（Assur），以此再往东北方向征伐了乌尔比鲁姆（Urbilum），从这里沿底格里斯河北上可通往亚美尼亚和安纳托利亚，向南沿迪亚拉河可抵达苏美尔腹地，沿扎格罗斯山脉往南直通埃兰。这里的中心城市是西穆润（Simurrum），在帝国边境的这一带，胡里安人及其盟友卢路比人对新苏美尔帝国构成了威胁，舒尔吉必须在这一地区保证帝国的安全和商路的畅通。他取得了战斗的胜利，甚至将帝国的边界延伸到了库尔德斯坦地区。在西北方向，虽然舒尔吉的直接统治并没有超越幼发拉底河中游的马里，但他的兵锋可能已经抵达了埃布拉，他与当地的统治者保持某种特殊的关系，把帝国的势力范围和影响力推到了地中海沿岸。因此，他不仅继承了乌尔纳木“苏美尔和阿卡德之王”的头衔，还自豪地使用了阿卡德时期常用的“四方之王”的头衔。对于长期给美索不达米亚造成威胁的劲敌——埃兰人，舒尔吉则采取外交、和亲或军事并用的手段对付他们。地处伊朗高原的马尔哈什王国（Marhashi）地处埃兰东部地区，这里有品种丰富的奢侈品，特别是宝石，舒尔吉将自己的一个女儿嫁给了它的国王。之后，埃兰地区阿万（Awan）的一位统治者也迎娶了舒尔吉的另一位女儿。舒尔吉还为埃兰的最高神因舒什那克（Inshushinak）修建了神庙。但埃兰地区还是时有叛乱，他也曾出兵平定，始终无法完全征服埃兰。

◀ 舒尔吉的礼物（一对耳环）

黄金，长5厘米，高2.5厘米，半径2.5厘米，重约48克，纯度24开。美索不达米亚，新苏美尔时期，约公元前2093年—公元前2046年。苏莱曼尼亚博物馆，苏莱曼尼亚，伊拉克。

每个耳环由九个新月形瓣组成，形成一个半球形，内部是空心的。这对耳环上的楔形文字铭文表明这是舒尔吉国王所赠送的礼物。铭文写道：“献给女神曼梅顿（Mammetum），他的夫人，为了乌尔王舒尔吉的生命，卡兹（Khazi），首席长官，他的仆人，为他献身。”曼梅顿是阿卡德命运女神，住在冥界。

舒尔吉或许是暴死于一次对他的暗杀，与他一起遭到暗杀的还有他的两个配偶吉米-宁丽拉与舒尔吉-施米提。[48]

▶ 舒尔吉国王础桩人物像

铜，高31.1厘米，宽5.6厘米。尼普尔，美索不达米亚，乌尔第三王朝，约公元前2094年—公元前2047年。大都会艺术博物馆，纽约，美国。

从舒尔吉统治时期开始，只有零星的乌尔第三王朝统治者的雕像幸存下来。然而，文献资料中记录了在新苏美尔帝国最遥远的省份也有皇室雕像的安置，并列出了他们收到的祭品，如啤酒、面包、谷物和羊。文献还表明，王室的雕像，如舒尔吉和他后代的雕像是并排的。乌尔第三王朝的这些雕像遵循了阿卡德传统，统治者的雕像一般都是由铜、金或银等金属制成，舒尔吉曾在一首赞美诗中夸耀他的黄金和天青石雕像，这与古地亚雕像材料的选择很不同。

这件舒尔吉雕像，剃掉须发的面容安静，但透露出他坚毅的性格，裸露的躯干健康匀称。所有这一时期的础桩都是呈现统治者头顶篮子的形象，在接下来的几百年里一直成为标准。

公元前2094年，舒尔吉之子阿马尔辛（Amar-Sin）即位。有迹象表明，这位新苏美尔帝国的第三任国王可能就是谋杀他父亲的凶手，然而，这并不影响他继承并接管王朝的最高权位。此时的帝国依然辉煌，但是，面对像亚述这样刚被征服不久的城市，需要采取更有效的管理方法。阿马尔辛进一步将苏美尔各城邦划分为行省，亲自指派官员进行管理，保持王权的威力。或许是因为刚刚被征服的库尔德斯坦地区还未彻底平静，阿马尔辛的军事行动也曾抵达扎格罗斯山脚。与此同时，不稳定的埃兰地区似乎是帝国挥之不去的烦恼。阿马尔辛不得不出征埃兰东部，与马尔哈什国王交战，不久前他的父亲舒尔吉为了建立友好联盟刚刚将女儿远嫁到这个国家，由此可见，两国之间的姻亲外交是如此的短暂。最终，阿马尔辛取得了胜利，成功地控制了帝国的东部边缘。在西方，他对马里依然保持着亲密的关系和权威，并以此与更为遥远的包括图图尔、埃布拉、乌尔舒姆（Urshum）和比布鲁斯（Byblos）等各独立王国开展友好的商贸往来。

得益于帝国内部的和平稳定与经济繁荣，阿马尔辛在苏美尔和阿卡德开始建造奢华的神庙和公共建筑。他在埃利都建造了雄伟的塔庙，但是，就在他的统治时期，由于埃利都地区的土地盐碱化已经非常严重，这座未完工的塔庙被遗弃了。

◀ 印有阿马尔辛名字的烧制砖

黏土，泥砖宽16.5厘米，高34厘米，厚6.5厘米；印文长6.5厘米，高11厘米。刻有楔形文字。埃利都，乌尔第三王朝，阿马尔辛时期，约公元前2100年—公元前2000年。大英博物馆，伦敦，英国。

在黏土烧制的淡黄色泥砖上，印有九行楔形文字铭文，其中有阿马尔辛的名字，出自埃利都遗址，今天伊拉克的阿布·沙赫兰（Tell Abu Shahrain）。

阿马尔辛同样在他的有生之年被神化，有一段铭文记载，他被称为“生命之神”和帝国的“太阳神”。在《韦德纳年表》（*Weidner Chronicle*）的记录中，他可能是死于脚部被（蝎子）咬伤。

▶ 阿马尔辛础桩铜像

铜，高22厘米。刻有楔形文字。伊拉克，乌尔第三王朝，约公元前2040年。卢浮宫博物馆，巴黎，法国。

这件用于建筑的础桩人物像塑造了阿马尔辛国王作为建造者头顶篮子，比较他之前两任国王的塑像，面部和手臂的形状有明显不同。

与古阿卡德人并不同宗，但同样使用闪米特语的阿摩利人（Amorites），是闪米特人西支的一部分，早些时候在幼发拉底河上游地区，主要是在今天叙利亚中北部的杰贝尔·比什里（Jebel Bishri）山区一带，以其自有的文化生存和发展。经过不断地南迁，他们与美索不达米亚的交往逐渐频繁，当他们抵达美索不达米亚南部时，已经是操着古巴比伦语（阿卡德语的巴比伦方言）、对于阿卡德人和苏美尔人来讲并不陌生的异族，被称为马尔图人（Mar-tu）。不过，他们游牧和原始的生活方式受到了鄙视甚至是厌恶：

马尔图人不懂得什么是谷物……不知道房子，不知道城镇，是山上粗野的人……只会挖松露的马尔图人……他们不会弯曲膝盖（去耕种土地），吃生肉，他们活着的时候没有房子，死后也不会埋葬。[49]

正是这支与美索不达米亚为邻的“野蛮人”，日后在美索不达米亚南部建立了巴比伦（Babylon）王国。而此时，他们刚开始与苏美尔和阿卡德先进的文明发生碰撞，到舒尔吉和阿马尔辛时期已经是冲突不断。

乌尔第三王朝在延续，雄伟的塔庙依然矗立在乌尔城中，阿马尔辛死后，他的弟弟舒辛（Shu-sin）坐上了国王的宝座。

乌尔的悲歌

▲ 舒尔吉和阿马尔辛陵墓

遗址位于今天的伊拉克巴格达以南，属济加尔省，纳西里耶附近，幼发拉底河的南部。

在乌尔城东南部，考古学家发现了乌尔三期的墓葬，墓砖上刻有舒尔吉和阿马尔辛的名字。结构复杂、墓壁牢固、具有拱形圆顶的墓室表明，这不是一般的墓，它传达出一种苏美尔文化中很古老的基本思想：在活着的时候，以王室牧羊人杜穆兹的形象和女神伊南娜举行过神圣婚礼的国王，死后必然要从坟墓（即地狱）中飞升，在一个特殊的地方受到祭祀供品的礼遇。[50]墓葬的结构也正是由地下挖掘的墓穴和地上安放的雕像、圣水及供奉祭品的上层建筑组成。

公元前3千纪末期，美索不达米亚建筑艺术的目的就是通过创建和维护一个接近神的神庙环境来实现王权的责任。新苏美尔帝国最为壮观的宗教标志——伟大的塔庙建筑，正是最完美的诠释。在乌尔的月亮神南那的塔庙里，舒辛继续上演着既神圣又充满情欲的那一幕。

在迄今为止发现的最古老的情诗中，舒辛是诗中的男主角，充满情爱的诗句表达了一位女性对他强烈的欲望。有学者认为，这首诗是一年一度的“神圣婚姻”的剧本。在这一仪式中，国王将象征性地与女神伊南娜结婚，以保证来年的繁荣。在他们结合的前夕，舒辛将代表神圣的牧羊人杜穆兹神，女祭司很可能代表苏美尔人的生育女神伊南娜，向国王表述她具有诱惑的言辞。

◀ 最古老的情诗，苏美尔楔形文字泥板

黏土，高10.7厘米，宽3.1厘米。尼普尔，新苏美尔时期，约公元前2037年—公元前2029年。古代东方博物馆，伊斯坦布尔，土耳其。

诗的开头写道：

“Bridegroom（新郎），dear to my heart，
Goodly is your beauty，honeysweet，
Lion，dear to my heart，
Goodly is your beauty，honeysweet.”
（Kramer翻译）

诗的结尾似乎是在发出引诱的邀请。

希罗多德曾记述，塔庙是从事信仰活动的场所，神与新娘的神圣婚礼就在这里举行。苏美尔的宗教观从来就是将天上的神与国王紧密地统一在宇宙之中，国王是神在人世间的代表，通过附有神圣意义的婚姻仪式，他们可以接近神的世界。我们有理由相信，代表神圣牧羊人杜穆兹神的舒辛国王与代表女神伊南娜的女祭司的结合就在塔庙里。

国王神圣的仪式在维持苏美尔的传统，对外，舒辛依然履行着国王的使命。在远征中，他将满载黄金的驴车赶回美索不达米亚，并将当地的居民迁至尼普尔周边为奴。但是，可能由于长时期干旱导致的饥荒，此时，阿摩利人开始疯狂地侵蚀美索不达米亚。在舒辛统治时期，对于阿摩利人的入侵，苏美尔人处于守势。眼看着阿摩利人从西向东挺进，国土面积不断萎缩，舒辛被迫在幼发拉底河和底格里斯河之间修筑了一道绵延270多千米的“长城”，以阻挡阿摩利人的入侵。

几年之后，舒辛的儿子伊比辛（Ibbi-sin）即位，他就是新苏美尔帝国的末王，虽竭力阻止王朝的崩溃，但最终还是未能力挽狂澜。

美索不达米亚统一的中央政权对农业经济的发展有着强大的推动力，保护和扩大灌溉网络，开辟了更多的灌溉渠。但是，经历了几百年甚至上千年，通过灌溉系统维系的平原农业因为土地盐碱化日趋严重，人们从种植小麦到改种更能适应盐化土壤的大麦，直到大麦也成为稀少的农作

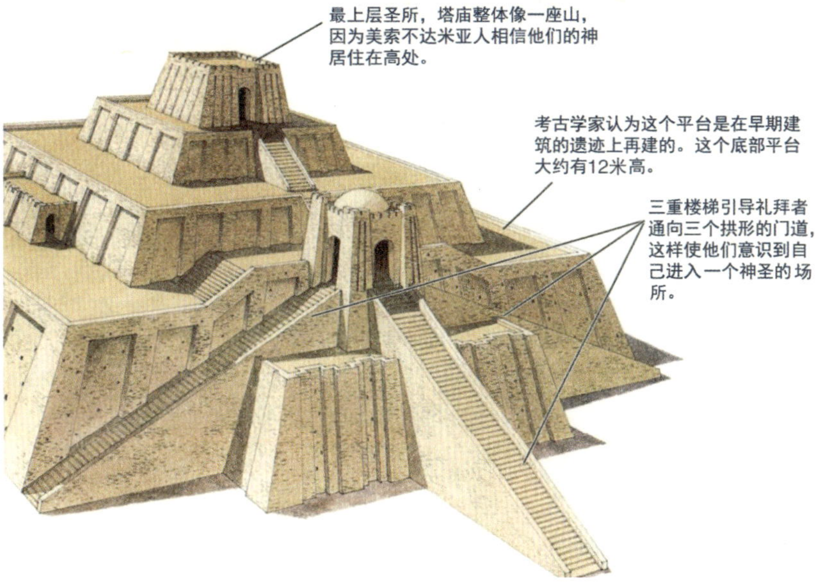

▲ 乌尔的月亮神南那塔庙

新苏美尔帝国在其控制的大部分主要城市都建造了宏伟的塔庙，这是保存最完好的遗迹。其清晰的设计和形式改变了古代近东建筑的外观。塔庙精心构建的仰角，将高度与宗教联系起来，庄严对称的结构是乌尔三期建筑的特色。

物，许多土地被放弃，人们不得不迁移到更远的地方。在舒辛统治时期，一位苏美尔抄写员就曾记录，很多田地的土壤都“变白了”。可是，美索不达米亚平原的土地并非广阔无垠，有限的农业耕地不能满足人们的需要，粮食越来越少，饥饿使乌尔第三王朝陷入困境，而阿摩利人的入侵无疑更是雪上加霜。

就在伊比辛统治的第二年，迪亚拉地区重要的商路城邦埃什努那（Eshnunna，今泰尔·阿斯玛尔）脱离乌尔的统治而独立，此时的中央王朝没有派兵去镇压。实际上，随着阿摩利人的南进和渗入，当时在王廷中就有众多的阿摩利人，他们甚至统率军队。伊比辛王权的威信已经衰落，对帝国失去信任的城市，如拉伽什、乌玛和尼普尔，在伊比辛统治的第五年之后相继独立，新苏美尔帝国开始分崩离析。

◀ 引见场景的圆柱印章
赤铁矿，高2.8厘米，直径1.7厘米。刻有苏美尔楔形文字。美索不达米亚，乌尔第三王朝，伊比辛统治时期，约公元前2013年—公元前1989年。大都会艺术博物馆，纽约，美国。

印章中的引见场景是乌尔第三王朝印章最流行的场景，在高度组织化的官僚体系的背景下，这一场景经常被刻在属于行政官员的圆柱印章上，这是乌尔第三王朝国王在他们统一的大片领土上进行的官方宣传的一种形式。这些印章设计清晰，标准化程度前所未有，一位站立的官员被引见给坐着的国王，印章上的文字证实，这个人是一位在行政等级中仅次于国王的高级官员。国王的座位与神的一样，既表明了他自己的权威，也表达了人与神的动态融合。

在这个压印图案中，左边那个光头、胡子刮得干干净净的觐见者，穿着一件长袍，右手的手掌放在嘴边，大概是印章的主人伊鲁姆巴尼（Ilum-bani）。我们可从框起来的8行铭文中识别："伊比辛，强大的国王，乌尔之王，四方之王——伊鲁姆巴尼，监督者，伊利乌金（Ili-ukin）的儿子，是你的仆人。"他由一位女神领着，女神身穿一件花边长袍，披在左肩上，戴着一顶有四对角的帽子。她用右手握住后面人的左手腕，举起左手致意，把崇拜者介绍给一个神化了的坐着的国王，很明显这个人物是年轻的伊比辛，在铭文中，被认为是神的决定。伊比辛也穿着一件花边的衣服，披在左肩上，戴着一顶有帽檐的帽子。在一个矮的平台上，他坐在有垫子的凳子上，用指尖拿着一个杯子。一轮新月中的"星盘"占据了国王面前上方的空间。[51]

曾经覆盖了巴比伦尼亚大部分地区和多个伊朗边境公国的大帝国，在不到几年的时间里，许多中部和边远省份纷纷分裂出来，建立了独立的国家。关于王朝衰落的历史进程，有四封特别重要的书信，描绘了当时鲜活的历史画面，使我们对新苏美尔帝国的灭亡可以管窥一斑。这些书信记录了国王伊比辛与一位名叫伊什比埃拉（Ishbi-Erra）的高级官员之间的往来。

伊什比埃拉是出身于马里的将军，马里是阻挡阿摩利人入侵的前沿要塞，通过王朝联姻，这座城市与乌尔保持着密切的联系。伊什比埃拉趁阿摩利人入侵之机，取得伊比辛的信任，被授予大权，他请命镇守伊辛城（Isin）。当时美索不达米亚地区饥荒恶化，伊什比埃拉奉命筹集粮食，但他没有把粮食运到乌尔。从他们之间的通信得知，伊什比埃拉不仅要挟伊比辛，而且成功地实现了将粮食留在自己手中的计划。

伊什比埃拉先是自称"卢伽尔"，大约公元前2017年，他采用了"世界四方之王"的头衔，以伊辛城为根据地宣布独立，由此开创了伊辛第一王朝，在伊辛控制着尼普尔、基什和埃什努那等城市。而伊比辛仅在该国的南部保持着自己的权力，他对伊什比埃拉毫无办法，甚至说："我们唯一的希望就是马尔图人（苏美尔语称阿摩利人）能将他抓走。"而此时，一位阿摩利人首领纳波拉努姆（Nablanum）已经在距乌尔城仅40千米的拉尔萨城独立为王，宣称拉尔萨王朝。且在东方，伊比辛面对着另一个危险的敌人——埃兰人，他多次对埃兰地区及安善（Anshan）诸城进行远征，起初他取得了一些胜利，但最后还是被赶出了苏撒。

▶ 伊什比埃拉写给乌尔国王伊比辛的泥板书信

黏土，高6.4厘米，宽8.3厘米，厚2.5厘米。刻有苏美尔楔形文字。尼普尔，古巴比伦时期，约公元前1740年。宾夕法尼亚大学考古学与人类学博物馆，费城，美国。[52]

当乌尔对南部地区放弃统治，首都的食物供应变得匮乏时，国王派遣伊什比埃拉到北部购买粮食。伊什比埃拉照办了，但随后勒索他的国王，要他把尼普尔和伊辛城给他掌管，并将他原先设法买到的粮食以两倍的价格卖给国王。这封伊什比埃拉写给伊比辛国王的虚伪的信中写道，您的仆人伊什比埃拉对我的主人这样说："您指示我到伊辛和卡扎路（Kazallu）去买粮食，现在的粮食价格被推得很高，我卖粮食花了二十银子。我得知仇敌阿摩利人进入你们的地界，我把所有的粮食，七万二千蒲式耳，运到了伊辛城。现在阿摩利人都进入了苏美尔，占据了一个又一个的大粮仓，因为他们，我不能打谷脱粒。他们对我来说太强大了，我被困在（这里）。陛下应该按照每艘能装载一百二十蒲式耳粮食的船，派遣六百艘这样的船，用所有的船沿着Idkura和Palishcum河，将七万二千蒲式耳粮食转移到上游一个安全的打谷场去，我会在前面逆流而上。让我负责这些船，如果你缺粮，我就给你送去。陛下，埃兰人也为这场战争而苦恼，他们自己的粮食配给很快就要用完了……不要匆忙成为他们的仆人，也不要跟随他们！我有足够的粮食供应你的宫殿和整个城市十五年，所以任命我守卫伊辛和尼普尔！愿我的国王知道（这一切）！"

公元前2004年，在阿摩利诸统治者的默许下，埃兰军队来到了乌尔城下。这支军队以斯马什基（Simashki）王金达图（Kindattu）为统帅，并且很可能得到了胡里安人的帮助。这一战，乌尔城横遭破坏，埃兰人攻破城池，残忍地大批屠杀民众，洗劫和焚烧了这座伟大的苏美尔城市，伊比辛则被用锁链绑缚送往安善。埃兰在乌尔留下一支驻军，六七年后，被伊什比埃拉驱逐。从此，新苏美尔帝国灭亡，包括苏美尔语在内的苏美尔文明消失，月亮神南那和众神失去了他们的力量。

◀ 苏美尔和乌尔的悲歌

黏土，高12.7厘米，宽12.7厘米，厚3.8厘米。刻有苏美尔楔形文字。美索不达米亚，古巴比伦时期，约公元前1740年。宾夕法尼亚大学考古学与人类学博物馆，费城，美国。

在乌尔第三王朝的第五个国王伊比辛统治的最后时刻，来自伊朗的埃兰军队洗劫了包括首都在内的残余领土。这首长诗描述了这场灾难，以神决定结束乌尔的统治开始描述。

"伊比辛国王被掳至埃兰，戴着锁链。

从大海边缘的扎布山（Zabu）到安善的边界，

就像一只飞离巢穴的鸟，永远回不到他的城市。"

"就像制服一头公牛一样，迅速地征服乌尔，把它的脖子按向地面，

（众神）安、恩利尔、恩基和宁玛（Ninmah）决定了它的命运。

它的命运无法改变，谁又能违背安和恩利尔的命令呢?
苏美尔的居所受到威胁，人们感到异常的害怕，
恩利尔煽动了一场邪恶的风暴；寂静笼罩着城市，
宁图（Nintu）锁上了这个国家仓库的大门，
恩基挡住了底格里斯河和幼发拉底河的流水，
乌图取消了公平和正义的宣言，
伊南娜把战斗的胜利移交到反叛的土地上，
宁吉尔苏废弃了苏美尔就像牛奶倒给狗一样。
反叛降临在这片土地上，无人知晓，看不见，没有名字，无法理解。
那座城市的神转身退去，牧羊人也不见了。
人们在恐惧中几乎不能呼吸，
暴风雨使他们无路可走，回不去，
回不去，无尽的囚禁。”

于是众神纷纷弃城而逃，城池一个个被敌军攻陷。乌尔城陷落后，诸神慈悲，风暴（埃兰军队）撤出后，乌尔恢复了平静，它的国王却被铸上了枷锁，再也没有回来。

苏美尔人在包括军事、文化和经济的所有领域都优于其他邻邦，公元前3千纪末期，没有出现任何衰败信号，相反，文字和文学不断完善和繁荣，艺术持续发展，纪念性建筑高度发达，官僚体制进一步精细化，被神化的国王得到整个社会意识形态的接受和崇拜。在这样的情况下，帝国的大厦轰然倒塌，国王被掳，惨死他乡。复兴的苏美尔帝国为何会如此消亡？苏美尔文明是否终于走到了尽头？

苏美尔人的无奈

▲ 卧着的人头公牛（或野牛）

滑石、贝壳，高12厘米，长19厘米，空腔长4厘米。美索不达米亚，乌尔第三王朝，约公元前2097年—公元前1989年。卢浮宫博物馆，巴黎，法国。

在美索不达米亚的整个历史中，都有人头牛身的形象。这个生物是拉玛神（Lama）：一个仁慈的、保佑的神——野牛——通常与太阳神沙马什联系在一起。公元前3千纪晚期，这个神的雕像长着胡须、牛的耳朵，戴着有角的头冠，扭头卧着。这样的雕像来自不同的苏美尔遗址以及叙利亚。雕像的制作工艺特别细致，身上三叶形的凹槽可以用来镶嵌，现在只留存了一个贝壳镶嵌。一个不规则细长的空腔位于背部的中间，可能是用来放置一个可移动的盛放贡品的容器，前面有两个较窄的水平穿孔。

农业是美索不达米亚的基础产业，但发展日益艰难，就像在埃利都发生的那样，土地盐碱化严重，为了获取更多的耕地，美索不达米亚不得不向更远的地方扩张。美索不达米亚出产羊毛、纺织品、大麦、小麦、鱼、枣等产品，但石材、铜、锡、香料、木材、皮革、颜料以及更丰富的食品需要进口，来自阿富汗的青金石和印度河谷的红玉髓也是乌尔王朝必需的奢侈品。贸易就是财富的通途和保障，开辟和控制商路也是王朝必须要承担的责任。为了获取更多美索不达米亚稀缺的资源，远征像马尔哈什这样的边缘国家，自然也不能轻举妄动。

然而，美索不达米亚的地理位置是交通、贸易的枢纽，它必然是开放的、生机勃勃的，这也使得政治实体摆脱不了短命的厄运。无论是美索不达米亚对外的扩张，还是周围邻邦对内的侵略，军事力量是根本的决定因素，而动用武力的结果不是神权可以左右的，只有王权的成败。当新苏美尔帝国丧失了军事优势时，就开始走向了灭亡。当自然灾害降临时，统治者又不能放弃他们的使命，苏美尔-阿卡德人的生活变得非常窘迫，与此同时，苏美尔人根深蒂固的传统城邦意识复兴，以城市为中心的各城邦不是团结而是分裂和独立。此时，在东部埃兰及其盟国与西部叙利亚闪族部落的共同夹击下，乌尔第三王朝仅以一个世纪的寿命走完了它的历程。

在之前经历了大约两个世纪的闪米特阿卡德人的军国主义以及库提人的野蛮统治之后，乌尔第三王朝带有苏美尔人种族内涵的宗教、政治、语言和文化的广泛复兴体现出跨越千年的传统仍在延续和发展。然而，经过长期政权的交替和民族的融合，阿卡德文明吸收了苏美尔的遗产，苏美尔文化也越来越多地保留了闪米特阿卡德人的因素，因此，新苏美尔帝国的文化已经不是简单的“苏美尔文艺复兴”。这一时期虽然苏美尔在语言、诗歌以及艺术等方面都有着空前的恢复和发展，但是，有学者提出，苏美尔文明衰落不仅是埃兰人及阿摩利人入侵等外部因素所造成的，而且是苏美尔人不断阿卡德化的结果。[53]

▶ 统治者的头像

石膏、象牙、沥青和现代蓝色填染，高10.2厘米，宽6.4厘米。阿达布，美索不达米亚，乌尔第三王朝，约公元前2097年—公元前1989年。芝加哥大学东方学院，芝加哥，美国。[54]

这个石膏头像是古代近东地区著名的雕塑，不仅是因为它被发现的时间较早，更重要的是它精致而自然的雕刻。它被认为是一个国王的头像，因为他头戴典型的圆形宽边帽子，耳朵暴露在外。面部的造型显示出对底层骨骼结构的惊人表现力，高颧骨，凹陷的太阳穴，精致的拱形鼻子，鼻尖已经受损。曾经用另一种材料镶嵌过的眉毛在鼻梁上方相接，用沥青镶嵌的象牙眼睛仍然保留，瞳孔上的蓝色涂料是20世纪新涂的。皮肤光滑而胡须粗糙。毫无疑问，这些胡须是用另一种造型材料制成的，以展示美索不达米亚君王浓密卷曲的胡须。

这个头像传统上可以追溯到阿卡德时期，与著名的阿卡德帝王铜合金头像在风格和类型上有着密切的联系，特别是脸颊上的胡子线条和鼻子侧面的相似之处。这些迹象表现出阿卡德艺术对解剖学细节特征刻画精湛的风格，清晰地反映出乌尔三期雕刻艺术对阿卡德元素的继承。

亚伯拉罕的路线

大约就在乌尔第三王朝走向灭亡的这一时期，一支生活在乌尔，与乌尔居民有着同样宗教信仰——崇拜月亮神辛（Sin，闪米特语，苏美尔语的南那神）的部族，他们可能也是阿摩利人，不仅没有参与对乌尔的侵略，反而在他们的族长亚伯拉罕（Abraham）和他的父亲他拉（Terah）的带领下离开了乌尔。亚伯拉罕是得到了上帝的指令，要离开乌尔城，远离混居在一起的阿卡德人、苏美尔人和其他闪族人，他将创建一个伟大的国家并会得到祝福。他们避开了战火的灾难，向着上帝所指示的地方——西部的迦南前进。这支部族没有选择穿越沙漠径直向西，而是沿幼发拉底河向西北来到了一座名为哈兰（Harran）的小城。虽然新苏美尔帝国的势力还没有达到这里，但这里同乌尔一样也崇拜月神，他们在此安顿了下来。

之后，没有忘记上帝的指引，他们重新踏上了旅途，终于来到了示剑（shechem），这里就是他们的迦南定居地。这支部族就是犹太人的祖先，被称为希伯来人（外族对以色列人的称呼）。他们曾经生活在两河流域，携带着美索不达米亚的文明在迦南地区创造出了属于自己的文明。[55]

四、王权登峰

英国著名政治学家和历史学家塞缪尔·E.芬纳（Samuel Edward Finer）在他的著作《统治史》中写道："来自阿摩利部落的国王们将王权扩大到了极限。"[56]

阿摩利人的入侵

乌尔第三王朝毁于埃兰人的最后一击，与此同时，一个强大的阿摩利人统治者纳波拉努姆已经在美索不达米亚南部腹地拉尔萨建立了拉尔萨王朝。美索不达米亚的历史从来就不简单。

狡猾的军事将领伊什比埃拉占据着伊辛，他是新苏美尔帝国的旧臣，此时，他以苏美尔王国的继承人自居，在他的王朝中，依然使用苏美尔语和阿卡德语。虽然他知道不远处的拉尔萨对其存在着巨大的威胁，但是他没有贸然行动。他选择了等待，实际上他在加固伊辛城防，并打造了一支更强大的军队。

十年以后，他对埃兰统治者发起了进攻，"伟大的战车"所向披靡，将埃兰驻军从乌尔驱除，并派人接管了乌尔月神神庙的女祭司。虽然他的军队令阿摩利人畏惧，但他没能攻打拉尔萨，因为不久他就去世了，留给他的继任者一个由伊辛、尼普尔、乌鲁克和乌尔组成的最具权威的王国。直到第五位国王里皮特伊什塔尔（Lipit-Ishtar）统治时期，伊辛第一王朝都相对平稳。里皮特伊什塔尔继承了苏美尔文化的传统，同样以作为一位杰出的立法者而闻名。而就在与这位国王依法治国的同时，拉尔萨的新国王登场了。

►《里皮特伊什塔尔法典》碑

《里皮特伊什塔尔法典》包括前言、43条正文和诅咒的结语。为了维护社会正义和阶级和谐，《里皮特伊什塔尔法典》宣称是安神和恩利尔把苏美尔和阿卡德的统治权交给了伊辛城的保护神尼宁西娜神（Nininsina），而尼宁西娜又把权力交付到里皮特伊什塔尔手中。

公元前1932年，拉尔萨的第五位阿摩利人国王衮古努姆（Gungunum）即位。为了重振乌尔灭亡后萎缩的海外贸易，仅过了三年，他便出征波斯湾伊朗沿岸的埃兰地区。他的胜利不仅使得波斯湾贸易快速发展，而且证明了这位国王强大的实力。在取得了巨大财富之后，衮古努姆迈出了他挑战伊辛政治霸权的第一步，出兵进攻安善，因为安善是伊辛的同盟国，伊辛前国王将女儿远嫁安善，建立了牢固的政治联姻。安善的都城是埃兰地区最大和最重要的城市之一，衮古努姆一举摧毁了这座城市，成功完成了这次尝试之后，他向伊辛王朝引以为傲的政治权威乌尔发起了进攻。战斗是激烈的，从伊辛国王里皮特伊什塔尔与他的将军南纳基阿格（Nanna-kiag）之间往来的信件中，可见冲突的紧张程度。将军写道："衮古努姆的军队已经来了。请陛下增援，给我更多的武器、弓箭和船只，否则，他们不久就会建起砖砌的堡垒，挖掘河道，我的国王，一定要重视。紧急。"里皮特伊什塔尔感到不安，他回信写道："我的其他将军都比你更效忠！你为什么不早告诉我？我已紧急给你加派了两千名持矛士兵、两千名弓箭手和一千名持斧士兵。将那些敌人赶出他们的营地，保住附近的城邦。刻不容缓！"但是增援部队来得太迟，或者太少，拉尔萨的敌军横扫乌尔。[57]占领乌尔后，衮古努姆重修了月亮神的神庙，这种征服者重修前朝遗迹的做法对后世具有深远的政治影响。乌尔陷落后不久，里皮特伊什塔尔的生命也走到了尽头，乌尔尼努尔塔（Ur-Ninurta）僭取了伊辛的王位。

◀ 模铸陶牌，手持权杖的国王或神

陶土，高12厘米，宽6.9厘米，厚1.7厘米。美索不达米亚南部，伊辛-拉尔萨时期，约公元前2000年—公元前1700年。大都会艺术博物馆，纽约，美国。

这种陶制饰板是用模具大批量生产的，代表了一种普遍的艺术形式。在神庙和私人家庭中都有发现。它们的题材广泛，包括宗教图案、神话和情爱场景，以及统治者和神的形象。

这个牌饰上的人物手持象征权力的权杖，身穿短衣，头戴伊辛-拉尔萨时期统治者的圆形头饰。他正在指挥，站立的姿态类似于阿卡德时代胜利纪念碑上的浮雕，根据同时期大量圆柱印章上的形象，他很可能是一位穿着武士服装的国王。

尼普尔城位于伊辛以北，是美索不达米亚的圣地，由于苏美尔人和阿卡德人的至高神恩利尔的神庙在此，具有极高的政治威望。统治者占有尼普尔城便可获得恩利尔祭司的加冕，则有权宣称

“苏美尔和阿卡德之王”的头衔，意味着拥有美索不达米亚南部整个地区的最高权力。衮古努姆决定将尼普尔纳入拉尔萨王朝的版图。

伊辛与拉尔萨之间展开了一场大战。在尼普尔发掘的大量考古证据表明，衮古努姆已被称为“苏美尔和阿卡德之王”，他最终成功地从伊辛手中夺取了圣城并将其纳入自己的疆域。同样有证据显示，乌鲁克也很可能被纳入衮古努姆的统治。不过，在伊辛的乌尔尼努尔塔崛起之后，虽然两国之间偶尔会出现缓和，但是，拉尔萨和伊辛为争夺尼普尔的战争持续了数年，乌尔尼努尔塔也曾收复尼普尔，成功夺回主权。

▲ 乌尔尼努尔塔泥砖

黏土。刻有苏美尔楔形文字。伊拉克，约公元前1900年。皇家阿尔伯特纪念博物馆，伦敦，英国。

这是献给伊辛国王乌尔尼努尔塔的泥砖，像这样的砖在他统治的任何城市都能找到。残留的13行铭文中前6行写道：“乌尔尼努尔塔，尼普尔管理一切的牧羊人，乌尔的牧羊人，埃利都主持仪式纯洁的祭司，乌鲁克忠诚的大祭司，伊辛的国王，苏美尔和阿卡德之王，伊南娜的宠儿。”

公元前1900年最著名的一次审判，涉及一桩谋杀案，三个男人策划谋杀了另外一个人，而这个被谋杀者的妻子却成了事件的焦点。这件事引起了国王乌尔尼努尔塔的注意，他下令在尼普尔集会听审。所发现的抄本叙述：

南那-西格，库-恩利拉（理发师），还有恩利尔那姆（果园主）杀害了卢-伊南娜（祭司）。卢-伊南娜死后，杀人凶手告诉了他的妻子宁-达达关于她丈夫被杀的事情。可是宁-达达对此保持沉默，并没有将这个事情告诉任何人。

乌尔-古拉，杜都（捕鸟人），阿里-埃拉提（贵族），普祖，埃路提，舍施卡拉（陶工），卢伽尔-卡姆（果园主），卢伽尔-阿兹达，还有舍施卡拉（沙拉-哈尔的儿子）纷纷站起来说：“既然他们杀了人，这些人就不能活着。他们四个人都应该在卢-伊南娜曾经坐过的椅子前被处死。”随后，士兵舒卡里鲁姆与果园主乌巴尔-苏恩也站起来说：“宁-达达并没有亲手杀死她的丈夫，为什么也要处死呢？”针对这个问题，长老会对公民大会发表了意见，说：“如果妻子不尊重她丈夫的生命，很可能就是她已经与另外一个男人睡过觉。那个男人可能谋杀她的丈夫，因为他知道，她永远也不会说出是他杀了她的丈夫。否则，她为什么要保持沉默呢？因此，不会是别人，正是她自己造成了她丈夫的亡故。因此，她必须承受最严厉的惩罚。”

公民大会解决了这个问题，南那-西格，理发师库-恩利拉，果园主恩利尔那姆，还有卢-伊南娜的妻子宁-达达都被处以死刑。这就是尼普尔公民大会的最后判决。[58]这个文本记录了事件的完整过程，但似乎显得很冰冷。

衮古努姆把拉尔萨从一个相对较小的国家变成了彻底打破伊辛霸权的地区大国。在扩大的领土范围内，更有利于解决以往独立城邦水源供应的复杂问题，有效地疏通被淤泥堵塞的河道，开凿运河，保证灌溉的需要，这也是他发动战争的目的之一。在衮古努姆晚年，老国王虔诚地在拉尔萨为女神尼宁西娜建造了一座神庙，并为乌尔的南那神庙塑造了银像，平稳地将统治权移交给了他的继任者阿比萨瑞（Abi-sare）。

◀ 楔形文字泥板

黏土，长3.5厘米，宽3.2厘米。刻有5行铭文。乌尔，约公元前1900年。大英博物馆，伦敦，英国。

泥板所记录的时间是拉尔萨国王衮古努姆统治的第十五年。

在伊辛与拉尔萨持续的对抗中，美索不达米亚南部各城邦数年间多次易主或保持中立，为了争夺尼普尔的战斗更是激烈。终于，在公元前1896年，阿比萨瑞的多支军队击败了乌尔尼努尔塔，并杀死了他。这场战争之后，美索不达米亚陷入长达一个世纪的政治混乱之中。

巴比伦第一王朝的崛起

以继承苏美尔—阿卡德正统为己任的伊辛王朝经过与阿摩利人拉尔萨王国的消耗战使其实力大不如前，在混乱的局势下，已无法有效地控制更大规模穿过幼发拉底河、进入美索不达米亚的阿摩利人的扩张。在众多的阿摩利人酋长中，一位名叫苏姆阿布姆（Sumu-abum）的首领夺取了距离基什城几千米、幼发拉底河畔的一座村落，此地被称为“诸神之门”，他决定将他的部族安置于此。他带领人们在驻地周围筑起城墙，将以往悄无声息的小村镇成功地变成了一座城市。留存下来的苏姆阿布姆的铭文纪念他领导的第二年，被命名为“建起城墙之年”。这座城市被希腊语称为巴比伦。公元前1894年，苏姆阿布姆在这里拉开了历史上伟大的巴比伦第一王朝的序幕。

巴比伦城初具规模，苏姆阿布姆知道周围强敌林立，他自然小心谨慎，但冲突还是不可避免，他带领手下勇敢地与敌人作战，巴比伦的领地也随着胜利不断地扩展。到了他的继任者苏姆拉埃尔（Sumu-la-El）的统治时期，他率领他的儿子萨比乌姆（Sabi-um）占领了基什和西巴尔。萨比乌姆接掌巴比伦统治权后，加固城墙，继续开疆扩土。可是，当巴比伦的入侵向着尼普尔进发时，拉尔萨不能再坐视不管，他们出兵击溃了巴比伦的军队，占据着尼普尔的统治权。但是不久，一位埃兰首领库都尔马布克（Kudur-Mabuk）崛起，率领部队越过底格里斯河。公元前1835年，巴比伦领袖萨比乌姆联合这支武装，不仅击败了对手拉尔萨，而且斩杀了拉尔萨的国王西里阿达德，一雪前耻。之后，他的继任者阿皮尔辛（Apil-Sin）同样为壮大巴比伦的实力而奋斗，但当时的巴比伦依然是一个小国。从大量当时的商业文献中可见，以上四位为巴比伦开创基业的军事领袖都没有称王，直到阿皮尔辛的儿子辛穆巴里特（Sin-Muballit）继承巴比伦政权后，才第一次宣布自己为阿摩利人巴比伦城的国王。他成功地击退了入侵巴比伦领土的乌尔军队，证明了此时的巴比伦在美索不达米亚已经可与其他王国相匹敌。

▶ 牌饰

黏土，长9.7厘米，宽8.5厘米。伊拉克（古代巴比伦），古巴比伦时期，公元前2000年—公元前1600年。大英博物馆，伦敦，英国。

这块在巴比伦发现的黏土烧制的牌饰，描绘了一个人控制着一条大狗。他用一根粗绳拴在狗的脖子上，用左手牵着，右手拿着一根棍子。这条狗有巨大的圆头，嘴不是很长，耳朵下垂，尾巴卷曲。这种狗的身躯很大，应该具有强大的攻击力。

拉尔萨和伊辛第一王朝

阿摩利人占据美索不达米亚使伊辛王朝的国力每况愈下，在伊辛与拉尔萨为争夺地区霸权而进行的持久战中，伊辛的几位国王虽与敌人互有得失，但紧张的局势也使得国内发生了令人不可思议的事件。早在公元前1861年，伊辛第九位国王埃拉伊米提（Erra-Imitti）在位执掌国政，当时，突然有一种不祥的预兆出现，预示将有灾难降临到国王的头上。按照一种罕见的美索不达米亚的习俗和旧制，国王为了避免遭到惩罚，找来了一名园丁作为他的替罪羊，他让这位普通人做一百天的国王，享受国王的待遇但并不行使权力。之后，这个伪国王和他的配偶将被仪式性地处死，真国王将坐回他的宝座，也许这样做可以使灾难落到假国王身上，而真国王得以保全。

但之后的结局十分出人意料，这位园丁最后拒绝离开王位，反而成了正式的国王，并继续统治了伊辛二十四年。

◀《早期国王纪事》

楔形文字泥板，L.W. 金（1907）《早期巴比伦王编年史》卷1，鲁扎克公司出版。

留存下来的楔形文字泥板《早期国王纪事》中记载了发生在伊新王国的事件：

"埃拉伊米提国王命令园丁恩利尔巴尼（Enlil-Bani）代替自己坐上王位，并把王冠戴在了他的头上。埃拉伊米提由于喝了几口热汤而死于王宫之中。正坐在王座上的恩利尔巴尼并没有被废黜，反而被正式任命为王。"

埃拉伊米提国王的突然死亡非常蹊跷，如果没有被下毒谋杀的话，仅仅喝了几口热汤似乎不至于要人的命。

就这样，伊辛王国内部混乱，只能加固防守，外部与拉尔萨等阿摩利人交战，国土面积日益萎缩。公元前1795年（或公元前1794年），在伊辛第十五位国王达米克伊里舒（Damiq-ilishu）统治时，辛穆巴里特率领他的巴比伦军队夺取了伊辛首都，终结了富有历史意义的伊辛第一王朝的寿命。

巴比伦领袖萨比乌姆联合埃兰人库都尔马布克率领的军队打败了拉尔萨，一举夺取了拉尔萨的统治权。但之后，库都尔马布克将拉尔萨占为己有，很快又占领了乌尔和尼普尔，他将拉尔萨的王位先后传给了他的两个儿子，他们都没有再使用埃兰人的名字，而是采用了闪米特语的名字，大儿子瓦拉德辛（Warad-Sin）和小儿子里姆辛一世（Rim-Sin I）。

▶ 祈愿之眼

玛瑙，直径3.4厘米，厚1.4厘米。刻有楔形文字。拉尔萨，公元前1834年—公元前1823年。卢浮宫博物馆，巴黎，法国。

库都尔马布克作为摄政王或背后拥有权力的人，带领两个儿子，成功地占据拉尔萨，他被称为"阿摩利之父"。他们的所作所为更像是真正的美索不达米亚君主，而不是外来者。瓦拉德辛死后，王位由弟弟里姆辛一世继承。这是刻有瓦拉德辛名字的祈愿之眼。

里姆辛一世是一位杰出的国王，他的军事行动在美索不达米亚南部包括乌鲁克、伊辛和巴比伦以及周围的邻国全面展开，扩张了拉尔萨的领土。他仅在乌尔城就修建了9座神庙和十几座纪念碑[59]，他的姐姐成为乌尔的月神大祭司，使拉尔萨恢复了往日的辉煌。

拉尔萨发展得如此迅速，使得伊辛、乌鲁克以及巴比伦等诸国的统治者感到非常不安，于是，他们组成了一支联合部队讨伐里姆辛一世。可是没有想到，里姆辛一世一举挫败了这支多国联军，而且直接杀入乌鲁克，之后，继续北进。公元前1794年，里姆辛一世击败巴比伦军队，将刚刚占领伊辛首都的巴比伦国王辛穆巴里特赶出了伊辛。这一次成功地占领伊辛，是里姆辛一世一生中最骄傲的事，因为它最终结束了拉尔萨与伊辛之间长达两个世纪持续的争斗，伊辛这个老对手从此消失。

一生功绩显赫、生前便被尊奉为神的里姆辛一世，是古代近东在位时间最长的国王。这也使得他不可避免地遇到了一位能够战胜他的对手，在夺取伊辛的两年后，巴比伦第一王朝的第六代国王在巴比伦城登基，他就是汉谟拉比（Hammurabi）。

▶ 陶制装饰

黏土，高6.3厘米，宽3厘米。拉尔萨，伊辛–拉尔萨时期。大英博物馆，伦敦，英国。

陶制浮雕表现的是一位神，裸体的神仅在腰部系了腰带，左手中握着一只鸟，右手中拿着一件短而弯曲的武器或工具，头戴头巾和头带，蓄着卷曲的长胡须。

埃什努那

埃什努那，地处美索不达米亚中部，占据着连接南北、东西的重要地理位置。虽然长期受到南方强大的苏美尔—阿卡德文化的影响，但由于远离南部的战乱，自乌尔第三王朝解体后，埃什努那一直保持独立，经过不断的对外扩张，占领了底格里斯河与支流迪亚拉河交汇处北部包括图图勃城（Tutub，今悔法吉Khahje）在内的整个地区，向北兵锋远至基尔库克地区（Kirkuk）[60]，成了称霸一方的王国。因此，它既是美索不达米亚与东方埃兰地区的门户，也与北方各地区关系密切，四通八达的贸易路线为埃什努那带来了财富。埃什努那的国王们同样重视法律建设，《埃什努那法典》致力于维护社会秩序，也规定了货物价格和劳动力价格。它的编纂时间，要比最为著名的《汉谟拉比法典》早约100年，其内容与《汉谟拉比法典》很相似。为了控制具有丰厚利润，包括铜、锡和其他金属以及宝石等物产的商业往来，埃什努那的统治者对周围邻国发起了一次又一次的挑战，在争霸的过程中，也曾成功侵略了他国的领土，但也有被击败甚至遭受洗劫的经历。

◀ 陶制牌饰

黏土。泰尔阿斯马尔（古代埃什努那），公元前2000年—公元前1595年。苏莱曼尼亚博物馆，苏莱曼尼亚，伊拉克。

这件由芝加哥大学东方研究院在伊拉克泰尔阿斯马尔即古代美索不达米亚的埃什努那发掘的浮雕作品，表现了一位裸体的苗条女人，她戴着两条项链，腰间系着腰带。

▶ 人面陶雕

黏土，高8.2厘米，宽4厘米，厚5.6厘米。古代埃什努那，公元前2004年—公元前1763年。卢浮宫博物馆，巴黎，法国。

这是一件在古代埃什努那出土的手工陶雕作品。它的身体是一头公牛，已经不在，头部是一张男人的脸，长着一双大大的眼睛，浓密的胡子下垂，长长的卷发衬托着它的脸。这是一位美索不达米亚传统的仁慈的保护神——拉玛神。在新亚述时期，人头公牛长出了一双翅膀，成了王宫的守卫者拉玛苏（lamassu）。

古亚述

在埃什努那以北，是亚述（Assyria）。萨尔贡时期以前，亚述是游牧民族占据的地区，并没有在这里实现真正的城市生活，他们首领的名字既不是闪米特语也不是苏美尔语的名字，当时在这里的人显然属于另外的民族，可能是胡里安人（Hurrian）。[61]阿卡德人的到来改变了这里的局面，亚述人臣服于萨尔贡创建的强大的阿卡德帝国。在之后的乌尔第三王朝期间，亚述又处于苏美尔人的统治之下，他们受到了苏美尔-阿卡德文明的影响，使用了苏美尔人的楔形文字和阿卡德语，但他们的语言被称为古亚述语，是阿卡德语最重要的一种方言。这个时期被称为早期亚述时期。大约在公元前2000年，一位具有亚述名字的统治者普祖尔阿淑尔一世（Puzur-Ashur I）将亚述带入古亚述时期。

普祖尔阿淑尔一世建立的亚述王国开始崛起，在他后续的继任者中，伊鲁舒玛（Ilushuma）国王曾率军成功地攻入底格里斯河以东的巴比伦尼亚地区，夺取了靠近埃兰边界的德尔城（Der），甚至还穿过底格里斯河进行了军事战役，干预美索不达米亚南部的事务。这些行动是为了保全横跨美索不达米亚东西、南北的贸易商路。

卡帕多西亚（Cappadocia）是中部安纳托利亚（土耳其）的古代名称，考古发现，公元前1950

年—公元前1800年，在古代卡尼什城（Kanesh），大量关于亚述与小亚细亚（Asia Minor）商业贸易的泥板文书证明，亚述商人已经在安纳托利亚建立了被称为卡鲁姆（Karum）的商业殖民地，卡尼什城是一个主要的铜和其他金属资源的中转中心。他们大型的毛驴商队在亚述与卡尼什之间往返，将美索不达米亚的纺织品、谷物、天青石以及锡等物产输入卡帕多西亚，换取金、银和其他资源。虽然这些亚述商人都居住在城市以外的郊区，但通过贸易以及通婚关系，他们与各城邦联系在一起。乌尔第三王朝灭亡以后，在亚述诸王的统治下，蓬勃开展起来的与小亚细亚的商业贸易，使亚述的财富得到了快速的积累，国力迅速攀升。亚述城内建起了主神阿淑尔（Ashur）、暴风雨神阿达德神（Adad）和女神伊丝塔尔的神庙。

土耳其历史遗址阿塞姆荷俞克文物：雌性斯芬克斯（狮身人面像）牙雕

河马牙、金箔。安纳托利亚，古亚述时期商业殖民地，约公元前18世纪。大都会艺术博物馆，纽约，美国。

▶ 高13.2厘米，长4.2厘米，宽4.8厘米。

来自美索不达米亚北部城市亚述城的商人在安纳托利亚中部的一些城市建立了卡鲁姆，或称“商人殖民地”，其中包括在阿塞姆荷俞克的遗址。在当地国王的控制下，亚述商人住在城市的限制区内，用从东南方运来的纺织品和锡换取白银。阿塞姆荷俞克位于安卡拉南部的一个高地上，是连接安纳托利亚和东方的商路城市。1965年，土耳其考古队在土丘最高处的两座被烧毁的宫殿中，发现了刻有铭文的泥板、牙雕和其他物品。

经过火灾和长期在土壤中的埋藏，这些牙雕的文物颜色各异，从白色到灰蓝色和橙色，它们被雕刻成代表古代近东神话中一种重要而奇特的复合生物——斯芬克斯（狮身人面）。这些小的雌性斯芬克斯是从埃及借鉴来的一种形式，她巨大的杏仁形眼睛和卷曲的长发来自埃及女神哈索尔（Hathor）。这些斯芬克斯牙雕作品被用于家具装饰。

◀ 高12.5厘米，长3.7厘米，宽5.7厘米。

这个作品是一件家具四条腿中的一条，被雕刻成没有翅膀的简洁型坐着的斯芬克斯像，一双大眼睛，瞳孔用于镶嵌，在头发和头饰上还留有金箔。每个斯芬克斯像都有长长的大卷发，紧紧地贴在突出的耳朵后面，衬托出脸部，就像埃及女神哈索尔的形象。在埃及，具有哈索尔属性的斯芬克斯像与皇家女性有关。这些在安纳托利亚的作品，根据它们在宫殿内的位置推测，可能具有相同的功能。这些斯芬克斯像可能是不会太重的小件家具的支撑腿，在头的顶部有用于榫卯的钻孔，可以固定榫头。每个狮身人面像的头部都具有雕刻的方向性，可以判断出这件牙雕是位于家具的右后侧。

◀ 高12.6厘米，长4.1厘米，宽5.2厘米。

这些斯芬克斯像展示了阿塞姆荷俞克与地中海东部世界的联系，也更好地记录了与美索不达米亚北部亚述的贸易。

▶ 高12.7厘米，长4.1厘米，宽4.8厘米。

这件作品整体呈灰色，说明曾经暴露在相当热的高温下，可能就是在宫殿被烧毁的那个时刻。根据雕刻的粗细程度判断，这件物品位于家具的前面左侧。

土耳其历史遗址阿塞姆荷俞克文物：家具装饰牙雕

河马牙，安纳托利亚，古亚述时期商业殖民地，约公元前18世纪。大都会艺术博物馆，纽约。

◀ 高3.81厘米，宽6.35厘米，厚3.66厘米。

这件作品属于五个一组的牙雕牌饰中的一件，表现了一只展翅的猎鹰用它凶猛的利爪抓捕一头鹿的场景。这些牙雕作品也经历了那场烧毁宫殿的火灾破坏。

▶ 高7.29厘米，宽3.51厘米。

这件作品也属于一组牙雕装饰。狮子的鬃毛以一种独特的手法表现，每一簇的末端都有一个上翘的卷曲，一排明显的卷毛将狮子的头部与鬃毛分开。这头狮子正张着大口怒吼，露出了很多的牙齿。最初在眼窝里的镶嵌物现在已经不见了。

▶ 安纳托利亚风格圆柱印章压印的陶制封盒

陶土，高6.8厘米，宽5.8厘米，厚1.6厘米。安纳托利亚，古亚述时期商业殖民地，约公元前20世纪—公元前19世纪。大都会艺术博物馆，纽约，美国。

公元前4千纪早期，亚述的商人在安纳托利亚中部建立了重要的贸易定居点卡尼什。他们往往孤独地长途跋涉，不能与家人团聚，但他们带来了用于记录交易的楔形文字、泥板书信以及圆柱印章等美索不达米亚文明的工具。商人们使用简化版的楔形文字系统，跟踪货款以及商业交易和纠纷，并将信件寄给亚述的家人和商业伙伴。在卡尼什，数以千计的文书档案经历了毁灭这座城市的火灾而保存下来，这些泥板文书反映了当时在近东发生的复杂的商业往来。

这个陶制封盒里曾经装着一块刻有楔形文字的书信，文本的痕迹在这个盒子的内表面依稀可见，盒子的这一面则是用圆柱印章压印过两次并进行封存。印章压印出了一个场景，出现了四个主要人物。两个头戴角冠的人，他们面对面，一个坐着，另一个站在公牛的背上。在他们身后，一个穿着短褶裙、留着胡子的人脚踩在一个裸体男人身上，另一个没有胡子、穿着短裙的人正在与一头倒地的公牛搏斗。在这四个人物的周围，点缀着一些小的填充图案。这个印章的图案具有典型的美索不达米亚特征，但在刻画人物和布局上，如大大的眼睛和使用填充图案等方面，又强调了安纳托利亚风格，由此产生的视觉混合是许多卡尼什印章的特点，这为两个地区之间的文化交流提供了进一步的证据。

◀ 鞋形陶制容器

陶土，高7.8厘米，长12.4厘米，宽5.3厘米。安纳托利亚，古亚述时期商业殖民地，约公元前1900年—公元前1600年。大都会艺术博物馆，纽约，美国。

但是，公元前19世纪后期，一支“居住在帐篷里的人”的部族来到了亚述城边，这些阿摩利人占据了距亚述城近在咫尺的埃卡拉图姆（Ekallatum）。经过父辈短暂的积蓄，一位历史上强悍而杰出的国王在这里出现了，他就是沙马什阿达德（Shamshi-Adad）。尽管是从父亲手中继承了埃卡拉图姆的王权，但他更是一位阿摩利征服者，他一直在注视着这座亚述城，因为他知道这里对他成就大业的重要性。

这一时期亚述的统治者是一位名为纳拉姆辛（Naram-Sin）的国王，他显然是注意到了盘踞在身边的这股力量，于是迅速采取行动，遏制住了沙马什阿达德企图篡夺亚述王位的计划，沙马什阿达德被迫逃到同为阿摩利人的巴比伦。

◀ 怀抱羔羊的男人

陶土，高10.8厘米，宽5.7厘米，厚4.7厘米。古代埃什努那，公元前2000年—公元前1750年。大都会艺术博物馆，纽约，美国。

▶ 站立的裸体女人

陶土，高15.5厘米，宽6.4厘米，厚3.2厘米。古代埃什努那，公元前2000年—公元前1750年。大都会艺术博物馆，纽约，美国。

就在同一时期，埃什努那有一位强大的国王，他南征北战，将国家的边界推进到巴比伦领地，他的军事行动也延伸到美索不达米亚北部的广大地区，巧合的是，这位国王的名字也叫纳拉姆辛（Naram-Sin）。有观点认为，埃什努那的这位国王就是此时亚述的统治者，他们是同一个人，因此认为，埃什努那对亚述发动了战争，亚述此时已被埃什努那征服，处于埃什努那的统治之下。那么，这两位国王是否为同一个人呢？从亚述和埃什努那两国王表的记载中可知，他们是分别从各自不同的父亲那里继承了王位，也就是说，两人有着不同的父王；虽然他们处于同一时期，但他们各自的统治时间并不相同，亚述的纳拉姆辛比埃什努那的纳拉姆辛统治时间更长，当亚述的纳拉姆辛将沙马什阿达德驱逐出埃卡拉图姆时，埃什努那的国王纳拉姆辛可能还没有即位。

但是，纳拉姆辛去世后，沙马什阿达德杀回了埃卡拉图姆。在这里，他不断地侵蚀亚述城周围的领地。经过三年处心积虑的策划与准备，公元前1809年前后，他向亚述城发起了进攻，终于征服了亚述，推翻了纳拉姆辛的继任者、他的儿子的王位，成为亚述第一位阿摩利国王，占据了连接巴比伦尼亚、埃兰和安纳托利亚商路的中心位置。

▶ 楔形文字圆柱体

沉积岩，高35.56厘米，直径16.51厘米。刻有楔形文字。古代亚述尼尼微，约公元前1800年。大英博物馆，伦敦，英国。

铭文记录了沙马什阿达德在尼尼微重建了伊丝塔尔的神庙和塔庙，经过了阿卡德王朝之后的七代人，时间大约在公元前1810年—公元前1776年；并说明了这个神庙原来是由阿卡德国王马尼什图苏所建，沙马什阿达德精心地替换了建筑上的铭文，并要求未来的所有国王都要同样尊敬自己重建的这座神庙。

马里

沙马什阿达德在西部最强大的对手是雅赫顿利姆（Yahdun-Lim）统治下的马里，马里占据着幼发拉底河中游河谷以及南哈布尔地区。根据马里档案记载，乌尔第三王朝衰落，在伊辛、拉尔萨、巴比伦和亚述等纷纷独立的背景下，马里王朝在公元前2千纪初期崛起。马里的财富来自于其有利的战略地位，它横跨幼发拉底河商道，将美索不达米亚南部以及波斯湾地区各国与盛产木材与金属的安纳托利亚地区连接在一起。拥有无限权力的国王统治着马里，王宫依旧是政府的中心，任命军事领导人、招募士兵、征收税金以及独揽宗教大权。在强权的统治下，马里的领土得以扩张，疆域实际上已经延伸到地中海岸边和高地上的雪松林。雅赫顿利姆的统治专制而残暴，臣民被强迫服兵役，抗议者有可能会被施以宫刑。

◀ 狮子雕像

青铜镶嵌石灰石和滑石，高40厘米，长70厘米。古代马里，约在雅赫顿利姆时期，公元前19世纪—公元前18世纪。卢浮宫博物馆，巴黎，法国。

这只青铜狮子是在幼发拉底河中部地区一个富有的城市马里发掘出来的。它是在一座供奉被称为“大地之王”的神的神庙内被发现的，旁边还有一尊几乎一模一样的雕像，如今被收藏在叙利亚阿勒颇博物馆。

这两只狮子发掘时最初的位置是在圣所入口的左边，被并排安置在有两层平台的墙上，只有前半身，雕塑的后半部分是建在墙内的。这样一来，狮子似乎是从墙里面跳出来的。它们伸长脖子，把头转向右边，给人一种警觉的印象，跃跃欲试。

两只狮子张着大嘴，咆哮着，眼睛是用石灰石和页岩镶嵌制成，突出地表现了凝视的状态。它们向后卷曲的嘴唇露出了用骨头做的牙齿，在卢浮宫的这件雕像上还留有一些骨头的痕迹。他们蹲在神庙的阴影里，看着人们来来往往。虽然在近东有很多动物雕像是作为守护者，通常的习惯是把它们放在神庙或宫殿的门外两侧，但是，这两只狮子雕像位于殿堂的内部，这表明它们与传统意义上守护动物雕像的作用不同。

这两件雕塑体现了马里青铜匠人精湛的技艺，是美索不达米亚文明的典型代表。雕像的制作方法是先制作一个可能是木制的狮子模型，然后以冷加工的方法将铜片用铜铆钉固定在模型上。卢浮宫的这件狮子雕像是用十八片铜片制作的，内部木制的模具已经没有痕迹了。狮子的鬃毛经过了精心的刻画，从细节上表现出这是一只年轻而强壮的狮子。而且，在它的右耳下部有一条小丝带，这可能表明这只狮子是被囚禁的，也许是献给神的。

尽管马里崇拜苏美尔人的神祇，深受苏美尔人在艺术、宗教和文化方面的影响，但他们的统治者和臣民都有闪族的名字，都崇拜大衮(Dagon)神，这座神庙可能是大衮神的神庙。

实际上，从沙马什阿达德的父亲开始，就已经控制了马里北部的特尔卡(Terqa)，沙马什阿达德从他父亲手中接过了特尔卡城的统治权。而此时，亚述和马里这两个强国势必要展开较量。

雅赫顿利姆国王被刺杀了，但他不是死于交战，而是在他的宫廷内，或许是由于他的残暴，或许是由于一场宫廷内斗，但最大的嫌疑人就是沙马什阿达德，因为他是最终的受益者，这场马里的宫廷政变很可能是在他的策划和授意下实施的。沙马什阿达德占领了马里，在厚葬了这位马里国王之后，他攫取了马里王国的王位，将富有的马里纳入自己的版图。不过，在这次成功夺取马里王国的战役中，雅赫顿利姆的一位年轻的王子兹姆里利姆(Zimri-Lim)逃走了，他投奔到西北方向、闪米特人统治的亚姆哈德王国(Yamhad，叙利亚阿勒颇及周边地区)，兹姆里利姆的出逃日后将为沙马什阿达德一手打造的王国带来无穷的后患。

上美索不达米亚王国

在取得了一系列军事胜利，成功占领了亚述并将马里纳入王国的统治范围之后，沙马什阿达德已将上美索不达米亚的大部分地区尽收囊中。他建立了一个大的帝国，在历史上经常被称为“上美索不达米亚王国”(the Kingdom of Upper Mesopotamia)或“上美索不达米亚帝国”。沙马什阿达德选择将亚述城以北、哈布尔河上游所占领的一座城市作为首都，并将其更名为舒巴特恩利尔(Shubat-Enlil)。他本人居住在这里，运筹帷幄，操控天下，而把他的两个儿子安置在了帝国最关键的位置上。他的长子伊什美达干(Ishme-Dagan)作为埃卡拉图姆王，处理王国东部地区的事务，这里是他们攻克亚述的发迹之地。他的次子雅思马赫阿达德(Yasmah-Adad)坐上了马里王的宝座，负责王国西部地区的事务。

沙马什阿达德是一位伟大的组织者，他的军队由精选的小队组成，其卫兵则是来自伊丝塔尔女神庙的阉人[62]，他对国家的一切事务无论是高层政策、官员任命还是供给配置都保持着严格的掌控。他经常派出间谍，并采用宣传手段取胜对手。他的政策允许被征服的领土保留他们以前的一些习惯。例如，在尼尼微，他使用国家资源重建了伊丝塔尔神庙；在卡塔拉城(Qattara)，虽然已经成了上美索不达米亚王国的附庸国，但当地的统治者依然保存了国王的权威。然而，在亚述城，沙马什阿达德这位阿摩利人拥有了“亚述之王”的头衔，在阿淑尔神的神庙附近，考古发现了刻有阿卡德文字的石板，许多砖块和物品上都刻有“沙马什阿达德，阿淑尔神庙建造者”的铭文。在铭文中，他声称自己是“宇宙之王”和“底格里斯河和幼发拉底河之间土地的统一者”，他还修建了恩利尔的神庙，将亚述建成了帝国的宗教中心。沙马什阿达德成就了古亚述王国的辉煌，上美索不达米亚地区的国王们向他进贡。为了维护贸易秩序，他制定了当时银、大麦、羊毛以及油的比价，规范了市场价格。在上美索不达米亚王国包括马里、图图尔、特尔卡和首都舒巴特恩利尔在内的各个城市，都必须使用与亚述同样的纪年系统。

a

b

▲ 沙马什阿达德胜利石碑残片

闪长岩。美索不达米亚，沙马什阿达德统治时期，约公元前1808年—公元前1776年。卢浮宫博物馆，巴黎，法国。

这是两面雕刻的胜利石碑残片。a残片中为被捆绑的俘虏，b残片中为一位国王正在打击敌人。在刻有铭文的一侧，两位国王面对面地站着，他们穿着长长的、有花边的长袍，右边的国王双手被绑着。另一块残片中，一位胜利的国王用矛将敌人刺倒在地，并用斧头砍入他的头颅。这块残碑被证实属于亚述一个强大的国王——沙马什阿达德。

沙马什阿达德在通过无数次的军事冒险建立了他的上美索不达米亚王国之后，他还对埃什努那发动了战争，帮助卡特纳（Qatna）在叙利亚西部对抗叛乱，参加埃什努那和巴比伦对抗美索不达米亚南部城市的行动，并处理了无数反对他自己权威的叛乱。这块胜利石碑是纪念他打击美索不达米亚北部埃尔比勒（Erbil）附近的卡巴拉城（Qabra）的战役，也是一件罕见的表现关于这种军事行动的艺术作品。[63]

在东部地区，伊什美达干的确精明能干。在他的父亲沙马什阿达德的策划下，他与埃什努那国王达杜沙（Dadusha）结成军事同盟，共同对大、小扎卜河（Zab）流域进行征服。伊什美达干取得了胜利，在一块记载联合部队取得军事胜利的纪念碑上写道：“达杜沙把土地交给了沙马什阿达德。”在西部地区，雅思马赫阿达德在父亲沙马什阿达德的命令下，继续向马里的西北方向进军，征服了众多游牧部落和一些重要的城市，进入了叙利亚中部。根据铭文记载，此时沙马什阿达德帝国的势力向西已达到了地中海海滨：“我把刻有我伟大名字的石碑，立在大海之滨的黎巴嫩。”[64]这些石碑也许真实地反映了古亚述王朝对这些地区的征服，或者只是短暂的掠夺性远征，不过，根据历史资料可以看到，沙马什阿达德帝国的军队熟悉当时所有有效的攻城方法，他们知道如何围攻壁垒，如何使用攻城槌，这使得他们可以攻无不克。

◀ 埃什努那国王达杜沙胜利石碑

石灰石，高180厘米，宽37厘米，厚18.5厘米。泰尔阿斯马尔，伊拉克，达杜沙统治时期，约公元前1780年。伊拉克博物馆，巴格达，伊拉克。

这块细长的石碑是为了纪念与沙马什阿达德胜利石碑的同一事件，即在埃尔比勒附近与卡巴拉国王巴努-伊什塔尔（Banu-Ishtar）作战，达杜沙与沙马什阿达德携手共同取得胜利。

石碑最初矗立在埃什努那的阿达德神庙。正面雕刻有四栏，而较窄的侧面刻有220行楔形文字铭文，分为17列。1983年，人们在伊拉克迪亚拉省的阿斯马尔（古埃什努那）郊区挖井时意外发现这块石碑，但在挖掘的过程中正面中心部分被损坏。

石碑画面的最上面一栏展示了达杜沙的英雄形象，他是一位杀手，站在被杀的卡巴拉国王巴努-伊什塔尔的尸体上。一个站着的男人（右）向他表示致敬，这可能是他的王子或是一位军事将领。具有太阳神光芒的圆盘出现在上部的中央，这一栏的底部出现了卡巴拉城的城墙。

为什么会有持续不断的战争？显然，阿摩利人地区的各种霸主们既想增加自己的权力和财富，又想保护自己不受同样贪婪的同辈和强权的侵犯。但意识形态因素也很重要，包括对军事生活方式的高度重视，以及精英需要展示他们的军事实力以使他们的权威合法化。埃什努那国王达杜沙的这块胜利石碑记载了国王发动军事行动的动机就是为了在其他统治者中获得威望：“在苏巴尔图（Subartu）之地，我用我强大的武器征服了Burunda、Eluhtum的土地和Diluba、Lullum平原与山脉之间的领土，使列王在全地永远歌颂我，我做到了。”[65]

庞大的上美索不达米亚王国首次统一了两河流域北部地区，同时也使古亚述王朝成为两河流域最强大的国家，所统治的范围东起扎格罗斯山，将美索不达米亚的北部、安纳托利亚东部和南部以及黎凡特的大部分地区纳入帝国版图，并向西一直延伸到地中海东岸。

在帝国的东南方向，虽然，此时埃兰人已经在国界东侧聚集了一万两千名士兵随时准备入侵，但他们一直不敢采取任何军事行动，可见帝国强大的军事力量不可撼动。

公元前18世纪初期，北方是古亚述王朝的天下，而南部则是里姆辛一世统治的强大的拉尔萨王国，两位霸主的强势笼罩着整个美索不达米亚。

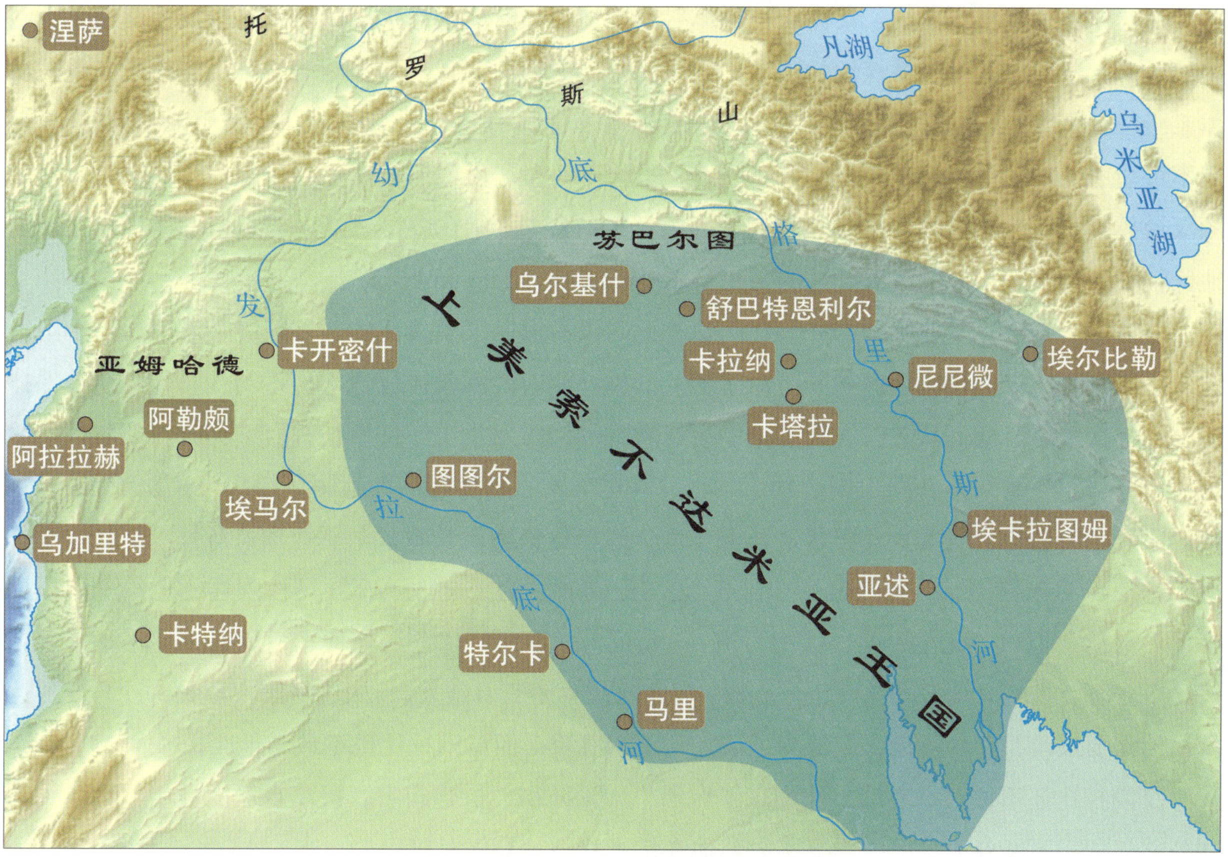

沙马什阿达德统治时期上美索不达米亚王国疆域

汉谟拉比的韬光养晦

公元前1792年，汉谟拉比继承了他父亲辛穆巴里特的阿摩利王位。当时，巴比伦依然是一个小国，被夹在拉尔萨和亚述两个南北大国之间。不过，在前辈的奋斗与开拓下，古巴比伦逐渐从一个小城邦发展成了地区王国，统一了包括从西巴尔、基什到波尔西帕（Borsippa）和马拉德（Marad）在内的多个周围重要城市。在这一区域内幼发拉底河与底格里斯河相距最近，就在不远处的东北方，独立的埃什努那王国已经与埃兰人结成联盟。而在东方，此时的埃兰王国也已更大范围地形成了统一的强国。巴比伦周围强敌林立，汉谟拉比小心翼翼地控制美索不达米亚中部自己的那片领地。

好在巴比伦这个当时并不起眼的小国在亚述王国的南端，距离遥远，而且，汉谟拉比很可能与沙马什阿达德属于同一个“住在帐篷里的王国”的阿摩利人部族。也就是说，他们很可能是远亲，因此，这不会使沙马什阿达德过于担忧。同时，它又位于拉尔萨王朝的最北端，尚未对其构成威胁，也就没有引起里姆辛一世的重视。但是，汉谟拉比对外扩张的雄心丝毫不亚于他的先辈，他耐心地准备了5年，盘算着下一步棋怎么走，是往北打，还是向南攻，或是向不远处实力相对较弱的埃什努那进发？

显然是经过了深思熟虑，汉谟拉比的第一次出征选择了向南，进攻里姆辛一世从他父亲手中夺走的伊辛，这也许是一次试探性的出击，也可能是一次勇敢的冒险。多年的战乱已经使伊辛的防御体系十分薄弱，汉谟拉比一举将伊辛从拉尔萨的驻军手中夺了过来。但是，以巴比伦当时的实力，还不可能触及拉尔萨王朝的中心地带，因此，里姆辛一世居然没有派出援兵予以争夺。占领伊辛后的汉谟拉比见势也不再南下，率军转向东北方，大约经过3年在底格里斯河与扎格罗斯山脉之间的地区征战，他摧毁了该地区关键性的要塞马尔基乌姆城（Malgum）。

北方上美索不达米亚王国的沙马什阿达德此时没有遏制汉谟拉比的对外征战，反而认为小国巴比伦可以利用，汉谟拉比会服从并听命于他。的确，当时的汉谟拉比也不得不与沙马什阿达德保持这样的外交关系，我们从一些泥板书信中可以看到。当时发生了一件事情，有一些来自迪尔蒙岛的代表要到马里去，可是在路途中遭到了袭击，马里王雅思马赫阿达德就写信给汉谟拉比说："为了他们不被敌人掳走，我派人保护这次任务先到你的巴比伦去，我希望不要对你有所打搅。请你适当地下命令保护他们，以免他们出什么问题。"与此同时，为了这件事，沙马什阿达德也给汉谟拉比写了一封信，但口气完全不同，信中写道："我派人保护这次任务到你的巴比伦去，你必须一起完成这个任务，直到你的兄弟（伊什美达干）写信通知你才可以结束。"从这封信中可见，沙马什阿达德虽然需要汉谟拉比的协助，但缺少了请人帮忙的尊重，而汉谟拉比也不敢与他叫板。

汉谟拉比还不敢轻举妄动，他加高了城墙，增强防御，扩建庙宇，提高自己的威望，兴建一系列公共工程，不断壮大自己的军事实力。他在韬光养晦，等候时机。

沙马什阿达德的傲慢是有理由的，他卓越的组织和管理能力构建起了支撑其帝国统治的强大的行政和军事实力。但是，他老了，终于老死了。

重回马里

沙马什阿达德去世了，亚述的王位传给了伊什美达干，统治着包括马里在内的整个帝国，他的弟弟雅思马赫阿达德作为他的副手统治马里。虽然弟弟雅思马赫阿达德对他父亲和兄长十分忠诚，但他的性格优柔寡断，生活奢靡，而伊什美达干，在父亲主政的时代似乎是一位有能力的军事领袖，却埋下了兄弟不和的种子。父亲死后，事实证明他无法维持整个王国，沙马什阿达德以武力征服而建立的帝国开始瓦解。埃什努那攻占了亚述周围的城市，各臣服的城邦纷纷脱离亚述的控制，不过，对于帝国最为致命的损失还是来自马里。

不能说"雅思马赫阿达德就是软弱无能，无法有效地统治马里"[66]，他也曾为父亲的帝国开拓西部疆域，战无不胜，沙马什阿达德本人也向他寻求帮助，要求得到他手下得力的人才。然而，从他们父子、兄弟之间许多往来书信中可以看到雅思马赫阿达德性格柔软的一面，以及他很可能对他的哥哥抱有怨恨，同时，他的哥哥伊什美达干也似乎并不把这个弟弟放在眼里。

当年，沙马什阿达德给雅思马赫阿达德写信总会这样说："你哥哥在东边又打了场大胜仗，而你却在那里倒在女人群里。"[67]兄长是父亲的骄傲，而雅思马赫阿达德却得不到父亲的认可："你是一个孩子吗，不是一个男人，你的下巴上没有长胡子吗？"[68]来自哥哥的消息也总是："我又攻取了一座城，欢呼吧！……我已将那座城镇夷为平地，欢呼吧！”可以想象，雅思马赫阿达德的自信在不断地坠落。曾经，沙马什阿达德安排了一桩与西方卡特纳盟友的政治联姻，让雅思马赫阿达德迎娶卡特纳的公主贝尔图姆（Beltum）为妻，可是，雅思马赫阿达德已经有了第一夫人，于是将贝尔图姆公主置于了权力的次要地位，沙马什阿达德对此很不满意，强迫他的儿子把公主留在宫里，作为第一夫人，雅思马赫阿达德只得无奈地照办了。沙马什阿达德死后，伊什美达干给弟弟写信的口气依然是：“我坐上了父王的宝座……我会让你坐在你的宝座上……你要马上给我一份全面汇报。”[69]

不久，马里城被围困，率兵进攻雅思马赫阿达德的不是别人，正是当初沙马什阿达德攻打马里时被迫逃亡的王子兹姆里利姆。在亚姆哈德国王雅里姆利姆（Yarim-Lim）的武力支持下，他们先夺取了拜利赫河（Balikh）与幼发拉底河交汇处的图图尔。之后，兹姆里利姆对马里展开了猛烈的围攻，雅思马赫阿达德坚守城池，誓死与马里共存亡。伊什美达干也许是出于自顾不暇，也许是对弟弟能力的不信任与无奈，他没能出兵援救马里，最终，马里城沦陷，雅思马赫阿达德战死沙场。

▲ 祭祀的国王壁画

石膏、矿物颜料，高80厘米。马里王宫，沙马什阿达德统治时期。卢浮宫博物馆，巴黎，法国。

对于考古学家和历史学家来说，马里王宫是研究该地区历史文化最重要的遗址，其中，壁画是最著名的古代文物。

这幅壁画是一面大型壁画的组成部分，装饰在第106庭院的南墙上部。画面上，一位身材高大、衣冠楚楚的人物形象被认为是国王，可惜腰部以上的画面见不到了。他正带领着一支装束整齐的队伍前去献祭，所献的牺牲就是后面牵着的那头为仪式准备好的公牛。公牛角的尖端被套上了贵重的金属，前额上装饰着白色的新月，壁画的黑色线条和色彩依然鲜明。

作品中高大突出的国王正在行进，右臂摆起，穿着齐膝的短裙，带有圆边的穗饰，系着细的腰带，腰带的末端垂于身后。这种装束不同于马里原来本地国王的形象，系腰带很可能是这些人的特点，这幅壁画中国王的衣服在上述其他细节上也与沙马什阿达德胜利石碑残片中国王的装束很相似。因此，学者们得出结论，壁画中的这位国王就是沙马什阿达德的小儿子，雅思马赫阿达德。

兹姆里利姆复国，坐回了马里国王的宝座，他纵观美索不达米亚全局，审时度势，清醒地认识到了天下大势。马里的一封著名的泥板书信阐明了观点："没有一个国王可以依靠自己而强大，有十或十五位国王追随巴比伦的汉谟拉比，也有同样多的国王追随拉尔萨的里姆辛一世，埃什努那的伊巴尔皮埃尔（Ibal-pi-el）也有同样多的国王追随，卡特纳的阿姆特皮埃尔（Amut-pi-el）也是一样，有二十位国王跟随着亚姆哈德的雅里姆利姆。"[70]兹姆里利姆知道，要想在群雄逐鹿的美索不达米亚生存，就必须与他们中间的强者结盟。兹姆里利姆不失时机地迎娶了雅里姆利姆的女儿什布图（Shibtu）公主，这桩皇家婚姻巩固了看上去实力最强的亚姆哈德王国与马里的联盟关系。虽然夺回马里的兹姆里利姆也占有了雅思马赫阿达德的后宫，但他善待了贝尔图姆王后，因为她是卡特纳国王的公主。面对东方，兹姆里利姆选择了汉谟拉比，他将马里的命运压在了巴比伦的身上。

◀ 马里国王的授权壁画

墙壁的灰泥表层，宽250厘米。马里王宫，兹姆里利姆国王时期。卢浮宫博物馆，巴黎，法国。

马里阿摩利人宫殿最显著的特征就是它的壁画装饰，许多房间和庭院保留了图案装饰的痕迹，在这些非常脆弱的作品中，著名的《兹姆里利姆国王的授权壁画》得以恢复，展示了国王在马里宫殿建筑的中心向女神伊丝塔尔致敬的场景。

这幅壁画是公元前2千纪近东地区唯一一幅以框架结构而非横栏格式构图的作品。更重要的是，发现时它依旧在原来位置上，对着通往王位房间前厅的大门道右侧的墙上，与《祭祀的国王壁画》同在106庭院。壁画的主题是女神伊丝塔尔授予国王王权和权杖。

雅思马赫阿达德被击败，兹姆里利姆为了证实自己继承父位的合法性，便在第106庭院南壁的地基上竖起了登基典礼图[71]，就是这幅《马里国王的授权壁画》。

从双肩上各有武器，头上戴着角冠等特征，我们可以辨识出，准确地定位在画面中央、脚下踩着狮子的神就是战神伊丝塔尔。她身着垂直开衩长袍，左手握有一把镰形兵器，右手把一根权杖和一个代表统治的圆环交给国王。国王身穿有两排穗饰的外衣，戴着椭圆形高头盔，不系腰带，右手高举，站立着向右方的女神致敬。此时，伊丝塔尔好战的一面被她和平、充满爱意的形象所取代。在他们的周围，是戴有角冠的其他神。

壁画中其他的辅助元素有女神拉玛，棕榈树和一棵混合型的树，喷出的水，植物以及采集枣子，显示了国王在他的宫殿里所提供的丰饶的保障。壁画中还有人面公牛、狮身鹫首的格里芬和狮身人面的斯芬克斯。画面中的格局与它所在的建筑相呼应，每个空间代表一个房间或区域。

汉谟拉比的胜利

失去马里的伊什美达干没能续写古亚述王国的强大，尽管他做出了顽强的努力，但已无法恢复亚述昔日的力量。来自东边山区埃兰人的入侵，摧毁了许多城市，侵蚀并挤压着美索不达米亚平原的领土。伊什美达干依然固守着埃卡拉图姆，保持着亚述王国的独立，但在他统治的时期里，所控制的地区仅局限于亚述城和尼尼微城一带亚述的核心区域，父王沙马什阿达德曾经最喜欢居住的首都舒巴特恩利尔城也已失守。

埃什努那也在抵抗，伊巴尔皮埃尔国王带兵奔波在美索不达米亚北部，与周边的邻国以及埃兰入侵者厮杀。他是曾经强盛的埃什努那的国王达杜沙的儿子，伊巴尔皮埃尔的征战甚至打到了埃兰王国的北部边界，但是，他还是死在了埃兰人的刀下，埃什努那被埃兰占领。之后，埃什努那不愿受埃兰人的统治，拥戴了一位自己的新国王西利辛（Silli-Sin）。

已经强大起来的埃兰王国的野心没有止境，他们已经盯上了美索不达米亚南部，首当其冲的目标就是汉谟拉比的巴比伦王朝。无论是伊什美达干的亚述王国还是西利辛的埃什努那，或许是出于保全自己国家的独立，或许是迫于埃兰人的压力，他们与埃兰达成协议，组成了一支同盟军，这支以埃兰王国为首的多国联军将对巴比伦展开进攻。

经过了大约二十年的休养生息，巴比伦也在积蓄力量，开凿运河，发展经济，加固防御，训练军力。毫无疑问，汉谟拉比时刻在关注着北面的动向，他知道决战的一天迟早要来到。虽然汉谟拉比有着足够的信心迎接这一次严峻的挑战，但他还是向拉尔萨的里姆辛一世发出了请求。很显然，这种唇亡齿寒的事态里姆辛一世不会看不懂，汉谟拉比希望与他建立抗击入侵者的联盟，共同对付来犯之敌。结果却出乎汉谟拉比的意外，里姆辛一世也许是太老了，他不怀疑汉谟拉比抵抗敌人的能力，但也不想与多国联军为敌，他居然没有答应汉谟拉比的请求，而且也未给予应有的援助。

危机时刻，马里的兹姆里利姆出手了，他把他的军队派到了交战的前线，交给了汉谟拉比，听候调遣。及时的援助使汉谟拉比与兹姆里利姆建立了兄弟般的联盟，二人面对强敌，彼此相互关照，有难同当，有仗共打。

许多在马里发掘的泥板档案是书信，有一封兹姆里利姆手下的将军从巴比伦发回的报告说明，他在那里指挥马里同盟部队支援汉谟拉比对抗埃兰。“您的仆人向陛下报告，汉谟拉比对我说：‘一支重装部队向敌人的纵队发起进攻，但是未能找到合适的突破口，所以我们的部队空手而归，而敌人的纵队毫不惊慌，秩序良好。现在你派一支轻装部队突袭这个纵队，把俘虏抓回来审问。’这是汉谟拉比给我的命令。所以，我已派去了300人的部队，并且我将再派300人，那里还有巴比伦的300人部队。在我们的军队中都有先知负责占卜，当有好的征兆时，我们将派遣150人出去，150人回来。我向我的陛下通报，您的部队一切都好。”[72]

公元前1764年，汉谟拉比与兹姆里利姆的将士们齐心协力，一举粉碎了北方联军的入侵。不仅如此，汉谟拉比的军队甚至一路向北，打到了埃什努那，这个位于美索不达米亚平原与埃兰王国的门户被彻底击败。虽然他没有继续东进攻打埃兰人的高地，但他占领并洗劫了苏撒。他还把很多埃兰人的女神像，连同他们的女祭司一起带到了巴比伦。这是一种礼貌而神圣的强夺并占有敌人妻子的方式。[73]

兹姆里利姆在他占地2万多平方米、拥有300多间房屋的马里王宫中，向汉谟拉比发出了强有力的外交声援："如果埃什努那的诸侯承认你，那么你就以国王的身份去统治埃什努那的这个地方吧。而如果他们不承认你，那么就尽你所有的力量强行……以便可以统治他们。"[74]

兹姆里利姆的包括走廊和庭院在内的豪华王宫在当时盛极一时，足见马里的富有。优越的地理位置使马里与物产丰富的安纳托利亚地区相连，在战略和商贸上极为重要，开拓疆域，更广阔地占有资源。兹姆里利姆竭力想扩大自己在北方地区的势力，他依靠自己的军队，经常以武力征伐北方的部落，在需要时，他也会向汉谟拉比请求支援。在打击苏巴尔图（Subartu）时，他的部队中就有汉谟拉比派来听他调遣的一支三千名战士的队伍，随后，兹姆里利姆又写信给巴比伦国王，要求他派遣更多的部队，以供他作战之需。巴比伦的军队在美索不达米亚北部地区的作战，使汉谟拉比加深了与兹姆里利姆的友谊，同时也使他对马里有了更多的了解，这为日后汉谟拉比在友谊与利益之间的选择埋下了伏笔。

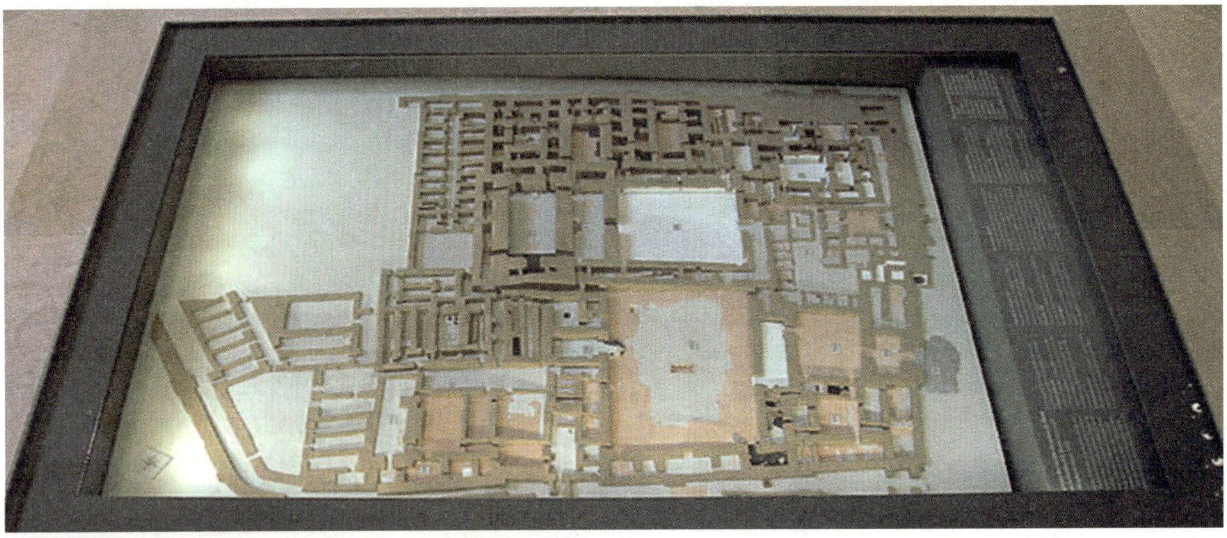

▲ 马里王宫模型

马里，叙利亚，公元前18世纪。卢浮宫博物馆东方古物部，巴黎，法国。

马里国王兹姆里利姆建造的宫殿异常宏伟，据文献记载，它在当时盛极一时，令其他统治者羡慕不已。巨大的庭院里种满了棕榈树，宫殿的墙壁上画满了精致的装饰性图案，其中包括现藏于卢浮宫博物馆的珍贵壁画。对王宫的发掘获得了这座建筑群的全貌，并发现了2.5万块楔形文字泥板，对研究青铜时代王宫生活以及城邦状况提供了重要的资料。遗憾的是，这座宫殿现在被损坏得很严重。

汉谟拉比的雄心是巨大的，此时，他没有在埃什努那做过多的停留，因为他必须要去解决一个后顾之忧。

“为什么在危难时刻你没有和我一起抵御那些北方来的入侵者？”汉谟拉比向拉尔萨的里姆辛一世发出了质问。这是一个借口，汉谟拉比以当初里姆辛一世在北方联军进攻巴比伦时保持中立的态度为理由，在击败埃什努那之后，他立刻调转方向对拉尔萨王朝发动了进攻。为了巩固巴比伦第一王朝在底格里斯河与幼发拉底河中游地区的地位，也为了以后进一步向上游挺进，更广泛地扩大王国的势力范围，汉谟拉比一定要先解决美索不达米亚南部里姆辛一世的拉尔萨。巴比伦的军队一路向南，攻城拔寨，征服了尼普尔、乌尔、乌鲁克等众多城市，最后兵临里姆辛一世的拉尔萨城下。

汉谟拉比没有急于攻城，他在幼发拉底河上筑起了水坝，将流经拉尔萨的河流改道。这一做法使拉尔萨民众人心惶惶，长达六个月的围城之后，弹尽粮绝、没有了水源的拉尔萨沦陷了，里姆辛一世逃出了城，但年迈的他很快被俘虏，随后死去。

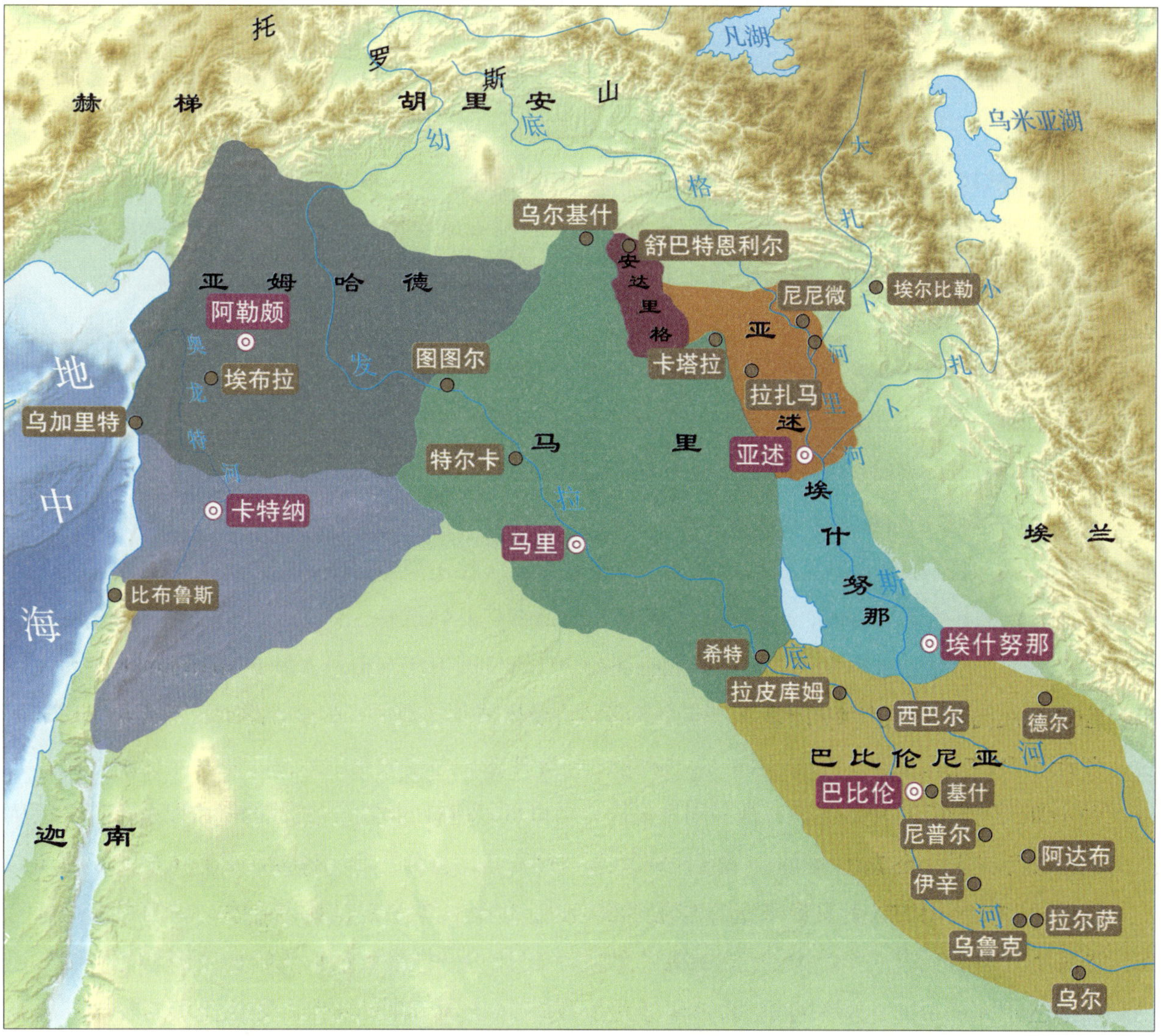

汉谟拉比时代近东地缘政治局势图

一系列的胜利使汉谟拉比得以控制整个美索不达米亚平原，但他没有停滞不前，他的军队掉头又向北方进发。这一次，来势汹汹的汉谟拉比没有再对北方的国家手软，结束了埃什努那以及包括安达里格（Andarig）、卡拉纳（Karana）、卡塔拉和拉扎马（Razama）等各个小国的独立，将他们纳入了自己的统治之下。亚述的伊什美达干国王与汉谟拉比的关系复杂，汉谟拉比一定带兵攻打过伊什美达干的亚述，但伊什美达干也曾和汉谟拉比一起共同与埃兰人作战，或许是念及同为阿摩利人共同祖先的后人，或许是出于战场上的同盟关系，在汉谟拉比自己的铭文中没有提到完全征服亚述。亚述始终没有被兼并，一直保持着独立的王朝。但是，在伊什美达干生前，以及他的儿子和继任者穆特阿什库尔（Mut-Ashkur）都不得不向汉谟拉比表示敬意，臣服于他。

短短的几年内，汉谟拉比成功地将美索不达米亚的大部分地区统一起来，原先已经十分完善的贸易路线尽归巴比伦第一王朝的掌控之中，为国家带来了稳定的经济利益。但是，还有一个强大的国家，对于汉谟拉比来说不能忽视，因为它的存在似乎对王朝总是隐患。这个国家就是马里。

马里之战

四轮车在公元前4000年已经出现，当时拉车的牲畜是牛。公元前2000年，定居在美索不达米亚北部、广袤平原边缘地区的胡里安人，他们具备精湛的制造技术，人类历史上一项极为复杂的发明出现在他们当中，这就是用一两匹马套拉的两轮轻便战车。他们显然熟悉驯养马匹，并懂得如何驾驭它们。胡里安人与马里是近邻，他们骑着马匹、驾驭着战车加入兹姆里利姆的部队。这不仅使马里的军队更加机动和灵活，也的确增加了兹姆里利姆的实力和自信。

纳比亚托姆（Nabiyatum）是马里国王兹姆里利姆的信使，他是胡里安人，当他来到汉谟拉比面前时，让这位伟大的帝王感到吃惊。因为他不像巴比伦骑驴的信使那样，他骑的是马，可以携带装满泥板文书的皮包，更快速地往来于两国之间。纳比亚托姆带来了马里最新的条约草案，争议主要出在幼发拉底河畔的希特城（Hit），这是马里与巴比伦的边界问题。

“为什么兹姆里利姆要在条约中写上希特城？”汉谟拉比对马里的特使说，“我更希望你的主人不要提这座城市。记得当年，沙马什阿达德从埃什努那夺取了拉皮库姆（Rapiqum）并把它交给了我，我和沙马什阿达德都在那里驻军，而现在，兹姆里利姆的部队驻在希特，如果能像在拉皮库姆那样，我的军队也驻扎在希特，也许我们之间还能和平相处！”两位国王相互猜忌，彼此恼怒。特使代表兹姆里利姆国王说道：“我的主人为你聚集了整个地区的力量支持你，他向那些包围你的凶恶的敌人发起攻击，并打败了他们，在阿卡德之地赢得了控制权。作为回报，你要收回对本属于我主人的这些城市的请求。”汉谟拉比回应马里国王说，他只同意他认为马里可以占有的城市，其他的城市以及希特必须从条约中去掉，并清楚地亮出了底牌：“你的国家只有马和战车的力量，而我的实力在于船只和战舰。”

汉谟拉比为将要失去昔日最亲密的盟友感到难过，但是，他一定是意识到了马里的存在是危险的，因为它的背后还有一个巨大的潜在威胁，就是像巴比伦一样强大的亚姆哈德王国。他不会忘记当初亚姆哈德国王帮助女婿兹姆里利姆夺取马里，为亚述王国带来的灾难。兹姆里利姆也同样感到沮丧，在巴比伦王国发展壮大的过程中，是他给了汉谟拉比最有力的支持，现在，他却成了汉谟拉比实现其野心的下一个目标。

汉谟拉比把以前支援马里的巴比伦军队调了回来，同时，向苏巴尔图派遣了一支6000人的部队，目的是从侧翼包围马里。纳比亚托姆的快马侦察到了巴比伦军队的动向，并报告给兹姆里利姆国王。

在马里昏暗的神庙中，兹姆里利姆的妻子什布图王后向神祷告，祈求她的丈夫和国家平安。在考古学家发现的许多她与丈夫之间往来的信件中，可以看到他们夫妻之间相互关怀体贴的深情。当兹姆里利姆得知出现了一种“极具传染性的疾病”时，在一封他写给妻子的信中，他“下达严格的命令”，敦促妻子：“她（病人）用过的杯子别人不能用来饮水，她坐过的位子别人不能坐，她躺过的床别人不能躺，以防她把病传染给和她在一起的许多别的女人。”这种像现代人一样具有隔离传染病人的意识体现了他对妻子的爱护。什布图也派人送去寒衣以备丈夫出行之用，在信中叮嘱他要多加衣服以防生病。同时，还有些信件证明，她是一位有能力、贤惠的王后，在兹姆里利姆出征在外期间，她经常管理着王国的事务，履行了国王的所有职责。现在，她向神祈祷，请求得到神的谕告。她给丈夫写去了信，信中她把得到的关于汉谟拉比进攻马里的神谕告诉了他：“我已经问了关于巴比伦的问题。那个人正在密谋许多对付我们国家的事情，但他不会成功。我的主人，您将会看到神如何对待他。你会抓住他，并制服他。他的日子不多了，活不了多久。我的主人您应该知道！”

但是，这次，预言错了。巴比伦装备着各种盔甲和大小盾牌、手持矛枪的重装步兵，以及配备斧头或弓箭的皇家士兵，还有用四头驴拉的战车向马里城压来。

在幼发拉底河开阔的岸边，马里的军队充满对神的预言的信心，毫不畏惧地摆开阵势，他们的弓箭手和标枪队率先给巴比伦军队迎头痛击。在他们身后，与巴比伦军队同样坚强的马里战士随后怒吼着向敌人冲去，两侧轻型战车不停地冲击敌阵，直到与汉谟拉比的警卫部队、那些强悍的斧头兵遭遇，他们已经冲到了巴比伦国王的身边。

就在这危机时刻，汉谟拉比的战舰出现在马里城下，宽阔的幼发拉底河上停满由400艘船组成的庞大舰队，其中大型战船肆意撞击马里的船只，可满载100名士兵的兵舰加入战斗。水面上的胜利宣告了兹姆里利姆的失败，新型的战车无法在幼发拉底河里发挥威力。

兹姆里利姆的命运此后在历史记录中消失了，据推测已被杀害，马里也终于落在了汉谟拉比的手中。至此，巴比伦第一王朝在美索不达米亚大一统的局势已经明确。或许是胜利来得太快，或许是强大的巴比伦已经没有了对手，也或许是要在王国空前广阔的领土上实现最严厉的权威，汉谟拉比其后的军事行动似乎过于残酷。在征服马里的第二年后，巴比伦的军队再次回到马里镇压叛乱，这一次，汉谟拉比下令摧毁城墙，在洗劫了兹姆里利姆富丽的宫殿之后，一把大火把这座雄伟的都市烧成了废墟。公元前1756年，汉谟拉比又把目光投向了埃什努那，巴比伦军队再次来到埃什努那。汉谟拉比把迪亚拉河的河水引入埃什努那，用大水冲毁了这座历史名城。从此之后，这座城市一直被埋藏在泥沙之下，达3500年之久。[75]

此时的西亚，巴比伦第一王朝实现了美索不达米亚空前的统一，只有黎凡特西部的亚姆哈德和卡特纳逃脱厄运，保持了王国独立的存在。胜利证明了汉谟拉比的军事实力，也使他的权威合法化。不过，就在他夺取马里的那场战役中，有人看出：“汉谟拉比是一位伟大的国王，但他对马匹和战车知之甚少；他的王国还能维持多久？”[76]

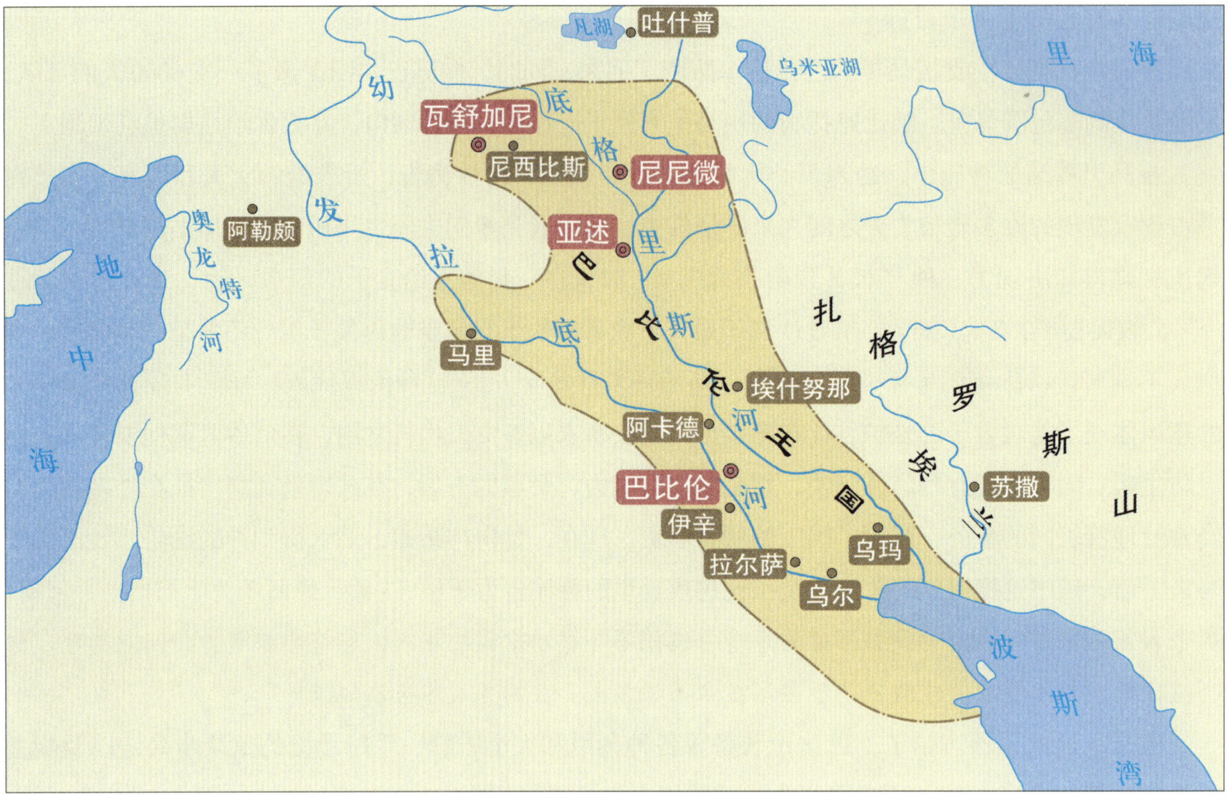

汉谟拉比统治时期的巴比伦王国疆域

▶ 拉尔萨的礼拜者

青铜、金、银，高19.5厘米，宽14.8厘米。拉尔萨，古巴比伦汉谟拉比时期。卢浮宫博物馆，巴黎，法国。

这尊精致的雕像出现在拉尔萨，构思独特，技艺精湛。单腿跪着的礼拜者戴着帽子，留着王室发型，蓄有胡子，一只手在嘴边，正在向阿摩利人的神祷告，他的脸部和双手涂有一层金箔。雕像底座呈长方形，表面刻有浮雕，前面有一个小的祭祀容器，上面的铭文表明，这是一位拉尔萨的居民为汉谟拉比的生命在祈祷。

至上的权力

维持王国的长治久安当然不仅仅是依靠武力，汉谟拉比杰出的军事才能体现出人类的智慧与力量，但是，所谓得到上天的眷顾还是需要借助神的威力来证明统治的合法化，在美索不达米亚，一直以来国王都需要一位在广泛领域有主宰地位的神作为象征。但这一次，从巴比伦开始，他们不再宣称自己是被某位神选中、代表神行使在人间的权力了。

最著名的神话文献是巴比伦的《创世史诗》，它为美索不达米亚的王权结构提供了线索，尽管是间接的，公元前2千纪早期的巴比伦城拥有巨大的威力。[77]因为这座城的守护神是马尔都克（Marduk）。

巴比伦的创世诗篇记录于在亚述遗址发现的7块泥板、1060行的叙事诗《埃努玛·埃利什》（*Enuma Elish*）中：

在天还没有被称之为“天”，地也没有被称之为“地”，世界还没有形成之时，宇宙间充满原初之水，只有淡水之神阿普苏（Apsu）、他的谋臣穆木（Mummu，雾的化身）和咸水女神提阿玛特（Tiamat）。阿普苏与提阿玛特的结合开始生出诸神，首先出生的是男神拉赫姆（Lahmu）和女神拉哈姆（Lahamu），这对兄妹长大后，生出了男神安沙尔（Anshar）和女神基沙尔（Kishar），这对孪生兄妹长大后又结为夫妻，生出了天神阿努（Anu）。天神阿努又生出了具有卓越智慧和力量的埃阿神。

诸神的数目增加之后，阿普苏对他的子孙们肆意吵闹所发出的噪音影响了他的睡觉非常生气，他找来了穆木与他商量如何对付这些讨厌的诸神。诸神为此感到惊慌，于是，智慧之神埃阿向阿普苏发出了咒语，使阿普苏昏昏入睡，然后，埃阿走到阿普苏身边，拿走了他头上的王冠和光芒四射的衣服，并杀死了阿普苏。

不久，埃阿的妻子达姆基娜（Damkina）怀孕了，生下了马尔都克神。诸神都非常高兴，父亲埃阿神把高出一般神一倍的能力赐予了儿子，马尔都克神就有了四只眼睛和四只耳朵，嘴能喷火，身材魁伟，天神阿努也赐给马尔都克四种风。

马尔都克用旋风吹向了女神提阿玛特，使她很不愉快。于是，在提阿玛特身边的神族向她提出，必须要为阿普苏报仇，使大家能够安宁。提阿玛特接受了这一建议，决定制造出同样有威力的风和各种怪物，与他们战斗。七条尾巴的大蛇牟修玛嘿、毒蛇巴修姆、长着蝎子尾巴的龙牟修夫修、海中怪兽拉海牟、巨大的狮子乌伽鲁尔姆、狂犬乌里迪恩姆、人蝎基利塔布里尔、飓风、人鱼库利尔和野牛等被制造出来。提阿玛特让她的儿子金古担任这支怪兽军团的指挥官，将代表天界最高权力的“天命书简”授予他，使他成为诸神之长。

消息传到了埃阿那里，埃阿马上去向祖父安沙尔汇报。安沙尔就派儿子阿努独自去安抚提阿玛特，可是阿努没能完成任务，于是，安沙尔思考之后，说道：“能够渡过这一难关的，只有马尔都克，别无他人！”埃阿叫来了马尔都克，安沙尔对他说：“利用你有力的咒语，平息母神提阿玛特的愤怒。乘着风暴前进，给我打死提阿玛特。”

马尔都克也正想试试自己的力量，而且，这也是在天界获得势力的机会，他立刻请求曾祖父召开诸神集会，将“天命”授给他，他说：“在诸神的集会上，我占有最高的位置，使我的命令成为至高无上的。”听到马尔都克这样说，安沙尔派使者通知他的父神拉赫姆和母神拉哈姆，并召集其他诸神。

众神齐聚一堂，宴会开始了，他们用长筒管从缸底里喝甜酒，醉意朦胧，将“天命”授予了马尔都克，尊奉他为众神之首。诸神调换了座位，对马尔都克说：“你是诸神之中最受尊敬的神，你的命令就是最高的命令。在诸神的圣殿里，你的所在地（巴比伦的神庙）是人们永远朝拜之地。你的话语总是具有最高的权力，你的武器将永远战胜敌人。”

马尔都克拿起弓、箭和三股叉的戈，带着闪电和燃烧着的火焰，将捕获提阿玛特的网拿在手中。他还准备了极具威力的“七风”，即可怕的东、西、南、北和带着沙石、风暴、雷雨的七种风。

马尔都克身穿铠甲和长衣，头上放射着光辉，乘上战车，接近提阿玛特和她的心腹金古，双方互相念起咒语，开始了战斗。马尔都克张开网，向提阿玛特放出可怕的风，提阿玛特张开大口，想要把马尔都克吞噬。马尔都克驱使恶风袭去，狂暴的风使提阿玛特不能闭口，大风进入提阿玛特的肚子里，把她的肚子胀得很大。马尔都克对准提阿玛特射了一箭，肚子破了，箭射中了心脏，提阿玛特倒下了。马尔都克的脚踏在了她的尸体上，他把提阿玛特制造出来的那些怪物都抓捕起来，打碎了他们的武器，把司令官金古也绑起来，没收了他的“天命书简”，带在自己的身上。

之后，马尔都克将提阿玛特的身体一分为二，一半高高举起，形成了天。

他开始为空旷的天际制造出星辰，按照一年12个月，安置了36个星座。他为大神阿努、恩利尔和埃阿建造了天上的神庙，他们各居其所，各行其道。他在天上设置了太阳东方的入口和西方的出口，为太阳神沙马什设置了航行的道路。在天的内侧安置了月神（辛），作为夜色的装饰，并赋予他每月不同时间轮回呈现角、半圆和满月的形状。接着，他又聚集了提阿玛特的水流，制造了云，也制造了雨和雾。

接下来，马尔都克用提阿玛特的头制造出大山，流出的地下水成为河流，让提阿玛特的两眼流出了布拉努恩（幼发拉底）河和伊迪古纳（底格里斯）河，让提阿玛特的两个乳房变成巨大的高山，冒出丰富的泉水。之后，他用提阿玛特的另一半身体创造了地。

马尔都克正式登上诸神之王的宝座，天上的众神跪伏在他的面前，马尔都克开口说道：“我想在下界建造漂亮的神殿。在那里修建举行祭祀仪式的场所，愿我的王权永世相继。我想给那里起个名字叫巴比伦——众神之门。”马尔都克想用神的血制造骨头，创造最初的人类。这样，下界的人类可以为上界受到尊重的诸神劳动和服务。在埃阿的建议下，马尔都克召集众神，对所有的神说道：“对我如实地说，唆使提阿玛特掀起战斗的是谁？把这个神交出来，就可以宽恕其他的神。”以前为提阿玛特效力的诸神回答说：”引诱提阿玛特挑动战斗的是金古。”

金古的血管被切开，流出来的血创造了最初的人类。按照马尔都克的精密计划，人类完成了下界三百座神殿的建设，与上界三百座一起，共六百座神殿为诸神提供了能安息的圣所。在巴比伦，筑起了雄伟的塔庙，设有马尔都克、恩利尔和埃阿的神殿，在那里，诸神喝酒、唱歌，大神们极力称赞马尔都克，把他确定为天地间的诸神之主，安沙尔说：“无论是上界或下界都顺从主的命令，主的统治至高无上，主的功绩万古流芳……”并为马尔都克冠以50个崇高的神名，表明他是一个无所不能的神。[78]

在这部描述详细的叙事诗中，介绍了诸神的由来，在关键时刻，幼辈神拯救了老辈神，马尔都克被视为宇宙的创造者，被拥戴为至高之神。最后，在众神云集的圣所，确认了马尔都克的权威。他是诸神中的最强者，理所当然地成了权位的合法继承者。在天庭的政治斗争中，马尔都克对提阿玛特的胜利显示出对结束宇宙前任国王阿普苏的专制统治所付出的各种努力是正义的，而在地上的政治活动中，巴比伦的庇护神马尔都克作为宇宙统治者的支配地位，象征着巴比伦王朝对美索不达米亚其他城市的征服以及对各地方诸神的支配地位同样正义、合法。巴比伦王朝已经不再遵循以往美索不达米亚的神学传统，而是直接将本地的保护神提升到帝国的高度，凌驾于其他城市诸神之上。马尔都克崇拜有强化单一主神的趋势，他几乎占据政治统摄的一切领域，对他的颂扬达到登峰造极的程度，以前的各种大神都必须给马尔都克让位，他成为神殿中的主神，标志着巴比伦第一王朝至高的地位。

在现实的美索不达米亚统一的王国中，在每年的春分（古代Nisan月的第一天，大概相对于现在的3月20日或21日），大麦收获之后，巴比伦人会立即举行隆重的节日，感恩庇护神马尔都克。节日持续12天，各地的庇护神都会来到巴比伦，集体祭拜马尔都克。在游行的队伍中，国王跟随在马尔都克神像的后面，这既是神权政治的遗迹，同时也是政教合一的象征。曾经阿卡德帝国的纳拉姆辛以及乌尔三期舒尔吉等国王生前将自己神化并在铭文中的名字前加上代表神的符号，在巴比伦的汉谟拉比及以后的王朝中没有再出现过这种用法。巴比伦王权的神圣化如同对马尔都克的领袖崇拜一样，在汉谟拉比法典的石碑上，国王站在神的面前，直接接受神的授权与祝福，臣民的生与死、贫与富都听命于他们的国王。

《汉谟拉比法典》

汉谟拉比既是征服者、统治者，也是法律的制定者。驾驭一个庞大的帝国，他维护长久统治的另一个做法就是制定法律规范。在尼普尔、埃利都、乌尔、拉尔萨、伊辛、基什、马里，乃至在苏撒和其他所有城市，著名的《汉谟拉比法典》被忠实地执行。

尽管《汉谟拉比法典》不是美索不达米亚的第一部成文法，但它对正义的追求体现在无论身处帝国的哪个地方，所有人都必须遵守相同的法律规范，这在历史上是第一次。这部两河流域保存最完整的法典正如它刻在石碑上的文字所说："为了增加自由民的福祉，让正义在大地盛行，消除邪恶和罪恶的人，使强者不能欺凌弱者，像太阳神沙马什照耀所有的人，照亮大地。""正义的法典是贤明君主汉谟拉比所制定，是社会安定、政治清明的根基……每一个自由民通过这部法典，知道什么是他的权利。"

巨大的《汉谟拉比法典》石碑以神的形象和口吻开头，假托神授，仰仗神意，但一进入现实的世俗世界，汉谟拉比就是主宰，不再需要神的引导。

现实的巴比伦王国，在饱受战火蹂躏的美索不达米亚土地上，社会阶层的分化已经非常明显，土地和财富以及相应的政治权力越来越集中到少数人手中。因此，《汉谟拉比法典》明显站在权贵的立场，保护富人和有特权的人；在人类文明的发展进程中，男人的权力相对于女人处于强势，法典自然也具有这样的倾向。不过，《汉谟拉比法典》明确规定，贵族、平民和奴仆之间的阶层是有转换可能的，而且已经极具进步性地保护包括妇女、平民和奴隶在内的弱势群体，同时加强政府官员的社会责任，惩戒腐败、渎职，为寡妇和孤儿伸张正义，在民众中建立公道意识。众所周知，《汉谟拉比法典》不如《乌尔纳木法典》人道，特别强调以牙还牙、以眼还眼的"同态复仇"，甚至法典中最常见的惩罚是死刑，但《汉谟拉比法典》不允许个人进行复仇，需要依法得到公认，才可执行处罚，仅此一项就对公民社会的法律和秩序作出了重大贡献。

在巴比伦的集市上，蓄着乌黑的长发、浓密的胡须，皮肤略黑的巴比伦男子，他们大都身穿白麻布做的长长的紧身衣，外面披着带有线条、格子或圆圈纹饰的红地或蓝地的罩袍，头上用布包裹，脚上穿着精致的凉鞋。因为非常喜欢使用香料，他们的身上散发出阵阵的香气，很多人手里还拿着一根手杖，杖头雕刻得十分精美。这些比较富裕的男人在市场上来回地走动，他们在观察，寻找着目标，不时地停下脚步，打量自己眼前的对象，并与周围的人交谈几句。他们观赏的对象是同样穿着紧身衣，但会把一个肩膀裸露在外，戴着项圈、手镯和各种护身符首饰的年轻女子。据希罗多德记载："巴比伦有些人家，女儿长成，即带到市场出售，每年一次。证人和被出售的女孩居中，顾客围绕挑选。"[79]

男人选中女子并谈好价格后，便会签订契约，证人非常重要，《汉谟拉比法典》规定所有买卖和交易均以契约或证人为依据。随后，男人会从腰带上取出一枚随身携带的印章，盖在契约上，因为无论公私文书，只有盖章才能生效。这件看似简单、直接的人口买卖，如果是一桩婚姻交易，那么，《汉谟拉比法典》规定："买者必须以所买之女为妻。"巴比伦是实行一夫一妻制的，夫妻之间相互依赖，虽然丈夫可以让妻子离开家甚至依法处死妻子，但必须有对方怠惰、游荡、不顾家或轻忽子女等明确的理由。同样，《汉谟拉比法典》规定："如果丈夫虐待或有外遇，妻子可携带嫁妆及其应有财产返回娘家；如果丈夫外出达一定年限，妻子生活艰难，可与他人姘居，当丈夫回家后，不得因此提出离婚。"另外，巴比伦女性有权利接受教育，并可以从事各种社会职业。如果是由于债务原因，借债人出卖自己的妻子、女儿或儿子还债，那么，《汉谟拉比法典》第一一七条规定："债主有权把他们留在自己的家里，使用他们的劳动力，但不得超过三年，即使在债务没有还清时，到第四年必须准许他们自由。"而且，第一一六条规定："负债的自由人的儿子为了偿还债务在债主家工作时，如果受到毒打或其他虐待致死，那么，债主的儿子也将被处以死刑。"

这是《汉谟拉比法典》中特别强调的"报复均等"意识，例如："伤害别人眼睛的人也要被伤害眼睛；打断别人骨头的人也要被打断骨头。"这样的规定有时也无意中起到了提高社会责任和工作品质的作用，在建筑师对其所建造的房屋获得金钱报酬和应负责任的条款中规定："建筑师对其所建筑每一个单位都有权得到法律所规定的报酬，但建筑师也要对他所建造的房屋的质量负责，如果建造的房屋倒塌，若压死了屋主，建筑师要被处死，若压死的是房主的妻子或儿子，就把建筑师的妻子或儿子处死。"不过，法典中也体现出明确的阶层等级性，如果奴隶受到伤害或致死，则可以金钱赔偿。

为防止不讲诚信和欺骗，巴比伦为重视契约精神的传统建立了深厚的基础。例如，《汉谟拉比法典》规定："一个人从他人的儿子或者奴隶那里购买或保管银、金、男女奴隶，或牛、羊、驴以及其他任何东西，如无证人及契约者，视为窃贼，将被处死；一个人如将银、金或不论任何物品交给他人保管，则应有证人见证，并订立契约，方可交付保管。"第一二八条："如果一个人娶妻而未订立契约，则那个女人不是他的妻子。"

在中央集权的国家中，大量的土地集中在最高权力者和贵族的手中。由于经常感到需要建筑材料，国王便采取了一系列的措施来保护森林，森林被划分为个别的"林区"，并且由总林务官属下的特别林务官来管理。在保存下来的一份文件里，国王下令调查在总林务官阿布利亚努姆和辛玛吉尔负责管理的各林区盗伐木材的事件，并且还要他们调查一下是谁盗伐了森林，是林务官还是"外人"（即歹徒）。林务官有保护森林的责任，如果是在职务上犯了罪，他们便被处死刑。[80]虽然王室的土地和财产受到严格的管理，但这件事也体现出法律不容许渎职和腐败，尤其是对保障农业生产的灌溉系统，《汉谟拉比法典》规定："如果出现堤防决口而淹没粮田，必须赔偿或受到处罚，如果因灌溉不良而歉收，地方官吏就必须替租户交纳所欠租金。”审判权掌握在官吏手中，但对于法官，法典也有严格的管理，法官要对案情亲自调查，《汉谟拉比法典》第五条规定：“如果更改法庭的宣判，法官要罚缴纳等于诉讼费十二倍的罚金，并且，以后再不得执行审判的职务。”第二十三条规定：“如果强盗没有被抓到，被抢的人应在神前起誓，申明他所被抢的东西，乡邑或抢劫发生地的官员将赔偿他的损失。”

在《汉谟拉比法典》面前，神庙失去其重要性，只限于接受向神像的宣誓而已。但对神明誓，宣告自己的清白与真诚，在《汉谟拉比法典》中被确定和使用，第一三一条：“如果一个人的妻子被她丈夫指控，但她没有被抓到同另一个男人睡觉，她可以对神发誓后，回到她的家里。”第二六六条：“如果在畜栏里有了传染病或是狮子咬死了（牛羊），牧人应在神前澄清事实，那么畜栏主人应予宽恕。”这种在法庭上起誓的传统被后世继承，并沿用至今。

巴比伦文明本质上是商业文明。[81]大量带有浓厚商业色彩的文献不仅表现出对契约的重视，而且体现了一种与《汉谟拉比法典》一致的精神，就是保护私有财产。农业仍然是巴比伦重要的产业，一封信件写道：“难道你不知道田地是国家的生命吗？”粮食和白银用于商业支付，所有居民，农民、军人、商人和手工业者等都要缴纳贡税，形成国家的财产。同时，国家也为保障经济建设给予大力的支持，汉谟拉比在西巴尔建造的运河连接了底格里斯河和幼发拉底河。他开凿了一条连通基什和波斯湾的运河（Hammurabi-nukhush-nishi），这条著名的运河“给苏美尔和阿卡德带来了丰富的水源，运河两岸变成了可以耕种的良田，粮食堆积如山，有着喝不完的水”[82]。运河的开通，也最大限度地开辟了商业路线，促进了贸易往来。连接两河上游与南方的航道上，载满雪松、青金石、青铜、金银、石材、珠宝等货物的船只在帝国的控制和保护下穿梭前行。无论是水运还是陆运，商人们不辞辛苦地往来于各大城市之间。当时最大的羊毛生产中心西巴尔向各地输出大量的毛织品，埃兰的金属矿石进口到巴比伦，亚述的铅和其他金属在帝国流通，奴隶是从邻近的库提山区运来的。例如，一个铭文中说：“把油给商人，以便使他把白皮肤的奴隶从库提运来。”商业的繁荣甚至远及地中海城市比布鲁斯和乌加里特（Ugarit）等地。

►《汉谟拉比法典》石碑

闪长岩，顶部浮雕高0.76米，碑身高2.25米。苏撒，汉谟拉比统治时期。卢浮宫博物馆，巴黎，法国。

《汉谟拉比法典》的铭文包括序言、正文和结语三个部分，法律条款共282条。这块重要的历史性石碑曾经在沙马什之城西巴尔的神庙中与神像相对矗立，后来被当作战利品带到了苏撒，并在那里被发现，其中包括35条法规的5栏被埃兰人磨毁了，后来由于发现了古巴比伦史官和法官们使用的泥板抄本，得以复原。

这部《汉谟拉比法典》中有趣的“同态复仇法”经常被人提及，例如，第二十一条，如果打洞穿墙入宅偷窃，他必须处以死刑并被埋在那个洞的前面。第二十五条，如果有人乘救火的时机偷盗，则要把这个人抛到他犯罪现场的火里。《汉谟拉比法典》中最常见的惩罚是死刑，显然，对惩戒犯罪具有最严厉和有效的作用，但更重要的意义则是，每一个居民都向巴比伦的国王负责，每一项罪行都被视为在反对国王的统治，所以，无论罪行轻重，后果严重与否，都以死刑告终。

但是，《汉谟拉比法典》特别保护权贵和富人的利益，他们如果犯了同样的罪，可以处以金钱赔偿而不付诸死刑。不过，《汉谟拉比法典》也明确限制富豪们对没有权力的贫民横加迫害，甚至细致到如果奴隶生病，规定了主人应对奴隶所负的医疗

责任。另外，对社会阶层较低的人也给予宽容，规定：不同两个阶层的人结婚后出生的孩子是可能属于较高那个阶层的。

土地是国家的根本，巴比伦王国的土地分王室土地和私有土地，王室土地及土地所对应的利益和义务永远属于王室，而公民所拥有的私人土地，国家承认并保护其转让、抵押、出租和买卖。还有一种是士兵的份地，禁止买卖和转让。在《汉谟拉比法典》中提到屯田战士，他们从国王那里获得土地，他们必须服兵役，听从国王的命令出征作战。如果不履行这一职责，他们将被处死，土地也被没收。但是，他们有一些特权。被俘虏的军人必须要赎回来，被俘军人的份地和财产交给他的儿子。侵占这笔财产的人被认为是犯罪，要受到法律的重罚。侵占军人的财产，使他蒙受损害，无论是否是"有势力的人"，拿走国王所赐物品的人都要处以死刑。国王赐给战士的牲畜、田地、园地和家宅不得出卖。士兵也可以自行购买土地，这种田地不受此限制，可以买卖、遗赠或用于抵债。这使得他们成为小自耕农，而这个庞大的小自耕农集团对于战争是必要的。

《汉谟拉比法典》的最后写道："在未来乃至永远，汉谟拉比虔诚希望巴比伦的每一位国君，都能重视其所刻的代表正义的这部法典。"汉谟拉比以公之于众的、同一的法律治理整个帝国，这部《汉谟拉比法典》为阻止后世历代统治者利用权力任意颁布自己的法律树立了持久的典范。因此，尽管这部《汉谟拉比法典》还不能被认为是名副其实的法典，只能说是个别法律判决的汇编，但在今天美国最高法院大楼，审判庭南墙的大理石上还是雕刻了汉谟拉比这位历史上著名的立法者，作为正义的象征。

巴比伦第一王朝的灭亡

集权国家的统治必然采用高压的政策，在帝国内没有一座城市可以有自己的武装，汉谟拉比是强大的，任何对他构成威胁的反抗都会遭到严酷的镇压。但是，就在他摧毁埃什努那的五年后，公元前1750年，他去世了。他的儿子萨姆苏伊鲁纳(Samsu-iluna)继承了王位。

这是一个何等混乱的时期，似乎不属于哪一个国家也不属于哪一个民族，只是属于英雄的时代，伟人逝去，他的国家就不再能统摄他的臣民，他的军队也无力再抵御外敌的入侵。

萨姆苏伊鲁纳是优秀的国王，他继承了父亲的大业，大力开凿运河，毫不吝惜地推行马尔都克神的"正义"，国家依然是秩序井然，一片繁荣景象。但是，就在萨姆苏伊鲁纳统治的第九年，公元前1741年，这一年被称为"加喜特军队之年"，因为来自帝国东北部扎格罗斯山脉中的加喜特人(Kassite)的军队第一次出现在了帝国的土地上。汉谟拉比曾经犯下的错误也第一次体现出来，那就是他无情地摧毁了埃什努那这个能够抵挡山地蛮族入侵的前沿阵地，使得加喜特人可以不断地侵入巴比伦的腹地。不过，萨姆苏伊鲁纳并没有让他们走得太远，他击退了这支来犯之敌。

可是，这一战萨姆苏伊鲁纳没能取得完全的胜利，暴露出巴比伦软弱的迹象，于是，引发了美索不达米亚其他地方的叛乱。

南方的拉尔萨立刻起义，随即扩散到乌鲁克、乌尔以及伊辛等城市。经过数年的争夺，萨姆苏伊鲁纳展现出巴比伦尚存的实力，击败拉尔萨，夺回尼普尔，捣毁了乌尔和乌鲁克的城墙，将城市洗劫一空，并杀死了拉尔萨等地造反的国王。但是，萨姆苏伊鲁纳对南方的征战，使得苏美尔地区人口数量锐减，城市凋敝，教育败落，而且气候和蝗虫灾害对农业的破坏更加重了经济和环境的恶化，从而留存的档案文书也非常少。同时更加不幸的是，一位声称自己是伊辛最后一位国王的后裔、名叫伊利曼（Iliman）的领袖在伊辛发动了另一场起义，在夺取了尼普尔之后，控制了巴比伦南部的苏美尔地区，似乎是继承了更早的伊辛王朝的统治。

萨姆苏伊鲁纳率领一支军队向苏美尔进军，与伊利曼交锋的第一场遭遇战二者不分胜负，不久之后，双方的第二次战争则朝着有利于伊利曼的方向发展。经过反复权衡，萨姆苏伊鲁纳选择了撤退，或许就意味着失败。在此之后，伊利曼在美索不达米亚南方建立了一个新的王朝，海地王朝，历史上亦称巴比伦第二王朝。在接下来的近三百年里，这个王朝一直控制着苏美尔地区。虽然之后萨姆苏伊鲁纳也曾在尼普尔附近重建了6个要塞，以使这座城市处于巴比伦人的控制之下，但是，最终证明这是徒劳的。在他死后，尼普尔还是承认伊利曼的王权。

不仅如此，亚述和埃兰也趁大混乱之机重建他们的独立王国。埃兰的新国王库提尔那浑特一世（Kutir-Nahhunte I）抓住了萨姆苏伊鲁纳南下进攻乌鲁克的机会，率军越过了底格里斯河，将巴比伦的势力赶出了埃兰人的领地。在对巴比伦的城市进行掠夺时，他们带回埃兰的物品中有一尊伊南娜女神的雕像。在亚述，一个名叫普祖尔辛（Puzur-Sin）的本地摄政王推翻了具有阿摩利血统的巴比伦傀儡国王阿西努姆（Asinum），由一位亚述当地的国王阿舒尔杜古尔（Ashur-dugul）即位，将汉谟拉比的影响从亚述地域中抹去。之后，一位叫阿达西（Adasi）的国王恢复了亚述的强大和稳定，而萨姆苏伊鲁纳已无力阻止与干涉这一切了。

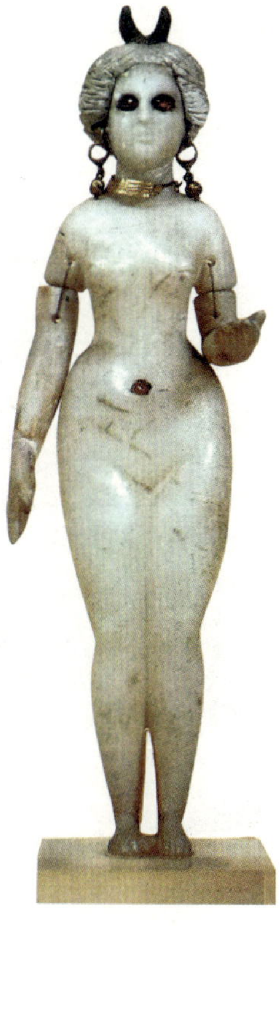

▶ 站立的裸体女人雕像

雪花石、黄金、红宝石、陶土，高24.8厘米，宽5厘米，厚5厘米。古巴比伦。卢浮宫博物馆，巴黎，法国。

这件美丽的雕像可能与巴比伦的一位伟大女神有关，她的头上戴有弯月形的装饰，双眼和肚脐镶嵌着红色的宝石，耳环和项链都由黄金制作，身材丰满而性感。

公元前5世纪的希腊历史学家希罗多德在他的著作《历史》中介绍了巴比伦人的一种奇特的习俗：

所有在这个国家出生的女人在她的一生之中必须有一次到阿芙洛狄蒂（伊丝塔尔）的神殿的圣域内去坐在那里，并在那里和一个不相识的男子交媾。许多有钱的妇女，她们自视身份高贵而不屑于和其他妇女混在一起，便乘坐着双马拉的带围帘的马车到神殿去，她们身后还要跟着一大群仆从。但是大多数的妇女是坐在神殿的域内，头上戴着有羽毛装饰的帽子——而且这里总是有大群来来往往的妇女。在妇女中间，四面八方都有用绳子拦出来的通路，而不相识的人们便沿着这些通路行走来做他们的选择。女人一经选好位置，在一个不相识的男人把一枚银币抛到她的膝前，并和她在神殿外面交媾之前，她是不能离开自己的位置的。当男人抛钱的时候，他要说这样的话："我以米利塔女神的名字来为你祝福。"因为亚述人是把阿芙洛狄蒂称作米利塔（阿卡德语对伊丝塔尔的一种称谓，意思是"她能生育孩子"）的。银币的大小多少并无关系。女人对这件事是不能拒绝的，因为法律禁止她拒绝，一旦用这样的方式抛出去的钱币便是神圣的了。那个女人必须毫不拒绝地跟着向她抛钱的第一个男人走。当交媾完毕，在女神面前完成了任务之后，她便可以回家，而且从这个时候开始，无论出多少钱，那个男人便再也不能得到她了。因此，那些身材修长的美貌妇女很快便可以回去，而那些丑陋的必须等很长时间才能够履行神圣的规定。有些人不得不在神殿的圣域内等上三四年。在塞浦路斯岛屿的某些地方也可以看到和这相似的风俗。[83]

萨姆苏伊鲁纳于公元前1712年左右去世，巴比伦已经丧失了大片领土，汉谟拉比的继承者们在一个半世纪的统治时间里，其版图又回到了巴比伦建国之初的规模。北方不断侵入的加喜特人始终困扰着巴比伦第一王朝的国王们，迫使他们不得不一直与这些入侵者争夺当时已分裂成许多小公国的美索不达米亚的统治权。

巴比伦第一王朝在南部海地王朝、北部加喜特人以及东部埃兰王国的夹击下，顽强地生存着。但是，对于这个曾经无比辉煌的帝国，最后的致命一击是来自一个更为遥远的西北方向的国家——赫梯（Hittites）。

◀ 伯尼浮雕，夜晚女神

陶土、颜料，高49.5厘米，宽37厘米，厚4.8厘米。伊拉克南部，古巴比伦时期，约公元前1850年—公元前1750年。大英博物馆，伦敦，英国。

浮雕描绘的是一个裸体的女性形象，嘴角微微翘起，长着翅膀和爪子，双腿并拢站立，展现出丰满的身体正面，戴着由四对角组成的头冠、精致的项链和手镯。她的双手举到与肩膀齐平的位置，掌心纹路细致可见，每只手里都握着一根棍子和一个圆环。她的乳房圆润丰满，细腰肥臀，脚踩两只背对背的狮子，两侧站立着两只猫头鹰。通过对颜料的科学分析表明，女性的身体部分广泛使用了红色赭石颜料，雕刻的艺术手法追求柔韧的弹性。

这个裸体的女性形象可能是爱情和战争女神伊丝塔尔，也可能是她的妹妹埃雷什奇伽儿，冥界的主宰，或者是女性恶魔莉莉图（Lilitu，莉莉丝的原型）。

就在巴比伦第一王朝的最后一位国王萨姆苏迪塔那（Samsu-ditana）处于外患频仍，内政也极为混乱之时，赫梯国王穆尔西里一世（Mursili I）突然率兵从安纳托利亚出发，穿越美索不达米亚西北部攻入巴比伦。当年汉谟拉比做出的错误举措再一次带来了可怕的后果。马里是幼发拉底河沿岸最主要的御敌前哨，它的存在一直是阿卡德-苏美尔核心区域与西北异国的屏障，可是现在马里早已经被汉谟拉比军队的一把火夷为平地。而且，这些来自小亚细亚高原上的赫梯人与其他敌人不同，他们养马。

巴比伦的武装力量已无法阻挡完全使用战马、战车、铜制武器和组合弓箭的赫梯军队，公元前1595年，穆尔西里一世的部队迅速攻占了巴比伦。

昔日，汉谟拉比曾将他强大的军事力量与宗教结合使巴比伦第一王朝成为伟大的帝国。他的法典使人人守法，维护了社会秩序，社会的安定促进了商贸往来，国家的经济发展创造了充足的财富同时促进了文化的繁荣。而后，在赫梯军队的铁蹄下巴比伦就此灭亡了。

穆尔西里一世的真正目的似乎不是在于占领巴比伦，在洗劫了巴比伦城之后，这位赫梯国王没做停留便带上巴比伦守护神马尔都克的神像匆匆离去了。

赫梯人离去所造成的真空状态很快被海地王朝抓住，趁机夺取了巴比伦城，但是不久，他们就不得不放弃了巴比伦和尼普尔等地，撤退了。因为这时在美索不达米亚的土地上，真正有实力的力量已经是那些来自伊朗的加喜特人，最终的胜利属于他们。加喜特人占领了巴比伦城，他们的国王甚至效仿巴比伦的侵略政策，继续向南扩张，终结了海地王朝，征服了全部苏美尔，向北出征幼发拉底河上游，向东越过底格里斯河，控制了美索不达米亚的大部分地区。

▶ 男性人物雕像

陶土，高15厘米，长6.5厘米，宽4.7厘米。尼尼微，伊拉克，古巴比伦时期，约公元前2000年—公元前1600年。大英博物馆，伦敦，英国。

一位祈祷者，头上包着头巾，面部表情凝重，右膝跪地，脖子上戴着一种与马里《祭祀的国王壁画》中士兵戴的类似的项链，衣服披在左肩上，右肩露出，右臂已经缺失。

在公元前2000年早期的那些残酷的战争中，人们一定总在祈祷，也许这是阿摩利人的一种生活方式，就像那件著名的青铜雕像"拉尔萨的礼拜者"，他们为国王祈祷，也为自己祈祷。正是统治者们做出的决定导致了普通人的厄运，那些士兵，他们只能抱着最好的希望去服从命令，在美索不达米亚著名的胜利纪念碑上，被虐杀的俘虏是胜利的标志，但他们所遭受的苦难很少被人们注意到。那么，这些人为什么、又是如何参加到持续不断的战争所需的军队中去的呢？阿摩利人的牧民是士兵的主要来源，有时也作为雇佣兵加入战斗，作为参军的回报，士兵们将获得被分配的土地，这是一种原因。另外，对战争时期生活方式的颂扬以及对战利品的憧憬大概也是重要的因素。最后，统治者使用的高压政策起到了决定性的作用。马里的一名官员在给兹姆里利姆的信中谈到了他的增兵策略："如果三天以后他们仍不集合，在陛下的允许下，我将杀死一个在监狱里的罪犯，砍下他的头，从一个村庄到另一个村庄游行示众，这样人们就会惧怕，迅速集结。"

▲ 圆柱印章和压印图案

叙利亚乌姆马拉，青铜时代中期，约公元前1800年—公元前1600年。叙利亚国家博物馆，大马士革，叙利亚。

2008年，约翰·霍普金斯大学与阿姆斯特丹大学联合在叙利亚西部乌姆马拉考古发掘了一个叙利亚经典风格的圆柱形印章，戴着有角的皇冠、手里有水流的花瓶、穿着带有纹饰的长袍、坐着的神具有美索不达米亚的特性。但是，这些元素的描绘风格又有别于美索不达米亚印章上的图案，长袍的花边被包裹在衣服的轮廓里，皇冠上的角并没有像在美索不达米亚的那样清楚地分开。此外，站立的人和动物是纯粹的叙利亚主题。这样的表现形式是当时艺术家的一种探索，他们开始实现更写实的效果，在展现侧面人物时头上的角冠也会以侧面的角度表现，而不像以前刻画侧面的人物时头饰仍是正面的形式。

公元前13世纪加喜特王国的疆域

大约在公元前15世纪末或公元前14世纪初，加喜特国王库里加尔祖一世（Kurigalzu I）在底格里斯河和幼发拉底河距离最近之处建立了新的首都德尔－库里加尔祖（Dur-Kurigalzu）。虽然加喜特人熟悉如何驾驭战车和马匹，而他们的文化水平却远低于巴比伦人，历史上也将加喜特人的统治时期称为“黑暗时代”。但是，他们懂得尊敬巴比伦的文化，他们的统治并未像库提人那样造成文明的破坏和文化的倒退。相反，他们逐渐接受了苏美尔人和巴比伦人的文化、宗教和语言，并且重修了庙宇。在加喜特人统治时期，巴比伦尼亚的文明与文化得到了继续发展。[84]而且，加喜特王国进一步加强了土地的私有化，保护私有财产。因此，加喜特的国王们持续统治美索不达米亚长达4个半世纪之久。

我们需要再回顾一下，赫梯，这个巴比伦帝国的终结者，是一个什么样的国度，它的战车何以强大到如此迅速地碾压了曾经无人可敌的汉谟拉比一手打造的巴比伦第一王朝？

注释

1. 维克多・V.瑞布里克.世界古代文明史.师学良等,译.上海:上海人民出版社,2010:36.
2. Joan Aruz with Ronald Wallenfels. Art of the First Cities: The Third Millennium B.C. from the Mediterranean to the Indus. New York: The Metropolitan Museum of Art, 2003:16-17.
3. 矢岛文夫.世界最古老的神话:美索不达米亚和埃及的神话. 张朝柯,编译.北京:东方出版社,2006:47.
4. Joan Aruz with Ronald Wallenfels. Art of the First Cities: The Third Millennium B.C. from the Mediterranean to the Indus. New York: The Metropolitan Museum of Art, 2003:24-25.
5. Grahame Clark. World Prehistory: In New Perspective. Cambridge University Press,1977:80.
6. 斯蒂芬・伯特曼.探寻美索不达米亚文明. 秋叶,译.北京:商务印书馆,2009:98.
7. SEYMOUR L. FISHBEIN. Prepared by the Special Publications Division, Splendors of the Past: Lost Cities of the Ancient World. Washington, D.C., National Geographic Society, 1981:34-35.
8. 矢岛文夫.世界最古老的神话:美索不达米亚和埃及的神话. 张朝柯,编译.北京:东方出版社,2006:21-26.
9. Joan Aruz with Ronald Wallenfels. Art of the First Cities: The Third Millennium B.C. from the Mediterranean to the Indus. New York: The Metropolitan Museum of Art, 2003:478.
10. 斯蒂芬・伯特曼.探寻美索不达米亚文明. 秋叶,译.北京:商务印书馆,2009:99.
11. 塞缪尔・E.芬纳.统治史(卷一):古代的王权和帝国——从苏美尔到罗马. 王震,马百亮,译.上海:华东师范大学出版社,2014:118.
12. Joan Aruz with Ronald Wallenfels. Art of the First Cities: The Third Millennium B.C. from the Mediterranean to the Indus. New York: The Metropolitan Museum of Art, 2003:132.
13. 魏庆征.古代两河流域与西亚神话.山西:山西人民出版社,北岳文艺出版社,1999:467-468.
14. 拱玉书.日出东方:苏美尔文明探秘. 昆明:云南人民出版社,2001:105.

15. Joan Aruz with Ronald Wallenfels. Art of the First Cities: The Third Millennium B.C. from the Mediterranean to the Indus. New York: The Metropolitan Museum of Art, 2003:71.
16. Sumerian Scribes: Praise of Urukagina, 2.
17. Joan Aruz with Ronald Wallenfels. Art of the First Cities: The Third Millennium B.C. from the Mediterranean to the Indus. New York: The Metropolitan Museum of Art, 2003:63.
18. J.N. Postgate. Early Mesopotamia: Society and Economy at the Dawn of History. New York: Routledge. 1994:84.
19. 于殿利.巴比伦与亚述文明.北京:北京师范大学出版社,2013:14.
20. 威尔·杜兰特.世界文明史:东方的遗产.台湾幼狮文化,译.北京:华夏出版社,2009:86.
21. Liverani, Mario. The Ancient Near East: History, Society and Economy. New York: Routledge. 2013:143.
22. 于殿利.巴比伦与亚述文明.北京:北京师范大学出版社,2013:116.
23. Bagnall, Rogers. The Encyclopedia of Ancient History. Chicago: Blackwell, 2013:266-267.
24. Joan Aruz with Ronald Wallenfels. Art of the First Cities: The Third Millennium B.C. from the Mediterranean to the Indus. New York: The Metropolitan Museum of Art, 2003: Fig.51 Map of the Near East during the Akkadian Period.
25. Buck, Mary E. The Amorite Dynasty of Ugarit: Historical Implications of Linguistic and Archaeological Parallels. BRILL. 2019:169.
26. Mario Liverani. The Ancient Near East: History, Society and Economy. New York: Routledge, 2013:143.
27. 斯蒂芬·伯特曼.探寻美索不达米亚文明.秋叶,译.北京:商务印书馆,2009:404.
28. 于殿利.巴比伦与亚述文明.北京:北京师范大学出版社,2013:118.
29. Translation adapted from Grayson 1975 and Glassner 2004. Chronicle of Early Kings at Livius.org.
30. Joan Aruz with Ronald Wallenfels. Art of the First Cities: The Third Millennium B.C. from the Mediterranean to the Indus. New York: The Metropolitan Museum of Art, 2003:229.
31. Seal of Lugal-ushumgal as vassal of Naram-sin: Radau, Hugo (2005). Early Babylonian History: Down to the End of the Fourth Dynasty of Ur. Wipf and Stock Publishers. pp.6-7. The Cambridge Ancient History. Cambridge University Press. 1971:436.
32. Frayne, Douglas. Inscription of Naram-Sin. Sargonic and Gutian Periods. pp.132-133.
33. Joan Aruz with Ronald Wallenfels. Art of the First Cities: The Third Millennium B.C. from the Mediterranean to the Indus. New York: The Metropolitan Museum of Art, 2003:203.
34. Joan Aruz with Ronald Wallenfels. Art of the First Cities: The Third Millennium B.C. from the Mediterranean to the Indus. New York: The Metropolitan Museum of Art, 2003:206-207.
35. "CDLI-Found Texts". cdli.ucla.edu. Victory Stele of Utu-Hengal.
36. Joan Aruz with Ronald Wallenfels. Art of the First Cities: The Third Millennium B.C. from the

Mediterranean to the Indus. New York: The Metropolitan Museum of Art, 2003:208.
37. Full transcription and translation in: “CDLI-Found Texts”. cdli.ucla.edu.
38. Joan Aruz with Ronald Wallenfels. Art of the First Cities: The Third Millennium B.C. from the Mediterranean to the Indus. New York: The Metropolitan Museum of Art, 2003:430.
39. Joan Aruz with Ronald Wallenfels. Art of the First Cities: The Third Millennium B.C. from the Mediterranean to the Indus. New York: The Metropolitan Museum of Art, 2003:428.
40. Victory Stele of Utu-Hengal. Full transcription and translation in: “CDLI-Found Texts”. cdli.ucla.edu.
41. Joan Aruz with Ronald Wallenfels. Art of the First Cities: The Third Millennium B.C. from the Mediterranean to the Indus. New York: The Metropolitan Museum of Art, 2003:417.
42. 维克多·V.瑞布里克. 世界古代文明史. 师学良等,译. 上海:上海人民出版社,2010:78.
43. 拱玉书. 日出东方:苏美尔文明探秘. 昆明:云南人民出版社,2001:127-128.
44. 于殿利. 巴比伦与亚述文明. 北京:北京师范大学出版社,2013:134-135.
45. 维克多·V.瑞布里克. 世界古代文明史. 师学良等,译. 上海:上海人民出版社,2010:81.
46. 塞缪尔·E.芬纳. 统治史(卷一):古代的王权和帝国——从苏美尔到罗马. 王震,马百亮,译. 上海:华东师范大学出版社,2014:132.
47. 拱玉书. 日出东方:苏美尔文明探秘. 昆明:云南人民出版社,2001:132.
48. 斯蒂芬·伯特曼. 探寻美索不达米亚文明. 秋叶,译. 北京:商务印书馆,2009:156.
49. Chiera, Sumerian Epics and Myths, Chicago, 1934, Nos.58 and 112.
50. 安东·穆尔特卡,伊萨·苏勒曼. 古代伊拉克艺术. 周顺贤, 袁义芬, 朱一飞,译. 南京:南京大学出版社,2011:122.
51. Joan Aruz with Ronald Wallenfels. Art of the First Cities: The Third Millennium B.C. from the Mediterranean to the Indus. New York: The Metropolitan Museum of Art, 2003:448.
52. Joan Aruz with Ronald Wallenfels. Art of the First Cities: The Third Millennium B.C. from the Mediterranean to the Indus. New York: The Metropolitan Museum of Art, 2003:469.
53. 维克多·V.瑞布里克. 世界古代文明史. 师学良等,译. 上海:上海人民出版社,2010:82.
54. Joan Aruz with Ronald Wallenfels. Art of the First Cities: The Third Millennium B.C. from the Mediterranean to the Indus. New York: The Metropolitan Museum of Art, 2003:435.
55. 维克多·V.瑞布里克. 世界古代文明史. 师学良等,译. 上海:上海人民出版社,2010:80.
56. 塞缪尔·E.芬纳. 统治史(卷一):古代的王权和帝国——从苏美尔到罗马. 王震,马百亮,译. 上海:华东师范大学出版社,2014:136.
57. 苏珊·鲍尔. 古代世界史. 李盼,译. 北京:北京大学出版社,2011:106.
58. 斯蒂芬·伯特曼. 探寻美索不达米亚文明. 秋叶,译. 北京:商务印书馆,2009:108.
59. 于殿利. 巴比伦与亚述文明. 北京:北京师范大学出版社,2013:143.
60. 于殿利. 巴比伦与亚述文明. 北京:北京师范大学出版社,2013:144.
61. 于殿利. 巴比伦与亚述文明. 北京:北京师范大学出版社,2013:154.

62. 维克多·V.瑞布里克. 世界古代文明史. 师学良等,译. 上海:上海人民出版社,2010:96.
63. Joan Aruz, Sarah B. Graff, and Yelena Rakic. Cultures in contact: From Mesopotamia to the Mediterranean in the second millennium B.C.. New York: The Metropolitan Museum of Art, 2013:6.
64. 李海峰. 古代近东文明: 古代两河流域 古埃及 波斯等古文明探研. 北京:科学出版社,2014:39.
65. Joan Aruz, Sarah B. Graff, and Yelena Rakic. Cultures in contact: From Mesopotamia to the Mediterranean in the second millennium B.C.. New York: The Metropolitan Museum of Art, 2013:7.
66. 李海峰. 古代近东文明: 古代两河流域 古埃及 波斯等古文明探研. 北京:科学出版社,2014 :38.
67. I.E.S. Eduards. The Cambridge Ancient History: Volume II, Part I . Cambridge University Press. 1973:3.
68. Trevor Bryce. Letters of the Great Kings of the Ancient Near East: The Royal Correspondence of the Late Bronze Age. London: Routledge. 2014:12.
69. 苏珊·鲍尔. 古代世界史. 李盼,译. 北京:北京大学出版社,2011:115.
70. Stephanie Dalley. Mari and Karana, Two Old Babylonian Cities. Gorgias Press. 2002:44.
71. 穆尔特卡, 伊萨·苏勒曼. 古代伊拉克艺术. 周顺贤, 袁义芬, 朱一飞,译. 南京:南京大学出版社,2011:147.
72. HISTORY: BATTLES OF HAMMURABI PART 1-THE RISE OF BABYLON. https://sumer2sargon.wordpress.com/hammurabi/.
73. 苏珊·鲍尔. 古代世界史. 李盼,译. 北京:北京大学出版社,2011:116.
74. 阿甫基耶夫. 古代东方史(上卷). 王以铸,译. 上海:上海书店出版社,2011:65.
75. 李海峰. 古代近东文明: 古代两河流域 古埃及 波斯等古文明探研. 北京:科学出版社,2014:32.
76. HISTORY: BATTLES OF HAMMURABI PART 1-THE RISE OF BABYLON. https://sumer2sargon.wordpress.com/hammurabi/.
77. 斯蒂芬·伯特曼.探寻美索不达米亚文明. 秋叶,译.北京:商务印书馆,2009:95.
78. 矢岛文夫.世界最古老的神话:美索不达米亚和埃及的神话. 张朝柯,编译.北京:东方出版社,2006.
79. 威尔·杜兰特.世界文明史:东方的遗产. 台湾幼狮文化,译.北京:华夏出版社,2009:181.
80. 阿甫基耶夫. 古代东方史(上卷). 王以铸,译. 上海:上海书店出版社,2011:66.
81. 威尔·杜兰特.世界文明史:东方的遗产. 台湾幼狮文化,译.北京:华夏出版社,2009:168.
82. Will Durant, The Complete Story of Civilization. Chapter IX Babylonia.
83. 斯蒂芬·伯特曼.探寻美索不达米亚文明. 秋叶,译.北京:商务印书馆,2009:192.
84. 于殿利.巴比伦与亚述文明. 北京: 北京师范大学出版社,2013:152.

第二部分

蛮族

曾经的蛮族——加喜特人、胡里安人、阿摩利人已经与美索不达米亚文明交融，而一支距离更为遥远的蛮族正在逼近美索不达米亚，他们的出现将完全改变古代西亚当时的格局。

古王国时期的赫梯地缘政治局势图

一、进入文明的另一种模式

哈梯之地

自新石器或铜石并用时期以来，在小亚细亚的中部很可能已经生活着当地的土著人——哈梯人（Hatti）。在公元前3千纪，他们说着自己比较成熟的哈梯语言，小而分散的村庄已经出现。到了早期青铜时代即将结束之时，从事农业和畜牧业的哈梯人的定居点发展起来，宗教思想和王权统治也已形成，他们逐渐建立起多个自己的城邦，成为安纳托利亚半岛中部的主导。在哈图沙（Hattush），哈梯人建起了城市，周围环绕着肥沃的耕地和牧羊的草场以及一些林地。在卡尼什和普鲁什汉达（Purushhanda）等地，他们也同样建起了家园。在此期间，说着印欧语的卢威安人（Luwians）来到了这里，定居到哈梯人的西方和南方，建立了阿尔扎瓦（Arzawa）国和基祖瓦特纳（Kizzuwatna）国，在他们的西北方居住着帕莱人（Pala），在半岛的东南和东部主要是胡里安人（Hurrians）的活动区域。

▲ 陶壶

陶土，左：高30.5厘米；中：高29.2厘米；右：高24.76厘米。土耳其，青铜时代早期，公元前2700年—公元前2500年。大英博物馆，伦敦，英国。

陶壶上有纹饰装饰，长颈，球身，抛光，有手柄。中间一件有三足，壶体呈鸟状。这些在土耳其西部考古发掘的陶壶用于成人和孩子的火葬。

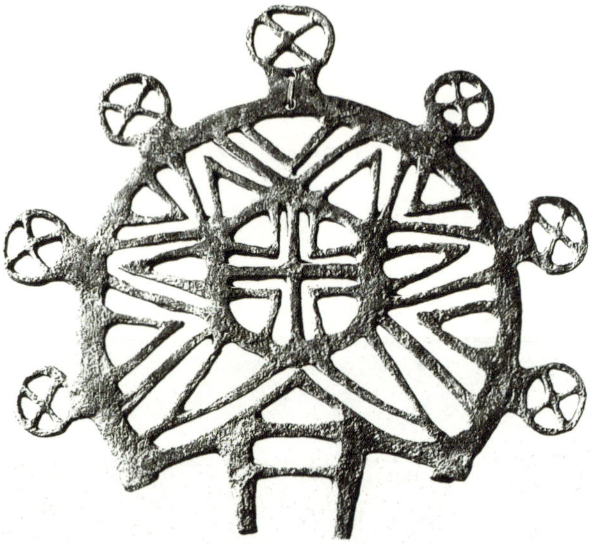

▲ 精致的镂空王冠、金手镯、圆盘、雄鹿雕像

王冠：黄金，高5.4厘米，直径19.2厘米；金手镯：黄金，直径6.5厘米；圆盘：青铜，高27.5厘米；雄鹿雕像：铜，高52厘米。阿拉卡霍尤克墓葬A，安纳托利亚，青铜时代早期，公元前3千纪末。安纳托利亚文明博物馆，安卡拉，土耳其。

墓葬中精致的镂空王冠在死者的头骨部位，无疑属于一位国王或王后。墓葬中还有其他丰富的陪葬品，包括铜合金镂空的“太阳”盘，铜合金镶嵌银的雄鹿雕像，以及大量的金首饰。金手镯外表面规则的菱形格中有小的凸起，这种设计使手镯产生闪耀的效果，内表面是光滑的，连接紧密而美观，反映出当时金属制造的复杂技术和人们优雅的审美观。

进入青铜时代中期，巴比伦和古亚述王国需要安纳托利亚的金属以及阿马努斯山（Amanus）的雪松等物产，亚述人在该地区设立了卡鲁姆（Karum，贸易殖民地），沟通起美索不达米亚与安纳托利亚之间畅通的商业网络。位于今天土耳其克孜勒河（Kizil Irmak）南部地区的卡尼什是公元前19世纪—公元前18世纪最重要的贸易中心，同时，古亚述商人在哈图什等多地也设立了卡鲁姆，与当地人进行商品交易活动。这使得本地的哈梯人与先进的美索不达米亚文化有了更多的接触，用于记录交易的楔形文字也因此由古亚述商人带到了安纳托利亚，为哈梯人所接受。此时，以哈梯文化为主的安纳托利亚已经进入从事定居农耕和商业贸易的文明社会。

▶ 古亚述卡鲁姆商业书信泥板

泥板，长4.8厘米，宽4.4厘米，厚1.7厘米。刻有楔形文字。库尔特佩，土耳其，古亚述时期，约公元前1850年—公元前1700年。沃尔特艺术博物馆，巴尔的摩，美国。

在土耳其库尔特佩（Kültepe）遗址，即古代的卡尼什，发现了大约两万块黏土烧制的泥板文书。如此多的发现表明这座城市有一个很大的商业区，在公元前19世纪，古亚述的外国商人在这里生活和经营。这封信是亚述的伊图尔伊利（Itur-ili）寄给在卡尼什的恩纳姆阿舒尔（Ennam-Ashur）的，内容与贵金属的重要贸易相关。明智的合伙人伊图尔伊利向恩纳姆阿舒尔建议：“这很重要，不诚实的人也欺骗不了你，但你可不要因为喝酒而坏事啊！”

◀ 古亚述商业殖民地私人书信残片

泥板，长4.4厘米，宽4厘米，厚0.8厘米。刻有楔形文字。库尔特佩，土耳其，青铜时代中期，约公元前20世纪—公元前19世纪。大都会艺术博物馆，纽约，美国。

古亚述帝国在安纳托利亚商业殖民地的文献中已经有记录当地人的词语，在所发现的大量留存下来的古亚述商人信件中，主要是关于合同、贷款、库存、诉讼的商业文书，但其中也有一些私人信件，为我们展现了近四千年前生动的画面。

一位久居在外的男人写给家乡姑娘的一封信中述说，他渴望姑娘的到来，显得寂寞难耐：“我在此地孤身一人，没人来服侍我，也没人为我整理桌子。你父亲给我写信谈到你，建议我娶你……可你要是真的不来的话，我就去跟一位来自瓦苏萨娜（Wahsusana）的姑娘结婚了。”

有些信件是出自安纳托利亚的女子之手，她们从卡尼什而来，已经嫁给了这些远方的陌生人。这里还有不少忠贞的妻子从亚述跟了过来，追随她们家那位喜欢四处闯荡的丈夫：“当初你去卡尼什，告诉我说你要在那边待15天，可你不是待了15天，而是一整年！后来你从卡尼什写信给我，叫我到哈胡姆（Hahhum）来。可我现在已经在哈胡姆住了一年了，而你的发货通知函里面居然连我的名字也没提！”[1]

一支蛮族的到来

大约在公元前2000年前后，一支操着印欧语（Indo-European）的民族进入安纳托利亚半岛，他们可能是从黑海或里海以北的草原上迁移而来的印欧人的一部分。由于历史记录中基本上没有提到他们究竟是从哪里来的，所以，关于他们的起源目前知之甚少。我们也不能确定他们的语言是否为目前已知最古老的印欧语系中安纳托利亚语族的一个分支。他们自称为“涅斯利”（Nesili）。然而，这个民族创造了至今有文献记载的最早的印欧文明，在《圣经》中，他们被称为赫梯。

印欧赫梯人是一支半农耕半游牧的部族，不过，他们从野蛮向农业文明的转变却没有经历漫长而艰苦的过程。这是人类文明发展进程中的另一种现象，他们跳跃式地进入以定居农耕为主的文明社会，赫梯文明的起源和早期的发展也充分地体现出这个民族的特点。

赫梯人迁徙到安纳托利亚广阔的土地上，赶着他们的牛群和马匹混居在周围的各民族之间。他们清醒地认识到这是怎样一个环境，本地哈梯社会和周边国家以及美索不达米亚的文明已经高度发达，在神的赐福下，强大的王权统治为城市带来了繁荣。他们尝试着接受哈梯人的日常宗教仪式，吸收哈梯人以及其他民族的语言词汇，而且，他们也开始在卡尼什与亚述人进行贸易交换。在先进文化氛围的影响下，他们主动地学习和借鉴异族的文明成果，成功学会了对牛、马等大型家畜的驯养，产生了融入这种文明社会的愿望。因此，没用多久，他们便放弃了游牧的生活方式，选择了理想的定居之地，并且很快建立起政治中心，拥有了自己的城市和领地。

◀ 动物形容器

彩绘陶，8.3×7.5×10.8厘米。卡尼什遗址，安纳托利亚，古亚述贸易殖民时期，约公元前1900年—公元前1600年。大都会艺术博物馆，纽约，美国。

这是一只公羊头形状的容器，表面经过油脂光滑处理，鼻子、前额、角和顶部绘有涂料，眼睛和耳朵用黑色涂料勾勒。公元前2000年以后，这种彩绘陶器在安纳托利亚中部的卡尼什遗址中发现很多，有狮子、羚羊、兔子、狗、鹰和其他鸟类的形状，体现出青铜时代中期这个国际大都市的艺术创造力和技术工艺。赫梯人的这些器皿可能与当地的宗教活动有关，是早期传统的表现。

公元前19世纪—公元前18世纪，赫梯人在库萨拉（Kussara）建起了自己的王国。也许是出于对强权的渴望，也或许是因为刚刚进入文明社会的赫梯人还保留了强悍的野性，国王皮塔那（Pithanas）贪婪地环视着周围的环境，他和他的儿子阿尼塔（Anittas）渴望以最快的速度发展壮大，他们要选择一个目标。

野蛮侵占

大约在公元前1790年左右，皮塔那对涅萨（Nesa）城下手，发动了突然袭击，囚禁了国王。

这座涅萨城不是别的城市，正是古亚述人在安纳托利亚建立的最重要的商业定居点卡尼什，赫梯人称它为涅萨。由此，到阿尼塔继位时，赫梯已经是一个控制了库萨拉和涅萨两座城市所在地区的小王国。

阿尼塔树立起库萨拉庄严的地位，之后，他将库萨拉王朝的首都迁到涅萨。但是，阿尼塔的征战没有就此停止，他率领着40辆战车和1400名步兵[2]远征哈梯人在里海南岸建立的扎尔帕（Zalpa，Zalpuwa），阿尼塔击败了那里最后一位有历史记载的国王胡兹亚（Huzziya），并将曾经被掠夺的神像带回了涅萨。随后，他又征服了哈图什城，也许是因为这里的哈梯人顽强的抵抗使得阿尼塔对这座城市充满了敌意，他摧毁了这座城市，使这里长满杂草，并诅咒不得重建此城："无论之后谁成为哈图什的国王，重新在这里建设家园，就让天空的风暴之神打击他！"[3]

普鲁什汉达似乎具有特殊的地位，它的国王被称为"小亚细亚的伟大国王"，而其他统治者仅被称作"国王"，阿尼塔同样带兵向它进发。慑于哈图什的悲惨结局，普鲁什汉达国王不战而降，根据阿尼塔文献中的记录："当我走上战场的时候，普鲁什汉达人给我送上了礼物，他给我带来了铁的王座和铁权杖作为礼物。我回到涅萨，也带上了那个普鲁什汉达人。他一进内廷，就坐在了我前面的右边。"[4]文本表明，由王座和权杖象征的统治普鲁什汉达领土的权力被交给了阿尼塔，它的国王被降为了一个特许的附庸，有资格出席阿尼塔在涅萨的宫廷会议，以表彰他自愿投降的行为和高贵的出身，而王国本身可能已不复存在，被并入了赫梯人的版图。阿尼塔试图在小亚细亚建立一个赫梯人的国家，他不断扩张的战争使得小亚细亚固有的政治组织受到冲击，陷入混乱状态，亚述与卡尼什的联系衰落，致使沙马什阿达德和汉谟拉比中断了此前与小亚细亚的贸易往来。

▲ 阿尼塔的青铜匕首

青铜，长29厘米。刻有楔形文字。库尔特佩（古代涅萨），土耳其，公元前18世纪。安纳托利亚文明博物馆，安卡拉，土耳其。

这件珍贵的青铜匕首难得地记录了赫梯人早期的事迹，上面的铭文写着"这是阿尼塔的宫殿"，证实了阿尼塔是涅萨之王。

古老的哈梯城邦在与美索不达米亚文明的往来过程中，学会了使用楔形文字，而且，他们以冶铁为代表的金属冶炼技术也到达了很高的水平。公元前18世纪，他们的家园被赫梯人入侵，有些地区被征服和取代，赫梯人成了新的统治精英，而土生土长的哈梯人被推到了社会的下层。在赫梯人的社会中，有很多职业是由哈梯人在从事，语言以及文字书写也受到哈梯语的影响。因此，赫梯文明在转型中，实际上，也继承和发展了哈梯文化。赫梯人所占领的核心区域也被称为"哈梯之地"。

赫梯人在古代近东世界很可能是独一无二的，没有哪个民族和国家像他们一样，可以如此迅速地吸收和借鉴异族的文明。他们不仅继承了哈梯文化，还引进很多胡里安人的谚语格言，吸纳了卢威安语和帕莱人的语言词汇。不过，尽管赫梯人侵占了一些地方，在阿尼塔攻打扎尔帕之后，当地也开始出现赫梯化的趋向，但是，早期赫梯人的军事行动还是以掠夺和毁灭城市为主，似乎还不具有完全占领和组织建设的能力。

赫梯永远的主题——战争和内斗

大约经历了一个世纪，由于史料的缺失，我们已无法确切地知道在这段漫长的时期里有几代人、哪些王在统治，直到一位重要的人物——著名的国王哈图西里一世（Hattusili I）出现，将赫梯人的历史续写。赫梯人追溯自己作为近东地区大国的历史时，就以这位精力旺盛的领袖和将军为源头。[5]哈图西里一世自称是“来自库萨拉的人”，明确了他与祖先的关系，也暗示了他的先辈像阿尼塔这样来自库萨拉的国王对安纳托利亚的征服在他之前就开始了。两篇关于哈图西里一世国王的历史文献《年代记》[6]和《遗嘱》[7]详细记载了他的事迹，同时，也记载了一些有趣的问题。而且，这两份历史资料也恰好展示了古老的赫梯王国对外扩张的征战和残酷的内部宫廷斗争这两大主题。

在《遗嘱》中，哈图西里一世说：“我的祖父在萨纳胡伊塔（Sanahuitta）宣布他的儿子拉巴尔那（Labarnas）为王位继承人。”拉巴尔那，应该是哈图西里一世的前任国王，而且，在以后的赫梯王国中，“拉巴尔那”成了代表赫梯国王正统身份的头衔。哈图西里一世并不是拉巴尔那的儿子，也就是说，他的父亲没有当国王。关于哈图西里一世的身世，他只是在《年代记》中明确地自称是“塔瓦娜娜（Tawananna）兄弟的儿子”。由此可知，拉巴尔那应该是哈图西里一世父亲的兄弟，塔瓦娜娜则是他们的姐妹，是哈图西里一世的姑姑。他这样说的目的显然是为了明确血缘关系，证明自己继位的合法性，那么，他为什么不直接说自己是叔父拉巴尔那兄弟的儿子，却要说他是姑姑兄弟的儿子呢？最合理的解释就是哈图西里一世与拉巴尔那没有血缘关系，所以，他宁可提及姑姑来证明自己与祖父的一脉相承，也没有直接说明与拉巴尔那的关系。赫梯人的王位继承有一种传统，如果一个国王想要任命他亲生儿子以外的人作为继承人，他会首先声明收养这个人作为自己的儿子，因此，记载中祖父“宣布他的儿子拉巴尔那为王位继承人”。那么，更重要的问题是，为什么祖父不把王位传给自己的亲生儿子而要选择其他人呢？是否哈图西里一世的祖父也遭遇了与他同样的王位继承危机呢？

◀ 哈图沙/哈图什

今土耳其中北部，安卡拉以东160千米的博阿兹柯伊（Bogazkoy）。

哈图西里一世建造了设有防御的哈图沙城，使其成为赫梯王国的政治和行政中心。古城占地近1平方千米，城市坐落在西北方向的山坡上，一直延伸到下面的山谷，一堵巨大的防御城墙守护着它，伟大国王的住所就在高高的山脊之上。随着时间的推移，城市的上层建设投入巨大，旧城南部新建的3.3千米长的防御墙和几个纪念性的大门将这座城市的面积扩大到1.82平方千米。城墙内修建了许多大型建筑，其中包括为“哈梯千神”建造的神庙。

哈图西里一世第一个壮举是他没有理会祖先阿尼塔的那道诅咒。公元前1650年，他选择了地理条件优越的哈图什，重建了这座城市，并将首都迁到了这里。以前赫梯人的哈图什现在被他赋予了新的名字，哈图沙（Hattusa）。确立哈图沙为政治中心的赫梯，此时已经怀有扩张的野心，哈图西里一世将开始向安纳托利亚半岛的广大地区以及更遥远的东方进发。

哈图西里一世建都哈图沙后立即攻打位于东北部的萨纳胡伊塔，这座城市在他祖父时就已经被控制了。他的祖父还在那里宣布他的儿子拉巴尔那为王位继承人。可随后，萨纳胡伊塔发生了政变，居民们又建立了独立的政权。这一次哈图西里一世带兵而来是对萨纳胡伊塔的叛军政权实施报复性打击，但是，哈图西里一世竟然没能攻克这座城市。作为围城失败的补偿，他只得掠夺并摧毁了周围的村庄。之后，他继续向北，成功地占领并洗劫了扎尔帕。

▲“国王之门”雕像

青铜时代后期，在哈图沙内部三个主要的通道上，超过2米高的雕像表现的也许是一位神，也许是一位国王装备出征的形象。

巍峨的托罗斯山脉横亘在安纳托利亚与幼发拉底河之间，赫梯人知道并向往大山的另一面，那里是通向美索不达米亚、充满财富与先进文明的方向。在确立了哈图沙稳定的统治地位之后，哈图西里一世将目光投向了王国之外，迈出了对安纳托利亚半岛以外的地区施加影响的步伐。著名的西里西亚门（Cilician Gates）是安纳托利亚高原穿越托罗斯山进入叙利亚平原最重要的隘口，哈图西里一世的军队从这里进入水源充足的阿达尼亚（Adaniya）平原，拉开了赫梯人远征叙利亚的第一幕。

哈图西里一世的赫梯军队迅速进入亚姆哈德王国的领地，顺利地攻占了奥龙特河（Orontes）上的阿拉拉赫（Alalakh），在掠夺之后烧毁了这座城市。在返回哈图沙的途中，赫梯人又洗劫和摧毁了幼发拉底河西部和卡开密什（Carchemish）北部的一些城市。据说，围困乌尔舒城（Urshu）的攻城战非常艰难，哈图西里一世使用了攻城锤，动用了80辆战车，历时6个月才取得了最后的胜利。占领了一些地盘之后，赫梯侵略军带着掠夺来的大量战利品返回了哈图沙。

在安纳托利亚半岛西部的阿尔扎瓦是一个独立的政权，或许是赫梯人觊觎这里的财富，或许是哈图西里一世认为他们是赫梯的敌人，似乎是在对对手并不了解，而且对国内局势做出了误判的情况下，哈图西里一世对阿尔扎瓦发动了军事行动。国王《年代记》对这场战役只写了一句话：“去到阿尔扎瓦的土地上，抢走了那里的牛羊。”但是，这次得不偿失的远征却给哈图西里一世带来了灾难性的后果，在他不在国内的时候，来自东方的胡里安人的军队入侵了他的国家，除了首都，其他属地都背叛了他。显然，这次远距离作战为胡里安人的入侵和属地大规模的起义提供了足够长的时间。当他得知这一消息后立刻从西方返回，英勇而顽强地将胡里安人赶出了他的国土，还收复了第一次入侵叙利亚时所征服的土地。随后，他开始回师收拾那些反叛的城邦，没有遇到任何抵抗就重新夺回涅萨城，摧毁其他造反的城市，恢复了自己的权威和统治。在此期间，有一座城市一直保持独立，而且还在扩大领土，这个政权就是萨纳胡伊塔。这一次，哈图西里一世下决心，不能再像上次那样无功而返，在围攻萨纳胡伊塔城5个月之后，他占领了这座城，大肆抢夺战利品，摧毁城市，最终铲除了这个政权。这一次的军事行动还征服了其他几座城市，将它们纳入了赫梯王国的版图。

在被征服的城市和地区，哈图西里一世派他的儿子以及王室成员驻守、统治，在稳定了国内局势之后，或许是对东方的胡里安人充满了报复性的敌意，或许他一直怀有对亚姆哈德王国施加霸权的野心，他再次发动了对叙利亚的第二场战役。依然是从西里西亚门大兵压境，哈图西里一世率领他的军队沿杰伊汉（Ceyhan）河穿梭，对该地区施加了巨大的压力。他首先摧毁了扎鲁纳城（Zaruna），继而长驱直入，烧毁城市，将掠夺的大量战利品运回哈图沙。终于，亚姆哈德国王雅里姆利姆三世（Yarim-Lim III）派出了由大约一百辆战车和数千名步兵组成的重装部队与哈苏姆（Hassum）的军队联合将哈图西里一世的赫梯军队拦截在阿马努斯山附近。战斗的结果是哈图西里一世取胜了，他击溃了敌人，一路烧杀抢掠，率领军队向哈苏姆挺进。哈苏姆人集结起来，经过三次顽强的抵抗，最终无法抵挡哈图西里一世凶猛的进攻。哈苏姆城遭到了洗劫，然后，哈图西里一世摧毁了哈苏姆，并继续前进，一路给包括哈胡姆在内的亚姆哈德及其盟邦带去了同样的命运。最后，哈图西里一世来到了幼发拉底河畔，他跨过了这条具有历史意义的河流，将自己比作当年阿卡德的萨尔贡，甚至宣称，就连伟大的萨尔贡从另一个方向越过这条河时，也没能向天上的太阳神和暴风之神展示烧毁哈胡姆的硝烟，而他做到了。

◀ 胡里安楔形文字泥板

黏土，长5.08厘米，宽4.9厘米。赫梯时期。大英博物馆，伦敦，英国。

赫梯王国的烧制泥板，残片上有11行铭文，用胡里安语列出了众神的名字。

一封用阿卡德语写的书信揭示了一个特别的情形，信是跨过幼发拉底河的哈图西里一世写给梯库纳尼（Tikunani）国王的。梯库纳尼是一个在幼发拉底河东岸、美索不达米亚北部的小王国。在信中，他称对方为“我的仆人”，并说会对其提供保护，要求梯库纳尼的国王不要与哈胡姆合作。这封信表明哈图西里一世已经把梯库纳尼国视为他的附庸，这意味着，在一段时间内，他对美索不达米亚北部的部分地区行使了强权。由此可见，哈图西里一世施加自己的国际影响力，在国外建立赫梯王国区域性的权威。这种将权力强加到所征服地区的思想和做法证明，此时赫梯人的军事行动已经不是仅仅以掠夺财物为主，哈图西里一世做出了比征服城镇、将大量战利品带回哈图沙更为荣耀的成就。

哈图西里一世俘虏了哈苏姆的国王，极具羞辱性地给他套上了轭具，让他拉着一辆装满赫梯人战利品的四轮马车，回到赫梯的都城。哈图西里一世将从哈苏姆抢夺来的特舒卜神（Teshub）和他的妻子赫巴特女神（Hebat）的神像，以及一对属于特舒卜神的银制公牛供奉在了哈图沙太阳女神阿利娜（Arinna）的圣殿里。

▶ 特舒卜石碑

阿勒颇博物馆。

赫梯浮雕，描绘了天气之神特舒卜的战斗装备。他一只手挥舞着双刃斧，另一只手中拿着雷电。他高高的有角的帽子和头上有翼的太阳圆盘表明了他的神圣地位。他站在一头公牛的上面，这通常是他在世间的象征。

有一点值得注意，哈图西里一世走出托罗斯山脉，进入亚姆哈德王国的领地，他的首要目标是摧毁不远处这个王国的首都阿勒颇。但是，最具历史价值的资料《年代记》，只记载了他对亚姆哈德及其盟国的许多城市施加了残酷的暴行，而只字未提这座代表亚姆哈德王朝的城市阿勒颇。结合其他的历史资料，分析出这个奇怪的现象表明，哈图西里一世一定带领他的士兵攻打过阿勒颇，不过，他的进攻失败了，而且，赫梯人的军队遭受了重创，他本人也很可能在最后一次攻击中受了致命伤。

◀ 银制公牛形容器

银，高18.01厘米，长21.49厘米，宽12.8厘米。安纳托利亚中部，赫梯新王国时期，约公元前14世纪—公元前13世纪。大都会艺术博物馆，纽约，美国。

公牛是跪着的姿势，粗壮有力的颈部用项圈装饰，眼睛和眉毛曾经有镶嵌物，脸颊及躯体都有表现肌肉的凸出纹理，胸部有表现褶皱皮肤的线条。这种造型和装饰具有赫梯人使用的特点，银制公牛雕像属于赫梯人的风暴之神特舒卜神。

倒下的哈图西里一世在他的病床上写下了那份重要的《遗嘱》。在遗嘱中他历数了一生中最令他伤心的事件，他无法接受自己亲人的背叛，残酷的宫廷内斗使他失去了一个又一个可以继位的孩子。

最合法也是最理想的继承人当然是他的亲生儿子，哈图西里一世将他的儿子胡齐亚（Huzziya）派到塔帕桑达（TappaSSanda）驻守，统治那里的民众。可是，当地的民众为了获取自己的利益，煽动胡齐亚谋反，胡齐亚居然听信了他们的蛊惑，公开反对他的父亲。哈图西里一世的另一个儿子哈卡尔皮里（Hakkarpili）可能也在扎尔帕掀起了反叛。哈图西里一世平定了这些叛乱，罢免了儿子的官职。由于儿子的背叛与不忠，他不得已放弃了亲生儿子的王位继承权。

▲ 赫梯圆形印章

赤铁矿，高3.5厘米，直径2.6厘米。安纳托利亚，赫梯旧王国时期，约公元前17世纪—公元前16世纪。大都会艺术博物馆，纽约，美国。

在安纳托利亚，约公元前2000年—公元前1700年，由各种石质、金属以及黏土制成用于行政管理的圆柱印章，使用时直接将其压印在密封容器或泥板文书上。有的印章上带有穿孔，以便携带，有的有手柄，便于使用。印章的图案从简单的几何图案到复杂的有关神的场景，雕刻精美。这个圆形的印章是用黑色赤铁矿雕刻而成，有一个锤状的手柄。印章上的图案是一头凶猛的狮子在两只卧着的公牛的上方。这个场景被一个缠绕的绳索纹饰包围着，这种纹饰在安纳托利亚的古亚述时期常见，这显示了赫梯雕刻艺术早期的水平。

此时，哈图西里一世的身边又酝酿着另一场危机。他的家族成员以及哈图沙的权贵们一直在密切关注着胡齐亚的命运，当他们看到国王已经没有儿子可以继承王位时，甚至煽动哈图沙的居民反对国王。因为哈图西里一世的女儿有一个男性的后代，他们推举这个女儿，企图让她的儿子坐上王位。为了使自己推选的人成为未来的国王，贵族们不惜对现在的国王发起了挑战。这是又一场叛乱，哈图西里一世的这个女儿“让整个哈图沙都叛乱了”，她带领着贵族们和这片土地上的民众反对她的父亲，在叛乱中许多哈图沙的居民被杀害。叛乱最终被哈图西里一世再次平定，他将女儿驱逐出哈图沙，虽然他善待了这个女儿，将她安置在乡间的庄园里安度余生，但是，他也失去了女儿，失去了可能的继承人。

也许是为了避免因王位继承权的争夺而引发更多的内斗，哈图西里一世随后确实选定了一位继承人，是他妹妹的儿子。他对这个侄子非常好，亲自给予指导，让他成了一名祭司，并称他为“我的儿子”。但是，在《遗嘱》中，他指出，他的这个不肖的“儿子”冷酷无情，没有善良和怜悯之心，他的母亲像狡猾的蛇一样，可他只听从他的母亲和兄弟姐妹的话。于是，他毅然决定，“够了！他不再是我的儿子”，废黜了这个他已经选定的王位继承人。这无疑意味着一场新的宫廷风暴，因为在赫梯的王室中，像国王的女儿和姐妹这样的女性成员具有相当大的影响力，而且，她们会将这种影响力用于颠覆性的目的。显然，从以上描述中可以看出，国王的妹妹本人是与国王不和的，甚至是公开敌对的，她和她的孩子们都参与了阴谋。而且，在国王废黜了她的儿子之后，她和家人们依然具有推翻国王政权的企图。好在哈图西里一世采取了积极措施，剥夺了他的妹妹和她家人的所有地位，彻底摧毁了他们的权力和影响力，并将他们的罪行昭告天下。与此同时，他特地前往祖先的名誉之地库萨拉，在那里召开了潘库大会（pankus），因为他已经最终选定了他的孙子作为赫梯王国未来的接班人。他向贵族和官员们宣布：“现在，穆尔西里一世（Mursili I）是我的儿子，你们必须承认他并拥立他为国王。”他告诫赫梯的权贵和勇士们，一定要辅佐他的儿子，如果带年幼的国王奔赴战场一定要将他平安地带回来。

伟大的哈图西里一世奠定了赫梯王国的基业，他从掌握政权的一开始就怀揣着走向世界的野心，虽然他的军事行动带有掠夺、烧杀的野蛮属性，但他也将赫梯国王的权威强加到了国外的土地上。强悍的赫梯人驾驭着马拉的战车穿越托罗斯山脉，将美索不达米亚的书吏带到了他们的国家，为赫梯人古老王国的历史留下了文字的记录。潘库大会是由国王的亲属、官僚及军事将领组成的一种传统的集体制约制度，而此时的哈图西里一世显然已能凌驾其上，国王的权力开始使潘库丧失作用，只能接受他的决定，接受他收养的儿子穆尔西里一世作为赫梯人的国王。穆尔西里一世也许是即将去世的老国王选中的最理想的继承人，也许是老国王用来对付他的亲戚们策划背叛和暗杀的无奈之举，但是，谁又能否定事实的真相不是另一幅更可怕的场景呢？年轻的穆尔西里一世和他的集团可能就是那个要挟病榻上年迈国王的幕后操控者。不过，无论怎样，他成功了，合法地继承了赫梯的王位。

▲ 十二个正在行军的阴间之神

亚孜利卡亚（Yazilikaya），赫梯人的圣地，位于哈图沙东北约1.5千米。在土耳其这个遗址上有许多岩石浮雕，是令人印象深刻的赫梯众神之地。

穆尔西里一世

虽然穆尔西里一世即位时还很年轻，但他很幸运，很可能有一位名叫皮姆皮拉（Pimpira）的赫梯王子在帮助他。这位摄政王是否就是参与穆尔西里一世继承王位的幕后指使者不得而知，不过，他是一位正直的人，一份赫梯编年史记下了皮姆皮拉的命令："给饥饿的人送去面包，给裸体的人送去衣裳，给受寒的人送去炭火。"[8]皮姆皮拉和其他忠诚的大臣一路辅佐年轻的穆尔西里一世走向成熟，终于，穆尔西里一世继承了哈图西里一世的遗愿。

穆尔西里一世沿着他父亲（实际上是祖父）的路线，同样穿越了那个从托罗斯山进入叙利亚平原的西里西亚隘口，将战火烧到了阿勒颇。从零碎的文本记录中看到："穆尔西里一世为父报复，对阿勒颇发起攻击。哈图西里一世已将阿勒颇交给他的儿子（处理），阿勒颇国王向他赎罪。"[9]穆尔西里一世的军事行动也许是报仇，在前任国王失败的地方，他成功地夺取并摧毁了阿勒颇，甚至终结了亚姆哈德王国的寿命。他的军事行动也许是为了打通从安纳托利亚通往两河流域的道路，因为他没有仅仅停留在这里。之后，他率领他的军队继续南下，击溃胡里安人，穿过他们的领地，打到了巴比伦城，并出其不意地一举攻陷了这座由汉谟拉比一手缔造的古巴比伦帝国的首都。这是古赫梯王国在军事上取得的最大的胜利，终结了阿摩利人对巴比伦的统治，使古代西亚地区在政治和军事上都看到了赫梯王国的强大，赫梯人的势力走上了古代近东的政治舞台，但是，这支外来的蛮族建立的国家是否真的能与先进的文明相抗衡呢？

公元前1595年，穆尔西里一世传奇般地摧毁了巴比伦，在炫耀了赫梯人强大的武力之后，也许他们本来就没有打算占领这片与本国距离遥远的土地，也许穆尔西里一世预感到了来自自己国家宫廷中某种不祥的威胁，他必须回去。于是他带着掠夺的大量金银财宝，驱赶着俘虏，以胜利者的姿态匆匆离去了。临走时，赫梯人还郑重地带走了巴比伦帝国的保护神马尔都克的神像，回到了自己的国家。

等待穆尔西里一世凯旋而归的果然是一场凶恶的阴谋，赫梯宫廷中的王室成员对至高权力的野心似乎是无法遏制的，这或许可以解释为彪悍的民族在王权欲望的驱使下，无所畏惧。穆尔西里一世被谋杀了，杀害他的人被浓墨重彩地记载在一份非常著名的赫梯文献中，所占篇幅甚至比其他国王多出两三倍，不仅是因为这次谋杀中断了赫梯人刚刚建立起来的一个日益强大的黄金时代，更是因为这开启了赫梯宫廷中为争夺国王统治地位而实施暴力的先河，之后赫梯历史上多次发生血腥的王室复仇事件并导致王朝更替。这份关于古赫梯王国最重要的历史文献就是《铁列平诏令》，铁列平（Telepinu）是古赫梯历史中继哈图西里一世与穆尔西里一世之后另一位杰出的国王。

《铁列平诏令》

被铁列平认为是第一罪人、谋杀了穆尔西里一世的人是汉提里一世（Hantili I），他是穆尔西里一世姐姐哈拉帕西里（Harapsili）的丈夫，也就是穆尔西里一世的姐夫。在他的女婿兹丹塔一世（Zidanta I）的怂恿和辅助下，汉提里一世暗杀了穆尔西里一世，篡夺了王位。在汉提里一世的统治时期，赫梯王国凭借着依然强大的军事力量继续控制着叙利亚地区，他的足迹到达过特加拉马（Tegarama）、苏克兹亚（Sukziya）和卡开密什等地，与胡里安人发生过近距离的交锋。但是，他的征战似乎是失败了，因为他的王后被胡里安人活捉并神秘地死去了，只有他自己回到了首都哈图沙。当汉提里一世经过特加拉马城时，他开始思考："我做了什么？我为什么听我女婿兹丹塔的话呢？"（然而），当他成为国王统治国家时，众神就为穆尔西里的血寻求（报仇）。[10]显然，他后悔了。

但是，汉提里一世后悔为时已晚，已经没有人可以阻挡狡猾的兹丹塔一世夺取王位的力量。当汉提里一世死去的时候，他应该是自然死亡，兹丹塔一世毫不留情地杀死了汉提里一世的亲生儿子皮塞尼（Piseni），并一起处死了皮塞尼的儿子们以及他们的首席大臣，彻底为自己继承大位扫平道路。兹丹塔一世成了国王，但是，也许就像《铁列平诏令》所说的那样，"众神为皮塞尼的血复仇"，兹丹塔一世遭受了同样的厄运，残忍的暴力来自于兹丹塔的亲生儿子阿穆那（Ammuna）。他不仅背叛了他的父亲，而且还杀死了他的亲生父亲。此后，阿穆那成了赫梯的国王，内部的杀戮使国家处于分崩离析的边缘。在阿穆那统治时期，天怒人怨的后果使得赫梯的农牧业凋零，谷物歉收，牛羊减少，许多城市纷纷反叛，阿穆那派出镇压起义的军队无功而返。然而，当阿穆那死去时，残酷的夺权内斗依然在持续上演。

回顾从前，穆尔西里一世大约统治了30年的时间，他的姐夫汉提里一世篡权后大约也统治了30年，之后，汉提里一世的女婿兹丹塔一世统治了10年，再之后，阿穆那杀害了他的父亲，统治了20年。在这段相对比较长的90年的时间里，赫梯王国的王位继承不一定是父传子继，惨烈的弑君事件发生过两次，可以看出，非血缘关系及弑君的继位是被赫梯人接受的。

著名的《铁列平诏令》是研究古赫梯王国最基础的历史文献，对它的深入分析，可以让人们更多地看到赫梯人对王权的争夺轨迹。根据《铁列平诏令》记载，一位名叫胡兹亚一世（Huzziya I）的王室成员登上了国王的宝座。实际上，这时也进入铁列平的时代。

胡兹亚一世是谁，《铁列平诏令》中没有说，但与他相关的人物和事件被详细地描述，不禁让人怀疑这是否就是铁列平颁布这篇《铁列平诏令》背后真实的目的之一。

《铁列平诏令》记载，阿穆那死后，王室护卫首领祖鲁（Zuru）派他的儿子、冠有"金矛之人"头衔的塔胡尔韦利（Tahurwaili）去杀了提蒂（Titti）的全家包括他的儿子们，祖鲁还派了一名叫塔鲁苏（Taruhsu）的官员杀了汉提里和他的儿子们。之后，胡兹亚成了国王。这么多人被杀，他们是什么人？为什么要杀他们？

他们当然是王位的继承人，可能是阿穆那的具有最优先合法继承权的儿子和后代。虽然《铁列平诏令》中没有明确陈述，但作为最终受益者的胡兹亚就是杀戮的幕后策划者。作为阿穆那国王最高护卫长官的祖鲁，也可能是他的兄弟，背叛了他，站到阴谋者的一边，屠杀了前国王直接的继承人及他们的全家，而且，胡兹亚即位后并没有引起宫廷内外的激烈反对。那么，胡兹亚到底是什么人？他在王室中又处于怎样的地位？

铁列平颁布《铁列平诏令》的主要目的就是为了阻止像过去那样的暴力夺权行为，因此他明确了王位继承人应具有的身份范围，这也是《铁列平诏令》的核心内容，确定了王室继承的原则，或者说是法规：

国王将是一个儿子（他是一个）第一等的王子；如果没有第一等的王子，第二等的儿子将成为国王；如果没有王子，（没有）男性，她是第一等的公主，他们将为她物色一个姻亲（女婿），他将成为国王。

第一等的王子是那些国王和王后所生的儿子，王后具有最高的地位；第二等的儿子是由国王的第二妻子或嫔妃所生的后代，这些女人与王后有着明显的差距；第三类可以继承王位的人选则是国王第一等公主的丈夫，也就是国王的女婿（养子）。国王需要有众多的王子担任军事将领和宫廷官员，也希望有更多的公主以保证与盟国结成联姻关系。正常情况下，第一等的儿子不会只有一个，第二等的儿子则会更多。因此，在王位继承的问题上，不仅高等级的王子可能与二等儿子之间的竞争，而且女婿的加入也使情况变得更为复杂。国王对公主的婚姻有决定权，赫梯人对女婿的血统没有特别的要求，当然应该还是会在相应的贵族阶层中挑选，但这可能允许国王在选择继承人时更看重忠诚、能力和功绩而不是出身。国王无疑会在他的有生之年从合适的王子和女婿中指定一位继任者。对于女婿来讲，如果国王的女儿还没有结婚，那么，国王可以根据自己的意愿选择女婿。但如果女儿已经结婚，女婿如果又被国王更为看好，那么国王的亲生儿子必然会对他产生敌意，如果不被看好，他也将会对王子构成巨大的威胁。

由此可知，胡兹亚必在这三类人之中，即一等儿子、二等儿子或收养为子的女婿。因为这三类继承人身份的合法性是在《铁列平诏令》中规定的，而他对胡兹亚的继承身份没有提出丝毫质疑，否则，他要么应该对胡兹亚的身世加以说明，要么就是违背了自己的规定，这显然不会。在《铁列平诏令》中，只有一句简短的话涉及胡兹亚的身世：他有一个名叫伊斯塔帕里亚（Istapariya）的姐姐，而这个姐姐被冠以了“第一等”的修辞，也就是前国王阿穆那的第一等公主。胡兹亚指使人杀害了阿穆那两个第一等的王子提蒂和汉提里，伊斯塔帕里亚就是他们的亲姐妹，她同样更有优先继承的可能，因为她已经结婚，她的丈夫也就是前国王的女婿同样具有继承王位的合法权。胡兹亚本应对她和她的丈夫也采取斩尽杀绝的做法，但是此时他没有动手。

根据《铁列平诏令》的说法，“胡兹亚最后还是对他们下手了”，但这是在他登上王位之后，也就是说，是在胡兹亚成为国王开始统治赫梯国家之后，才准备铲除伊斯塔帕里亚和她的丈夫。因此，胡兹亚最可能的身份是伊斯塔帕里亚同父异母的兄弟，他不是前国王阿穆那第一等的儿子，也不是一位女婿，他是阿穆那的一个妃子所生、地位较低的二等儿子，一个排在比较后面的候选继承人，但似乎又优先于第一等公主的丈夫、前国王的女婿，可以合法地继承王位。

那个第一等公主伊斯塔帕里亚的丈夫、前国王阿穆那的女婿就是铁列平。

《铁列平诏令》中没有详细说明铁列平是如何清除胡兹亚而掌握赫梯王权的，只是简单地说：“当胡兹亚想要杀死他们时，事情暴露了，铁列平赶走了他们。”从那以后，铁列平成了国王。

这场政变来得非常蹊跷，许多历史学者认为是铁列平对胡兹亚的王位有潜在的威胁，因为铁列平也有继承王位的合法权，所以胡兹亚要杀死铁列平和他的妻子伊斯塔帕里亚。铁列平的确对王位构成了威胁，但问题似乎没有那么简单。首先，胡兹亚已经是现任国王，不仅铁列平本人的身份无法动摇他的王位，就连铁列平夫妻的儿子也不在王位继承人的范围之内。其次，政变发生得如此迅速，而且还没有流血。再者，王室护卫的首领祖鲁带领他的属下为胡兹亚铲除了前国王的嫡系力量，在他的保护之下，铁列平又如何能够轻而易举地“赶走了他们”呢？

《铁列平诏令》中描述推翻胡兹亚国王的内容只有上述的那一句话，“当胡兹亚想要杀死他们时，事情暴露了”。《铁列平诏令》是铁列平编撰和颁布的，也就是说，铁列平认为胡兹亚“想要杀死他们”，实际实施杀害他们的行动还没有发生，不是杀人未遂，而是“事情暴露了”。在自己编写的文本中指责他人“想要”对自己犯罪，这种指控似乎有很大的编造嫌疑，是为自己的造反捏造合理的借口，与真实的事实不符。当然，还有一种可能，在当时的环境中，胡兹亚想要除掉铁列平就是真实的事实，所有人都知道，只是还没有动手，所以他不用做更多的说明。但事实是，铁列平具备迅速而轻易地将胡兹亚驱离王位的实力，并且，他似乎根本不需要考虑后果。如果是这样，站在胡兹亚的立场上，“想要杀死他们”也是正常的。可以想见，发起这场宫廷政变的动机来自铁列平一方，无论胡兹亚是否真的“想要杀死他们”，大约在公元前1500年，铁列平先发制人，最终篡夺了王位。在他看来，这不仅是势在必行的，而且是正当的。事实上，他的上台不仅没有引起激烈的反对，反而得到了官员们忠诚的拥护。

▲ 印有王室印章的文字泥板

黏土，尺寸不详。刻有赫梯楔形文字。青铜时代后期。

成为国王后的铁列平一反常态，处处显示出自己宽厚仁慈的美德，这是他在《铁列平诏令》中有意为自己树立的形象，他希望告诫未来的国王和王室成员要善待兄弟姐妹：“无论在未来谁将成为我之后的国王，让他的兄弟、他的儿子、他的姻亲、他的（更多的）家庭成员和他的军队团结起来！……不要杀你家的任何人。这样做是不对的。”“若有人在弟兄姐妹中间作恶，对国王不敬，就召开大会，若他的辩解被驳斥，他将用他的头来偿还。然而，他们不得像祖鲁、塔努瓦（Tanuwa）、塔胡尔韦利和塔鲁苏那样秘密地杀人。他们不可对他的家、他的妻子和他的孩子们作恶。……”因此，为了表现宽容和善良，兑现自己的法令，铁列平流放了胡兹亚，没有杀死他。可是，对于铁列平来说，这会不会是一件养虎为患的错误决定呢？

事情还在继续发展，胡兹亚有五个兄弟，都是国家高等级的官员，与被驱逐的胡兹亚一样，在宫廷中仍然还有支持者，他们在伺机寻求报复，夺回权力。但是，为了体现《铁列平诏令》中不能连累家人的规定，铁列平再一次放过了这五个兄弟，给他们分了房屋，说：“让他们走吧，让他们活下去吧！让他们每个人都吃（和）喝吧！但愿没有人伤害他们！”“他们对我做了邪恶的事，但我将不会对他们下毒手。”

就在这危机四伏，宫廷内各派系暗流涌动之际，铁列平却离开了首都。经过几代人的宫廷政变，赫梯的许多领土已经被邻国趁乱侵占。在南方，托罗斯山脉周围，一个卢威安-胡里安的城邦也在赫梯王国多年内乱导致不断的衰落中成长为一个强大的国家——基祖瓦特纳。也许此时，铁列平本人觉得自己已经稳定“坐在我父亲的王位上”，于是他发动了对安纳托利亚东南部地区的军事征伐。

新的国策

哈苏姆和拉瓦赞提亚（Lawazantiya）是铁列平急于解决的两座最不安定的城市，尤其是哈苏姆这座边境城市更是进入叙利亚的跳板，铁列平率领军队来到了这里。虽然他取得了破坏性的胜利，但是，当他的军队在兹兹利帕城（Zizzilippa）驻扎时，发生了一场战斗。赫梯的文献对这场战斗语焉不详，可以推测，如果不是一种对失败的含糊表达，那么文献记录的也是一场没有取胜的战役。对拉瓦赞提亚城的战斗铁列平取得了成功，并以胜利者的姿态制服了这座城市的统治者和叛乱首领拉哈（Lahha）。很可能，就在此时，铁列平为赫梯王国开创了一项具有历史意义的对外统治模式，这一模式几乎为后世历代国王所遵循，成就了赫梯王国在近东地区的大业。

哈苏姆和拉瓦赞提亚城的地理位置处于基祖瓦特纳国的势力范围之内，面对这样的强国，铁列平没有像以前的赫梯国王那样完全依靠武力交锋，实现掠夺和扩张的目的。他首先承认了基祖瓦特纳这个国家，并与它的国王伊斯普塔赫苏（Isputahsu）签订了赫梯历史上第一篇外交条约。这就是铁列平创建的对外统治模式——与其他国家签订条约。此时，赫梯人的力量还不足以征服基祖瓦特纳，铁列平还没有准备好与胡里安人发生冲突，特别是首都的危机还在继续，与邻国建立友好的关系有利于国家的恢复，也使他有精力处理更多的麻烦事。

◀ 楔形文字条约泥板

黏土，长18.5厘米，宽14.3厘米，厚3.5厘米。赫梯时期，约公元前1300年。大英博物馆，伦敦，英国。

该泥板记录了赫梯国王穆瓦塔里二世（Muwattalli II）和阿勒颇国王塔尔米-沙鲁马（Talmi-sharruma）之间用阿卡德语签署的条约，规范了阿勒颇和赫梯之间未来的关系，并介绍了当时的历史背景。据说，该条约是穆瓦塔里二世的父亲与塔尔米-沙鲁马之间签订的一份较早的条约的副本，原本被盗。

持续的宫廷斗争

就在铁列平在外征战的时候，国王的千人指挥官、侍从指挥官、持杯人首领等高级官员中的"很多人"向首都的一个名叫塔努瓦的人秘密地发去了消息。之后，塔努瓦立即采取行动，果断地杀死了胡兹亚和他的兄弟们。这件事铁列平本人似乎是毫不知情。"我，国王，不知道，他也杀了胡兹亚和他的兄弟们。当我，国王，听说这件事时，他们把塔努瓦、塔胡尔韦利、塔鲁苏带来，大会判处了他们死刑。"这三个人都是执行非法暗杀的杀手，属于潘库大会执法的范畴，他们被判处了死刑。但问题是，塔努瓦的官职仅仅是宫廷中的一个侍从，只是一名执行者，显然，他的背后有人指使。可是，就像当年王室首席护卫祖鲁指使塔胡尔韦利和塔鲁苏刺杀阿穆那的继承人一样，这一次，那些幕后策划者，高级官员中的"很多人"也没有被处罚。那么多的高级官员真的是瞒着铁列平擅自行动的吗？铁列平是真的没有意识到来自胡兹亚和他兄弟们的威胁吗？

《铁列平诏令》中有意指名道姓地列举出了每一位参与者的名字，铁列平却说对暗杀阴谋一无所知。在暗杀成功之后，无论是来自他本人还是潘库大会的惩罚都不会牵扯到这些高官，显然，阴谋背后最大的受益者就是他本人。《铁列平诏令》中出示了他当时在外征战，与他国签订条约因而不在现场的证据，貌似他真的不知情。接下来发生的事情却令人怀疑，对于潘库大会判处三名刺客死刑的决定被铁列平推翻了，他将三人贬为农夫，而不是杀死他们："他们为什么要死？……我，国王，使他们成为真正的农夫，我把武器从他们肩上取下，给他们约束。"铁列平这一次可能是在打着仁慈的旗号，掩盖自己处心积虑设下的骗局，因为他真的希望为未来的赫梯王室树立一个友善、和睦的榜样。

铁列平的王位稳固了，但是，他希望未来的赫梯王室成员能团结起来，不要相互残杀，为此精心制定的《铁列平诏令》能起到有效的作用吗？回答是否定的。"整个王室的鲜血蔓延开来"，就在铁列平的统治期内，他的王后伊斯塔帕里亚死了，随后，他的儿子阿姆那（Ammuna）也死了。无论是按照赫梯人的习惯，还是铁列平在《铁列平诏令》中希望和规定的，国王的第一继承人是国王的亲生儿子，但是，他的第一等的王子先于他而去世，这是否又是一场阴谋不得而知，只在《铁列平诏令》中留下一句话："看，鲜血染遍了哈图沙。"于是，铁列平，召集了图利亚大会（tuliya）："从现在起在哈图沙，不让任何人对家庭的儿子作恶，从他身上拔出匕首。"

此时的铁列平还没有进入统治的晚期，即使杀了伊斯塔帕里亚王后和他的儿子阿姆那，他依然可以再生出更多的继承人，是什么力量使得铁列平也无能为力，不能独断自己的接班人呢？没有任何线索可以寻找幕后的操纵者，在铁列平之后，他的女婿阿鲁瓦姆那（Alluwamna）掌握了王权。

《铁列平诏令》的重要性更多的在于它珍贵的史料价值，而《铁列平诏令》本身似乎对后世的赫梯王国没有产生多大的影响。纵观赫梯历史，在铁列平之后，乃至后来强盛的赫梯帝国时代，在王位的继承问题上，虽然儿子是王位的主要候选人，有时也包括女婿，这符合铁列平的设计，但背离《铁列平诏令》规定的夺权事件多有发生，甚至还有兄弟继位的情况。在赫梯人的宫廷内，铁列平期盼的所有家庭成员能够团结起来的景象没有实现，有的却是持续的阴谋、篡位与复仇。

传统的潘库大会和图利亚大会虽然还保留着集体仲裁的意义，但在国王的统治下，仍然无法作为一个司法机构独立行使权力。拥有至高权力的国王铁列平把自己塑造成仁慈、宽容的代表，他身体力行地促进王室的团结，约束国家所有的官员不能作恶。他确立了王位继承的秩序，因此，赫梯将可以集中力量去征服他的敌人，在广袤的土地上拥有更多的城市和财富。铁列平就是带领赫梯走出衰落、恢复繁荣昌盛的伟大国王。

信仰

在铁列平的事迹中，有一个现象令人关注，他很少提到神的伟大。不同于以往的国王，他没有声称自己获取王位是神的选择。除了提到阴谋和伤害会使神将灾难降临到王室及赫梯大地，他没有以神的名义宣告人类应该如何正确地生存，对现实乃至未来的劝诫和警告都不是来自神，而是来自他的审判。

公元前2千年的赫梯人就像古代近东的所有人一样，即使在最平凡的生活中，也都在感知着神灵的存在，宗教对他们来说是日常生活的一个组成部分。自从赫梯人在安纳托利亚定居下来，他们的宗教观念一直受到当地和外来其他民族的感召和影响，他们逐渐发展起来的宗教文化展现出多元而丰富的面貌。国家的宗教仪式、神话故事以及占卜过程被记录在楔形文字泥板上，混合了多文化来源的宗教元素，包括土著的哈梯人、帕莱人、卢威安人等多个群体的神祇内容，而且，来自叙利亚北部的胡里安人以及来自美索不达米亚的巴比伦和亚述的影响更是尤为鲜明。赫梯的宗教文化无论是对本国的还是异族的神祇都给予了虔诚的敬仰，他们不断地接受和吸收来自各地区、各民族的宇宙观、世界观和诸神崇拜。因此，无论他们的战争和外交到达哪里，他们不仅不会强迫当地人改变他们的宗教信仰，而且会认同那里的神的世界。

◀ 雄鹿形容器的一部分

银质镶嵌黄金，高18厘米。安纳托利亚中部，赫梯新王国时期，约公元前14世纪—公元前13世纪。大都会艺术博物馆，纽约，美国。

赫梯关于神的艺术品表现在有用金属、象牙和其他贵重材料制成的神像、印章以及泥板和器皿上的纹饰，还有在岩石表面和单独的石头上雕刻的浮雕等。赫梯人的神是来自多文化元素的混合体，几乎所有可用的资料都与国家崇拜或王室的精神需要有关。大部分赫梯人的神被塑造成人形，就像在亚孜利卡亚神庙中见到的众神。这些神有时也会以动物的形式体现，例如，以牛的形象来表现风暴之神，或以鹿的形象来描绘保护之神，一个拟人化的神有时也会与他或她的动物形象一起出现，暴风之神可能会乘坐由公牛拉着的战车，而爱与战争女神索斯伽（Sausga）则会站在格里芬（lion-griffin）的背上。[11]

这只雄鹿形状银质的祭酒容器是由一整张银片锤制而成，并用一个有着方格图案的圆环与头部连接，鹿头上的角和手柄是分开的。在这个杯子的边缘有一幅带有宗教仪式的纹饰图案，暗示了它的用途。图案中，一位显赫的女神坐在一个交叉腿的凳子上，她左手拿着一只猛禽，右手拿着一个小杯子，戴着一顶圆锥形的王冠，耳朵很大，这是赫梯艺术的典型特征。一个蘑菇形状的香炉把她和一个站在雄鹿背上的男神分开，这个男神的左手也拿着一只猎鹰，右手握着一根弯曲的小杖。有三个男人从画面的右侧向着神的方向移动，每个人都持有献给神的供品，在这些人的后面是一头倒卧的雄鹿靠在一棵树或一棵植物旁。挂在树上的是一个装满弓箭的箭袋和一个看起来像袋子的东西，两根垂直的长矛将雄鹿与女神分开。

在赫梯的艺术中，宗教场景是常见的，文献中经常提到与仪式或节日相关的植物。长矛是受人敬重的物品，因此，有可能那头在狩猎中被杀死的雄鹿，正如箭袋和袋子所暗示的那样，是献给鹿神的。赫梯文献还提到，用金、银、石头和木头制作的动物形状的器皿是供神使用的。[12]

在安纳托利亚，初来乍到的赫梯人可能首先接受了土著哈梯人崇拜的埃斯坦（Estan）女神，她有着“大地之母”的称号，随后，她成了赫梯人最主要的神——太阳女神阿利娜，享有最崇高的敬拜。当哈图西里一世越过托罗斯山闯入胡里安人的世界时，他从阿勒颇带回了胡里安人的气象之神特舒卜和他的王后赫巴特神的神像，赫梯人神的世界变得更加丰富多彩。在一件赫梯王后的祷告文献中写道：“阿利娜的太阳女神，我的夫人，你是所有土地的女王！在赫梯的土地上，你被称为太阳女神阿利娜，但在那你用雪松覆盖的土地上（即叙利亚），你的名字被称为赫巴特。”

▶ 坐着的女神和一个孩子

黄金，高4.3厘米，宽1.7厘米，厚1.9厘米。安纳托利亚中部，赫梯时期，约公元前14世纪—公元前13世纪。大都会艺术博物馆，纽约，美国。

这个小吊坠很可能是作为护身符挂在脖子上的，这类幸存下来的小型黄金雕像在伊朗、美索不达米亚、黎凡特和埃及广泛使用。这个小雕像是赫梯文化中可佩戴的神，采用失蜡法工艺用黄金铸造。一位坐着的穿着长袍的女神，长着大大的椭圆形眼睛，薄薄的嘴唇，两边有皱纹。她戴着简单的圆形耳环和项链。她盘状的头饰可能代表太阳，因此，她可能就是太阳女神，赫梯人主要的神灵——阿利娜。女神抱着一个坐在她腿上的裸体孩子，她们是分别铸造然后再连接在一起的。她们坐的椅子没有靠背，但有四只狮子的爪子。[13]

气象之神特舒卜也是风暴之神，是风雨、雷电的象征，成了赫梯众神之中最重要的神，他是赫巴特女神的丈夫。他们是与人类生存最密切相关的自然之神，气象之神调节安纳托利亚中部农业经济所依赖的雨水，带来河流和丰沛的泉水。太阳神是所有物种发育、生长的基础，使土地肥沃，为人类带来光明。

在每年农耕周期的播种和收获季节，人们会举办各种节日，祭祀神灵，祈求丰年。赫梯国王和王后会向战神敬酒，象征性地掰开由持杯人献上的点心，咬上一口，表示对众神的感谢。歌手和舞者会献上动听的音乐和舞蹈，一些竞技者甚至是战士会进行各种比赛和模拟战斗。在欢乐的节日中，还有一项重要的仪式，他们会吟诵神话故事来赞美神灵。有一则风暴神的故事留存下来：

风暴神与蛇神（龙神）伊鲁扬卡（Illuyanka）战斗，蛇神胜利了。于是，风暴神请求诸神帮助，借助风和空气女神伊纳拉（Inara）的智慧，他们策划使蛇神酒醉后杀死他。女神伊纳拉举行特别的仪式，将不同种类的酒装在瓶子里。同时，女神知道，这件事需要人类的协助。他找到了一个名叫胡帕西亚（Hupasiya）的人，请他帮忙。（对于人类，没有回报似乎是不愿意去效劳的）胡帕西亚向女神提出了要求，在与女神睡过觉之后，他们开始实施计划。

女神伊纳拉把胡帕西亚带到一个小房屋后面藏起来，然后邀请蛇神和他的家族一起来喝酒享用盛宴，蛇神果然被各式各样的美酒所引诱，他们把酒都喝光了，醉的不能动了。此时，胡帕西亚从小房屋后面走出来，把蛇神捆绑上。风暴神急忙跑到那里，把蛇神杀死了。

胡帕西亚因此与神生活在一起，但伊纳拉总是担心他会想念人类的世界，回去对其他人谈论神的事情，所以，为他修建了一座房子居住，并对他说："我不在的时候，不要从窗户往外看，因为你看到你的妻子和孩子想回家就不好了。"但是，胡帕西亚还是在第二十天的时候没有忍住打开了窗子，他看到了在遥远的地方的妻子和孩子。在伊纳拉回来时，他向她提出了要回家的申请。愤怒的伊纳拉杀死了他。

蛇神是邪恶力量的象征，他可能会对旱作农业带来致命性的洪灾，也可能有其他危害生产的原因，赫梯人在每年向诸神祭祀时，必不可少地会诵读这篇神话，祈求风暴神为人类战胜灾难。同时可以看到，神需要人的协助，在赫梯人的观念中，人和神是处于同一空间之中的，凡人可以直接与神对话、相爱，神似乎就在人类的生活中，可以随时来到人的身边。

赫梯人的神灵众多，有掌管战争的神、性和生殖的神、王位之神、狩猎神、阴间之神，甚至还有宫殿之神、巫术女神、箭袋之神等。铁列平作为赫梯国家的恢复者，在一则关于他的神话中描述到，当他失踪时，大地停滞，作物枯萎，而他出现时，大自然的力量复苏，带来了农作物的丰收。所以，铁列平也成了赫梯的农神。随着来自胡里安和美索不达米亚世界的诸神继续加入，赫梯人崇拜的神祇群体最终变得非常庞大，以至于被称为"赫梯的千神"。

众神的世界也映射出人类社会的结构，万神殿形成了森严的等级，出现了一位最高的统治者，他就是天堂之神（风暴之神）——后来的特舒卜，以及他的王后（太阳女神阿利娜）后来的赫巴特。他们的儿子以及孙子组成了家族，在他们的统治中，也充满了夺权、争斗与灾难。有一则来自胡里安人的神话，用赫梯语言被记录在楔形文字泥板上，讲述了胡里安世界历代神的更迭，其间美索不达米亚的诸神也被编织在内。库玛尔比（Kumarbi）是胡里安人主要的神，众神之父，他的崇拜中心在他的出生地、美索不达米亚北部的乌尔基什（Urkesh），赫梯人接受并继承了这个神话和诸神。

在远古的时候，有一个叫作阿拉卢（Alalu）的神统治着天界，威力强大的阿努神（Anu，阿卡德的天神）拜倒在他的脚下，听命于阿拉卢，但在第九年，阿努神反叛了阿拉卢神，阿拉卢神被击败之后，走进了黑暗的世界。阿努神统治了天际，他的儿子库玛尔比成了他的大臣。在为阿努神服务的第九年，库玛尔比决定推翻阿努神的统治，在战斗中失败的阿努神像鸟一样逃到了天上，但是，库玛尔比追上了阿努神，咬住了他坚硬的生殖器，并喝下了阿努神的精液。阿努神转过身来对库玛尔比说道："你不要高兴得太早，由于你吞下了我的精子，我在你的身体里孕育了三位恐怖之神。他们是，第一位气象之神（雷雨神特舒卜）、第二位阿兰扎胡（Aranzahus，底格里斯河神），第三位塔什米舒神（Tashmishu）。"阿努神说完之后，就飞升天界了。

库玛尔比心慌了，决定把喝下去的东西吐出来，底格里斯河神和塔什米舒神的精子好不容易从库玛尔比嘴里吐出来，落到了坎祖拉山（Kanzuras）上，后来，在大地上生长出来。但是，气象之神的精子还是留在了库玛尔比的体内，并且渐渐地长大。经过七个月，到了足月的那一天，库玛尔比安然而坐，气象之神从他的嘴里跳出来。终于等到这一天的阿努神立即赋予他力量和勇气，使他向库玛尔比宣战。

……古巴比伦智慧之神埃阿神出现，似乎具有极高的权威。结果是，气象之神和库玛尔比发生了战斗，气象之神应该是战胜了库玛尔比，库玛尔比逃走了，他开始寻求如何报仇。

有一天，他突然想出了一个办法，立刻手拿权杖，脚穿风靴，从乌尔基什城出发，来到巨崖湖畔。他与巨崖结合，将自己的精液注入，五次，十次。他要让岩石生出自己的孩子，向气象之神复仇。

库玛尔比派遣他的下属伊姆帕卢里（Impaluri）去见海神，告诉海神他依然坐在他的宝座上，并把这件事通知海神。海神对伊姆帕卢里说："回去对库玛尔比说，我已经准备了菜肴，无论白天还是夜晚，歌手已备好了乐器，快去，让他到我的家里来吧。"就这样，库玛尔比自己来到了海神的家中，海神对自己的家臣们说："为了库玛尔比，把椅子和饭桌摆好，把美食和酒都拿来。"他们痛饮了七次，并安排好了从岩石中生出库玛尔比孩子的事。

库玛尔比的孩子出生了，命运女神和母亲神举起婴儿，将他放到欣喜的库玛尔比膝上，库玛尔比自言自语地说："给这孩子起个什么名字呢？他将会征服气象之神居住的城市库姆米亚（Kummiya），就叫他乌利库米（Ullikummi，库姆米亚的摧毁者）吧。他将击败特舒卜，像压碎盐一样、像踩死蚂蚁那样，把他化为齑粉，像折断芦苇一样，折断塔什米舒的脊椎，天界的众神将会像飞鸟一样被驱赶，他们会像陶罐一样被击得粉碎。"那么，把他交给谁来收养呢？

库玛尔比让伊姆帕尔里手持权杖，脚踏疾风，去请他同辈的女神们照顾这个婴儿，让她们将孩子带到幽暗之地，不要让大神们见到。女神们把这个岩石婴儿带到海中巨灵神乌佩鲁里（Upelluri）那里，把他放到巨人的右肩上，于是，这个岩石婴儿乌利库米每天长高一码，这样在一个月里就长得非常高了。她们又把孩子放到了恩利尔神（美索不达米亚主要的神）的膝上，恩利尔看着这个孩子，他在想："这个岩石制成的孩子是谁？众女神抚养了他，他是否会向大神们发动战争？这是一个邪恶的计划，只有库玛尔比才会策划这件事，他曾生了特舒卜，如今，他又生了这个岩石孩子与特舒卜为仇。"

经过了15天，乌利库米长成了巨石之身，他矗立在海中，像尖锐的长矛，大海宛如他的衣带，他的头部已触及天界的神殿。

在苍穹的太阳神突然看到了巨大的乌利库米，乌利库米也看到了太阳神，太阳神自语道："这是什么神，如此巨大？他不像诸神。"他抵达海上，看到了这个入侵者，他很愤怒。他要把这件事告诉气象之神，为此他来到了气象之神的居所。此时，塔什米舒神正和气象之神在一起，他对特舒卜说道："太阳神的到来一定有重要的事，将有一场恶战。"特舒卜对塔什米舒说："给太阳神安排座位和酒席。"可是，太阳神根本无心入席，没有伸手吃东西，酒杯也没有沾唇，他把库玛尔比生出岩石巨人，经过女神们抚养现在已经入侵到天上来的事情告诉了气象之神。气象之神听后非常生气，他很感谢太阳神，再次请他吃饭，太阳神高兴地接受了宴请，酒足饭饱之后，便回到了天界。

气象之神和塔什米舒神在思考如何消灭巨大的乌利库米，他们决定先去看看那个巨人，英勇的伊丝塔尔（阿卡德女神）、他们的妹妹立刻追赶上她的两个兄弟，也要一同前往，于是他们三人手拉手，飞抵了哈齐山（Hazzi）。当他们看到了乌利库米时，气象之神泪如泉涌，他坐到地上，说："谁能与这个怪物抗衡，谁又能忍受他的淫威？"

见此情景，女神伊丝塔尔自告奋勇，精心装扮后来到海边，她弹起琴，纵情歌唱，想要诱惑乌利库米。此时，一股巨浪涌起，对伊丝塔尔说道："你欲引诱的这个巨人，是个聋子，耳朵听不见；他是瞎子，眼睛看不见，他没有怜悯之心。去吧，伊丝塔尔，回去找你的兄弟，当乌利库米还没有勇武起来，当他的头颅还没有变得最可怕。"女神伊丝塔尔听到这些话，哭着扔掉了乐器，离开了。

气象之神决定与乌利库米决战，与塔什米舒一起准备战车，装点神牛，召来雷雨，呼唤出天上的云，一起面对岩石巨人。此时，气象之神看到岩石巨人，他又长高了数倍。

众神登上战车，有七十个神合力攻击岩石巨人，军神阿什塔比（Astabi）发出惊雷，伴随着雷鸣冲向乌利库米。但是，乌利库米不仅没有退却，反而把阿什塔比和七十个神打入海中。乌利库米使天宇晃动，他的身高还在不断地增长，已经站在陆地上的乌利库米达到了诸神的居所和神殿。他达到了库姆米亚，超过了赫巴特和她的神庙，以至于赫巴特无法知晓众神的消息，也看不到她的丈夫。

赫巴特让女神塔基提（Takiti）拿上权杖，踏上疾风，去战场上打听消息，塔基提匆忙出发，可是她没有找到路，只好返回了。当心神不定的赫巴特见到塔什米舒时，她险些从屋顶坠落，再向前一步，她一定会掉下去，幸亏宫女们扶住了她。手拿权杖、脚踏疾风的塔什米舒告诉她，是气象之神吩咐他离开库姆米亚。

当塔什米舒来到气象之神面前时，他提出向睿智的埃阿神求助。于是他们手拉手立刻启程去见埃阿神。当他们来到埃阿居所的入口处时，鞠躬五次，在寝宫门前也鞠躬五次，见到埃阿时，他们又鞠躬十五次。

埃阿神了解此事后便去找帮助乌利库米生长的巨灵神乌佩鲁里："从你右肩上迅猛成长起来的乌利库米，是库玛尔比造出来的，要与天上诸神对抗，并欲置气象之神于死地，遮蔽了赫巴特，你在幽暗之地，难道不知道吗？"巨人乌佩鲁里对埃阿神说："当诸神创造天地，将天和地用利刃剖开，我不知道，现在，是什么在我的右肩上，我也不知道。"听了这番话，埃阿神知道应该如何对付这个巨石怪物乌利库米了，他向昔日的祖辈神灵祈祷，他要找到那把剖开天地的利刃。终于在尘封之地找到了利刃，埃阿神将乌利库米的脚与巨灵神的肩膀分离。

埃阿神对面前的塔什米舒说："去战胜乌利库米吧，我已经使他失去了威力，他不会再像尖矛一样屹立。"众神闻之，怒吼着集合起来，气象之神登上战车，腾空而起，奔向大海。乌利库米向气象之神发出挑战："我能对你说什么呢，来吧，我们战斗吧！"库玛尔比还在想着："我将统治天界，占领库姆米亚，我要将众神像飞鸟一样驱赶下天界。"可是，他们已经无法阻挡勇气倍增的气象之神和他的军队，激烈的鏖战之后，气象之神特舒卜取得了全胜，确定了天界的主权。

▶ 气象之神浮雕立板

玄武岩，宽38厘米，高64厘米。泰尔·哈拉夫，叙利亚，公元前9世纪。柏林近东博物馆，柏林，德国。

这块在叙利亚哈拉夫的浮雕立板是古代卡帕拉（Kapara）宫殿入口的装饰，在第二次世界大战期间损毁严重。上面有一些简短的楔形文字铭文，如"卡帕拉宫，哈迪阿努（Hadianu）的儿子"，因此知道，这块浮雕立板是宫殿建筑的一部分。铭文中还题有"气象之神"和其他被抹去的痕迹。

这幅浮雕的形象很可能是库玛尔比，他手里拿着镰刀和他父亲的阳刚之气。

库玛尔比的神话对世界文学具有巨大的意义，直接影响了希腊神话。赫梯神话中三代的争权斗争同希腊神话中三代的争权斗争是极其相似的，两者之间存在着极为明显的对应关系。天神阿努同天神乌剌诺斯是相对应的；作为谷物之神的库玛尔比，同掌管丰收的农神克洛诺斯是相对应的；掌管雷雨的气象神，同"雷神""呼风唤雨之神"——宙斯也是相对应的。这种彼此之间的对应关系表明：西亚神话同南欧神话存在着渊源关系。当然是出现较早的西亚神话影响了出现较晚的南欧神话。[14]

从这篇神话中可以看到，赫梯人不仅吸收了胡里安人的众神，而且对于更为遥远的巴比伦诸神也给予了崇高的敬仰。这似乎在提醒人们，需要如何思考赫梯人的宗教观。作为多神崇拜的赫梯人可以毫无顾忌地敬拜无数的神，无论这些神是来自于他们相邻的异族，还是曾经征服的遥远地区。事实上，在他们向安纳托利亚和叙利亚扩张以及突袭巴比伦的过程中，赫梯人是在利用这种宗教的灵活性，接受被征服地区的诸神很可能是他们延伸统治的一种策略。

铁列平为赫梯王国的对外统治开创了一种新的模式，在历代国王的统治中也会使用这种与被征服国家或被控制地区签署国际条约的做法，从留存下来的条约泥板文书中可以看到，“对于已经达成的条约，召集千神，他们在看，在听，在作见证”。下面会列出一系列神的名单，有赫梯的神灵，也有对方的神灵。尽管赫梯人不一定完全了解这些神，他们会声明任何违反这份在众神面前所缔结之条约的行为都将受到诸神的严厉惩罚，目的在于以对方神的名义约束对方。

不能否定赫梯人对诸神的崇拜是真诚的，古王国时期，赫梯人敬畏神，他们会祭祀神，为神献上供品。赫梯人也有像两河流域的宗教观，认为人是为神服务的。当遇到好的结果时，他们会赞美神，当遇到灾难和痛苦时，会向神祈祷。但是，他们又似乎不相信神一定会给他们带来好运，而相信好运更多的是需要靠他们自己的实力和努力去创造。他们更担心神会给人类带来厄运，他们相信如果作恶更能招致神的惩罚。

在赫梯人逐渐发展壮大走向帝国时代的过程中，他们对神灵的敬仰有时并不纯粹。“你们为什么把它从神的嘴里拿走？你们为什么拿走它，为什么给了另一个人？你们这样回答：因为他是一个神，他什么也不会说，他不能为我们做任何事情。”[15]功利性的宗教观使得赫梯人的信仰并不坚定，他们更畏惧冒犯某一位男神或女神所带来的恶果，或许经历过的流行病或军事上的失败更容易使人们铭记是由于哪一位神的不悦而导致了灾难。在赫梯人的日常生活中，除了出生、死亡等重要时刻举行对神的祭司仪式，更多的时候则是按需要举行祭司仪式，如疾病或家庭纷争等紧急情况。从赫梯人的另一项习俗也可以看出，他们似乎并不完全相信神的力量，应对那些可悲的事件他们通常使用的方法是巫术，而不是对神的信仰。

◀ 坐着的女人

银，高3.2厘米，宽1.6厘米，厚1.8厘米。安纳托利亚中部，赫梯新王国时期，约公元前14世纪—公元前13世纪。大都会艺术博物馆，纽约，美国。

在许多文化中，女性由于生命的特殊意义以及在分娩过程中所获得的神秘感知，被认为具有超然的知觉，她们在巫师中具有突出的地位，通常她们的头衔被称为“老妇人”，使用巫术转移灾难，可能是她们所从事的主要职业。

“她在一个弓弦上包上了一小片锡。她将它裹在献祭者的右手和足上。然后，她从他们那里拿走了它并且将它转移给了老鼠并且她说道：‘我已经将罪恶带离你们，将它转移给了老鼠。现在，让这个老鼠将它带入高山，深谷，远道。’后来，他放跑了老鼠。”[16]

赫梯人使用巫术主动攻击对手的事例，很可能是存在的。铁列平在《铁列平诏令》中就要求禁止巫术的行为，并下令要把会巫术的人带到宫殿大门。但是，这项禁令很可能是针对那些使用巫术对王室成员实施阴谋的人，并非强制整个赫梯社会都拒绝巫术。在他们的生活中，巫术主要是以防御性消除罪恶与灾难为目的，"转移"性巫术的使用非常普遍，就是将罪恶、疾病、失败等灾难转移到替代者身上，无论是国王还是普通百姓都会使用这种方法消除自己的灾祸。在各种各样的巫术仪式中，他们会口念咒语，虔诚地许下愿望，相信这样做会使自己摆脱烦恼，赫梯人的这一习俗与宗教信仰无关。

赫梯文献中记载了国王需要驱除厄运而转嫁给替身的巫术仪式：

> 当国王从敌国的战场上回来，人们从那个国家带回一名俘虏和一个女子……这个战俘和女子被带到国王的面前，他脱下他的衣服，那个俘虏穿上它，然而，那个女子穿着一件女人的衣服。啊，这个人是国王。[我已经]将王名[赠予]这个人，我给他穿上了国王的[服装]，我将王冠给他戴上。愿凶兆、短命降临[这个人]并且追随这个替代者。[17]

在巫术仪式中，占卜是一项重要的内容，有趣的是，赫梯人的占卜术有两种思想来源，一种是来自神的谕告，另一种则与神无关，是来自人类自己的判断。第一种比较直接，他们相信神可以通过梦境向人类发出神谕，或者通过异常的自然现象如日食、月食、流星、雷击、地震等发出预兆。第二种则需要专业人员和各种程序，占卜技术包括通过检查牺牲动物的内脏问卜，这是赫梯人通过叙利亚北部从美索不达米亚学到的做法，还有观察鸟类的飞行和其他行为进行占卜等。例如，有留存下来的卜辞记载，占卜人会先设定"希望占卜得到不利的结果"，在观测各种技术细节之后，结果确实是不利的，再使用鸭子进行占卜，结果还是不利的。

赫梯人敬畏诸神但又不笃信神灵，相信自身的力量，崇拜所有的神，无论是异地还是异族的众神，这似乎意味着自身信仰的某种缺失。这也就能理解《铁列平诏令》为什么没有把神放到首要的位置，而只是担心会招致神的惩罚。在他之后的国王中还出现过这样的事情：国王必须献给抚慰神灵的祭品已经明确，一头肥牛和六只羊。他已经完成了许诺。但是，只有当国王痊愈了，他才会献出祭品。[18]这篇占卜文献更加缺乏对神的敬意，而且很功利。

▶ 羊肝形状的占卜泥板

黏土。刻有楔形文字。哈图沙，公元前13世纪。柏林近东博物馆，柏林，德国。

羊肝形状的书写泥板是从古巴比伦借鉴而来的占卜方法，羊肝的形状非常精确，比后来中世纪欧洲人所有的类似的占卜器物要精确得多。不同的位置代表不同的意义，上面的楔形文字是对占卜预兆的注解。大英博物馆有一个大约15厘米乘15厘米的类似模型，时间可能在公元前1900年到公元前1600年之间。占卜对于赫梯人十分重要，在国王和他的军队出征前一定会预测凶吉。

赫梯人看待生命的观念或许并不随着死亡而结束，国王和他的亲属们会乐观地认为死后会在一种极乐世界里成为放牧一大群牲畜的主人，而底层的人们在另一个世界里的命运要悲惨得多。这种思想很可能是赫梯人自己的印欧祖先保留下来的传统观念。

赫梯人的文明是公元前2千纪多元文明的代表，从他们踏上安纳托利亚的土地之后，无论是政治、军事、经济，还是日常生活和工艺制造等方面的成果几乎都是向本地和邻近地区的其他民族借鉴吸收而来的，他们向美索不达米亚人借鉴了法典条文和文字书写，也从卢威安人那里吸收了他们的象形文字。赫梯“千神云集”的首都哈图沙以及其他宗教城市无所顾忌地接纳了世界上所有的神明，尤其是胡里安人的众多神祇，还有美索不达米亚的诸神以及叙利亚的神灵，并塑造出自己至高的风暴之神特舒卜和伟大的赫巴特女神。骁勇善战的战士民族虽然不能避免内部激烈的宫廷斗争，但赫梯国王却常常选择外交手段解决国家之间的纷争。这是一个非常自信的民族，相信自己的武力，甚至对神缺乏信仰，它乐于包容多元化的文明，敢于不使用武力与邻国和平相处，以促进自己的发展。

但是，赫梯也是一个贪婪的国家，宫廷内部夺权的斗争还会继续，对外扩张的野心给周围地区带来压力，必将招致外部国家的反抗，赫梯的命运注定跌宕。

◀ 赫梯的《吉尔伽美什》楔形文字泥板

黏土。哈图沙，赫梯新王国时期，公元前13世纪。柏林近东博物馆，柏林，德国。

这个出现在哈图沙的楔形文字泥板残片是一个赫梯书吏用阿卡德语刻写的《吉尔伽美什》。

附：《铁列平诏令》（第一块泥板）[19]

第1节，[因此]塔巴尔那，铁列平，伟大的国王：以前，塔巴尔那是伟大的国王，他的[儿子]们，[兄弟]们，以及他的姻亲们，他的（更多的）家庭成员和他的军队都团结在一起。

第2节，这片土地不大，但无论他去哪里征战，他都会以他的威力征服敌人。

第3节，他一个接一个地摧毁了土地，剥夺了他们在那些土地上的权力，使他们的边界成为海洋。然而，当他征战归来时，他的每个儿子都去了一个国家。

第4节，胡皮斯纳（Hupisna）、吐瓦努瓦（Tuwanuwa）、尼纳萨（Nenassa）、兰达（Landa）、扎拉拉（Zallara）、帕尔苏汉塔（Parsuhanta）和鲁斯纳（Lusna）等城市，他们统治的每一个国家和大城市都取得了进步。

第5节，后来，哈图西里成为国王，他的儿子们，兄弟们，以及他的姻亲们，他的（更多的）家庭成员和他的军队都团结在一起。然而，无论他去哪里征战，他也都会以他的威力征服敌人。

第6节，他一个接一个地摧毁了土地，剥夺了他们在那些土地上的权力，使他们的边界成为海洋。然而，当他征战归来时，他的每个儿子都去了一个国家，在他的手中，大城市取得了进步。

第7节，然而，后来，王子的仆人们开始堕落，他们吞噬他们的财产。他们不停地密谋对付他们的领主，并开始流血。

第8节，当穆尔西里在哈图沙成为国王时，他的儿子们，兄弟们，以及他的姻亲们，他的（更多的）家庭成员和他的军队都团结在一起。敌人被他的威力制服，他剥夺了他们在那些土地上的权力，使他们的边界成为海洋。

第9节，他向阿勒颇城挺进，摧毁了阿勒颇，并将俘虏和货物带回哈图沙。现在，之后，他向巴比伦前进，他摧毁了巴比伦，并与胡里安人的军队战斗。巴比伦的俘虏和货物被他留在了哈图沙。

第10节，汉提里是持杯者，穆尔西里的姐姐哈拉帕西里（Harapsili）是他的妻子。

第11节，兹丹塔，[……，有……]，汉提里的女儿，作为妻子，他与汉提里密谋，他们实施了邪恶的行为，杀死了穆尔西里，让他的血流了出来。

第12节，汉提里害怕了（说）：“我会得到保护吗？众神保护了他。[……]……无论（他）走到哪里，……阿斯塔塔（Astata），苏克兹亚，胡尔帕纳（Hurpana），卡开密什……等城市……他们开始提供军队，军队……”

第13节，当汉提里到了特加拉马城，开始说：“我做了什么？我为什么听我女婿兹丹塔的话呢？”（然而），当他成为国王统治国家时，众神就为穆尔西里的流血寻求（报仇）。

第14节，[……]胡里安人的军队，像狐狸一样在灌木丛中追赶，他们呼唤着。当胡里安敌人来到哈梯之地，在土地上[……]他漫游。[……]……他们呼唤，他们[……]

第15节，（几乎完全缺失）

第16节，[……]苏克兹亚城的女王快死了。伊拉利乌马（Ilaliuma）秘密派出了宫廷侍者，并且[……]：“但愿苏克兹亚女王死去！”于是他们抓住她，并且杀死了（她）和她的孩子们。

第17节，当汉提里询问苏克兹亚女王和她的孩子们的事件时（说：）“谁杀了她们？”宫廷侍长带来了消息。他们包围了她的家，把他们驱赶到了特加拉马城。他们在灌木丛里追赶他们，然后他们死了。

（这是胡里安人杀死了女王和她的家人。）

第18节，当汉提里老了，开始成为神的时候，兹丹塔杀死了汉提里的儿子皮塞尼（Piseni）和他的儿子们，并杀死了他的首席大臣。

第19节，兹丹塔成为国王。众神为皮塞尼的血寻求（报仇），所以众神让他，阿穆那，他的亲生（儿子），成为了他的敌人，他杀死了他的父亲兹丹塔。

第20节，阿穆那成为国王。众神为他父亲兹丹塔的血寻求（报仇），他们没有使他，谷物、酒、牛（和）羊在他手中繁荣昌盛，但一切都……在他的手中。

第21节，现在，这片土地成了他的敌人：……。但是无论他的军队去到哪里征战，他们都无功而返。当阿穆那也成为神的时候，皇家护卫首领祖鲁同时秘密派遣了他自己的后代，他的儿子塔胡尔韦利，金矛之人，杀死了提蒂的家人和他的儿子。

第22节，他还派了一个信使塔鲁苏，杀死了汉提里和他的儿子们。现在，胡兹亚成为国王，他的第一等的姐姐伊斯塔帕里亚成为铁列平的妻子。当胡兹亚想要杀死他们时，事情暴露了，铁列平赶走了他们。

第23节，他有五个弟兄，他给他们分了房屋，（说）：“让他们走吧，让他们活下去吧！让他们每个人都吃（和）喝吧！但愿没有人伤害他们！”我说：“他们对我做了邪恶的事，但我将不会对他们下毒手。”

第24节，当我，铁列平，坐在我父亲的王位上，我继续与哈苏瓦城作战，我摧毁了哈苏瓦。我的军队也驻扎在兹兹利帕城，接着，兹兹利帕也发生了一场战斗。

第25节，当我，国王，来到拉瓦赞提亚城时，拉哈与我为敌，并且造成了拉瓦赞提亚的反叛。诸神使我怜悯他。在首领中有很多人：千人指挥官，……国王侍从的指挥官，……，持杯人的指挥官，……的指挥官，……官员们的指挥官，……，他们秘密地给官员塔努瓦发送（消息）。

第26节，我，国王，不知道，他也杀了胡兹亚和他的兄弟们。当我，国王，听说这件事时，他们把塔努瓦、塔胡尔韦利、塔鲁苏带来，大会判处了他们死刑。而我，国王，说：“他们为什么要死？他们要掩住他们的眼睛（？）！我，国王，使他们成为真正的农夫，我把武器从他们肩上取下，给他们约束。”

第27节，整个王室的鲜血蔓延开来：伊斯塔帕里亚，女王，死了，后来发生了阿穆那，王子，死了。每个人都说，“诸神的人”也说：“看，鲜血染遍了哈图沙。”于是我，铁列平，在哈图沙召集了大会。从现在起在哈图沙，不让任何人对家庭的儿子作恶，从他身上拔出匕首。

第28节，国王应是一个儿子（他是一个）第一等的王子。如果没有第一等的王子，那么二等的儿子将成为国王。如果没有王子，（没有）男性，她是一个第一等的公主，他们将为她完成一桩姻亲，他（女婿）将成为国王。

第29节，无论在未来谁将成为我之后的国王，让他的兄弟、他的儿子、他的姻亲、他的（更多的）家庭成员和他的军队团结起来！你将会掌控这个用（你的）威力征服的国家。不要说这样的话："我会把（它）清理出去。"因为你不会清理任何东西。相反，你会卷入其中。不要杀你家的任何人。这样做是不对的。

第30节，此外，无论谁成为国王，企图对兄弟或姐妹作恶，你也是他的裁决者，并直接告诉他："这是一个流血事件。"看着泥板（上面写着）："以前，在哈图沙流了那么多的血，众神把它带到了王室家族中。"

第31节，若有人在弟兄姐妹中间作恶，对国王不敬（注视/玷污国王的头上），就召开大会，若他的辩解被驳斥，他将用他的头来偿还。然而，他们不得像祖鲁、塔努瓦、塔胡尔韦利和塔鲁苏那样秘密地杀人。他们不可对他的家、他的妻子和他的孩子们作恶。所以，王子若犯了罪，他将以自己的头颅偿还，而他们不应该株连他的家和他的孩子们。因为通常王子们死（作恶）的原因，与他们的房子、他们的田地、他们的葡萄园、他们的男仆和女仆、他们的牛（和）他们的羊无关。

第32节，现在，若有王子犯了罪，就要用自己的头偿还，而你不应该加害他的家和他的儿子，即使是加害王子的一片草叶（或）一片木头也是不对的。那些犯下这些恶行的人，官员的首领，（即）最重要的首席大臣，宫廷侍从的长官，皇家护卫长官和酒政长官，如果他们想占有王子的家，并这样说："我希望那座城市是我的。"那么他就是犯下了对领主的罪恶。

第33节，但现在，从这一天起，在哈图沙，你，宫廷侍从，皇家护卫，黄金战车的战士，持杯者，服务人员，厨师，职员，马夫，部队的指挥官，记住这话。让塔努瓦、塔胡尔韦利和塔鲁苏成为你的警示！如果有人再次作恶，无论是最重要的首席大臣，还是宫廷侍从的首领、皇家护卫的首领、部队的指挥官——不管级别高低——你也是，裁决者，抓住（他），用你的牙齿吞噬他！

第34节，现在，在哈图沙，他们必须采取行政和其他改革，官员的首领，（即）最重要的首席长官，宫廷侍从的长官，酒政长官、皇家护卫长官、战车战士的长官、部队的指挥官，军队、那些在国王家中很出色的人以及更多的他们的下属。

第35节，现在，在哈图沙的领土上，坚固的城市必须得到保护。别离开它们！坚固的城市……水，但把它转移到谷物10—20倍。

第36节，（几乎什么都没有保留下来；第7行提到铁列平，伟大的国王）

第37节，（零星内容保留下来，包含了至少60多座城市及其仓库名单）

第38节，（零星保留了包含34个城市及其饲料库的清单）

第39节，我又使粮食丰盈了，使那些田地的农夫们……他们必须封印……所有那些人……，但不要让他们欺诈！除了他们的配给粮食之外，他们还拥有更多，这样他们喝掉了国家的血。但是现在不要让他们这样做！不管是谁干的，愿他们带给他邪恶的死亡！

第40节，（你）将来要继承我为王，用你的名字封上粮食。看哪，印房的管理者将离开你们，对你这样说：“没有。不要为了你自己去密封它，永远密封它……”看，它们会把你举起……

第41—43节，（除了一些痕迹，没有保留下内容）

第44节，从现在起，会成为我之后的国王，……羞辱并这样对你说：“[……]。不要听！[……]如果你驱使了一个被驱逐的人，你应该要补偿装备。军队[……]，和[……]他要么对你妻子，要么……。”

第45—47节，（部分丢失，部分过于残缺，无法翻译）

第48节，后来，在卡尔皮纳提斯（karpinattis），开始分裂……，哦，他们是如此的不敬，因此他们被神打击。但是现在，从现在开始，如果他不知怎么请求他们，（他的）活着的父母，因为（他的）份额，无论他用他的嘴请求他们分享，他们必须把他赶出房子，他必须丧失自己的。

第49节，对于流血事件的程序如下：无论谁制造了流血事件，只有“血的主人”所说的（将实现）：如果他说“他将死”，那么就得让他死，但如果他说“他应该付出赔偿”，那么，就让他付出赔偿。而对于国王来说，什么也没有。

第50节，在哈图沙对于巫术的程序如下：你必须清除所有的事项。无论家族中的人谁懂巫术，就必须把他从家族中抓出来，把他带到官门。谁不带他来，那人必有恶报。

终结，铁列平的第一块泥板结束。

二、战斗

铁列平的女婿阿鲁瓦姆那继位之后，赫梯王国进入中间过渡和危机时期。冶金技术持续繁荣发展，活力充沛的人们更加专业地驯养马匹，广泛地使用马车，在安纳托利亚中部的土地上，农业和畜牧业奠定了国家的经济基础，大片的葡萄园带来了更多的收益。但是，王室成员们的野心依然不可能平息，国王们虽然在不断地维护和构建保障国家正常运转的统治秩序，但争夺王权的内部斗争还是不能避免。赫梯国家对王室成员和一些地方势力实行一种具有分封性质的管理制度，册封土地，划归领土，将采地和人口或财产赐予王公将相，以及掌握权力的地方诸侯。这种封建制度无疑具有脆弱的一面，并将导致严重的后果。

a

b

c

▲ a. 带流的容器

陶土，高30.8厘米，直径17.2厘米。安纳托利亚，赫梯古王国时期，约公元前17世纪—公元前16世纪。大都会艺术博物馆，纽约，美国。

▲ b. 彩绘杯子

陶土，高5.8厘米，长12厘米，宽8.6厘米。安纳托利亚，赫梯古王国时期，约公元前19世纪—公元前16世纪。大都会艺术博物馆，纽约，美国。

▲ c. 鸭子形化妆盒

象牙，高5.3厘米，长13.8厘米。土耳其地中海地区，泰尔·亚卡那，青铜时代晚期，公元前1500年—公元前1370年。大英博物馆，伦敦，英国。

◀ 人物浮雕

红棕色砂岩，高66厘米，宽43厘米，厚14厘米。泰尔·哈拉夫，叙利亚，赫梯新王国时期，约公元前10世纪。大英博物馆，伦敦，英国。

浮雕描绘了一个人站在梯子上，梯子靠着一棵树，这个人左手拿着容器，正在用里面的花粉培育这棵树。

经过几代国王的更替，大约在公元前1420年前后，图达利亚（一世或二世，Tudhaliya I/II）的父亲成功刺杀了当时在位的国王，王位由图达利亚继承，延续了他祖父自家的王朝。这次夺权实际上经历了一场激烈的战斗，在位国王的护卫军以及支持他的胡里安人的战车部队和士兵全部被屠杀。然而，图达利亚的妻子是赫梯王室中第一位具有胡里安人名字的王后，尼卡尔-玛提（Nikal-mati），并且，赫梯王室中的很多成员从此开始使用胡里安人的名字，胡里安文化对赫梯文化开始产生显著的影响。

▶ 黄金神像

黄金，高3.94厘米，宽1.25厘米。赫梯，安纳托利亚中部，公元前1400年—公元前1200年。大英博物馆，伦敦，英国。

这是一个小的黄金神像护身符，神的手里拿着一件弯曲的古代兵器，戴着赫梯风格有角的头饰。这本来是美索不达米亚表现诸神的常用方式，通过叙利亚北部的胡里安人传到赫梯。赫梯王国在扩张的过程中吸收了大量外来的神灵，来自胡里安众神中的特舒卜神作为风暴之神在赫梯的千神宗教中起着核心作用。

王国的西方——阿尔扎瓦

国王图达利亚即位时，半岛局势出现了新的情况，安纳托利亚西部发展起来的力量已经严重威胁到了与赫梯领土接壤的地区，这使得图达利亚无暇再顾及东南方向对叙利亚的拓展。一直以来，除了早期哈图西里一世对阿尔扎瓦发动过军事行动，赫梯对半岛西部并未给予更多的关注，他们认为西部地区缺乏资源，对赫梯王国构不成入侵的威胁。但是，此时，以阿尔扎瓦国为首的西部各国已经团结在一起，可能随时进攻赫梯的西南部领土。图达利亚清楚地意识到了这个严重的危险，他必须先发制人，瓦解这股军事力量。国王率领他的军队进入这些敌国的领土，在一系列毁灭性的军事打击之后，阿尔扎瓦国、塞哈河地区（Seha River）、哈帕拉（Hapalla）、帕里亚纳（Pariyana）、瓦拉里马（Wallarima）等地和国家被摧毁。之后，国王图达利亚在赫梯历史上第一次实施了一种他自认为有效、也许实际上也确实有效的做法，因为后来的赫梯国王也经常会采用这种做法，即为了解除或尽量减少敌人的武装力量，他将被征服国家的大量士兵和战车押回了哈图沙，其中包括500支马队。

关于图达利亚的事迹，有一份留存下来的史料《国王年代记》[20]提供了宝贵的信息。这次对阿尔扎瓦地区的打击不仅没能消除来自西部的威胁，反而激发了西部各国采取更进一步的敌对行动。二十二个国家联合起来组成了一个对抗赫梯的军事联盟，他们集结了军队，向国王图达利亚宣战。

图达利亚果断地采取了行动，他趁夜晚突袭了这支敌人的联军：“我，图达利亚，在夜间率领我的军队，包围了敌人，众神把他们的军队交给了我……我把被征服的人口、牛、羊、土地上的财产都带回了哈图沙。现在，我摧毁了阿苏瓦（Assuwa）之地，我回到了哈图沙的家中。”在取得胜利之后，图达利亚再一次采取了同样的做法，他将阿苏瓦之地敌人联军的10000名步兵和600辆战车的马队，连同他们的首领一起带回了哈图沙。

阿苏瓦之地显然是安纳托利亚最西部对抗赫梯组成的多国联盟的所在地，“阿苏瓦”作为地理名称第一次出现在赫梯文献中，罗马时期在亚洲的行省集中在这一地区，许多学者认为，希腊-罗马的亚洲一词

▶ 青铜长剑

铜合金。刻有楔形文字。古代哈图沙，约公元前1430年。土耳其乔鲁姆考古博物馆，乔鲁姆，土耳其。

1991年，这把青铜长剑在哈图沙狮子门附近被发现，剑上刻有铭文：“伟大的赫梯国王图达利亚征服了阿苏瓦之地，献给风暴之神。”这是图达利亚战胜阿苏瓦之后向风暴之神所奉献的许多供品中的一件。这把剑是在安纳托利亚西部、爱琴海作坊制造的，可能与迈锡尼文明有关。剑身的纹路和末端铆钉的穿孔体现出当时硬质青铜锻造的技术。

公元前15世纪中王国时期的赫梯地缘政治局势图

"Asia" 源于 "Assuwa"。另外，在阿苏瓦的二十二个同盟国中，有一个名叫威卢萨（Wilusa）的国家被认为是古希腊时代荷马史诗《伊利亚特》中著名的特洛伊（Troy）。

图达利亚在与阿苏瓦的战役取得胜利后，从安纳托利亚的西部带回了大量战利品，其中包括一把著名的青铜长剑。

国王图达利亚回到哈图沙之后，他的一个举措给他招致了不小的麻烦，他将阿苏瓦同盟中的两位首领献给了风暴之神，但是，他又将其中一位首领的亲属，很可能是一个儿子库库利（Kukkulli）释放了，而且，赐给了他封地，让他成为赫梯的附庸。结果，库库利带领从阿苏瓦来的那10000名步兵和600辆战车部队发起了对赫梯王国的反叛。本想利用库库利和他的军队为赫梯保卫边疆的图达利亚被迫再次起兵，与库库利的西部联军作战，国王最后获胜，镇压了叛乱，库库利也被杀死。

王国的北方和东方——卡什卡人（Kaska）和米坦尼王国（Mitanni）

虽然图达利亚在半岛西部取得了胜利，但他真正担心的由于他的军力都集结在西部而导致的后果最终发生了。在哈图沙以北、半岛东北部的卡什卡人的多支游牧部落长期以来一直在不断地骚扰赫梯的北部疆域，利用图达利亚远征西部的时机，他们迅速地采取了更大的行动。"此时，当我、伟大的国王图达利亚，在阿苏瓦作战时，卡什卡的军队在我的背后拿起了武器，进入赫梯之地，摧毁了这个国家。"图达利亚迅速回师，他首先将敌人从王国的土地上驱逐出去，随后进一步用兵，打到了卡什卡人的土地上，迫使他们臣服。卡什卡人的武装力量虽然看起来并不强大，但是，卡什卡人对赫梯人造成的困扰却始终存在。

使图达利亚难以应付的威胁来自东部边境，此时，以胡里安人为主导的米坦尼王国已经兴起，赫梯与米坦尼之间的边境国家伊苏瓦（Isuwa）必然成为两国争夺的战略要地。伊苏瓦慑于赫梯人的武力，之前一直是赫梯的附庸国，但米坦尼根本无视赫梯的存在，公然入侵伊苏瓦，使得那里的人们不得不转而归顺米坦尼。起初图达利亚对此无能为力，因为他的军队投入在北部和西部的战场上无法自拔，直到取得了一系列西部战争的胜利，征服了卡什卡地区之后，他才将军事力量转入伊苏瓦方面。经过一场战役，他恢复了对该地区的控制。但是，没过多久，伊苏瓦又转向支持米坦尼王国了。

▶ 米坦尼圆柱形印章印纹

玉髓，高0.635厘米，直径0.9525厘米。米坦尼王国时期，公元前1450年—公元前1300年。大英博物馆，伦敦，英国。

米坦尼是繁荣于公元前15世纪至公元前14世纪的重要王国，在现在叙利亚东北部、土耳其东南部和伊拉克北部的部分地区。它的首都是瓦舒加尼（Wassukkani）。

这个印纹的主要场景是一个半裸体的女侍者或女神穿着一条敞开的裙子，右手拿着一个钟形的物体，左手拿着一个可能是编织的扇子，在对一位坐着的神或国王做着什么。这个神或国王的左手可能拿着一件武器，他正在用一个长长的管子从一个架起的罐子里喝水。印纹的左边还有两个小场景，上面是一个单膝跪地的弓箭手在射杀一只羚羊，羚羊已经倒卧，下面是一个格里芬正在攻击一只公羊，公羊表现为已经受伤。

西南方向的布局——马都瓦塔（Madduwatta）的罪行

在不能平息的战火中，国王图达利亚渐渐衰老，好在他的女婿阿尔努万达（Arnuwanda）忠实地站在他的身边，辅佐他取得一个又一个胜利。一封阿尔努万达写给一个名叫马都瓦塔的国王的信件保留下来，被称为《马都瓦塔的罪状》[21]，从这份文献中我们可以看到当时赫梯与西部地区的斗争是多么的艰险和复杂。

马都瓦塔是小亚细亚西部的一位重要人物，在与本地异族阿希亚人（Ahhiya）的首领阿塔尔西亚（Attarssiya）的战斗中，他失败并逃离了自己的国家，带领着他的家人、部队以及战车投奔了赫梯国王图达利亚。图达利亚接受了马都瓦塔，并且，将齐帕斯拉（Zippasla）山地和西延塔（Siyanta）河地作为封地赐予了他。这一地区在赫梯王国的西南边境附近，显然是让他作为封国守卫赫梯的边疆，马都瓦塔拥有包括军队和战车在内的人口和领地，图达利亚要求他作为附庸必须承担应尽的义务，《马都瓦塔的罪状》中写道："谁与我的太阳之父（图达利亚）为敌，与赫梯之地为敌，他也就是你、马都瓦塔的敌人。我，我的太阳之父，将与他决战，你、马都瓦塔、还有你的军队也必须与他决一死战。"

不久之后，马都瓦塔的野心逐渐暴露出来，他似乎想在安纳托利亚西部建立自己的王国，阿尔努万达在给他的信中强烈谴责了他背信弃义的行为，因为马都瓦塔擅自用兵入侵了阿尔扎瓦的领土："我的太阳之父已经把齐帕斯拉山地赐给了你……你们不得侵占其他的土地。马都瓦塔占领了整个国家，集结了大批军队，向阿尔扎瓦挺进，与国王库潘塔-库伦塔（Kupanta-Kurunta）作战。"

结果出人意料，马都瓦塔出征阿尔扎瓦的军事冒险以失败告终，他的部队不仅一路溃败，而且，库潘塔-库伦塔国王的军队一举打到了他的领地上，占领了他的封国，他本人再一次被迫逃亡。或许是出于阿尔扎瓦本来就是赫梯的敌人，同时又能表现出赫梯国王对臣属国的宽宏大量，国王图达利亚派出了赫梯的军队驰援马都瓦塔，将库潘塔-库伦塔赶出了齐帕斯拉山地，重新把马都瓦塔扶回了封国的宝座上，而且，还将这次作战缴获的战利品作为礼物送给了他。

图达利亚为何要如此善待马都瓦塔？难道是因为马都瓦塔确实在为他打击西部的敌人吗？事态的发展还没有结束。随后，马都瓦塔的老对手阿塔尔西亚为了寻找和杀死他，带领部队进入赫梯的领土。当国王图达利亚听说这事后，立刻派遣了他的将军基斯那皮里（Kisnapili）率领军队和战车前去迎敌。阿塔尔西亚的这次入侵看来仅仅是单纯地对马都瓦塔的寻仇，马都瓦塔本人却没有做任何的抵抗，又逃跑了。基斯那皮里的赫梯军队最终将阿塔尔西亚的入侵击退，但在战斗中赫梯人损失了一名非常重要的军官，即便如此，图达利亚还是再次容忍了马都瓦塔的行为，恢复了他作为封国的王位。不过，图达利亚似乎已经对马都瓦塔失去了信任，他将基斯那皮里将军留在了马都瓦塔身边，一方面是为了帮助他镇守封国，另一方面则是为了监视他的行动。这使得马都瓦塔感到十分的不安。

▶ 阿拉卡霍尤克遗址的斯芬克斯门

青铜时代晚期，约公元前1350年。

1935年，考古人员开始对土耳其阿拉卡霍尤克遗址进行系统考古挖掘，发现这里是人类文明发展的一个重要中心。从青铜时代开始，这里埋有13座王室的墓葬，死者面朝南方屈身埋葬，并陪葬丰富的黄金装饰品，赫梯时期也是如此。遗迹中最令人印象深刻的是守护城门的斯芬克斯（狮身人面像），属于赫梯帝国时期，大门的每一边都装饰有表现宗教仪式的浮雕。两个这样的斯芬克斯守卫着城市主要入口的两侧，值得注意的是下面的双头鹰，象征着赫梯帝国的力量。这里的许多文物都被保存在安卡拉的安纳托利亚文明博物馆中。

就在这一时期，有两个臣服于赫梯的小国达拉瓦（Dalawa）和辛都瓦（Hinduwa）决定反叛。马都瓦塔抓住了机会，他立刻致函基斯那皮里，提出由他自己攻打达拉瓦，赫梯指挥官基斯那皮里将军同时进攻辛都瓦，以免敌人联合。当军事部署按计划行动时，马都瓦塔的部队向达拉瓦挺进，但是，他并没有攻击达拉瓦，而是说服了他们与自己联手，并且迅速与辛都瓦的民众取得联系，一起袭击基斯那皮里。结果，毫不知情的基斯那皮里带领他的部队向辛都瓦前进时，突然遭到了马都瓦塔联合部队的伏击，基斯那皮里和他亲密的助手阵亡。

这显然已经是马都瓦塔公然的反叛，但令人惊讶的是，图达利亚似乎没有采取报复行动。这使得马都瓦塔更加大胆，他居然与阿尔扎瓦的旧敌库潘塔-库伦塔达成和解，并确定了联姻关系。图达利亚得知后，对马都瓦塔提出了严厉的质问，马都瓦塔回答说，他策划的这场婚姻是一个阴谋，这样可以使他更能够接近库潘塔-库伦塔国王，然后杀死他。赫梯国王是否会再次信任这个狡猾的封臣呢？很遗憾的是，泥板文本到这里缺损了，无法知晓图达利亚的反应。

当泥板文书可以继续识读时，老国王图达利亚已经去世，阿尔努万达成了赫梯的新国王，而老谋深算的马都瓦塔不仅成功地控制了阿尔扎瓦部分领地，将其纳入自己的版图，而且还避免了赫梯可能对他采取的惩罚。随后，位于赫梯边境不远的哈帕拉王国公然与赫梯为敌，阿尔努万达要求马都瓦塔前去镇压，经过战斗，马都瓦塔征服了那里，但他将哈帕拉划归到了自己的王国之中。紧接着，他的军队向南进入卢卡（Lukka）的土地上，成功地征服了卢卡。回来后，他居然进一步铤而走险，将他的领地延伸到了赫梯的西南地区皮塔萨（Pitassa）。

通过不断的军事扩张，马都瓦塔已经拥有了安纳托利亚西部和南部的广大区域，而且，更为严重的是他正在侵占赫梯王国的西南地区。阿尔努万达国王绝不可能坐视不理，一场军事对决似乎即将来临，他派出使者要求马都瓦塔归还他占有的哈帕拉之地。不过，马都瓦塔确实是一位操控政治的高手，他同意了，他表现出一种仍然承认赫梯霸主地位的姿态，拱手将哈帕拉交给了阿尔努万达国王。

占领小亚细亚西南沿海的卢卡地区后，马都瓦塔获得了卢卡人娴熟的航海能力以及他们的船只。此时，老冤家阿塔尔西亚也意识到这个相对独立的统治者已具有了今非昔比的实力，于是开始与他和解，并且相互合作。关于阿塔尔西亚领导的阿希亚人，学者们指出，他们就是青铜时代晚期希腊迈锡尼（Mycenaean Greece）的亚该亚人（Achaeans），阿塔尔西亚统治的是由当时古希腊人所组成的一支强大的迈锡尼联盟。随后，在卢卡人提供的海军支持下，马都瓦塔与阿塔尔西亚联合征服了阿拉西亚（Alasiya）岛，即塞浦路斯。

随后，当哈图沙强烈地指责他侵犯了赫梯人权益时，马都瓦塔同样表现出对阿尔努万达国王应有的尊敬和有条件的服从。

◀ 一对罂粟花吊坠耳环

黄金，高3厘米，宽2.1厘米。爱琴海，青铜时代早期，约公元前2450年—公元前2200年。雅典国家考古博物馆，雅典，希腊。

这对耳环的吊坠部分是有着八个花蕊的罂粟花造型，花蕊的顶端用小圆环突出表现。这种植物在爱琴海和安纳托利亚地区自然生长，公元前15世纪，类似的造型在希腊迈锡尼和赫梯都出现过，当时的人们已经知道罂粟的作用，通常将其作为调料和止痛的药物。

我们从上述马都瓦塔借助赫梯人的力量，又违背向赫梯国王承诺的誓言，不断扩张和壮大自己领土与实力的经过可以看到，表面上，马都瓦塔被赫梯人所写的文本记录得奸诈、忘恩负义，而赫梯国王却宽厚仁慈地对待他的属国，但实际上反映出赫梯国王对待安纳托利亚西部的态度。首先，赫梯人认为西部缺乏物质和战略资源，对这一地区的兴趣和重视程度远没有对东部甚至北部大，从图达利亚开始对西部采取的军事行动和迁徙俘虏的做法，到后来对马都瓦塔的一再纵容，体现出赫梯人旨在摧毁西部各国，使其最大限度地处于不具威胁的状态。无论是赫梯军队自己打败了库潘塔-库伦塔的阿尔扎瓦，还是默许了马都瓦塔对敌人的侵略，赫梯始终没有想吞并西部各国，将它们划入自己的版图。其次，即使赫梯国王想直接控制西部以消除敌对国家对本国边境形成的威胁，但是，他们缺乏建立可以有效管理这一广阔地区和众多国家的行政机构和政治体系的能力。因此，在自己直接面对敌国入侵的威胁和马都瓦塔之间，他们选择了后者，在齐帕斯拉-西延塔（Zippasla-Siyanta）之地安置一个马都瓦塔的附庸国，由他来应对西部的问题。虽然马都瓦塔的野心昭然若揭，但他始终承认赫梯的宗主地位。甚至在处理哈帕拉事件上，由于该地离赫梯领土很近，当阿尔努万达国王宣布要对该地区行使主权时，马都瓦塔归还了他所征服的土地。由此可见，马都瓦塔只是赫梯人为了保卫自己的西南边疆安排的一颗棋子，不过，这颗聪明的棋子总是擅自行动，暴露了主人软弱无能的一面。当然，赫梯人之所以这样做，还有另一个重要的原因，那就是赫梯人认为在他们的东南方向才是有着更大利益的所在。

▲ 黄金、青金石神像和金穗

神像：黄金、青金石、其他石质，约长1.68厘米，宽1.27厘米；金穗：黄金，约长4.57厘米，宽1.6厘米。安纳托利亚，卡开密什，赫梯时期，公元前13世纪。大英博物馆，伦敦，英国。

大英博物馆收藏了38件用天青石、滑石和黄金制成的小雕像和装饰品，其中有29个拿着长矛、鸟、闪电、锤子、香炉或叉铃等各种物品的小神像。这是其中的六件，镶嵌青金石和滑石，与亚孜利卡亚的石刻神像造型相同。青金石是当时一种产自阿富汗的稀有宝石，他们代表赫梯人的众神。这些小的黄金雕像是在卡开密什的一座富丽的墓葬中被发现的。火葬后的骨头和圆柱形的天青石、金珠、金饰板和腰带两端的金穗一起放在罐子里。坟墓的年代可以追溯到公元前7世纪，但是这些家传的物品要古老得多，可以追溯到公元前13世纪。火葬是不同寻常的，而且它被埋在城墙里，大多数这样的葬礼是在当时定居地的墙外进行的，这个墓葬应该属于一位重要人物。

不平等外交

赫梯人在下一盘危险的大棋，为了向东南方向拓展影响以获取最大的利益，他们在赫梯后方与西部各国之间布置了一个缓冲地带之后，国王图达利亚开始实施他的下一步计划。

自铁列平创建了赫梯与其他国家签订条约的这种对外统治政策之后，这一强权政策被赫梯历代国王所继承，赫梯人对他们自己的霸权和武力充满自信，同时认为这样做可以保证他们获益最多，所以，无论是采取武力征服，还是慑于赫梯的强权主动归降的国家，赫梯国王大都不采取直接统治、将其划入本国领土的做法，而是签订外交条约，尤其是不平等的条约，保持他们的存在，并将其纳为自己的附庸国，迫使各个附庸国为赫梯国王履行各项义务。各个国家所处的地理位置不同，他们所拥有的物产资源也不同，条约要求各附庸国必须每年向赫梯进贡，贡品包括金、银和铜等金属物品，天青石等各种宝石，谷物和牛羊等农产品，以及羊毛、衣物等，赫梯因此得到他们想要的财富。更为重要的是，各附庸国的统治者必须忠实于赫梯国王，不平等条约在政治和军事方面的要求是首要的。条约规定，各附属国统治者必须遣返赫梯国王的政治逃犯，“如果逃跑的罪犯从赫梯来到你的国家，抓住他，给我遣送回来”[22]。但是，附属国不能要求赫梯国王遣返他们逃跑的政治犯。附属国必须为赫梯国王提供军事协助，无论是出现了来自王室内部还是周围各国的叛乱和威胁，或者当有外敌入侵赫梯以及赫梯国王发动对其他国家的战争时，各附属国必须立刻派遣军队和战车，参加赫梯国王的平叛、抗敌和远征等军事行动。

图达利亚即将向东南方和东方展开行动。赫梯多年内乱所带来的衰退使他们在那里的势力范围已经缩减，而且此时米坦尼王国已经足够强大，胡里安人越过幼发拉底河一路打到了地中海岸边，将他们的势力延伸到了叙利亚北部。这里正是赫梯人觊觎的目标，图达利亚必须马上采取最有效的行动。

◀ 狮子袭击雄鹿浮雕装饰彩绘石板

石灰石，高72.01厘米，宽44.5厘米，厚21.49厘米。泰尔·哈拉夫（古代古扎纳），叙利亚，赫梯新王国时期，约公元前10世纪—公元前9世纪。大都会艺术博物馆，纽约，美国。

这块浮雕石板是赫梯新王国时期宫殿和神庙的墙壁装饰作品之一，在古扎纳遗址被发现。这幅浮雕描绘了一只凶猛的狮子正在袭击一只鹿，它可见的牙齿咬住了鹿的咽喉，两只搏斗的动物都以站立的姿态呈现，但画面中健壮的雄鹿似乎已经没有了生机。这块石板虽然是公元前10世纪—公元前9世纪的建筑装饰，但它可能是更早时期制作的，后来被重新使用。

基祖瓦特纳国物产丰富，拥有托罗斯山脉的银矿，山坡上覆盖着大片的林木，当地的河流提供了充足的水源，每年的雨水促进了该地区的农业发展。更为重要的是它的地理位置是安纳托利亚通往叙利亚的门户之地，当年伟大的国王哈图西里一世和穆尔西里一世就是从这里的西里西亚隘口挺进叙利亚，甚至打到了巴比伦。它是挑战米坦尼的关键国家，图达利亚的第一步必须与它达成协约。从阿卡德语版本的《苏纳什舒拉条约》[23]的前言中了解到：“从前，在我祖父的时代，基祖瓦特纳已经成为赫梯的土地，但后来基祖瓦特纳从赫梯解放出来，转向胡里（安）的土地。”即在图达利亚的祖父统治期间，基祖瓦特纳是赫梯的盟友，但是，之后的某个时间，它的国王转向忠于胡里安人，现在它还是米坦尼的附庸。

在这份条约文本中提到了两个涉及赫梯与米坦尼争夺的地区，伊苏瓦和基祖瓦特纳。图达利亚镇压了由胡里安人支持的伊苏瓦国的叛乱，但是很多伊苏瓦的居民跑到了米坦尼王国的领地，图达利亚要求胡里安人把这些叛逃者遣返回来，可是遭到了米坦尼国王的拒绝。而对于基祖瓦特纳，图达利亚取得了完全的胜利，他改变了这个国家对胡里安人的忠诚，通过签署协定，基祖瓦特纳成了赫梯的附庸国，从此，赫梯人的马和牛放养在基祖瓦特纳的土地上，在赫梯走向帝国的过程中，基祖瓦特纳最终被赫梯兼并，通往叙利亚的道路被打通。

阿勒颇是图达利亚的首要目标，这一信息来自一个世纪后赫梯后代国王的文献记述[24]：“当伟大的国王图达利亚在位时，阿勒颇的国王与他取得了和平。”这无疑严重地威胁到了胡里安人在这一带的霸主地位，强大的米坦尼国王索斯塔塔尔（Saushtatar）对阿勒颇施加压力，迫使他们又归顺了自己。这一反复激怒了图达利亚，赫梯军队报复性的打击随之而来，“阿勒颇的国王转向与米坦尼国王结盟，因此，他（图达利亚）摧毁了米坦尼国王和阿勒颇国王及其土地，并将阿勒颇夷为平地”。从文本中得知，图达利亚率军南下，进入叙利亚地区，展现出赫梯王国的威力，他不仅征服了阿勒颇，而且还打败了米坦尼国王的军队。但是，这份文献距事发当时相隔了很长的时间，可能有所夸大，因为之后米坦尼在叙利亚北部的霸主地位依然存在。

从一份赫梯与伊斯梅利卡地区（Ismerikka）签订的条约中得知[25]，在图达利亚统治的全盛时期，他从胡里安人手中夺下了瓦苏卡尼（Wassukanni）、乌鲁萨（Urussa）和伊利塔（Irrita）等城市，并交给了基祖瓦特纳统辖，因此，基祖瓦特纳的国土范围大大增加。不过，这些城市和土地之后还是被米坦尼王国夺回去了。国王图达利亚去世后，阿尔努万达继位，他对基祖瓦特纳的控制更加密切，这份与伊斯梅利卡地区的条约正是由他所签署的。在条约中，他将一支伊斯梅利卡的职业士兵直接安置在基祖瓦特纳的国土中，要求士兵服从赫梯国王，并与当地的赫梯政权合作，以保持居民的忠诚。可见，在保持基祖瓦特纳独立存在和附庸关系的同时，赫梯国王可以直接处理该国土地上的军事和其他事务。

但是，根据保留下来的一系列泥板文献记录，在阿尔努万达的统治时期，他虽然一直在维护赫梯强大统治者的形象，不会容忍任何对他的背叛行为，可是，来自赫梯领土周围的动乱和侵扰还在日益加剧，局面开始恶化，他不得不采取全面而有力的措施予以打击。

危机四伏

在阿尔努万达统治时期，伊苏瓦和哈亚萨（Hayasa）以西的赫梯东部地区多次发生叛乱，叛军占领了几座赫梯的城市，阿尔努万达派遣了一支赫梯部队前去镇压，将赫梯附庸国帕胡瓦（Pahhuwa）城邦的反叛首领、国王米塔（Mita）带回到赫梯，国王米塔随即宣誓效忠赫梯。可是，当他回到自己的城邦时，他违背了自己的誓言，再次反抗赫梯，并迎娶了另一位反叛首领乌斯帕（Uspa）的女儿为妻。阿尔努万达立刻召集帕胡瓦和这一地区周围邻国的代表开会，严厉地通告这些国家，他已经向帕胡瓦发去了最后通牒，要求米塔带上他的所有物品，连同他的全家一起到赫梯接受惩罚，并保证那里的民众今后不会再对抗赫梯国王，如果帕胡瓦不执行他的命令，那么，阿尔努万达凶狠地对各国发出了指令：“如果有一天，你们从帕胡瓦人的口中听到不忠诚的言语，在那一天，你们必须向帕胡瓦进军，痛击帕胡瓦，彻底地严惩它，直到我的赫梯军队到达。立刻让你们的双手染上帕胡瓦人的鲜血！如果有人的双手没有染上帕胡瓦人的鲜血，我，赫梯国王，将立即先向他发起进攻，直接杀死那个人，再去消灭帕胡瓦。”[26]

从《帕胡瓦米塔国的罪行》这篇文献中可以看到，此时，尽管赫梯的东部地区发生了叛乱，很可能背后有胡里安人的影子，但阿尔努万达还是掌握着这里的主权，包括帕胡瓦以及伊苏瓦和哈亚萨的部分地区。

在赫梯的北方，卡什卡人的侵扰始终是赫梯人挥之不去的烦恼，从阿尔努万达和他的王后阿斯穆尼卡尔（Asmunikal）向众神的《祷告》中可以了解到："在尼里克（Nerik）之地，在胡尔萨马（Hursama）之地，在卡斯塔马（Kastama）之地，在塞里萨（Serisa）之地，在希穆瓦（Himuwa）之地，在塔加斯塔（Taggasta）之地，在卡马马（Kammama）之地，等等，众神，你们的庙宇，被卡什卡人洗劫一空。他们打碎了你们的神像，众神。他们抢走金、银，掳掠金、银和铜的杯子，还有你们的青铜器具和衣服，彼此分享。他们驱散祭司和神的母亲，受膏者、音乐家、歌手、厨师、面包师、农夫和园丁，使他们成为奴隶……在这些土地上，已经没有人再呼唤你们的名字，众神，没有人天天、月月、年年向你们献上祭品，也没有人再庆祝你们的节日。"面对北方如此混乱的局面，阿尔努万达竭力稳定王国这个最脆弱的地区，他设法维护了赫梯的北部边界，包括塔皮卡（Tapikka）以北的马萨特（Masat）地区的稳定，与卡什卡部落首领和这一地区的军事指挥官们签订了一系列条约，呼唤所有的神——赫梯的众神、卡什卡的神灵，以及天、地、山脉、河流为他们的誓言作证。协定中的规定严格而细致，有意削减卡什卡部落之间的团结，使他们忠诚于赫梯王国。例如条约规定，当赫梯要求他们作战时，他们不仅要及时派遣军队，而且不能有奴隶和雇佣兵充当赫梯国王的士兵；如果有卡什卡人要叛逃到赫梯去，各签约方不仅不能限制他们，而且应当告诉他们去哈图沙城的线路；当赫梯国王要进攻某个国家时，各国要保守秘密；等等。虽然卡什卡人发誓遵守条约，维护地区的安全，但是，他们能做到吗？

◀ 阿尔努万达国王和王后阿斯穆尼卡尔的《祷告》

黏土。哈图沙，公元前14世纪。伊斯坦布尔考古博物馆，伊斯坦布尔，土耳其。

在赫梯的南方，出现了一个叫胡哈扎尔马（Huhazarma）的国王，他的国家在基祖瓦特纳以西，安纳托利亚的南部，他很可能继承了马都瓦塔的王国[27]。胡哈扎尔马煽动赫梯的乌拉城（Ura）和穆塔穆塔萨城（Mutamutassa）叛乱，并占领了这两座城市。阿尔努万达不得不前去平叛，在成功地打击敌人、将这两座城市收复之后，他与胡哈扎尔马国王以及东南沿海的乌拉城邦签订了条约，他们发誓不再互相攻击。不过，从这件发生在阿尔努万达统治后期的事件可见，赫梯南部已经受到了严重的威胁，叛乱出现在本是赫梯控制的区域内，最终以签订平等条约的方式解决冲突。

赫梯的劲敌还是米坦尼王国，虽然在图达利亚征服叙利亚之后它的部分领土受到赫梯统治，但是，当米坦尼国王索斯塔塔尔带领军队重回地中海沿岸时，赫梯的军队开始撤退，胡里安人的米坦尼王国收复了之前输给赫梯的土地，并收回了阿勒颇、阿拉拉赫等附庸国的主权。之后，米坦尼的军队一路挺进到了基祖瓦特纳南部的塔尔苏斯（Tarsus），赫梯失去了所有在叙利亚的领土，基祖瓦特纳成了赫梯在这个方向最后的属地。为了停止这样的败退，阿尔努万达在这里派驻了一支守备部队，并采取了紧急措施，他任命他的一个儿子取代了当地的国王，统管基祖瓦特纳。

▲ 浮雕石板

玄武岩，高68厘米，长107厘米，厚51厘米。泰尔·哈拉夫（古代古扎纳），叙利亚，赫梯新王国时期，公元前10世纪—公元前9世纪。大都会艺术博物馆，纽约，美国。

这块传统的赫梯宫殿和神庙墙壁上的装饰浮雕在正面和侧面都刻画有人物场景。正面是一个坐着的蓄着胡须的男人，手里拿着一朵莲花，在他的前面是两个公牛人举着一个有翼太阳盘的标志。石板侧面是一个没有胡子站立的男人，他的手里举着一根古代的武器。

此时，世界上另一支强大的势力已经抵达了地中海东岸，那就是埃及。正在与北方赫梯对抗的米坦尼，为了避免与南方来的埃及人发生冲突，出现两线作战的危险，米坦尼新继位的国王阿尔塔塔马（Artatama）主动提出与埃及法老合谋，两国瓜分叙利亚。埃及人并不信任米坦尼，提出了将阿尔塔塔马的女儿送往埃及成为法老妻子的要求。在表现出勉强同意之后，阿尔塔塔马与埃及法老达成了协议，埃及控制卡叠什（Kadesh）以及沿海的阿穆鲁（Amurru）等地，叙利亚北部所有领土都归米坦尼。这份协议无疑意味着结束了赫梯在叙利亚地区可能的发展，因此，赫梯与米坦尼之间迟早必有一场决战。不过，安纳托利亚的战局转换得实在太快。

► 刻有德埃名字的象牙梳子

象牙，长8厘米，宽4.5厘米。阿拜多斯，埃及，德埃王时期，公元前2920年—公元前2770年。埃及博物馆，开罗，埃及。

这把埃及第一王朝德埃王时期的梳子上刻有很多装饰信息，埃及法老的名字像一条蛇，刻在有如王宫外形的“王名框”当中。王名框的上方是一只鹰，这是国王的象征；“王名框”的两边是三个象形文字，其中两个是象征权力的凤头权杖，还有一个是象征生命的安卡之符。在图案的上方，可以看到一双展开的巨大翅膀，它们支撑着一艘带有船舱的船，船上栖息着一只鹰，这是太阳神的化身——古埃及人相信，太阳神每天乘坐太阳船沿天河行进，东升西落。[28]

▲ 猎鹰护身符吊坠

黄金、青金石、绿松石、玉髓，高7.1厘米，长13.7厘米。塞加拉，埃及，拉美西斯二世二十六年，公元前1254年。卢浮宫博物馆，巴黎，法国。

这个吊坠由99.5%纯金制成，镶嵌当时的各种宝石，非常精美。外形像一只伸展翅膀的猎鹰。这是一个神的组合图形，基本可以肯定是太阳神的一种形式。

在古代近东的埃及、美索不达米亚和安纳托利亚等地，有翼的太阳是神、王权和权力的象征。在古埃及，这个象征符号在公元前3000年后的古王国已经出现，随着时间的推移，埃及所有的从属神都被认为与太阳神有关。大约从公元前2000年起，这个符号也出现在黎凡特、美索不达米亚和小亚细亚，在安纳托利亚它被用作象征王室的象形文字。

大约在公元前14世纪上半叶的中期，也就是在阿尔努万达国王统治即将结束之时，赫梯在西部安置的马都瓦塔的附庸国以及南部与之和平相处的胡哈扎尔马的国王成为阻挡阿尔扎瓦的一道缓冲屏障，至少使其对赫梯的低地地区（Lower Land）没有威胁，但是，这种对阿尔扎瓦不够重视的措施在以后将会被阿尔扎瓦抓住机会。在北部以及东北方向，阿尔努万达设法维护了赫梯的主权，但其东部领土损失重大，基祖瓦特纳成了赫梯的东南边界。阿尔努万达的统治还算是有力和稳定的，但危机四伏的暗流总是令人感到不安，他死后，他的儿子，与他的前任国王同名的图达利亚继位，即图达利亚三世（Tudhaliya III）。果然，就是在新继位的国王统治时期，赫梯几乎遭受了灭顶之灾，可谓赫梯历史上最危机的时刻。

四面楚歌

可能是为了确保与阿尔扎瓦之间缓冲区的安全，图达利亚三世带领他的军队前往安纳托利亚中西部，与那里的重要城市萨拉帕（Sallapa）作战，突然，他接到了来自北方塔皮卡的官员传来的信件，紧急报告脆弱的北部边境遭到了卡什卡民族的入侵：“大量的敌人在夜间入侵，有一个地方出现了600名敌人，另一个地方也有400人，他们抢走了我们的粮食。”[29]图达利亚三世不敢迟延，立刻回信给当地的赫梯官员和军事指挥官，要求他们时刻保持高度警惕，确保粮食不能落入敌人的手中，应该采取反击措施，并下令，如果有人没有按照他的命令迅速采取行动，将受到包括处死以及断肢、挖去双眼等最严厉的惩罚。之后，他放火烧了萨拉帕城，亲自赶往卡什卡边界的前线。

可是，一切都已经无济于事，敌人来得太快，席卷了赫梯王国的领地，入侵到赫梯的腹地，首都哈图沙也沦陷了，并被烧毁。紧接着，本不稳定的西部遭到阿尔扎瓦人的入侵，敌人长驱直入，直逼赫梯的中心地带。不仅如此，来自东部和其他方向的敌人也来了，占领了赫梯的一座座城市，挤压着王国的版图。一份后世赫梯国王的法令文献记录了这场危机："当时，赫梯的土地被敌人洗劫。从这边来，卡什卡的敌人洗劫了赫梯的土地，他把尼纳萨作为他的边疆。另一边，阿尔扎瓦的敌人从低地来了，他也洗劫了赫梯的土地，使吐瓦努瓦和乌达（Uda）成为他的边疆。从这一边，阿拉万纳（Arawanna）的敌人来了，占领了整个卡西亚（Kassiya）之地。从这一边，阿齐（Azzi）的敌人来了，洗劫了所有的高地地区，他使萨穆哈（Samuha）成为他的边疆。伊苏瓦的敌人来了，洗劫了特加拉马（Tegarama）。从这边，阿尔马塔纳（Armatana）的敌人来了，他也洗劫了赫梯的土地，他使基祖瓦特纳城成为他的边疆。哈图沙，这座城市被烧毁了。"[30]

这样一场来自多方向的打击使图达利亚三世的赫梯王国从一个能派遣军队到叙利亚乌加里特边境的大王国变成了只留存在安纳托利亚腹地的小国。卡什卡人从北部突然袭击，并一路横扫赫梯本土，直到克孜勒河转弯处南面的尼纳萨。这是使赫梯面临亡国危险的首要敌人，很可能随后引发了阿拉万纳、阿齐和伊苏瓦的敌人共同出击。阿尔扎瓦抓住时机，在赫梯西南部防御最薄弱的地区集结兵力，大举入侵，占领低地地区，将自己的边界推到了赫梯南部的前沿，吐瓦努瓦。南部阿尔马塔纳占领了整个基祖瓦特纳，来自南方和东方对赫梯的侵略背后很可能有胡里安人的参与。最后，在损失大片领土，敌人攻入赫梯心脏地带时，哈图沙被摧毁。

在烽烟四起、赫梯各地战火不断的黑暗时刻，坚定而顽强的国王图达利亚三世没有被打倒。从国家防御战的初期开始，他一直不在赫梯中央，他把握住了留给他的有效时间，果断地放弃了首都哈图沙，把失去的宗教重镇萨穆哈从阿齐人手中夺了回来，并将王国的宫廷转移到这里，作为他指挥和调动军队的行动基地，开始收复失地，并以此为契机重建家园，迈出建立赫梯帝国的第一步。

▶ 拳头形状的容器

银，长15.5厘米，宽10厘米。安纳托利亚中部，图达利亚三世统治时期，公元前14世纪。波士顿美术博物馆，波士顿，美国。

这个拳头形状杯子的边缘有一圈浮雕图案，被证明是用来举行与风暴之神特舒卜有关仪式的。杯子的供奉者是"伟大的国王图达利亚"，据说图案中展现的就是图达利亚三世，他正带领着一队来自山地的祭司和乐者朝拜风暴之神。拳头象征着赫梯的力量，国王喝下这只献给神的杯子中的酒，将会变得更加强大。

反击

图达利亚三世的复仇从卡什卡人开始，他的赫梯军队从萨穆哈出发，袭击卡什卡部落，不仅给卡什卡人造成了重大伤亡，而且还将大批俘虏带回基地。取得阶段性胜利之后，赫梯军队随即向西，进入卡西亚之地，在呼拉纳河（Hulana）以北，迅速而有效地惩罚了那里的侵略者，使这片土地回归到赫梯的统治之下。但是，胜利来得并不牢靠，卡什卡的军队又一次集结起来，卷土重来。图达利亚三世不得不回师北上，彪悍的赫梯军队凭借武力再一次收复了不久前才获得的领土。而且，在这一地区还有两个敌对的势力，就是东北部的阿齐和哈亚萨，他们曾经侵犯过赫梯的领土，占领过赫梯人的圣地萨穆哈，现在，图达利亚三世要来找他们算账。

但是，在重新夺回了赫梯的一部分领土之后，哈图沙依然处于多方敌人的威胁之下，图达利亚三世不得不留在高地地区（Upper Land）。这里的战事不断，疲惫的国王在与卡什卡部落和哈亚萨的战斗中病倒了。

此时，一位从赫梯形势急剧恶化的初期就一直跟随在图达利亚三世身边、辅佐国王走出绝望的伟大人物挺身而出，代替国王作为赫梯军队的最高指挥官，他就是图达利亚三世的一个“儿子”，苏比路里乌马（Suppiluliuma），赫梯历史上最杰出的军事领袖。后世国王赞美他奇迹般拯救了赫梯，因为赫梯决定性的恢复和帝国的建立正是由苏比路里乌马实现的。

当苏比路里乌马率领的军队来到阿齐和哈亚萨的军队面前时，敌人的士兵甚至不敢与赫梯人交战，直接逃跑了。之后，赫梯的军队还在库马哈城（Kummaha）附近与哈亚萨国王卡兰尼（Karanni）的军队交锋。最终，哈亚萨签订了成为赫梯附属国的条约，送回所有进入其领地的赫梯人，并归还了苏比路里乌马所声称的属于赫梯的土地。

显然，赫梯人对自己的战斗力充满自信，在苏比路里乌马的建议和协助下，图达利亚三世在收复赫梯外围战区的失地之后，没有急于与赫梯中心地区的敌人作战，重建家园，而是继续深入敌人的领地，在敌人的土地上征战，摧毁敌人的军队，彻底征服或最大程度地消灭敌人的军事力量，使他们不再具有侵略能力。在完成这一军事战略目标之后，回过头来，再将入侵到赫梯核心领地的敌人驱逐出去，恢复首都哈图沙的威望。

a b c

◀ 赫梯士兵浮雕

玄武岩，分别高68、60、56厘米，宽41、49、42厘米。泰尔·哈拉夫（古代古扎纳），叙利亚，赫梯新王国时期，公元前10世纪。大英博物馆，伦敦，英国。

a.弓箭手。b.骑兵，手拿短棒，右肩上挎着一个盾牌。c.使用抛掷武器的战士。他们都有大大的鼻子，蓄着胡须，装束统一，骑兵的帽子不同。可能是赫梯军队的不同兵种，这些浮雕作品表现出赫梯的军事力量。

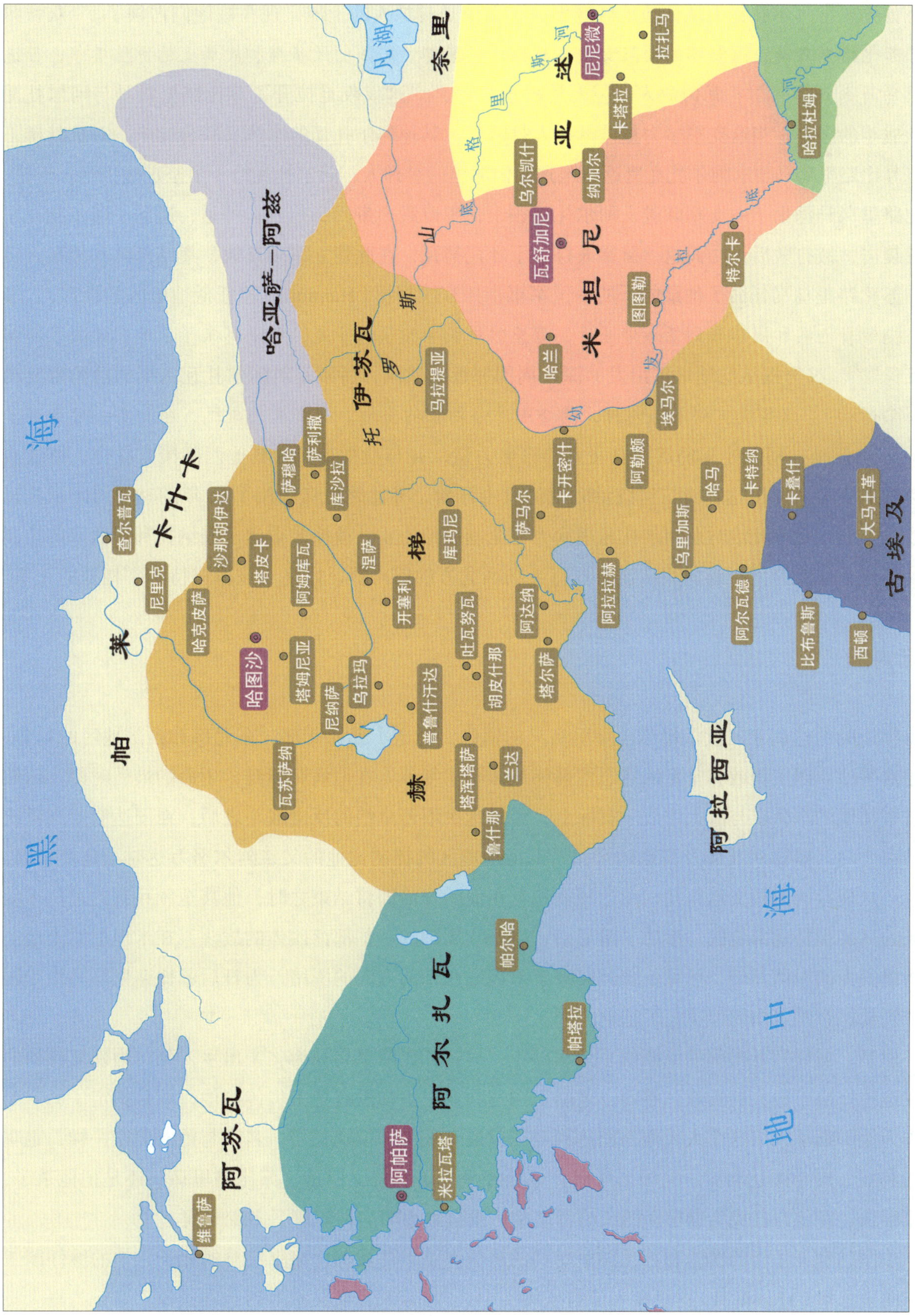

公元前14世纪赫梯王国危机与反击时期地缘政治局势图

在安纳托利亚，阿尔扎瓦是赫梯人最危险的敌人，它的存在始终威胁着赫梯的领土，苏比路里乌马首先要把阿尔扎瓦人从低地地区赶出去，那里是赫梯人的土地，现在被他们占领了。“众神帮助了苏比路里乌马，阿利娜的太阳女神、赫梯的风暴神、军队的风暴神和战场上的伊丝塔尔，苏比路里乌马杀死了阿尔扎瓦的敌人……大量敌军死亡。”[31]这仅仅是拉开了苏比路里乌马与阿尔扎瓦军队战斗的序幕，当这支军事力量被赫梯人打败后，其他阿尔扎瓦的军队又联合起来，对抗赫梯王国。苏比路里乌马要求阿尔扎瓦遣返逃跑到他们那里的赫梯人，阿尔扎瓦给予了坚定地拒绝，于是，苏比路里乌马派出了一支军队进入阿尔扎瓦领土，想以武力带回那些人，可是，遭到了阿尔扎瓦军队的袭击，被打败后无功而返。赫梯人打下了吐瓦努瓦，在此建立军事基地，集结部队和战车。后来，苏比路里乌马任命了他最能干的一位军事指挥官汉努提（Hannutti）担任低地地区的长官，“当汉努提带着士兵和战车来到低地地区后，那里的居民害怕了，于是，和平到来了，他们又成了赫梯的臣民”[32]。汉努提从低地地区出发，深入周围邻近的敌国，特别是对阿尔扎瓦占据的哈帕拉发动了军事行动：“汉努提打到了哈帕拉，他烧毁了哈帕拉的土地，把那里的居民、牛和羊一起带回了哈萨。”[33]但是，阿尔扎瓦仍然拥有强大的军事力量，并与敌视赫梯的其他西部国家联合，持续威胁赫梯的安全。从图达利亚三世统治时期的反击开始，苏比路里乌马用了20年的时间与阿尔扎瓦作战，直到在对方统治时期阿尔扎瓦用武力完全制服他为止，赫梯才重建了安纳托利亚西部的控制权。不过，在此期间，赫梯军队没有攻打半岛西北方的威卢萨，始终与该国保持和平相处的关系。

宫廷内部

年迈的图达利亚三世依赖苏比路里乌马的辅佐，稳定了赫梯北部、东北部和西部地区的局势，重建哈图沙。国王勇敢和坚定的意志使赫梯从黑暗中复苏，在他病魔缠身，生命的最后时刻，依然亲自率领他的军队在与敌人作战。实际上，经过这次艰苦卓绝的反击战斗之后，在图达利亚三世统治结束之时，赫梯对北部及高地地区和西部低地地区的控制比他的父亲阿尔努万达时期还要稳固。而且，从现存的泥板文献得知，图达利亚三世在他的统治即将结束之时，他甚至领兵到达过位于叙利亚的乌加里特北部地区，参加了南尼山（Nanni）周围的一些部落团体的战斗，在米坦尼的土地上与胡里安人的军队对峙，可见他曾经突破了米坦尼在东南方向的围堵，为日后苏比路里乌马作为国王带领赫梯帝国走向辉煌奠定了基础。

但是，赫梯宫廷内部的悲剧似乎无法停止，尽管苏比路里乌马为父亲出生入死，为恢复赫梯的霸权地位作出了极大的贡献，然而，老国王图达利亚三世却没有把王位传给他，而是指定了另一个人作为他的继承人。这个人大概是图达利亚三世最宠爱的一位嫡长子，名字与他的父亲一样，也叫图达利亚，即小图达利亚。老国王死后，他已经坐上了王位，但是，苏比路里乌马还是把他杀了，动作很快，在他自己成为赫梯新的统治者之前，没有给小图达利亚留下多少时间。

小图达利亚短暂的统治和苏比路里乌马的篡位谋杀事件被苏比路里乌马的儿子、他的继任国王穆尔西里二世（Mursili II）记录在一份瘟疫祷文中：“但后来，我父亲对图达利亚做了错误的事。哈图沙之地，王子、贵族，千夫指挥官和官员们，他们都投靠了我的父亲，他们违背了对他们的领主图达利亚的誓言，杀死了他，而且，还杀害了那些与他在一起的兄弟们，乌达（x-x-uda）和皮尔瓦（Pirwa）被抓并被流放到了阿拉西亚。因为图达利亚是他们的主人，他们是他宣誓的大臣。他们违背了你的誓言，我的主啊，他们杀死了图达利亚。”[34]

▶ 穆尔西里二世瘟疫祈祷铭文

黏土。博阿兹柯伊（古代哈图沙），土耳其，公元前13世纪（最初写于公元前14世纪下半叶）。伊斯坦布尔考古博物馆，伊斯坦布尔，土耳其。

赫梯国王穆尔西里二世向诸神祈祷，恳求结束一直以来在他的国家出现的瘟疫。文中指出，瘟疫是因为他的父亲苏比路里乌马发动宫廷政变，违背了对神的誓言而引起的。

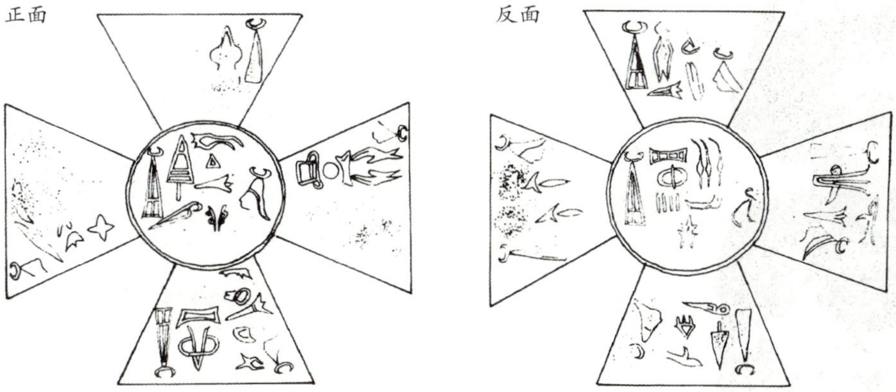

▲ 十字形印章

1986年，为赫梯考古学作出重大贡献的彼得·尼夫（Peter Neve）在博阿兹柯伊的几座哈图沙神庙中发现了许多泥块，上面印有不寻常的印痕，其中包括这个著名的十字形印章图案。这幅看起来像图画似的两面印文实际上分别是五位伟大国王的名字，而且还特别出现了伟大王后的名字。

正面，中央：穆尔西里和加苏拉维亚（Gassulawiya）；右翼：【……】和塔杜赫帕（Taduhepa）；上翼：图达利亚三世，没有王后；左翼：阿尔努万达一世和阿斯穆尼卡尔。下翼：图达利亚一世和尼卡尔-玛提。

反面，中央：苏比路里乌马和亨蒂；上翼：拉巴尔那和塔瓦娜娜；右翼：哈图西里和卡杜西；下翼：穆尔西里和卡里；左翼：不明确。

在印文中，有两个不能理解之处，即塔杜赫帕之前所刻写的国王是谁，无法知晓；图达利亚三世之后却没有王后。

十字形印章是后世国王穆尔西里二世时期的，制作这个印章的目的显然是为了明确穆尔西里二世王位的正统性，因此，印章铭文中图达利亚三世王后的缺席，一定是由于她的存在会对王位合法性起到负面的影响。十字形印章正、反面的中心部分分别是穆尔西里二世和苏比路里乌马，他们是父子关系，显然是印章所突出的重点。但是，伟大王后塔杜赫帕所对应的关键性国王的缺失，又给赫梯王位的继承谱系带来了巨大的难题。

苏比路里乌马带领赫梯精英推翻了小图达利亚的统治，在赫梯祭司以及图达利亚三世兄弟们的支持下，杀害了小图达利亚，因此这些人在之后苏比路里乌马的统治时期都保留了权力和地位。而小图达利亚一方的支持者被杀，文本中提到的乌达和皮尔瓦是小图达利亚的两个儿子[35]，他们始终站在他们父亲的一边，但这两个兄弟没有被杀，而是被流放到了阿拉西亚（塞浦路斯）。

在这场政变中有一个重要的人物，她就是之后依然保留原有地位的伟大王后塔杜赫帕。她是图达利亚三世的第二任妻子，在十字形印章中有她的名字，但是印章铭文中没有图达利亚三世在他还是王储时就已经娶的第一任妻子萨坦杜赫帕（Satanduhepa），很可能萨坦杜赫帕是失败一方小图达利亚的母亲，而塔杜赫帕是苏比路里乌马领导的反叛王子集团的母亲，也许她甚至参与了政变阴谋。但是，塔杜赫帕不是苏比路里乌马的亲生母亲，苏比路里乌马不是图达利亚三世与王后所生，而是国王与一个低等级的女人所生。[36]不过，另有一项证据表明，苏比路里乌马很可能是图达利亚三世的女婿，他自称是“图达利亚三世的儿子”，但在他妻子、王后亨蒂本人的印章上，铭文显示亨蒂是“伟大国王图达利亚三世”的女儿，苏比路里乌马可能是通过与国王的女儿结婚而成为图达利亚三世家庭的核心成员，因而也具备成为国王的资格。

无论如何，苏比路里乌马是他的集团中最强大的一位，成了阴谋者的领袖，也成了胜利者。

◀ 苏比路里乌马雕像

石，约高150厘米，宽110厘米。塔伊纳特，土耳其，苏比路里乌马统治时期。土耳其哈塔伊考古博物馆，安塔基亚，土耳其。

这尊雕像只保留了腰部以上的部分，大约有1.5米高，1.1米宽，如果加上腿部和脚，估计完整的雕像应该有3.5米—4米高。

苏比路里乌马蓄有胡须，他的眼睛很好地保留了下来，用白色和黑色的石头镶嵌，头发被精心地雕刻成一排排的卷发，两只手臂从肘部向前伸出，每只手臂上都有两个两端装饰有狮头的手镯。他的右手握着长矛，左手似乎握着一根麦穗。在他的胸部有一个新月形的装饰。巨大的雕像被放置在宫殿或神庙的前面，迫使朝拜者通过它才能进入。

在苏比路里乌马统治赫梯国家时，他收复并重建了伊斯塔哈拉城（Istahara），巩固了赫梯的北部边疆，彻底制服了卡什卡部落，使得卡什卡人不敢再与赫梯为敌。他稳定了西部阿尔扎瓦地区诸国，在南方，保住了胡拉亚河流域的广大地区。

苏比路里乌马的时代始于公元前1350年前后，在赫梯的东方和东南方向，苏比路里乌马面对劲敌——胡里安强大的米坦尼王国，他能胜利吗？赫梯人深受胡里安文化的影响，而一直以来又与胡里安相互仇视，彼此对抗，那么，胡里安人到底是一个怎样的民族呢？

民族凝聚力

在古代西亚，胡里安人无疑是一个古老而重要的民族，他们的语言既不属于闪米特语系，也不属于印欧语系，与当时的其他语言也全然不同，不过胡里安语却可以与黑海东南方亚美尼亚高地的乌拉尔图语建立关系。有学者推测，胡里安人可能是在公元前3千纪来自更北方的高加索东北地区。

然而，根据公元前3千纪两河流域出土的文献资料和已知的考古证据，古老的胡里安人的一些祭祀遗址和胡里安语特有的名称以及文化传统在公元前3千纪已经出现在伊朗的西北部和美索不达米亚的北部，尤其在哈布尔河上游地区。经过考古发掘，第一个胡里安人的重要定居地是乌尔基什城，现在叙利亚的泰尔·莫赞。根据考古发现的人类遗骸，乌尔基什似乎从公元前5000年起就有人居住，在公元前3千纪早期，很可能在公元前4千纪的中期胡里安人就已经在乌尔基什建立了这个主要的城市。[37]那么，胡里安文明可能起源于这一地区，最早进入文明的胡里安人很可能就是在接近美索不达米亚北部外围地区的土著居民，在任何文明出现之前，他们已经在那里生活了上千年。

▶ 乌尔基什神庙群的围墙和台阶
泰尔·莫赞，叙利亚。

胡里安人巨大的神庙群是非常独特的，具有特殊图案的石头护墙围成不对称的神圣空间，强烈不对称性的巨石台阶持续使用了超过两千年。神庙群的结构与美索不达米亚的宗教建筑模式不相同，而与胡里安传统中的主神库玛尔比有特别的联系。

在胡里安人独特的祭奠系统中，有一种被称为阿比（abi）的地下竖井，仪式在这里举行，使用小狗等作为牺牲，并使用各种具有象征意义、特别的宗教器物。例如，一个嘴唇扭曲的裸体女人形状的小罐子，可能代表着阴间世界的一种神灵。阿比是与美索不达米亚传统完全不一致的仪式，用来唤起阴间世界的灵魂，这种胡里安人特有的宗教结构至晚从公元前3千纪起，跨越整个2千纪一直在持续使用。

胡里安人在公元前3千纪中后期已经建立了自己的政治和军事实体，他们显然没有停留在原地不动，而且不断地向东、南、西各方向移动，并在新开辟的地区建立起具有一定权力的统治者和组织机构的小城邦，他们很可能已经掌握并使用了楔形文字，并与周围国家建立联系，逐步完善和扩展胡里安文明。

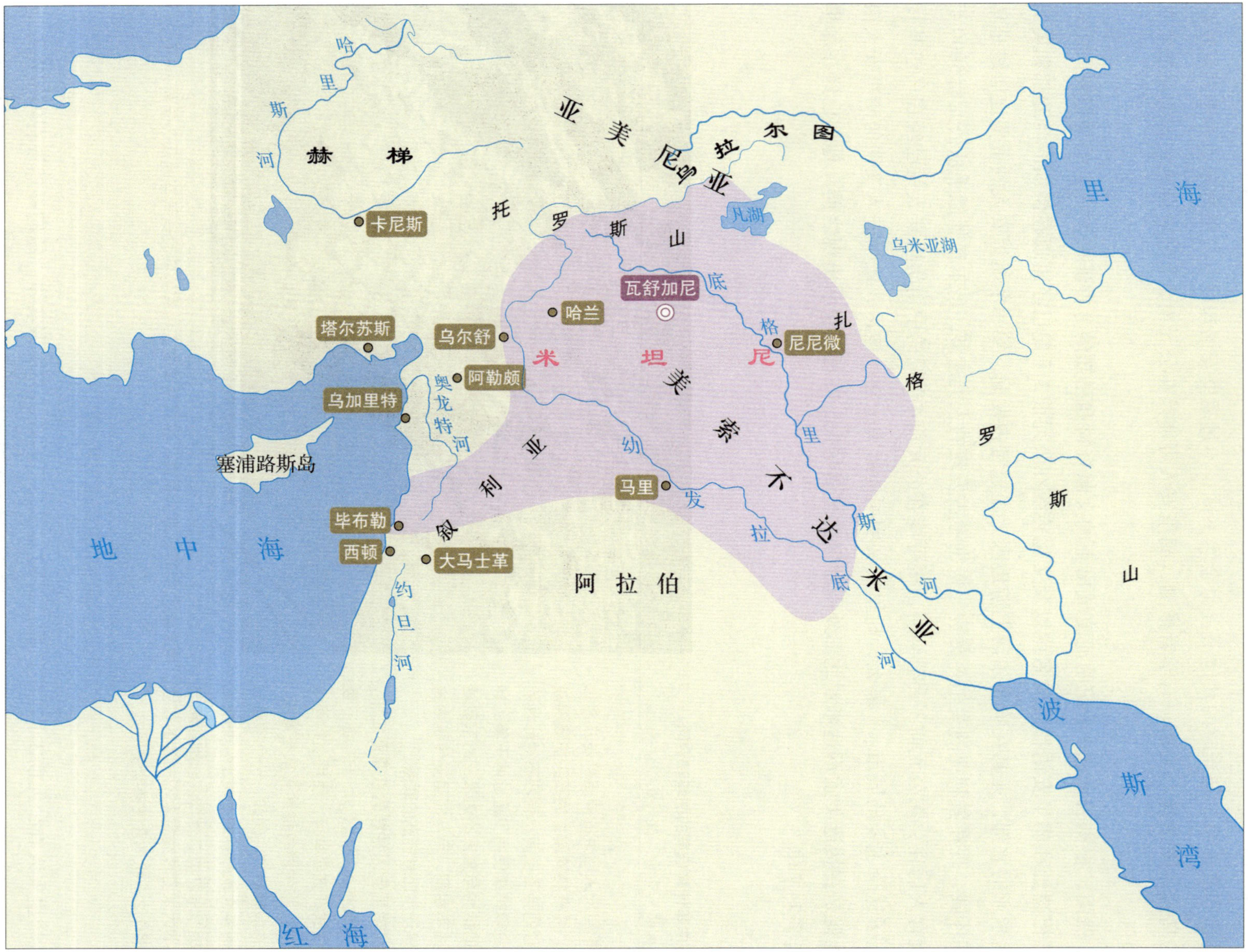

公元前2000年前后胡里安人在西亚的分布区域

在公元前2300年阿卡德时期，胡里安人已经迁入两河流域地区，在哈布尔河地区建立了多个胡里安人的小城邦。尼普尔的文献中出现了与阿卡德语完全不同的胡里安人的名字，证明阿卡德统治者与他们边疆地区的胡里安人的小国有所往来。公元前2112年乌尔第三王朝时期，距亚述城不远处的卡拉赫（Kalakh）成为胡里安人的聚集地，在底格里斯河东岸大、小扎卜河地区的乌尔比鲁姆（Urbilum，今埃尔比尔）和迪亚拉地区出现了众多胡里安语的人名和地名，胡里安人已经进入亚述以东的奴孜（Nuzi）和阿拉普哈（Arrapkha）等地，成为乌尔第三王朝人口的组成部分。在沙马什阿达德时代，一系列胡里安城邦从叙利亚北部一直延伸到今天伊朗境内的扎格罗斯山脉，沙马什阿达德的一个孙子娶了胡里安人部落的公主。[38] 在西、南方向，胡里安人进入了幼发拉底河西岸叙利亚北部的乌尔舒（Urshu）、卡特纳、阿拉拉赫（Alalah）和乌加里特等城市，以及亚述在卡帕多西亚（Cappadocia）的商业殖民地和繁荣的马里王国。

▶ 一个胡里安男人的头像

陶土。乌尔基什，哈布尔时期，约公元前1800年—公元前1600年。[39]

这个戴头巾的男人头像使用颜料突出了面部特征，极具写实特点。头饰在侧面和背面的形状被相当详细地表现出来，类似于一种阿拉伯人戴头巾的方式，甚至用彩绘的条纹显示出重叠的部分。

胡里安人在不断向南的迁移中，与先进的美索不达米亚文明接触，他们从最初半农耕和半游牧的野蛮发展阶段走向定居的文明社会[40]，融入属于两河流域文明的楔形文字文化圈。他们在固守着自己特有的文化传统的同时，也广泛吸收外来的文明，一步步成长壮大。

▶ 铜合金狮子桩基（左）

铜合金、石板。刻有胡里安楔形文字。狮子高12.2厘米，宽8.5厘米；石板长10厘米，宽9厘米。泰尔·莫赞（古代乌尔基什），叙利亚，阿卡德时期，约公元前2300年—公元前2159年。卢浮宫博物馆，巴黎，法国。

▶ 铜合金狮子桩基（右）

铜合金。刻有铭文。高11.7厘米，宽7.9厘米。大都会艺术博物馆，纽约，美国。

左图中的狮子将前爪放在刻有铭文的铜板上。狮子只表现了上半身，它张开大嘴，后腿末端是一个厚厚的础桩。在铜板下面的石板上刻有已知胡里安最古老的楔形文字：“乌尔基什的统治者提什-阿塔尔（Tish-atal）为涅伽尔（Nergal）神建造了神庙。这座神庙，愿神鲁巴达（Lubadag）保护它，有谁想摧毁它，让鲁巴达毁灭他，愿他的神不听他的祷告。愿那伽（Nagar）女神，希米加（Shimiga，太阳神）和风暴之神诅咒那个要摧毁它的人一万次。”

如右图中，一个几乎相同的小雕像被收藏于大都会艺术博物馆。这一对狮子雕像当时很可能在建造神庙的过程中被放置在砖墙里——目的是为了保护建造者，并保佑乌尔基什城邦涅伽尔神庙的平安和永恒。狮子作为守护动物的形象在美索不达米亚的周边地区出现，很可能暗示着胡里安人的主神库马尔比。

虽然这两个小雕像都不是考古挖掘出来的，但从铭文推断，它们应该属于支撑和保佑乌尔基什神庙的建筑部件。胡里安人采用了美索不达米亚南部在建筑中使用础桩并保存文字记录的习俗，将狮子与文字泥板结合在一起。狮子上半身的细节和品质被生动地呈现，颈部和脸部的扭曲产生出强烈的动感。这样的艺术表现是对日常生活场景的独特关注，与美索不达米亚的桩基雕像是不同的。胡里安人独特的狮子造型和阿卡德使用习惯的结合，表明胡里安人已经将自己的风格迅速地融入美索不达米亚的文化环境。

大都会艺术博物馆收藏的桩钉，尽管尺寸不大，但在其制造过程中体现出一些有趣的技术特征。桩钉是使用含砷不足2%的砷铜合金空心铸造的。在照片中可见，在铸造过程中，内芯由至少三个金属支架支撑。虽然内芯的存在使金属的利用更加经济，但它的主要功能可能是使金属快速扩散，以减少可能的铸造缺陷，特别是在突出的四肢上。铭文部分似乎是单独制作的，并在浇铸之前被附在桩钉的蜡模上。[41]

大约经过几个世纪的四处扩散，到公元前1600年之前的古巴比伦时期，胡里安人的人口有了大幅的增加，从伊朗的扎格罗斯山西北部贯穿美索不达米亚的北部到叙利亚以及安纳托利亚半岛的东部地区和南部的托罗斯山麓，都有胡里安人的存在。他们将吸收、借鉴的古巴比伦文明以及本民族的文化传统传播到亚述、巴勒斯坦甚至间接地传向希腊，其中对赫梯文化的影响最为突出。这些胡里安人游荡在当时的世界各地，胡里安人的语言被广泛地使用，除了他们鲜明的传统特征，被人们识别为胡里安人的团体，也在一些地区建立了小型的国家，但是，他们至此从来没有形成强大的政权，不同于任何以领土为基础的国家机构。这些建立在非国家形态基础上的社会群体能够跨越时间和空间，迅速发展壮大，主要原因是他们的民族认同感。他们以语言、宗教、艺术和习俗等独特的文化特征作为一种深远的纽带将胡里安人团结在一起，这种凝聚力与以政治体制为基础的国家凝聚力并行。

◀ 王室场景的圆柱印章压印

陶土，高3.6厘米，宽4.7厘米，厚1.5厘米。刻有楔形文字。泰尔·莫赞（古代乌尔基什），叙利亚，阿卡德时期，约公元前2300年—公元前2159年。代尔祖尔博物馆，代尔祖尔，叙利亚。[42]

在胡里安人的历史中，他们坚持使用自己的胡里安语言，即使在阿卡德时期，阿卡德语成为主流语言，是各地区争相学习和使用的标准时，胡里安人仍带有对抗意味地坚持使用胡里安语，使其具有一种民族存在的政治意义。例如，在提什-阿塔尔的两个狮子雕像上有胡里安语铭文，而且，对于“国王”这样一个标志性的词汇，胡里安语一直使用恩丹，有别于当时的通称。即使是在许多当时完全用苏美尔文字和阿卡德文字编写的重要的宫廷管理文件中，在胡里安人的地区也被嵌入胡里安语的元素。

这枚印章的压印描绘了公元前3千纪乌尔基什的统治者图普契什（Tupkish）和他的妻子乌卡尼图姆（Uqnitum）的宫廷场景。王后梳着一条长长的辫子，坐在左边，膝盖上抱着一个小孩，坐在她对面拿着杯子的人是她的国王丈夫。站在中间的那个人是他们的王子，戴着一顶类似王冠的头饰。他站在国王面前，充满敬意地用手触及国王的膝盖，也表明了父子关系。这一姿态传达了一个重要的政治信息，乌卡尼图姆的这个特别的儿子将继承他父亲的王位。在国王身后一只公羊的上方刻有三行铭文，指明印章的所有者是"乌卡尼图姆，图普契什的妻子"。

图普契什自己的印章以及宫廷侍者扎美娜（Zamena）的印章上也有同样的图案。从印章的铭文中得知，扎美娜是王后的保姆（奶妈），还有一个名叫图利（Tuli）的人是王后的御用厨师。印章的特殊意义在于它提供了重要的证据信息，乌卡尼图姆王后本人是阿卡德人，有一个阿卡德名字，而她周围的这些人都是胡里安人，有着胡里安人的名字。王后的这两位仆人不是和王后一起从她的原籍国来到这里的，而是在她来到这座城市后才被分配给她的。这两个人的工作具有非常重要的意义，王后保姆的任务是抚养王室子女，这意味着王室的孩子们将来会说着胡里安语长大，而王后的厨师将会使国家宴会在政治和宗教仪式上保持胡里安人的传统。

图案中，胡里安人的服装和头饰也与阿卡德人不同，王子所戴的羽毛王冠是他们特有的标志，胡里安人在风俗传统上一直保持着自己的民族认同。[43]

公元前1650年之后，在赫梯国王哈图西里一世统治时期，胡里安人对他的王国东部地区发起过一次大规模的入侵，他的继任者穆尔西里一世复仇性地打击了阿勒颇和巴比伦西部的胡里安人，他最后攻破了巴比伦城，但其真实意图很可能是为了镇压位于哈布尔河谷日益兴起的胡里安势力。大约到了公元前1500年，在铁列平统治赫梯王国时期，他的《铁列平诏令》中记载了小股的胡里安军队频繁出现在安纳托利亚东部地区，而且还杀死了苏克兹亚城的女王。此时的胡里安人已经在美索不达米亚北部地区处于有组织的、紧密结合的实体状态。终于，大约就在这个时刻或更早些，在胡里安人聚集的土地上出现了一些奇怪而凶猛的外来人，他们的到来改变了胡里安人的政治形态，也改变了古代近东地区的国际政治格局。

胡里安-米坦尼王国

这些来路不明的人被认为是曾经向印度北部大规模移民的印度-雅利安人（Indo-Aryan），他们来到美索不达米亚后建立了自己的战士阶层，定居在了胡里安人中间。他们的马背文化和马拉战车也都具有印度-雅利安人的特征，他们的战车上有一名贵族武士，被称为"马利安努"（Maryannu），他们是令人望而生畏的武士。[44]这与胡里安人最早也最擅长把马拉战车用于军事作战的习惯非常一致。很快这两个民族合并成了一个国家——米坦尼王国，由少部分印度-雅利安人和大量胡里安贵族统治。虽然，米坦尼国王的名字具有印度-雅利安的特征，他们信仰的神祇中有因陀罗（Indra）和伐楼拿（Varuna）等印度神的名字，在保留下来的记录中也出现了古印度马匹繁殖技术的术语，但是，米坦尼的人口主要由胡里安民族构成，显然还是以胡里安人为主导的王国。胡里安人从此真正建立起了自己具有领土意义和国际影响的国家，将首都定在瓦舒加尼。在随后的几个世纪中，米坦尼曾一度成为古代近东国际政治中的大国，与赫梯和埃及形成三国鼎立之势，凌驾于巴比伦和亚述之上。

◀ 墙板装饰浮雕（局部）

石膏、沥青，整体浮雕长220.98厘米，高92.71厘米。尼姆鲁德（古代卡拉赫），伊拉克，新亚述时期，约公元前865年—公元前860年。大英博物馆，伦敦，英国。

浮雕的这一部分描绘的是梳洗和喂养马匹的场景，几匹马正在一个圆形的马槽旁饮水，上方有一个人正在用刷子为马梳洗。

▶ 基库利驯马计划泥板文书

哈图沙，赫梯新王国时期。柏林近东博物馆，柏林，德国。

◀ 石板浮雕

古代卡开密什，赫梯新王国时期。安纳托利亚文明博物馆，安卡拉，土耳其。

石板浮雕描绘了一辆杀入战场的战车，一匹马拉着带有辐条轮子的轻型战车，战车上有一名驾车手和一名正在拉弓射箭的弓箭手，战车将碾压一个已经倒地的敌人。

胡里安人不是最先学会驾驭马匹的民族，但他们在美索不达米亚最早意识到使用马匹的重要作用，并且最先把双轮马拉战车用于军事作战。他们与马有着密切的关系，从一份在当时赫梯都城哈图沙遗址发现的驯马文献中看到，负责训练马匹的是一位来自米坦尼、名叫基库利的胡里安人驯马师，赫梯人的驯马技术也得益于胡里安人的传授。

基库利的驯马计划当时被认为最适合培养出优秀的马匹。文本被刻在四块楔形文字的泥板上，是一份包括训练和喂养在内为期7个月完整的训练计划，采用“间歇性”训练方法，提高马拉战车在小跑、慢跑和疾驰时的能力，并且分阶段锻炼马的腿部肌肉、心脏以及神经系统的适应性。这样的方案与今天赛马运动的训练都有其相对应的科学性。例如文本中写道：“第二天，以1里格（约等于3千米）的步速，跑2弗隆（约200米），喂两把青草，一把三叶草，四把大麦，整晚都可以吃。第三天，以2.5里格的步速，跑出2弗隆，再以半里格的步速，跑3弗隆回来。中午喂青草，接着喂水。晚上以1里格的步速再跑，夜里喂青草和稻草。第四天，早晨以2里格的步速，晚上以1里格的步速。一整天都不喂水。晚上喂青草。第五天。以2里格的步速，跑出20弗隆，再跑30弗隆回来。给马盖上毯子，出汗后，用一桶盐水和一桶麦芽水，带到河边，冲洗。让马游一会儿泳。然后，让马稳定后，再加一桶麦芽水和一桶盐水，冲洗，再去游泳。晚上，喂1蒲式耳煮好的谷糠。第六天，早上清洗五次，下午吃草，再洗一次，重复四天。第十二天，整天待在马厩里，只喂谷物和割下的清草。持续10天。第二十三天，用温水清洗马匹，喂饲草。这样重复7天。……第三十四天，一整天都在马厩外的周围，不喂饲料和水。晚上跑3弗隆，夜里喂草。重复三天。第三十八天，早上游泳，然后以2里格的步速跑。白天不喂饲料或水。傍晚，走9弗隆。夜间喂清草和稻草。重复9天。……第四十八天，让马站立一整天。在中午喂一把草，晚上，步速半里格，夜里喂水和草。第四十九天，步速半里格，游泳。……”

在青铜时代，驾驭马拉战车的蛮族非常珍惜他们的马匹，他们在战争中，完全凭借的是自身的勇敢和对作战的整体策划，以减少对马匹和战车的损害，不会采取大规模游牧民族式的进攻。胡里安人无疑是古代近东驯养马匹和套驾轻型战车技术的传播者，米坦尼王国的军事力量也主要是骑兵和战车，马匹在他们的军事战略中有着显著的作用。

米坦尼王国第一位可以确定的统治者是富有神话色彩的国王基尔塔（Kirta），由于赫梯王国内乱不断，加喜特巴比伦也无所建树，以胡里安人为主的国家随即不断强盛，许多以前胡里安人的小国和城市被并入新的米坦尼大国，卡开密什、卡特纳、阿拉拉赫已在米坦尼的控制之下，乌加里特的乐手都在演奏着胡里安的乐曲，而乌尔基什在胡里安人的力量转移之后，虽然仍有一些居民居住，却渐渐被遗弃。

▶ 埃勒神，迦南的创世之神

金箔、青铜。美吉多，青铜时代晚期，公元前1400年—公元前1200年，芝加哥大学东方学院博物馆，芝加哥，美国。

基尔塔是一位传奇的国王，他被认为创建了米坦尼王国，大约生活在公元前1500年左右，在三块乌加里特很大的楔形文字泥板上铭刻了一篇关于他的神话事迹的史诗。史诗文本的开篇说基尔塔的家庭已经被毁灭，他的孩子们都死了，他没有了后代，他的妻子也死去了，基尔塔已经绝望，他独自在哭泣，慢慢地睡着了。在梦里，他见到了创世之神埃勒。埃勒是众神之首，也是基尔塔王国的家族神。埃勒指导基尔塔向雨神巴力献上牺牲，寻求帮助，然后，发动一场远征，去迎娶一位公主，她将为他生出孩子。于是，基尔塔按照埃勒的指示开始行动，在半路上，他在母神阿瑟拉的圣地停留，向女神许下了誓言，如果他能成功地娶回公主，他一定会向阿瑟拉女神献上供品。

最终，基尔塔取得了胜利，将公主带回了自己的国家。他为众神举行了圣宴，埃勒承诺给他八个孩子。果然，在七年里，基尔塔有了两个儿子和六个女儿。但是，他却忘记了对阿瑟拉的誓言。基尔塔遭到了女神的惩罚，她使他陷入疾病之中，身体非常虚弱，几乎就要死去，他的土地遭受干旱。但是，埃勒再一次以神的力量拯救了基尔塔，他给基尔塔派去了一位康复女神，终于驱散了死亡的笼罩，使基尔塔逐渐恢复起来。但是，另一件可怕的事件出现了，基尔塔的儿子亚希布已经威胁到他的王权，开始篡夺王位，基尔塔的回应只有诅咒他的这个儿子。泥板文书到此中断、结束了。

舒塔尔那（Shuttarna I）是一个印度-雅利安人的名字，他的一枚印章在阿拉拉赫被发现，上面的铭文写着“基尔塔之子”，他是继基尔塔之后米坦尼王国早期的一位统治者。公元前2千纪的中期是西亚历史上的繁荣时期，以米坦尼为中心，亚述在东边寻求发展，南面是加喜特巴比伦人，西北方向有赫梯王国，西面和西南是叙利亚和迦南（Canaan）。大国之间第一次相互往来，彼此熟悉，统治者之间有时对抗，有时又会建立友好密切的关系。就在舒塔尔那一世统治期间，另一支强大的势力加入这一国际博弈，埃及发动了对亚洲的战争，图特摩斯一世（Thutmose I）开始进入叙利亚，法老称米坦尼为纳哈里纳（Naharina），他们到达米坦尼的南部边界，建造船只，逼近幼发拉底河，破坏属于米坦尼的河岸。此时的米坦尼还不能与埃及对抗，面对埃及人的入侵，为了避免损失，他们被迫后撤。然而，在西北部，舒塔尔那控制了伊苏瓦，因为这里不仅是近东地区富产铜矿的地方，而且还可以获得银和锡这些战略资源。在东边，胡里安人的崛起势必成为亚述的劲敌，亚述人称米坦尼为哈尼加尔巴特（Hanigalbat），他们受到了来自胡里安人强大的压力。

三、争霸

碰撞的十字路口——叙利亚－巴勒斯坦地区

▶ 塔形宗教容器

陶土，高31.4厘米，宽8.3厘米。叙利亚。青铜时代中期，公元前19世纪。大都会艺术博物馆，纽约，美国。

这件两层的塔形陶器顶部是一个男人抓住两只狮子的后部，两只狮子之间有一个大的容器。上、下两层的开口的上部处都刻有条纹，可能是横梁。整个陶器从顶部的容器到底部贯穿，这种物品在神庙的宗教仪式中使用。这个器物相对粗糙，是叙利亚－巴勒斯坦地区比较早的祭祀用品。

远征叙利亚的埃及人虽然取得了胜利，但图特摩斯一世之后的法老并没能巩固住他们在亚洲的军事成就。米坦尼新即位的国王帕拉塔尔纳（Parrattarna）迅速向西南展开大规模的扩张，成功地控制了整个阿勒颇地区，埃及在叙利亚的大部分占领地落入米坦尼之手。

此时近东的局势大有一山不容二虎之势，强盛起来的米坦尼已经成为在这一地区与赫梯相匹敌的大国，它已经不满足于仅在叙利亚赢得的领土，现在它的目标开始向西北方向、安纳托利亚半岛进一步延伸。而深受胡里安文化影响的赫梯人绝不会允许米坦尼动摇它的霸主地位，毕竟赫梯人曾多次征服建国之前的米坦尼以及现在的米坦尼所控制的领土，镇压过胡里安人的势力。两个大国的对峙也导致了许多夹在他们之间的小国面临非常艰难的困境，为了生存和发展，它们被迫承认强加在它们头上的霸主，而每一次与两个大国之中的一国结盟，都会招致另一个大国的报复。在米坦尼国王帕拉塔尔纳的威慑下，国土面积已经缩小的米坦尼附属国的国王伊德利米（Idrimi）为了显示对米坦尼的忠诚，攻打和征服了赫梯东南边境的七个城镇。

◀ 阿拉拉赫国王伊德利米雕像

菱镁矿石，高167.64厘米，宽48.26厘米。刻有阿卡德楔形文字。土耳其地中海地区，公元前16世纪。大英博物馆，伦敦，英国。

这尊雕像的眼睛由玻璃镶嵌，玻璃风化严重。国王的雕像上布满铭文。

铭文讲述伊德利米国王在他统治的第三十年制作了这尊雕像以及国王的自传，在一场宫廷斗争后，国王被迫逃到埃马尔（Emar），并从那里又逃到迦南（Canaan）的游牧部落中避难。在这里，他召集军队，他的兄弟们与他达成和解，与乌曼-曼达（Umman-Manda）国王签订了条约。伊德利米被公认为国王和联盟的首领，在一次成功袭击赫梯人之后，重新夺回了阿拉拉赫。铭文的结尾诅咒所有亵渎雕像的人，并祝福那些尊重它的人。

青铜时代晚期，当阿拉拉赫城被摧毁时，雕像被丢弃。

大约在公元前1479年，图特摩斯三世（Thutmose III）掌握埃及的统治权，雄心勃勃的法老已经不再容忍埃及在亚洲地区的大权旁落。为了巩固与赫梯和米坦尼交界的阿穆鲁缓冲地带的统治，他亲自处理由于这一地区的小国与米坦尼人结盟所引起的不安定。叛乱的主要力量来自拥有坚固城防的卡叠什国（Kadesh），在米坦尼的军事支持下，卡叠什国王煽动周边国家反叛埃及，具有同样坚固堡垒的美吉多王国也加入联盟。地处以色列伊茨雷埃勒谷地的美吉多，其地理位置决定了它控制埃及进入美索不达米亚军事和贸易干线的重要性。为此，法老图特摩斯三世发动了他的第一次北伐。

在埃及卢克索的卡尔纳克神庙中刻画了记录美吉多战役的埃及铭文，铭文内容来自在战役中的一位名叫基南尼的书吏的日记。这面墙上描述了在公元前15世纪的美吉多战役中，图特摩斯三世正在打击黎凡特的敌人，铭文中还列出了一份在这次战役中所征服的119个巴勒斯坦城镇的名单，以及在他统治的第33年发动第八次战役时所夺取的近东240个城市的名称。

基南尼的战役日记记载：图特摩斯三世集结了一支人数在一万到两万之间、由战车和步兵组成的军队。与此同时，卡叠什国王从叙利亚和迦南等地召集了由330个米坦尼王子和许多部落首领带领的部队，人数大约也有一万到一万五千人，决定与埃及人会战。他预测敌人一定会从埃及进入美索不达米亚的常规大路而来，于是率领他的这支军队进入美吉多。果然，在边境集结好的埃及军队，十天后抵达忠诚于他们的城市加沙（Gaza），经过修整继续北上，十二天后到达了耶赫姆城（Yehem），在这里，图特摩斯三世派出了他的侦察兵。正如卡叠什国王所料，埃及军队前进的目标就是美吉多城，他已经在这里做好了战斗准备。

法老得到情报，在前面卡梅尔山（Carmel）的背后是美吉多要塞，大量敌人聚集在那里，要想从耶赫姆到达美吉多有三条路线，北线和南线是两条大路，中间是穿过阿鲁纳（Aruna，现在的瓦迪–阿拉Wadi Ara）直接通往美吉多最快捷的一条路线，但是，中间这条路非常危险，它是一条狭窄的山谷，部队只能排成单列纵队前进，如果敌人有所埋伏，对于埃及人将是灭顶之灾。

卡叠什国王将重兵驻扎在南北两条道路上，因为他知道埃及人不会选择那条在军事上是大忌的山谷小路，他甚至没有在阿鲁纳通道的山口处部署伏兵，如果在这里有兵力阻挡埃及军队的入侵，那么，图特摩斯三世军队的主力根本无法增援，尤其是战车更是无用武之地。显然，这一次，卡叠什国王预测错了。

虽然图特摩斯三世的将军们恳求他不要走那条冒险的小路，但法老还是毅然选择了这条最直接的险路，因为他推测，所有人都认为不会走的路，敌人也一定会这么想。

图特摩斯三世再次派出侦察兵，以便及时获得情报，为了鼓舞士气，消除军队的恐惧，他亲自率领部队走在队伍的前面穿过阿鲁纳。他的步兵和轻装弓骑兵沿着山腰行进，随时准备消灭可能出现的敌人，狭窄的道路则留给战车主力，他们迅速挺进。此时，卡叠什的联军还远在南北两条大路上。

仅花了近12个小时就走出山谷的埃及军队立即扎营，在傍晚前准备完毕，夜间开始靠近刚刚赶回来的敌人，第二天一早向敌人发起了进攻。图特摩斯三世把他的军队分为三个侧翼，自己坐镇中军指挥，在双方大约都有一千辆战车和一万名步兵势均力敌的情况下，他做出了在位置和人数上最合理的部署，左翼提前发起了大胆的出击，立刻摧毁了敌人的战斗意志，卡叠什联军开始崩溃，靠近城门的人逃进了城，并且关闭了城门，将他们身后的战友关在了城外。

此时，在城外却出现了另一番景象，埃及士兵开始劫掠敌人的营地，抢夺他们丢弃的装备和财物。就在混乱的抢劫时，卡叠什国王将被打散的军队重新组织，用绳子将城外自己的士兵和战车拉上城墙，建立了城内的防守。因此，对于埃及人来说，取得先胜之后迅速占领这座城市的机会丧失了。

无奈之下，图特摩斯三世命令士兵围着城修建了壕沟和木栅栏，经过七个月的围城，最终迫使城里的人投降。据记载，凯旋的埃及军队带回了340名俘虏、2041匹母马、191匹小马驹、6匹种马、924辆战车、200套盔甲、502张弓、1929头牛、22500只羊，以及美吉多国王的皇家盔甲、战车和帐篷。这座城市和市民都幸免于难，一些其他城市也被征服，埃及在该地区的权威得以恢复。

保留下来的图特摩斯三世随军书吏的每日战报是历史上第一次比较可靠的战役细节记录，根据记载，法老选择了一条极具冒险性的山路，出其不意地成功取得了美吉多战役的胜利，进而率领军队穿过幼发拉底河，进入米坦尼的核心地区。这一系列胜利对于埃及来说十分重要，埃及强大的威慑力抑制了米坦尼的扩张野心，奠定了之后埃及在叙利亚与米坦尼争霸的基础。图特摩斯三世在黎凡特地区重建统治势力，实现了最辉煌的扩张。在他的统治时期，埃及的国土疆域达到最大，图特摩斯三世还要求每一个被打败的国王送一个儿子到埃及宫廷，在那里接受埃及式的教育。当他们以后回到自己的祖国时，他们将以埃及人的思想方式来管理国家。这种做法始于图特摩斯三世，实际上，他说："现在那些首领的孩子和他们的兄弟被带到埃及做人质，当这些首领中有人死去时，他的权位会被他的这个儿子接替。"这些人作为人质，当然会对他们的父王起到制约的作用。

对西亚地区的征服为埃及带来了每年大量的税收和丰富的物质资源，例如，黎巴嫩的雪松使埃及人获得了他们原来没有的板材，从而可以建造更大的船只。为了维护埃及在叙利亚–巴勒斯坦地区的权力，法老授权一名"北方（外国）土地全权总督"作为法老的首席代表，监督当地的附庸国。被派遣到加沙、苏穆尔（Sumur）、美吉多等各地的埃及常驻官员会带领一定数量的小型战车和步兵、弓箭手部队，管理地方事务，而这些地区附庸国的统治者则负责保证他们的粮食供应。例如，卡特纳国王阿基兹（Akizzi）在给法老的信中就写道：“食物、烈酒、牛、羊、蜂蜜和油会为我主人的军队和战车而生产。”虽然附庸国的行政机构被保留，但在税收以及对埃及是否忠诚等方面，地方政府要受到法老、官员的监督，这无疑会导致当地的贵族和臣民与埃及关系紧张。不过，法老同样有责任为地方统治者提供军事援助，以维护他们的领土不受外敌侵犯以及本地的治安稳定。埃及的统治虽然有利于地区和平，但是，和平是以附庸国对埃及的臣服和保证大量税收以及提供服务为基础的，而当地方统治者向法老提出要求，需要一支埃及军队支援时，却往往得不到响应。

图特摩斯三世入侵和统治亚洲的区域图

美吉多的胜利只是叙利亚-巴勒斯坦地区阶段性和平的开始，严酷的掠夺与镇压，以及米坦尼王国持续的对抗，迫使埃及人之后几乎每年都要进行几场战役才能恢复稳定。图特摩斯三世在他统治的第33年再次对米坦尼发动战争，埃及军队沿着幼发拉底河挺进到埃马尔（现在叙利亚的迈斯凯奈Meskene），然后穿越米坦尼国境返回家园。途中埃及军队在尼亚湖（Niya）狩猎大象被载入史册，大象在当时是一种重要的经济资源，然而，成功猎取大象所获得的威望远远超过其经济价值，这表明埃及对这些领土拥有绝对的权力。

▲ 古埃及雷克米尔（Rekhmire）墓葬绘画（局部）

纸、蛋彩、墨，高45厘米，宽51厘米。古底比斯，卢克索西岸，埃及第十八王朝，图特摩斯三世统治时期，约公元前1504年—公元前1425年。大都会艺术博物馆，纽约，美国。

绘画表现了叙利亚人为埃及带来的礼物，大象及象牙在当时与金属制品、军事装备和其他异国动物一样极具价值。大都会艺术博物馆收藏的埃及墓葬中的绘画可以追溯到约公元前1450年图特摩斯三世时期，画中描绘了从叙利亚的土地上带来的向法老奉献的贡品，包括金属花瓶、铜锭、装满酒的罐子、一辆战车、两匹马，以及弓箭、箭筒、匕首等武器，还有象牙托、长象牙、熊和大象。从画面中大象较小的形体以及被牵着的熊的姿态来看，它们是生活在叙利亚自然栖息地的野生动物，很可能被当地的统治者在宫廷中驯服，是叙利亚自然财富的象征，被用作与埃及交换的礼物。

当图特摩斯三世的埃及军队横行在米坦尼的土地上时，亚述、巴比伦还有赫梯各国纷纷向法老送上了礼物和贡品，一方面是为了打消他对自己领土的野心，另一方面更是赞成和支持埃及人对他们强大邻国米坦尼的打击，因为米坦尼对他们国家的野心比埃及大得多。对埃及在叙利亚取得的胜利，亚述国王阿淑尔纳丁阿赫一世（Ashur-nadin-ahhe I）还特地给图特摩斯三世法老写去了贺信。

大国崛起

永久控制被征服的领土远比赢得军事上的胜利困难得多，本地的胡里安人绝不会束手就擒，他们有着已经在当地建立起国家的优势，在帕拉塔尔纳和他的儿子索斯塔塔尔顽强的对抗下，远离埃及本土的图特摩斯三世并没有实现在他所征服的近东大部分地区形成永久统治的目标。随后的事件证明，埃及对米坦尼的军事打击，对于已经冉冉升起的米坦尼王国来说，不过是一次暂时的挫折。继承王位的索斯塔塔尔是米坦尼王国一位伟大的君主，在这位精力充沛、干练的国王的统治下，米坦尼在近东的权力和影响很快走向巅峰。

◀ 米坦尼国王索斯塔塔尔的皇家印章

约公元前1440年—公元前1410年，现代手绘复原。

印章的中央是一个有翼的八角太阳盘，两侧有两只狮子和两只秃鹰，清晰、对称。

图特摩斯三世去世后，他的儿子阿蒙霍特普二世（Amenhotep II）继位，为了对抗米坦尼，新的法老没有像他的父亲那样一味地使用武力，他给曾经向他父亲写信的亚述国王阿淑尔纳丁阿赫一世送去了一笔黄金，与亚述建立起了对抗米坦尼的联盟。然而，这一举动为亚述带来了灾难。在埃及丧失了对黎凡特地区的绝对控制权后，索斯塔塔尔的米坦尼王国已经摆脱了埃及的威胁，他首先将目光转向了曾经在沙马什阿达德时期称霸一方的亚述。索斯塔塔尔的米坦尼军队攻破了亚述的城门，都城被洗劫一空，他将亚述城著名的金银大门带回了首都瓦舒加尼，削弱和侮辱了亚述人的力量，而且，很有可能是在他的指使下，罢黜了阿淑尔纳丁阿赫一世的王位，由他的兄弟恩利尔纳西尔二世（Enlil-nasir II）继承了亚述的王位。此后在数代亚述国王的统治时间里，亚述成了米坦尼的附属国，被迫向米坦尼进贡。为了彻底消除亚述的力量，米坦尼将亚述控制的地区分成各个行政独立的小国，如尼尼微（Ninive）、埃尔比勒（Erbil）、奴孜等地。奴孜具有自己的国王，也成为米坦尼的一个附属国。然而，这样是否真的可以遏制亚述这个青铜时代最具弹性的国家再次崛起呢？

► 中亚述时期神庙中的浮雕

石灰石，高136厘米，宽93厘米。谢尔卡特堡，伊拉克，公元前15世纪。柏林近东博物馆，柏林，德国。

这是一幅优秀的中亚述时期的宗教浮雕作品，由破碎的残片修复而成。正面可能是一位山神，两侧各有一个小的神。山神的衣帽上都有鳞片状纹饰，这是山的象征。两位小神的衣帽上是水波纹，手持泉涌而出的流水花瓶。山神双手各持一枝带有果实的树枝。两只山羊站立两侧食用果实。

手持果实的山神是胡里安人的传统神祇。这幅宗教浮雕是亚述被胡里安人占领时期的作品。浮雕上的山神像看来就是亚述山神（艾比赫）的形象，只不过被胡里安化了，可见在公元前15世纪，胡里安-米坦尼艺术对亚述民族的影响何等巨大！[45]

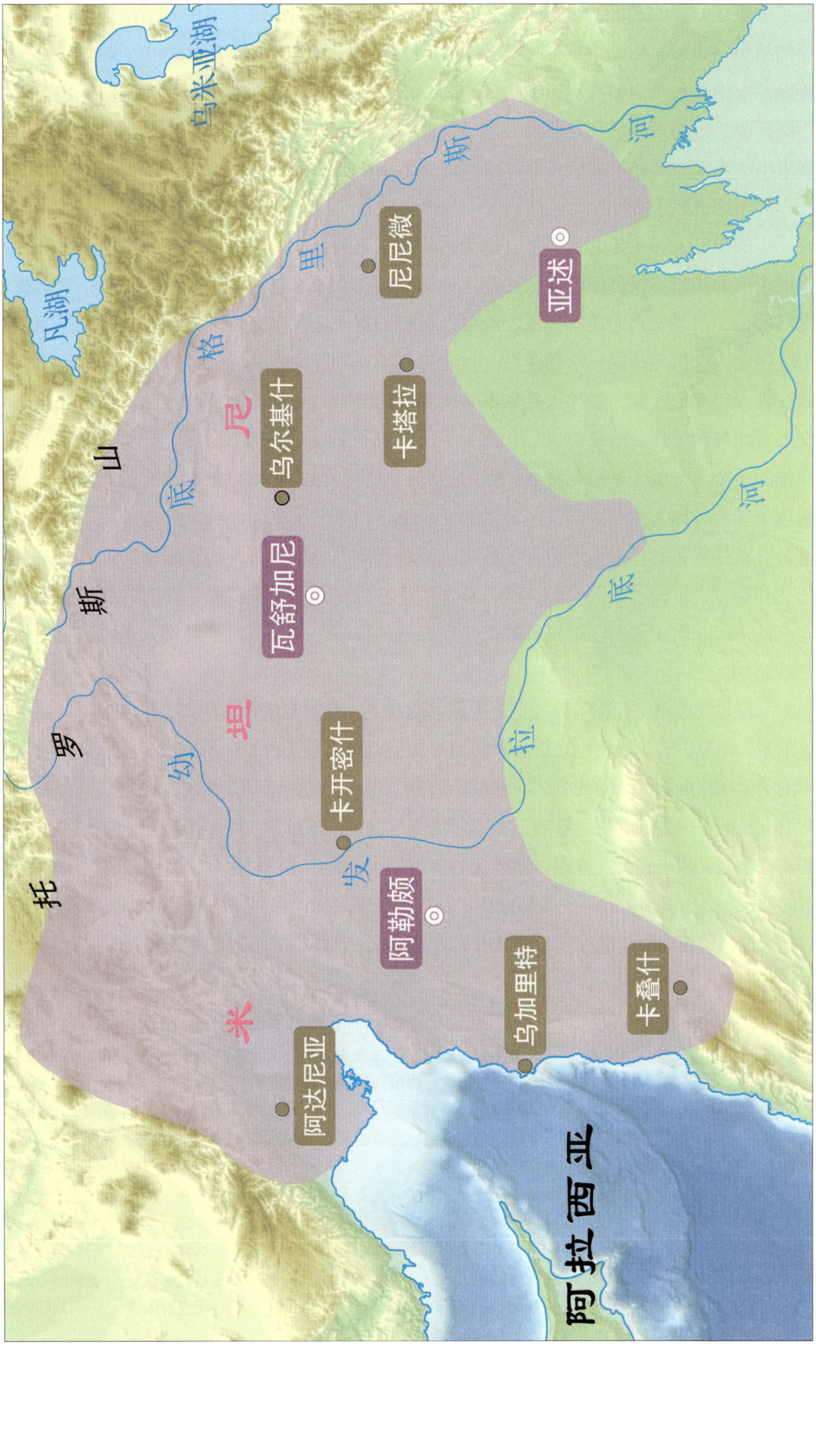

米坦尼王国鼎盛时期最大版图

稳定了对亚述的统治之后，索斯塔塔尔越过幼发拉底河，向西进入地中海沿岸。图特摩斯三世在叙利亚的战争结束后，索斯塔塔尔的势力范围很可能到达了卡叠什（Kadesh）。同时，赫梯人的宫廷内斗以及安纳托利亚内部大规模的叛乱，为米坦尼在叙利亚北部建立起霸主地位提供了最佳的时机。不断开疆扩土的米坦尼在其鼎盛时期，从底格里斯河以东的扎格罗斯山脉到叙利亚海岸，横跨整个美索不达米亚北部和叙利亚北部，向西进到了小亚细亚半岛的塔尔苏斯（Tarsus），向北控制了伊苏瓦，向南则进到卡叠什。

此时，以胡里安人为主导的米坦尼已成为古代近东最为强大的王国之一。这个新霸主和它所控制的附庸国组成的同盟不仅已经严重威胁到了赫梯王国在其原有称霸地区的重要地位，而且更使赫梯不能容忍的是，胡里安人向西的扩张已经触及赫梯的本土，甚至有可能进一步延伸到国家中心地带的攻击范围之内。从赫梯国王哈图西里一世走出安纳托利亚向叙利亚北部进发，穆尔西里一世横扫阿勒颇、摧毁巴比伦开始，赫梯人从来不会接受外国势力对叙利亚北部的统治，更何况长期敌对的胡里安人竟然打到了自己的家门口。在失去了所有叙利亚地区的领土之后，赫梯国王阿尔努万达不得不派他的一个儿子镇守基祖瓦特纳仅存的边界。来势汹汹的米坦尼根本没有给开创了以外交手段解决两国争端的赫梯人留有协商甚至是妥协的余地，两个大国之间的较量和战争由来已久，不可避免。可是，紧接着，赫梯本土上遭受了有史以来最严重的危机，来自周围国家的同时攻击给继位的国王图达利亚三世带来了毁灭性的打击，首都哈图沙也在战火中被焚毁，此时的赫梯还有能力抵御胡里安人的入侵，阻止他们在近东日益扩张霸权的局势吗？而且，对于赫梯人来说，更为糟糕的事情还在后面。

赫梯人一定是把希望寄托在了另一个强大国家的身上，那就是埃及，他们与埃及取得联系，希望他们能够牵制米坦尼，因为埃及也在担心米坦尼对叙利亚南部埃及占领区的野心。实际上，阿蒙霍特普二世刚刚继位就立刻起兵杀向北方，在他统治的第二年，他已经杀到了米坦尼的边境。但是，两国的战役并没有打响。一方面，法老看到了在索斯塔塔尔的统治下，米坦尼的实力已经非同小可，如果开战，埃及将会遭受损失；另一方面，新继位的米坦尼国王阿尔塔塔马一世（Artatama I，很可能是索斯塔塔尔的儿子）也意识到了如果夹在赫梯和埃及两个强国之间，将面临两面受敌的不利局势。因此，阿尔塔塔马一世精明地向阿蒙霍特普二世提出了结盟的愿望，开启了两国之间的外交谈判。

◀ 费昂斯臂箍和项链，金丝珠子项链

费昂斯、黄金、玛瑙，10厘米—31厘米。图特摩斯三世妻子的墓葬，底比斯，古埃及，埃及第十八王朝，约公元前1479年—公元前1425年。大都会艺术博物馆，纽约，美国。

根据考古发掘，早在公元前3000年，玻璃制造业已经揭开了神秘的面纱。最早的古代玻璃被发现于两河流域。到青铜时代早期，美索不达米亚地区的玻璃制造已经兴起，有了发达的有色玻璃制造业。在公元前16世纪至公元前15世纪两河流域的人们已经能够制作精美的玻璃器皿。美索不达米亚的玻璃碎片显示出当时人们制造玻璃容器的原始方法——内核成型法。所谓内核成型法，就是用黏土、砂与纤维或有机物（如骆驼粪便）做成芯子，以一根铜或青铜圆棒支撑，然后在芯子上完成连续浇铸或卷粘熔融玻璃，随即在未凝固玻璃表面再粘上不同颜色的玻璃丝，形成多种色彩的装饰，冷却成型后，再脱去核芯，形成容器的内部空间。

▲ 高脚杯（左）

玻璃，高7厘米，直径11.5厘米。埃及第十八王朝，阿马尔纳时期，阿肯那吞统治时期，约公元前1353年—公元前1323年。大都会艺术博物馆，纽约，美国。

清澈明亮的绿松石色产生令人愉悦的效果，这种器皿被用来在宴会上为客人提供香料。

▲ 香水瓶（中）

玻璃，高15.3厘米，直径6厘米。埃及第十八王朝，阿蒙霍特普三世-阿肯那吞统治时期，约公元前1390年—公元前1336年。大都会艺术博物馆，纽约，美国。

带有底座的长颈卵形高瓶的肩上有四个把手，深蓝色是使用了比铜产生更深颜色的钴作为调色剂，瓶体有白色、黄色、绿松石色的条纹装饰，上下疏密不同。玻璃器皿的制造是埃及第十八王朝的一种新的艺术形式，埃及工匠们从西亚接受了将熔融玻璃缠绕在一个内芯上形成容器的核成型工艺，并迅速进行了完善，从而制作出了香水瓶、化妆器皿和饮水杯，这样的玻璃容器在阿蒙霍特普三世和阿肯那吞统治时期的都城中被大量地使用。

▲ 带把瓶（右）

玻璃，高17.5厘米。埃及第十八王朝，阿马尔纳时期，阿肯那吞统治时期，约公元前1353年—公元前1336年。大都会艺术博物馆，纽约，美国。

这件埃及的玻璃器皿使用了核成型技术，器型仿照了叙利亚进口的陶器。纹饰经过精心设计，色彩优雅。自图特摩斯三世统治时期，玻璃制品首次从米坦尼和黎凡特地区进口到埃及，埃及人很快将玻璃的生产应用到他们的世界里。

埃及第十八王朝鼎盛时期，图特摩斯三世屡次率军征战叙利亚，第一次将古埃及建设成为真正意义上的帝国。他和他的母亲哈特谢普苏特（Hatshepsut）女王都非常喜欢玻璃制品，当时这种物质的价值堪比宝石和黄金。根据对女王陵墓的考古发现，直到20世纪中叶，人们都坚定地认为最早的玻璃是古埃及人的发明。但是，更多的考古证据表明，最早的玻璃可能在米坦尼和胡里安地区作为费昂斯（Faience）或釉彩生产的衍生品发展而来。[46]考古发现的米坦尼王国时期的玻璃残片证明，当时的人们已经能够制造精美的玻璃器皿。因此，埃及人所喜爱的玻璃的制造技术很可能是由美索不达米亚北部的胡里安人所传授的。在熔化玻璃时，加入铜、锰、钴和铁等金属的氧化物以模仿宝石，尤其是呈现出青金石和绿松石的色彩，生产出来的费昂斯和玻璃被用来制作各种各样的珍贵物品，如小瓶子、珠宝和护身符，是公元前2千纪米坦尼、埃及和美索不达米亚各地宫廷艺术的主要代表之一。蓝色的玻璃和费昂斯制品最受埃及人的欢迎，即所谓的“埃及蓝”。

但是，谈判似乎并不顺利，整个过程充满了双方的互不信任，双方的使节游走在两国之间，彼此的猜疑似乎使两个大国无法达成和解的条约。直到新法老图特摩斯四世（Thutmose IV）登上埃及的王位，为了考验阿尔塔塔马一世的诚意，同时也是彰显埃及的特权，法老要求作为协议的最后一部分，阿尔塔塔马一世要把女儿送到埃及，嫁给他做妻子。这一要求的实现也不顺利，图特摩斯四世给阿尔塔塔马一世“写了第五封信、第六封信，但是阿尔塔塔马都没有把女儿许配给他，直到他请求了第七次，他才终于同意将女儿给他”[47]。通过联姻，两国达成了合约，埃及控制卡叠什以及沿海的阿穆鲁、古布拉（Gubla）和乌加里特等地，这些领土以外的叙利亚北部所有地区都被割让给米坦尼。

米坦尼和埃及的结盟将赫梯逼上了绝路，但是，漫长的谈判也给赫梯人留了一丝喘息的机会。

◀ 图特摩斯四世半身像

花岗岩，高73厘米，宽63厘米，直径41厘米。梅达穆德遗址，埃及第十八王朝，约公元前1401年—公元前1391年。卢浮宫博物馆，巴黎，法国。

雕像的下半部仍然留在埃及梅达穆德遗址，上面显示有法老的名字，这尊上半部分的法老像几经辗转现在收藏于法国卢浮宫博物馆。法老雕像的头饰细致整洁，中央有蛇的装饰，是埃及王室典型的特征。图特摩斯四世面部安详，五官轮廓清晰，尤其嘴型的艺术表现，体现出法老年轻、平和的优雅气质。在他统治期间，国家繁荣、和平。

国王阿尔塔塔马一世之后，他的儿子舒塔尔那二世（Shuttarna II）继承米坦尼王位，他不仅在赫梯人最危难的时刻支持了伊苏瓦人进攻赫梯的国土，而且，他还将米坦尼的领土进一步扩展到这个遥远的北方地区。舒塔尔那二世继他的父亲将女儿嫁给埃及法老图特摩斯四世之后，同样将他的女儿嫁给了继图特摩斯四世之后的法老阿蒙霍特普三世（Amenhotep III），以维护两国的联盟关系。这是个有趣的现象，当前任法老或米坦尼国王死后，他来自米坦尼的王后似乎就失去了作用，法老必须迎娶一位新的米坦尼公主，以重建两国的政治联姻，这与前任法老的王后是否还活着没有关系。

埃及在与米坦尼建立了联盟协议之后，没有受到任何来自西亚的严重军事威胁，在阿蒙霍特普三世统治期间，他的王国经历了一段几乎前所未有的和平、稳定和繁荣时期。但是，在国王舒塔尔那二世死后，米坦尼的命运发生了转变，因为宫廷内斗的乌云移到了米坦尼土地的上空。国王的儿子即王位继承者阿尔塔舒马拉（Artashumara）被一名叫乌特希（Utkhi）的军官暗杀了，王位落到了他的弟弟图什拉塔（Tushratta）的手里。

▶ 阿马尔纳泥板书信

陶土，长22厘米，宽12.7厘米。刻有楔形文字。阿马尔纳时期，约公元前1400年—公元前1350年。大英博物馆，伦敦，英国。

米坦尼国王图什拉塔写给阿蒙霍特普三世表示友好的信，宣称向法老送去礼物，并为法老迎娶米坦尼公主索要大量的黄金和礼物。

▲ 阿蒙霍特普三世王名戒指

绿松石，直径1.7厘米。底比斯，埃及第十八王朝，约公元前1390年—公元前1353年。大都会艺术博物馆，纽约，美国。

在埃及，圣甲虫是最常见的造型，从右往左写在圣甲虫底部上的铭文是阿蒙霍特普三世的王名。

◀ 阿蒙霍特普三世头部雕像

石英岩，高35厘米，宽12.6厘米。孟斐斯，古埃及，埃及第十八王朝，约公元前1390年—公元前1352年。大都会艺术博物馆，纽约，美国。

这是埃及雕像艺术在阿蒙霍特普三世后期的表现风格，突出的弧形眉毛，细长的杏仁形眼睛，丰满、轮廓鲜明的嘴唇。雕像中的蓝冠（khepresh）是法老最喜欢戴的王冠。

阿蒙霍特普三世虽然娶了米坦尼国王舒塔尔那二世的女儿基鲁赫帕（Kiluhepa）为妻，但在阿蒙霍特普三世统治的最后阶段，舒塔尔那二世去世了，为了确保两国之间的外交关系不会中断，维系新联盟的感情纽带落在了图什拉塔的身上。由于基鲁赫帕现在已经无关紧要了，在法老的请求下，图什拉塔将自己的女儿塔都赫帕（Taduhepa）嫁给了阿蒙霍特普三世，米坦尼-埃及联盟得以巩固。

但与前两次不同的是，当年埃及法老向阿尔塔塔马一世请求迎娶他的女儿时，请求了七次，当向舒塔尔那二世请求时，请求了六次才得到同意。图什拉塔谈到当阿蒙霍特普三世向他的女儿求婚时："第一次请求，我就对他的信使说'我一定会把她嫁给你'！"显然，图什拉塔一定是意识到了有危险在向他逼近，尽快与埃及保持并加强联盟关系会给他带来许多战略优势。

与从尼罗河送到米坦尼的礼物相匹配，伴随塔都赫帕远嫁埃及的结婚礼品包括珠宝、装饰品、小雕像、化妆品瓶、碗、杯子，各种用金、银、青铜、雪花石和象牙制成的器皿，以及一系列更具异国情调的贵重物品。其中还有铁制品，在当时，铁被认为是一种非常稀有和珍贵的金属，在她的礼品中有一对镀金的铁制手镯和一枚镀金的铁制权杖和镀金的匕首。天青石在埃及非常珍贵，只能从国外买到，用来制作印章和装饰品等高贵的象征物，以及装饰从日用品到匕首等一系列物品。作为塔都赫帕的结婚礼物，图什拉塔还派了包括270名妇女和30名男子的大量奴隶、10支马队和10辆装备齐全的木制战车，在庄严的仪式运输过程中，也可见到各种武器和盔甲，如斧头、长矛、标枪、匕首、箭、狼牙棒、胸甲和头盔。礼物中还包括马匹和一辆金战车，以及各种精致的马具，胡里安人是青铜时代晚期世界上最好的养马和驯马师，他们的马匹质量非常好。

王室婚礼以嫁妆的形式为两国之间的礼物交换提供了机会，慷慨的礼物代表了彼此之间的尊重和密切的关系，当时的世界以建立强大的战略联盟作为维系国家生存的依靠，国王之间互赠礼物的质量与数量成为衡量两国国王之间感情和地位的标准，暗示了一种政治投资。

但是，图什拉塔的王位受到了一位名叫阿尔塔塔马二世（Artatama II）的人的挑战。他的名字表明他也是米坦尼王族中的一员，可能就是图什拉塔的兄弟。他在国家东部建立了一个敌对的王权，而他在胡里安人中获得了相当大的拥护和支持。实际上，他被称为国王，对年轻的图什拉塔及其王国的稳定构成了严重的威胁。

抓住时机——苏比路里乌马

发生在米坦尼土地上的这些变故被一双时刻警惕而犀利的目光注视着，这个人一定深知由于宫廷内部纷争而导致国家衰败的经验，抓住这样的机会，绝不会放过。他就是苏比路里乌马（Suppiluliuma），赫梯现在的国王。

▶ 带翅赫梯神像

青铜、黄金，高4.09厘米，宽1.8厘米。安纳托利亚，赫梯新王国时期，约公元前14世纪—公元前13世纪。大都会艺术博物馆，纽约，美国。

这尊很小的雕像头戴一顶黄金的圆帽，有着一头长发，下身穿着一件短裙。他的右手中可能拿着一件象征性的武器，肩膀上有一对翅膀，左边的已经被折断。带有翅膀的神在赫梯的众神中是很少见的，这尊小雕像可能是用来佩戴的护身符，也可能是被供奉在神庙中的贡品。在留存下来的文本资料中有记载，赫梯人在节日期间会向神灵奉献小的雕像，而且有这种带翅膀、手持象征物的小神像。在赫梯众神的圣地亚孜利卡亚，根据岩石浮雕中类似的形象和铭文得知，他是皮林基/阿尔神，一个与有翼神伊丝塔尔有关的神。

在国王图达利亚三世的带领下，赫梯人顽强的反击不仅收复了失地，而且在他的儿子苏比路里乌马的领导下，赫梯的实力在迅速地恢复，已经可以与米坦尼在叙利亚北部形成对峙。对于米坦尼来说，最大的不幸就是，他们将面对赫梯历史上最具政治决心和军事才能的勇士国王苏比路里乌马。

在安纳托利亚领土上赫梯最危机的时刻，赫梯人一直在回避米坦尼的强势，但是，显然，在苏比路里乌马的心中，对待米坦尼这个与他争夺近东霸主地位的对手绝没有退缩二字，相反，他一定坚决地想要消灭这个长期以来给赫梯造成巨大麻烦的仇敌。苏比路里乌马不愧为赫梯历史上伟大的国王，他在观察并开始为将来与米坦尼发生的武力对抗做着周密的准备，这位杰出的军事家首先运用复杂的外交手段为他的军事行动做了精心的计划和部署。

为了分化和孤立对手，苏比路里乌马与阿尔塔塔马二世取得联系，谈判商定了一项作为平等国家之间的条约。在条约中，苏比路里乌马首先承认阿尔塔塔马二世作为“伟大国王”对米坦尼王国具有合法的继承权，之后他要求阿尔塔塔马二世在赫梯与图什拉塔的米坦尼军队开战时，至少要保持对赫梯善意的中立，作为回报，他承诺将来在驱逐图什拉塔后会支持阿尔塔塔马二世登上米坦尼的王位。

狮子门是赫梯首都哈图沙的入口之一，哈图沙在敌人凶残的入侵后被摧毁，在苏比路里乌马国王的统治下重建了这座城市。

◀ 赫梯王室女性

玄武岩，高150厘米，宽122厘米。萨姆阿尔，土耳其，赫梯新王国时期。柏林近东博物馆，柏林，德国。

这块石碑上的浮雕描绘了一个仆人正在服侍一位赫梯王室的女性，可能正是女王本人，上方有翼太阳盘的图案代表了这位女王的王室身份。女王的头饰、脖子上戴的项链都十分精美，戴着手镯，左胸前有一个精巧的胸针。她手里拿着酒杯和一朵花，带着流苏的长衣十分华丽，她面前的桌子上摆着面包和鱼等食物。

为了实现让赫梯称霸世界的野心，苏比路里乌马或许为此也付出了个人情感的代价，他的妻子亨蒂（Henti）为他的统治留下了最重要的支柱，几乎可以肯定，王后亨蒂是他所有儿子的母亲，他的五个儿子阿尔努万达二世（Arnuwanda II）、铁列平、皮亚西里（Piyassili，后来的萨里-库苏赫（Sharri-Kushuh）、赞南扎（Zannanza）和穆尔西里二世在以后赫梯帝国的事业中被证明都贡献了各自的忠诚和才能。然而，大约就在苏比路里乌马发动第一次叙利亚战争时，他废黜了这位王后，为了得到加喜特巴比伦王国的支持，或者至少也要其确保中立，他娶了加喜特巴比伦国王布尔那布里亚什二世（Burnaburiash II）的女儿，并让她成为王后。在与加喜特巴比伦达成这一战略联姻的过程中，苏比路里乌马无情地抛弃了他的妻子，很可能将这位伟大的王后流放到了遥远的异国他乡。大约也是在此时，基祖瓦特纳已经在赫梯的统治之下，苏比路里乌马亲自下令，由他的次子铁列平掌管该地区的军政要务，为以后对抗米坦尼做好准备。

同时，因为埃及已经是米坦尼的盟友，如果深入叙利亚与米坦尼展开战斗，若埃及人及时支援米坦尼，那么，远离本土作战的赫梯军队的命运将不堪设想，无论如何，避免与埃及这个大国发生碰撞是很重要的，至少在解决米坦尼这个大敌之前，必须如此。苏比路里乌马尽力与埃及法老保持一个友好的外交关系，以消除法老的警惕，减少埃及介入的风险。他用心设计了进入叙利亚与米坦尼作战的总体方针：首先，军事行动要尽最大努力避开埃及的领地，不损害法老的利益；其次，所有战斗必须迅速完成，部队通过快速而复杂的机动战术制服敌人，不围城，不拖延，在埃及人觉察之前，征服所有米坦尼的土地。

米坦尼是古代近东的大国，与埃及的结盟依然紧密，亚述也一直处于米坦尼的控制之下。因为伊丝塔尔女神在当时的国际上享有盛誉，就在不久前，图什拉塔还派人为已经在统治暮年的阿蒙霍特普三世送去了亚述尼尼微神庙中的伊丝塔尔雕像，以帮助这位法老从疾病中康复。

▶ 阿丝塔尔特女神吊坠

黄金，长3.5厘米，宽2.06厘米（右）。黎凡特地区，青铜时代中晚期，公元前16世纪。左：以色列古物博物馆，耶路撒冷，以色列；右：大英博物馆，伦敦，英国。

黎凡特地区包括今天的叙利亚、黎巴嫩、以色列和约旦地区，这些出自该地区的阿丝塔尔特女神吊坠被精心设计，体现出裸体女性的特征。她是美索不达米亚女神伊丝塔尔在这一地区的表现形式，是生育、性、战争以及丰产的象征，在一篇乌加里特的文本中明确地将她等同于伊丝塔尔。

在埃及第十八王朝期间，阿丝塔尔特女神到达了埃及，特别是作为战斗女神被崇拜，加入埃及的众神之中。在何鲁斯和塞特的较量中，神母涅伊特告诉九位天神，奥西里斯的王位要授予他的儿子何鲁斯，否则，她会使天崩塌下来。她决定给塞特增加两倍的财产，并将女神阿娜特和阿丝塔尔特给他。

闪电战

在苏比路里乌马与胡里安国王阿尔塔塔马二世签订条约的时候，狂妄自大的米坦尼国王图什拉塔在伊苏瓦向赫梯发起了军事挑衅，并威胁要入侵位于幼发拉底河西岸的土地。此时的苏比路里乌马和他蓄势待发的赫梯军队不仅毫不畏惧与米坦尼发生直接的冲突，而且更想打击伊苏瓦，穿越幼发拉底河，进军米坦尼王国的中心地带，踏平它的所有领土。因此，苏比路里乌马果断地发起了他的第一次叙利亚战争。

苏比路里乌马率领赫梯大军入侵了伊苏瓦，在强大的武力攻势下，整个安纳托利亚东部的伊苏瓦地区被纳入赫梯主权之内。紧接着进军征服了阿尔瑟（Alshe）地区，继续向南到达苏塔（Suta），在那里获得了大量的战利品。然后，苏比路里乌马深入米坦尼腹地，进攻它的首都瓦舒加尼。由于对赫梯人速度而凶猛的进攻准备不足，图什拉塔无法有效地抵抗赫梯军队，只能在首都被攻占之前，带领他的人马逃离了瓦舒加尼。赫梯人攻入城门，洗劫了这座城市。

◀ 米坦尼战车士兵

陶土、釉料，高15厘米，宽6厘米。古代乌加里特，公元前13世纪。卢浮宫博物馆，巴黎，法国。

这种轻便双人战车的轮子是实心的，可能是更古老战车的形式，简单而坚固，但似乎有着极快的速度，前面有米坦尼特征的装饰。

此次苏比路里乌马发动叙利亚战争，旨在大举消灭米坦尼及其附庸国，所以，他继续转向西南，重回幼发拉底河西岸，打击米坦尼在叙利亚的附庸国，一举征服了阿勒颇和穆基什（Mukish），在这里，他接受了尼亚（Niya）国王的投降。然而，在尼亚国内，他的兄弟和贵族发起了叛乱，联合阿拉哈提（Arahaty）对抗赫梯，苏比路里乌马与他们交战，取得了胜利，将叛乱的首领和他们的财产运回了赫梯。苏比路里乌马继续向南，将迎战努哈萨（Nuhasse），他可能担心努哈萨的抵抗力量会使他不能迅速征服这个地区，因此，他命令部队从侧面包围努哈萨，并穿越奥龙特河谷，迅速进攻卡特纳。卡特纳的国王投降了，因此苏比路里乌马没有摧毁这座城市，但掠夺了大量的战利品。切断了努哈萨的后援之后，赫梯军队回头向北，进攻努哈萨，国王沙鲁普什（Sharrupshi）虽然进行了顽强的抵抗，但他不是赫梯人的对手，被包围的沙鲁普什别无选择，只能投降。苏比路里乌马将被征服的努哈萨仍然交给了沙鲁普什继续统治。但为了消减努哈萨的实力，他将其分裂为两个小国，并把沙鲁普什的家人押解回了哈图沙，以确保他的忠诚。从努哈萨继续向南，为了彻底征服米坦尼，苏比路里乌马的下一个目标是米坦尼最南部的边界阿皮纳（Apina）地区，然而，在进军的路上，突然发生了让他意料不到的事情。

在图特摩斯三世的美吉多战役胜利之后，卡叠什已纳入埃及的势力范围，苏比路里乌马按照他的既定方针，一直在避免侵犯法老的利益，因此，他打算绕过卡叠什，不与埃及发生摩擦。但是，卡叠什国王舒塔塔拉（Shutatarra）令人费解地在苏比路里乌马的军队接近这个地区时，对他们发动了无端的进攻。这个突然的变故给苏比路里乌马带来了压力，然而，他还是果断地做出了回击，迅速击败了卡叠什的军队，抓获了国王舒塔塔拉，并且把他押解到了赫梯。苏比路里乌马让国王的儿子艾塔卡马（Aitakkama）继承了卡叠什的王位，当然，条件是卡叠什成了赫梯的附庸国。

法老一定在关注赫梯人的行动轨迹，他在叙利亚的附庸国古布拉的国王里布哈达（Rib-Hadda）就写信给阿蒙霍特普三世法老：“愿陛下知道，赫梯国王夺取了所有米坦尼国王的附庸国。”结果证明苏比路里乌马的判断是正确的，埃及方面对卡叠什的事件没有立即做出明显的反应。也许是因为阿蒙霍特普三世对卡叠什利益的兴趣不大，也许当时的卡叠什与埃及的附庸关系并不是那么紧密，不管怎样，苏比路里乌马的闪电战术取得了预期的成果。之后，苏比路里乌马继续前往他最后的目的地阿皮纳，征服了它，将阿皮纳国王和他的贵族押回了赫梯。

▲ 带有王室象征的埃及风格胸饰

黄金，高12厘米，长20.5厘米。古布拉皇家墓地，青铜时代中期，公元前2000年—公元前1600年。卢浮宫博物馆，巴黎，法国。

这种埃及的项圈是胸部的装饰，圆形以及中央展翅的鹰是太阳和王权的象征。这件出自古布拉皇家墓地精致的胸饰体现出其与埃及紧密的关系，以及古布拉当时的繁荣。在皇家墓葬中还发现了埃及的盘子、珠宝和在当地制作的这种带有展翅鹰隼形象的埃及风格的物品。

古布拉是一个位于贝鲁特北部黎凡特沿岸的王国，当地的统治者里布哈达以在阿马尔纳档案中与法老的通信最多而著名，是埃及忠实的附庸国。当他的国家受到阿穆鲁的攻击时，他写信给法老："我们的儿子和女儿都走了，他们被卖到亚利木塔（Yarimuta）的土地上，以换取生存的必需品养活我们。因为没有耕田者，我的田地就像一个没有丈夫的女人。"但是，法老没有给予他应有的支援，他只得又给法老写信："我非常、非常害怕，因为没有人能把我从他们手中拯救出来。我像一只困在罗网中的鸟，……你为什么忽视了你的国家？"

苏比路里乌马的第一次叙利亚战争沉重打击了米坦尼王国，并且几乎覆盖了它的所有附庸国，但是，苏比路里乌马还是没能取得完胜。图什拉塔和他的军队没有被消灭，仍在他的打击之外，还有一个米坦尼最坚固的堡垒，就是幼发拉底河上的卡开密什。苏比路里乌马可能有计划攻打这座城市，但图什拉塔的米坦尼力量还是很强大，或许苏比路里乌马还不敢与他决一死战，或许苏比路里乌马攻打过卡开密什，但是，失败了。所以，在后来最详细记录这次战争的泥板文献中没有将这座城市列为攻打目标。[48]

在被列入第一次叙利亚战争攻击目标的名单中，没有黎凡特沿海平原的王国，如乌加里特和阿穆鲁等国，因为这一地区处于埃及的控制之下。但是，乌加里特肥沃的平原，丰富的自然资源，繁荣的制造业，以及作为近东地区连接地中海与幼发拉底河最重要的商业纽带，似乎对苏比路里乌马有着太大的诱惑。因此，很可能当他的军队驻扎在阿勒颇时，他向乌加里特的国王阿米斯坦姆鲁一世（Ammistamru I）发出了友好的请求，希望他能加入赫梯的阵营。但是，阿米斯坦姆鲁一世拒绝了苏比路里乌马的企图，这样做很明智。因为他判断，此时苏比路里乌马还不太可能攻击一个埃及的盟友去激怒法老，保持与法老的结盟关系，可以避免卷入还在持续的赫梯与米坦尼两个强敌之间的冲突。

◀ 皇家狩猎场景圆盘

黄金，高3.1厘米，直径18.8厘米。乌加里特，公元前14世纪—公元前13世纪。卢浮宫博物馆，巴黎，法国。

这只金盘被发现于乌加里特的一座神庙的附近，展现了具有鲜明象征意义的乌加里特国王狩猎场景。

这只黄金平底圆盘的浮雕装饰是从外部捶打而成，图案由凸起的圆环分成两栏。内部的一栏中是四头野羊绕着中间的圆圈在行走。在主要的外部装饰图案中，由两匹马拉的战车上的猎手正在拉弓射箭。他射箭时把缰绳系在腰上，这种技法来自埃及新王国的皇家形象，一只奔跑的猎狗在紧紧跟随。在国王前方的猎物是一只飞跑的野山羊和一头不大的公牛，下面是一头母牛，在它的乳房下是一头不知所措奔跑的小牛。最后，在牛群的前头，是一只较大的公牛，在圆形的构图中，它出现在国王的后面，低着的头展示出对战车的威胁。这种艺术的表现模式是当时在埃及宫廷、黎凡特以及塞浦路斯等地盛行的典型“国际风格”，无疑深受米坦尼艺术的影响。

乌加里特国王蓄有胡须，鹰钩鼻的轮廓，短的卷发显示出亚洲人的特征，与埃及艺术中描绘被他们征服的外国人的形象一致。国王卓越的狩猎场景体现出，理想主义君主和英雄带来的与野蛮的自然力量无休止的争斗是当时神话和信仰在艺术中完美的表现。[49]

第一次叙利亚战争的路线图

第一次叙利亚战争期间，赫梯军队以攻打伊苏瓦开始，洗劫米坦尼首都瓦舒加尼之后，越过幼发拉底河，征服阿勒颇和穆基什。在尼亚投降后，没有打努哈萨，而是沿着奥龙特河向南占领了卡特纳，再回师向北从背后攻击努哈萨，胜利后，继续进军阿皮纳，出乎意料地遭到卡叠什国王的伏击，果断回击后，征服了卡叠什，再向南战胜了阿皮纳，完成了第一次叙利亚战争打击米坦尼、剥夺其在近东霸主地位的使命。

无论如何，由于图什拉塔和他强大的卡开密什的存在，苏比路里乌马的第一次叙利亚战争并没有实现他消灭米坦尼的愿望。不过，他还是对他的这次远征感到满意："因为国王图什拉塔的敌对，我在一年内洗劫了他的所有土地，并将它们带回到赫梯之地。从尼布兰尼山（Niblani，黎巴嫩山脉）、从幼发拉底河的对岸都纳入了我的版图。"[50]

争夺叙利亚

苏比路里乌马的第一次叙利亚战争仅用了一年的时间，虽然他的军事行动确实横扫了米坦尼的所有领地，但很可能，在战争结束之际，在安纳托利亚赫梯本土也急需军队的存在，所以，他只留下了很少的赫梯部队维持在叙利亚的局面，并没有在这里建立赫梯的政权就回到了哈图沙。他再次进军叙利亚将是十多年以后的事了。

在赫梯，卡什卡人的挑衅依然存在，他们声称不会屈服于赫梯。根据幸存下来的泥板文书可知，他们修建起了城墙和堡垒，防御赫梯人的入侵。当苏比路里乌马在塔皮卡地区建立起城市时，他们又不断地骚扰，双方发生了战斗，以赫梯的胜利告终，敌人逃到了山上。

为了达到在叙利亚获取最大利益的目的，苏比路里乌马必须实现赫梯本土的安定，除了卡什卡人的问题，安纳托利亚西部长期以来也是赫梯的重大威胁，他别无选择，只得推迟他征服叙利亚的宏伟计划，暂时放弃与米坦尼的较量，这也意味着在叙利亚向他投降的那些附庸国将面临巨大的危险。

▶ 塔孔德莫斯剑首

金属，直径约5厘米。伊兹密尔，土耳其，公元前1500年—公元前1000年。大英博物馆，伦敦，英国。

剑首周围刻有楔形文字和赫梯象形文字，中间是一位安纳托利亚国王的人物形象。

以往的历代赫梯国王为了保护赫梯的安全，都采取了在赫梯与西部阿尔扎瓦之间建立一个缓冲地带的战略，以此来监视和抵御阿尔扎瓦的军事行动。但是，这一战略并未能起到最有效的作用，在图达利亚三世统治期间甚至几乎导致赫梯的崩溃。苏比路里乌马对西安纳托利亚的政策有所改变，他曾带兵深入阿尔扎瓦，甚至到达了安纳托利亚半岛最西边的海岸，最后他还是决定没有必要占领阿尔扎瓦。他重建了被图达利亚三世烧毁的萨拉帕城，在中西部以皮塔萨、哈帕拉和萨拉帕为重要的中心城市，建立起赫梯自己控制的防御地带。此外，苏比路里乌马也使用了他擅长的外交手段，一方面与阿尔扎瓦国王乌哈兹蒂（Uhhaziti）签订条约，以友好的姿态将安纳托利亚半岛最西边的一座城市普兰达（Puranda）交给了乌哈兹蒂，取得与阿尔扎瓦的和平相处。而另一方面，他不会放过任何干预阿尔扎瓦内政的机会。当一位阿尔扎瓦王子马苏卢瓦（Mashuiluwa）在发生宫廷纷争，不得不逃离本土来到赫梯时，他给予了庇护，甚至将女儿嫁给了他。这给了阿尔扎瓦很大的压力，事实证明苏比路里乌马惯用的这一外交手段确实有效，后来，当这位王子回到本国成为国王后，他的国家也成了赫梯的附庸国。

安纳托利亚的内部局势一定是复杂的，否则，苏比路里乌马不会在维护本土的稳定上投入十多年的精力。但无论如何，包括阿尔扎瓦、塞哈河地以及卡什卡等地已经不再让他感到存在危险了，他开始把目光又投向了叙利亚。

时隔多年后，重回米坦尼控制下的伊苏瓦再次对赫梯发动了起义，苏比路里乌马终于开启了他的第二次叙利亚战争。但是，这一次的远征与第一次大不相同，第一次叙利亚战争除了卡叠什的一次意外，赫梯的军队只针对米坦尼及其附庸，只在叙利亚腹地、米坦尼的领土上展开军事行动，而这一次，雄心勃勃的苏比路里乌马卷土重来，已经不再区分是埃及的还是米坦尼的属地，他将整个地区作为要征服的目标，以实现他称霸近东的野心。第二次叙利亚战争为期六年，用了更长的时间彻底消灭敌人并巩固他的政权。因此，他可能在伊苏瓦就花费了一段时间稳定局面。

根据对现存泥板文书的缀辑和分析，得出可能的合理解读。在苏比路里乌马不在叙利亚的这段时间里，这里的局势发生了转变，米坦尼不断地对叙利亚地区各国施加压力，图什拉塔以他的武力和暴政再次恢复了对失地的控制，“所有向赫梯宣誓效忠的叙利亚统治者都在他的反击后被推翻或杀害”[51]。在第二次叙利亚战争之前，米坦尼国王带着他的精锐部队和战车入侵努哈萨，国王沙鲁普什向苏比路里乌马求救。当时在叙利亚的赫梯部队帮助努哈萨抵御米坦尼，但是赫梯留下的军队规模太小，他们只能苦苦地支撑，顽强地抵抗。可能是苏比路里乌马被伊苏瓦的事务拖延，最后，在承诺的支援到来之前，努哈萨落入胡里安人的手中，苏比路里乌马没能来得及救他们，沙鲁普什也失去了性命，新国王阿杜尼拉里（Addu-nirari）带领他的王国转向效忠米坦尼。

乌加里特虽然是埃及的附属国，但苏比路里乌马对这片富饶土地的热衷依然没变，此时，乌加里特的老国王阿米斯坦姆鲁一世已经去世，苏比路里乌马给新的国王尼克马都（Niqmadu）写了一封极具鼓舞和说服力的信：

> 虽然努哈萨和穆基什是我的敌人，但你，尼克马都，不要怕他们，你要自信！就像从前你的祖先是赫梯王国的朋友，而不是敌人一样，现在，你，尼克马都，是我敌人的敌人，是我朋友的朋友……忠诚些，尼克马都，忠诚于与赫梯王国的友好联盟，你将看到伟大国王是如何对待努哈萨和穆基什的国王，他们放弃了与赫梯的友好联盟，成了伟大国王、他们主人的敌人。如果这些国王向你的国家发动进攻，不要畏惧，尼克马都，立即派你的一个信使来见我。但是，如果你，尼克马都，首先发起对努哈萨或穆基什军队的进攻，不要让任何人从你的手中夺走他们。如果发生了努哈萨的军队和穆基什的军队要逃到你们的土地上，不要让任何人从你的手中夺走他们。如果你境内的某些城镇与你为敌，你与他们战斗并打败他们，将来不要让任何人从你的手中把他们夺去。[52]

信中苏比路里乌马提出，尼克马都要站到赫梯的阵营来，暗示他对努哈萨和穆基什采取行动，如果乌加里特作为赫梯的友好联盟，苏比路里乌马承诺，赫梯将不仅在他的国家受到敌人侵犯时会保护他的领土，而且，他战胜敌国后所获取的利益也将得到赫梯的保护。眼看强大的赫梯军队即将到来，这个提议很具诱惑力。

果然，尼克马都加入苏比路里乌马的赫梯联盟，不出所料，他的选择遭到了周围王国的共同报复，乌加里特遭到了努哈萨、穆基什和尼亚三国的侵略和掠夺。他向他的赫梯霸主求救，苏比路里乌马遵守他的承诺，随即与这三国宣战，立刻派出一支远征部队将敌人赶出了尼克马都的王国，并将夺取的战利品也交给了他。当苏比路里乌马的赫梯大军到达这一地区后，先后征服了穆基什、尼亚和努哈萨，他将这些国家的大部分领土转交给了乌加里特王国——这可能使得乌加里特王国的领土增加了近四倍。[53] 显然，尼克马都投靠赫梯的决策是正确的，苏比路里乌马也证明了他的帝国称霸近东的步伐不可阻挡。

► 伴随雷电的风暴和雨神巴力浮雕石碑

石灰岩，高142厘米，宽50厘米。古代乌加里特，叙利亚，公元前15世纪—公元前13世纪。卢浮宫博物馆，巴黎，法国。

巴力神庙的这个拱形石碑的浮雕画面刻画了伟大的风暴之神和雨神巴力，他戴着有角的头饰，蓄有胡须，两卷长发垂到肩下，右手高举过头顶，挥舞着一根手杖，另一只手将一根尾部生长有植物的长矛刺入地面，在他紧束的腰间佩戴着一把短剑，剑的尖端似乎触到了一个较小人物的头部。这个小的人物，可能是乌加里特的国王，他穿着一件整洁的长袍，双手交叉抱入怀里，站在一个祭坛上，似乎是在神的保护之下，高大的神的脚下似乎是象征山川河流的曲线。这是在乌加里特发现的最重要的石碑，证明了在青铜时代晚期，石碑作为一种主要的艺术表现载体在近东广泛使用。

在黎凡特，巴力神的这一传统形象被认为描绘了神正在从他高举的手杖中释放风暴，后来的希腊神宙斯和罗马神朱庇特也采用了相同的姿势和特性。另一只手中锋利的长矛象征着雷电，长出植物的后端隐喻了风暴中带来的雨水使大地繁荣。身穿礼服，正在祈祷的乌加里特国王将受到神的保佑。

阿穆鲁王国位于奥龙特河和中部黎凡特海岸之间的地带，长期以来，打着效忠埃及法老的幌子，侵占和掠夺周围其他埃及附庸国的领土和财富，大肆扩张。埃及法老对阿穆鲁国王的恶行一直采取纵容态度，由于阿穆鲁的地理位置最接近米坦尼和赫梯的势力范围，尤其是当苏比路里乌马第一次入侵叙利亚后，法老更是担心如果对阿穆鲁采取制裁，可能会导致它的国王倒向赫梯人的怀抱。

阿马尔纳书信

在第一次叙利亚战争之后，赫梯人离开叙利亚期间，埃及发生了一件大的变故，阿蒙霍特普三世去世了，新的法老阿蒙霍特普四世（Amenhotep IV）继位。这是一位颇具争议的法老，他的宗教改革以及新都城的建立成为埃及历史上的重大事件，新城埃赫塔吞（Akhetaten）即现在的阿马尔纳，留下了极为宝贵的阿马尔纳档案文献。一般认为，根据阿马尔纳档案，这位后来改名为阿肯那吞（Akhenaten）的法老由于对宗教事务的过度关注，导致埃及的国际影响力下降，国力衰退。然而，在阿马尔纳文献中清楚地显示，当时国际上的大国，包括赫梯的国王苏比路里乌马在内，都与阿肯那吞以“王室兄弟”相称，竞相与他保持亲密的外交关系，他至高无上的伟大国王的地位无论在外交书信中还是在政治联姻的关系中都能体现。

◀ 阿肯那吞法老的王名戒指

玻璃，高2.3厘米，长1厘米—1.8厘米，宽1.8厘米—2厘米。阿马尔纳遗址，埃及第十八王朝，阿肯那吞统治时期，公元前1351年—公元前1334年。柏林埃及博物馆，柏林，德国。

◀ 阿马尔纳书信泥板（左）

黏土。刻有阿卡德楔形文字。埃及阿马尔纳，埃及第十八王朝，阿肯那吞统治时期。大英博物馆，伦敦，英国。

◀ 阿马尔纳书信泥板（右）

黏土，长14.61厘米，宽10.16厘米。刻有阿卡德楔形文字。埃及阿马尔纳，埃及第十八王朝，阿肯那吞统治时期。大英博物馆，伦敦，英国。

1887年，在埃及中部的阿马尔纳，古代埃及法老阿肯那吞的新都城所在地，一位埃及农妇在一处垃圾堆里翻捡东西时发现了大量被储藏起来的古代外交信函，于是，来自她所在村庄的一块块泥板文书出现在开罗的古物市场上。很快，这些被称为阿马尔纳书信的泥板引起了西方学者的注意，有些人轻率地认为这些泥板文书是假的赝品，而以英国埃及学家弗林德斯·皮特里（Flinders Petrie）先生和大英博物馆东方古物部的华莱士·巴奇（Wallis Budge）先生等人为主的著名学者却被这些历史遗物深深吸引，亲自前往埃及开展考古研究。他们具有对埃及历史尤其是楔形文字的解读知识和能力，他们不仅证实了这些泥板的真实性，而且也认真地保护了这批文物。

已知的阿马尔纳书信有382块楔形文字泥板，用阿卡德语书写，内容揭示了第十八王朝法老阿肯那吞统治时期前后，埃及与各国的国际关系。这些书信中有当时的各个大国国王，如巴比伦、亚述、赫梯、米坦尼和阿拉西亚（塞浦路斯）等国的国王向法老发来的书信，也有像乌加里特这样的埃及在叙利亚-巴勒斯坦地区的附庸国国王与法老之间的通信，它们对于研究这个时期的历史起到了非常重要的作用。这些书信泥板现在被收藏在柏林、伦敦和开罗的各大博物馆中，1992年，美国亚述学家威廉·莫兰（William L. Moran）首次将350块阿马尔纳泥板书信翻译成英文。

从阿马尔纳信件中可以看出，阿肯那吞一直在密切关注着叙利亚地区的政治和军事局势，苏比路里乌马也不断地在努力与他建立友好的外交关系，至少到阿肯那吞统治的末期，他在写给继任法老的一封信中声称与阿肯那吞建立了友好关系：

无论是我派去见你父亲的使者，还是你父亲所表达的言语：“让我们彼此之间只建立起最友好的关系”，我从来没有拒绝。你父亲对我说的一切，每件事我都做到了。而我向你父亲所请求的，他从来没有推辞。他正是如此给了我一切。

阿穆鲁的经验

阿齐鲁（Aziru）是青铜时代晚期叙利亚非常有影响的人物，他是阿穆鲁的新任国王，他写给法老的十五封信被保存下来，是我们了解当时局势的宝贵资料。

阿齐鲁清楚地洞察到法老对阿穆鲁的担心和无奈，因此更加大胆地侵吞埃及在叙利亚的属地，他继他的父亲、前任阿穆鲁国王之后再次占领了埃及在北方的要塞苏穆尔和乌拉萨城（Ullasa），这已是埃及不能容忍的罪行，阿齐鲁也曾向法老表达忠心：

我的主人，从一开始，我就想为国王服务，我的主人，但苏穆尔的大人们不认可我。现在，对于失职或任何对国王不利的小事我都是无辜的。我的主人，国王知道谁是真正的叛乱者。我的主人，无论国王有什么要求，我都会照办。

阿肯那吞依然没有对他采取军事行动，但埃及并没有失去对该地区的控制，他要求阿齐鲁立刻到埃及去见他并做出解释。阿齐鲁也许知道自己埃及之行的危险，但他又不能不去。他本以为再次向法老表达他所做的一切都是为了维护埃及的利益就可以蒙混过关，但是他没有料到，当他到达埃及后，阿肯那吞把他留在了那里，他可能永远也回不去了。

一年过去了，阿齐鲁还在埃及。赫梯的军队已经出现在努哈萨的土地上，更令法老感到不安的是，赫梯人进攻了阿姆卡（Amka），这意味着苏比路里乌马开始对埃及在叙利亚的领土发起挑战，在为大规模入侵奥龙特河以西埃及的领土做准备。那里正是阿齐鲁统治的阿穆鲁地区，在阿齐鲁儿子的请求下，法老只得冒险将阿齐鲁放回了叙利亚，他除了寄希望于阿齐鲁对埃及效忠的承诺以外，其他也没有什么办法。

回到阿穆鲁后，阿齐鲁一如既往地表面上向法老宣誓效忠，而实际上，他还在不断地侵蚀埃及的属地，占领了埃及在北方的最后一座要塞图尼普（Tunip）后，他又向南推进，严重威胁到埃及领土上的古布拉、西顿（Sidon）和提尔（Tyre）等城市。阿肯那吞终于愤怒了：“你（阿齐鲁）写给我的一切都是谎言！”他严厉地命令阿齐鲁或他的儿子立刻出现在他的面前，可以想象，结果一定是将他们永久地扣留。可是，此时，阿齐鲁正与卡叠什国王艾塔卡马在一起喝酒，艾塔卡马一直是赫梯忠实的附庸国，他与阿齐鲁的友好往来将意味着什么呢？法老在给他的信中言辞更加激烈：“无论出于什么原因，如果你宁愿作恶，密谋奸诈，背信弃义，那么你和你的全家，将会被国王的斧头砍杀……”阿齐鲁是不会再去埃及了，他不仅拒绝了法老的最后通牒，而且通过进一步与乌加里特国王尼克马都和艾塔卡马等地方国王建立联盟，他终于公开宣布了对苏比路里乌马的效忠。与苏比路里乌马签署的附庸国条约使他在赫梯国王的保护下巩固了自己的地位，此后，阿齐鲁忠于他的新赫梯霸主一直到死。

无论阿穆鲁国王对国家发展的策略是否经过了长期有预谋的规划，这种狡猾的做法使阿穆鲁发展壮大。在面对两个强势帝国的压力下，选择向一方宣誓效忠，在埃及鞭长莫及的情况下，迅速吞噬其附属国的领地，壮大自己的实力，当埃及发觉到必须要对其干预制止时，一方面，阿穆鲁已经是一个领土更大、实力不可小视的国家，另一方面，法老也认为，阿穆鲁毕竟是效忠自己的附庸国，它的强大对于埃及来说与其他附庸国的存在一样，是保持埃及在黎凡特的利益，抵御外敌的力量。可是，当阿穆鲁的扩张触及到埃及的底线时，势态已经不是法老能够控制的了，主动权完全掌握在阿穆鲁人自己的手里。

◀ 阿蒙霍特普四世（阿肯那吞）残像

砂岩，高185厘米。阿吞神庙，卡尔纳克，阿马尔纳时期，公元前1350年—公元前1333年。开罗埃及博物馆，开罗，埃及。

阿蒙霍特普四世的宗教改革使太阳光轮神阿吞（Aten）成为古埃及官方宗教中最高的唯一神，法老本人也成为人间与神沟通的唯一中介，为此，他将首都迁至阿马尔纳，在艺术领域也发生了随之而来的根本性变革。这尊高大的雕像依靠在阿吞神庙的石柱上，法老戴着有眼镜蛇装饰的王冠，留有柱状胡须，双手交叉，手中握着权杖和鞭子。阿蒙霍特普四世雕像与他的前辈图特摩斯四世、阿蒙霍特普三世优雅和细腻的特质已经完全不同，而且，法老面部和身躯的严重变形以及此时许多夸张的表现手法是刻意地在改变艺术风格。他长方形的头颅，细长的眼睛、厚厚的嘴唇、尖尖的下巴，像女人一样的身体是法老形象的一贯特征。虽然有学者指出这可能是他有遗传病的原因，但当时的其他王室成员也被表现为这种形象，这种艺术风格的奇特转变至今令人费解。

逐鹿叙利亚

米坦尼国王图什拉塔依然固守在他坚固的城堡卡开密什中，赫梯军队还是没能攻克它，消灭这个顽敌。可是，就在苏比路里乌马的第二次叙利亚战争期间，赫梯家园的北方前线又发生了战事，卡什卡人频繁发动的起义迫使苏比路里乌马不得不至少率领一部分人马回到安纳托利亚与他们作战，但他仍然将米坦尼视为最主要的敌人，将主力部队留在叙利亚，因此，在他离开叙利亚回安纳托利亚之前，做出了一个不同寻常的重要决定。他任命他的儿子铁列平为阿勒颇王和祭司，即直接代表他治理这片属地的总督，行使最重要的军事、司法和政治职能，并与当地的附属国国王打交道。这一做法在400多年前亚述辉煌时期就被使用过，沙马什阿达德国王曾任命他的两个儿子为王国最重要地区的国王，即总督，现在，苏比路里乌马的这一任命标志着赫梯对外政策的重大发展，在赫梯王国的历史上，第一次对本国之外的领土实行直接统治。

就在苏比路里乌马回到安纳托利亚处理本国事务的时候，图什拉塔的米坦尼军队立刻开始反攻，铁列平率领他的部队与卡开密什地区的胡里安敌人作战，取得了节节胜利，而且征服了该地区的城镇，只有卡开密什城无法撼动，于是，他在穆穆里加（Murmuriga）建立了营地，为进攻这座城市做好准备。

但就在这时，时刻挂念叙利亚战况的苏比路里乌马为了获得前线的第一手信息，将铁列平召回赫梯来面见他。他这样做一定是在判断自己是否有必要亲自出征，再次带兵返回卡开密什。铁列平临走前留下了赫梯忠实的将军卢帕基（Lupakki）指挥部队和战车，驻守在穆穆里加。可是，当胡里安人一看到王子离开，他们马上包围了穆穆里加。

铁列平王子赶回赫梯本土与当时正在乌达（Uda）的父亲见面，他们又突然接到战报，埃及人袭击了卡叠什。可能是米坦尼和埃及的盟友关系还在发挥作用，就在胡里安人反击，围攻穆穆里加的时候，埃及对赫梯南方的盟友发起了无端的侵略。

苏比路里乌马亲自出马了，军队行进到特加拉马时，他派出他的儿子阿尔努万达和他的兄弟兹塔（Zita）指挥的军队先行进入胡里安人的国家，两位将军成功地将胡里安人打得一路溃逃。为了彻底消灭敌人，苏比路里乌马的军队到来后，包围了米坦尼最后的堡垒卡开密什城。同时，为了缓解和报复埃及人的挑衅，苏比路里乌马派卢帕基和另一名将军率领一支远征军迅速打击埃及的属国阿姆卡，随后两位将军在军事上的胜利显然达到了目的。

风云突变

就在苏比路里乌马准备对卡开密什发起攻击时，发生了一件几乎要改写古代近东历史的事件，他收到了来自埃及王后的一封信，信中的内容令他惊诧不已："我丈夫死了，我没有儿子。但是据说你有很多儿子，如果你把其中的一个儿子给我，他将会成为我的丈夫。我决不会让我的仆人成为我的丈夫！我害怕！"[54]埃及王后突然提出与赫梯修好，并亲自为自己向赫梯求婚。

从这封信的内容中我们可以获得一些重要的信息：首先，埃及的法老死了；第二，死去的法老没有儿子，无人继承王位；第三，埃及的这个年轻的王后目前掌握着大权，因为她可以做到让一位与她结婚的国外王子成为埃及的法老；第四，她决不会让她的仆人成为她的丈夫，仆人当然是指帮助她治理国家的权臣，也许现在埃及国内的局势已经不太稳定，所以，她害怕。但是，这些信息也带来了古代近东最具争议的一个情节，研究古埃及的学术界至今仍无法达成一致。死去的法老是谁？这位王后又是谁？之后离奇的结局究竟真相如何？

留存下来的文献资料中没有准确地给出死去法老和王后的名字，由于埃及的年表与赫梯的不一致，而且在漫长的历史长河中，短短的十几年波动很难确定，尽管大多数学者认为图坦卡蒙（Tutankhamun）更符合这位死去法老的特征，但是阿肯那吞依然不能被排除在可能的人选之外。从之后事态的发展来看，这位不知名的法老遗孀能够保持掌控埃及的局势可能长达近一年之久。

对于苏比路里乌马来说，这突如其来的求婚使他非常困惑，他刚刚派出卢帕基将军带领军队去回击法老对赫梯盟国的进攻，在双方正处于战争状态的此时，王后却又来提亲，他对她充满了怀疑。于是，他决定派他的亲信哈图萨兹提（Hattusa-ziti）亲自去一趟埃及调查真相。

无论如何，这是一件天大的事，现在法老的遗孀要将埃及的王权交给苏比路里乌马的儿子，如果他的儿子能够登上埃及的王位，那么近东的两大强国都将在他的统治之下，这种前景更让他期待。但是，现在他只能等待哈图萨兹提从埃及回来。于是，他决定尽快解决米坦尼，稳定叙利亚北部的局势，加大攻击卡开密什的力度。

在被强攻了七天之后，卡开密什的城门终于被攻破了，米坦尼的大厦轰然倒塌。不过，苏比路里乌马十分畏惧胡里安的众神，每一位神灵都是赫梯人所敬畏的，他们甚至不敢靠近神庙。

▲ 米坦尼圆柱印章、压印图案
赤铁矿，直径0.38厘米，高2.08厘米。伊拉克，米坦尼晚期。大英博物馆，伦敦，英国。

在这枚黑色圆柱印章的压印图案中，一位身穿长袍的神面向右站立，手里拿着一把带球形剑首的剑。在神的前面是一棵具有象征意义的树，顶部是一个圆圈，两边都有圆形的圈，可能是叙利亚代表生命的符号。风暴之神以他常见的武力姿态面朝右站立，一绺长长的卷发垂到后背，下身穿着一件水平条纹的短裙。他挥舞起权杖，另一只手用皮带牵着一头卧着的公牛。一个穿着相似、有过肩的长发、长着翅膀和鸟尾的神面对着他，这位神向风暴之神伸出紧握拳头的右手，低垂的左手拿着一把镰刀形的剑。这三位神都戴着球状有角的头饰。

米坦尼的厄运

成功战胜了米坦尼后，苏比路里乌马再次任命他的另一个儿子皮亚西里为卡开密什城及该地区的总督，皮亚西里开始以胡里安王名萨里-库苏赫称王，将这片土地纳入赫梯主权的直接统治之下。

米坦尼国王图什拉塔逃过了赫梯人的抓捕，但是，他没有逃脱死神之手，他被可能包括自己的亲生儿子沙提瓦扎（Shattiwaza）在内的刺客暗杀了。公元前14世纪后期，曾经辉煌的伟大王国米坦尼从此灰飞烟灭，胡里安人流落到世界各地，有的甚至回到了他们最初发源的边远地带，或者远走他乡，不过胡里安人的文化已经在近东扎下了根。

此时米坦尼王国并没有完全消亡，还记得苏比路里乌马曾经对阿尔塔塔马二世的承诺吗？当推翻图什拉塔后，他会扶持对方登上米坦尼的王位，也许这位具有远见卓识的赫梯国王最初就已经意识到了现在国际格局的新变化。

米坦尼王国的毁灭给幼发拉底河以东留下了一个真空地带，一直臣服于米坦尼的亚述抓住机会，在国王阿舒尔乌巴利特（Ashur-uballit）统治下立刻进入该地区。对苏比路里乌马来说，这无疑又形成了一个新的威胁势力。因此，他兑现承诺，让阿尔塔塔马二世坐上了一个听命于赫梯、彻底被削弱的米坦尼国的王位，以对抗亚述的复兴。然而，一个正在想要跻身大国之列的阿舒尔乌巴利特，一个日后被证明并不听话的阿尔塔塔马二世，将给苏比路里乌马带来麻烦。

▶ 米坦尼彩绘陶罐

陶土，高33.02厘米，宽22.86厘米。阿恰纳丘，土耳其地中海地区，约公元前15世纪—公元前13世纪。大英博物馆，伦敦，英国。

陶罐的黑色背景上绘有白色装饰，有几何纹、鸟纹以及类似星形和水波状的纹饰。

致命的瘟疫

苏比路里乌马回到了哈图沙过冬，他在等待春天的到来。果然，刚一开春，哈图萨兹提和一位王后的使者哈尼（Hani）就从埃及回来了。从现存珍贵的泥板文书的残片中看到，苏比路里乌马可能怀疑王后是害怕赫梯对埃及发动战争，尤其是阿姆卡正处于交战中，所以，他质问哈尼："要求我给一个儿子，法老的遗孀是否想利用我的儿子作为人质阻止赫梯人的攻击？"[55]哈尼做出了令人信服的回答，向国王保证了王后的真诚。在听取了哈图萨兹提的汇报并翻阅了赫梯与埃及之间相关的旧条约之后，苏比路里乌马宣布两国将永远友好下去。毫无疑问，他十分关心王子的安全，同时，他更渴望对埃及王权的掌控，他选择了相信王后的诚意："他遵从了那个女人的提议，开始考虑给她一个儿子的事。"[56]

在苏比路里乌马的五个儿子中，长子阿尔努万达二世将继承赫梯的王位，铁列平和萨里-库苏赫是赫梯直接管理叙利亚重要地区的两个国王，最小的儿子穆尔西里二世年纪尚轻，最合适的人选就是第四子赞南扎。他将前往埃及，成为王后的丈夫、埃及的法老。

消息传到埃及，王后昭告天下，并派出了迎接赞南扎的队伍在边境线与赫梯的王子会合，她在皇宫中静候未来丈夫的到来。在赫梯，苏比路里乌马也在等待着从埃及传来的喜报。

终于，国王的信使带回了急报，赞南扎死了，王子在穿过三角洲的途中意外身亡了。

国王无法接受这个突如其来的悲剧，就在几个月前，当他与仇敌米坦尼展开最后决战的关键时刻，埃及无端地侵略了卡叠什，发起对赫梯的挑衅。这使他对埃及充满了敌意，但当王后在害怕的时候向他伸出橄榄枝，他从怀疑到信任，最后送去了王子，而现在，儿子莫名其妙地被杀害，他悲痛欲绝！谁是凶手，埃及人要做出怎样的解释，承担什么后果？

最大的嫌疑一定会落到接下来娶了王后为妻并即位的那位法老的头上，他就是阿伊（Ay）。这个人并没有王室血统，但他从阿肯那吞时期起一直是宫廷中的重要人物，是法老的亲信和重臣，这个老人现在成了埃及法老。而王后，这位“决不会让她的仆人成为她丈夫”的王后，最终被迫接受了她最不愿接受的命运，她年轻的余生从此在历史记录中消失了。

登基后的阿伊第一件事就是给赫梯国王写信，断然否认与王子的死有任何干系，并试图劝阻苏比路里乌马不要发动战争，甚至警告他埃及的军队依然强大。

赫梯王子的死至今仍然是个谜案，没有任何证据显示凶手是阿伊，而且杀死赞南扎一定不是他篡夺王位的最好时机和方式。但无论如何，事已至此，无法挽回，没有什么可以平息苏比路里乌马的愤怒，阻止他对埃及的报复。他命令王储阿尔努万达二世亲自率领一支赫梯军队直奔埃及边境，对埃及发动了一场猛烈的攻击，看似强大的埃及根本无法阻挡这股复仇的怒火，成千上万的埃及战俘被带回了赫梯。然而，戏剧性的报应在历史中常见。这些战俘带来了一场大规模的瘟疫并在赫梯肆虐，导致人口大量死亡。不久之后，苏比路里乌马以及他的继承人阿尔努万达二世也死于这场灾难。

▲ 中亚述时期圆柱印章、压印图案

玉髓，高4.1厘米，直径1.6厘米。中亚述时期，约公元前1250年—公元前1200年。大英博物馆，伦敦，英国。

一头雄狮与一匹长有翅膀的马搏斗，在它们之间有一匹小马。在对峙中，双方形象的表现手法是一样的，势均力敌的态势显示出这匹马的无所畏惧。

亚述艺术在阿舒尔乌巴利特时代表现出一种动物为领地和生存而厮杀，人类为主权和自由而拼搏的意识。

中亚述王国的开启

在苏比路里乌马统治的最后时期，他不得不警惕东方正在崛起的亚述，因为亚述出现的这位国王阿舒尔乌巴利特似乎野心不小。在迅速侵占了前米坦尼剩余的土地之后，他不仅恢复了亚述的独立，甚至还希望跻身国际大国之列，取代昔日米坦尼在国际上的位置。从现存的资料中发现，阿舒尔乌巴利特在前米坦尼王国即将走向灭亡时就已经开始寻求建立独立的外交关系，他曾主动写信给阿肯那吞法老并送去了礼物。这个举动很不寻常，作为一个米坦尼的属国，想与法老建立直接的外交联系，无论米坦尼是否有能力过问，埃及方面也不会接受这样的事件。可见，此时的亚述已经跃跃欲试，试图与其他国家平起平坐。

阿尔塔塔马二世和他的儿子舒塔尔那三世（Shuttarna III）却表现出非常令人不安的亲亚述倾向，他们不仅支持亚述攻击前米坦尼王国的城市，而且还把以前索斯塔塔尔国王从亚述掠夺的战利品送还给亚述国王。这绝不是苏比路里乌马想要看到的，如果继续这样发展下去，卡开密什将面临严重的威胁。于是，他不再在意那份与阿尔塔塔马二世所签订协议中的承诺，他将图什拉塔的那个可能参与弑父的儿子沙提瓦扎召到哈图沙王宫，在确认他的忠诚后，将一个女儿嫁给了他，以巩固双方的联盟，现在他将沙提瓦扎推上了米坦尼的王位。随后，他派沙提瓦扎去卡开密什与那里的国王萨里-库苏赫会合，对幼发拉底河以东的城市发动联合打击，重建一个由赫梯控制的傀儡米坦尼国。在苏比路里乌马与沙提瓦扎签署的协议中写道：“沙提瓦扎，图什拉塔国王的儿子，我将让他坐上他父亲的宝座。为了米坦尼这个伟大的国家，它没有被摧毁，我，伟大国王，赫梯的国王，会让米坦尼王国活下去。”[57]两位王子的军事行动取得了胜利，他们率领的军队成功地攻入米坦尼首都瓦舒加尼，敌人无力抵抗，亚述国王阿舒尔乌巴利特也早就从这个被他们称为哈尼加尔巴特的国家撤出了。

▶ 楔形文字泥板

黏土，高4.13厘米，宽5.24厘米。博阿兹柯伊（古代哈图沙），土耳其，约公元前1350年。大英博物馆，伦敦，英国。

这一块幸存下来的楔形文字泥板是苏比路里乌马与米坦尼傀儡国王沙提瓦扎之间签订的条约残片。

然而，米坦尼的王子毕竟不可与赫梯王子相提并论，在他们取得了幼发拉底河战役的胜利后，苏比路里乌马划定，幼发拉底河东、西沿岸的大部分城市都属于萨里-库苏赫，而沙提瓦扎所谓的哈尼加尔巴特的领地不仅少得可怜，而且远离卡开密什，紧邻亚述。这个弱小的国家必须得到背后赫梯的支撑，否则面对虎视眈眈的亚述，它又能如何呢？

在公元前1323年左右，苏比路里乌马死了，可能是死于埃及战俘带到赫梯的瘟疫。这位被公认为是赫梯所有国王中最伟大的国王对国家极度的奉献精神在他卓越的政治、军事和外交功绩中彰显，他将一个挣扎在灭亡边缘的赫梯变成了古代近东最强大的帝国。他摧毁了比他更强大的米坦尼王国，毫不畏惧当时世界普遍希望与之建立盟友关系的头号大国埃及，并勇敢地与他们作战。他留给了他的继任者一个强大和繁荣的国家以及稳定的政治制度，为赫梯帝国的发展奠定了基础。然而，隐患依然存在，亚述在试图取代米坦尼。对于赫梯在幼发拉底河畔的领土，消灭了一个敌国又出现了一个新的威胁。逐渐走出混乱的埃及即将迈入新的王朝，两国紧张的关系将引发更大的冲突。在安纳托利亚西部阿尔扎瓦的土地上始终是暗流涌动，现在只是暂时的平静。夺去国王生命的这场瘟疫还在赫梯的家园肆虐，而赫梯本身似乎无法克服的顽疾——宫廷内斗还将继续影响帝国未来的命运。接下来将会上演古代近东历史中著名的大戏。

艰难的攀登

此时最有资格称霸世界的还是赫梯，不仅是基于苏比路里乌马卓越的才能缔造了一个强大的帝国，更是因为他留给国家的最大遗产就是为帝国的统治布局下了三个有实力的儿子，他们每个人都在治理国家和军事指挥方面具有极高的地位和丰富的经验。

长子阿尔努万达二世继承了赫梯的大位，统治整个帝国。另外两个王子在叙利亚代表赫梯主权管理各自的国家，成为遏制亚述和埃及的前沿，并保证赫梯对在该地区附庸国的控制。

然而，由于苏比路里乌马一直以来将战略目标集中在叙利亚地区，因此，在安纳托利亚的土地上，西部阿尔扎瓦的敌对问题没有彻底解决，而北部卡什卡人的威胁更是持续不断，他们摧毁甚至占领了赫梯人的领土。而且，情况开始变得更糟，刚刚即位不久的阿尔努万达二世病倒了，可能就是夺去他父亲生命的那场瘟疫还在蔓延。国王病重的消息被卡什卡的敌人知道了，他们加大了入侵赫梯的力度。阿尔努万达二世一定是尽力了，在他短暂的统治时期里，控制住了局面，在敌人的心中，他也被认为是一位“伟大国王”。阿尔努万达二世很快就去世了，一种很可能再一次严重危及赫梯生存的局势又在上演，而现在，只能由他的弟弟，穆尔西里二世、一个年轻的孩子来面对。

赫梯的敌人对穆尔西里二世即位的反应是毫不掩饰的蔑视，他们认为穆尔西里二世无法与他父亲相比，也没有他哥哥的能力。但是他们错了，其实这位新国王已经不是一个孩子了，应该将近二十岁了。他们忘了苏比路里乌马的儿子们是团结的，为了确保帝国的稳定，穆尔西里二世至少做到了保证他的王位没有受到任何被动摇的威胁，而且他的两个非常厉害的哥哥——卡开密什和阿勒颇的国王都在坚定地支持他。在接下来穆尔西里二世统治的时期里，赫梯帝国展现出它强大的实力，在安纳托利亚和叙利亚地区的强权得以彰显。面对复杂而严峻的国内、国际局势，他一生戎马征战，善用外交智慧，为国家的兴盛操劳成疾，他为推动帝国的发展走向巅峰所作出的贡献甚至不亚于他的父亲。

这块赫梯泥板上提到了阿尔扎瓦王国，这个安纳托利亚的王国通常鲜为人知，在历史记录中也很少被提及。58

从留存下来的穆尔西里二世《年代记》和多篇重要的泥板文献中，我们了解到他的事迹。

赫梯的地理位置决定了帝国无论是在生存方面还是在发展方面都必须面对主要来自三个方向的压力与挑战，北面卡什卡人的袭击与破坏，西部阿尔扎瓦的威胁，以及东南方向在叙利亚地区的领土和霸权利益的挑战。

卡什卡人对赫梯人的安全以及北方属地造成了持续的伤害与破坏，赫梯人长期以来对此束手无策。一方面，卡什卡人没有形成统一的政治结构，分散的部落群体各自为战，赫梯人不可能在取得战争胜利后，将他们视同一个附庸国来对待；另一方面，如果卡什卡人结合成一个明确的政治实体，那么他们的战斗力又可能给赫梯造成更深远的危害。因此，赫梯在处理与卡什卡地区的问题上，只能通过战争来获得一段非常有限的和平时期，似乎没有可行的替代办法来解决与卡什卡部落之间不断的冲突。

穆尔西里二世即位后第二年就开始了镇压卡什卡人的行动，他所采取的对卡什卡人的打击策略比以往的国王都更加深入，他长驱直入赫梯以北卡什卡人可能出没的所有国家和地区，比其他任何赫梯国王走得都更远。在他一生所发动的多次战役中，至少在两个方面他效法了前辈，而且做得更为彻底：一个是当敌人来犯时，他在打击敌人后深入敌人的领土将战火燃烧到他们的家园，消灭他们；另一个则是大规模地将被征服地区的人口迁徙到赫梯，补充国家对人力的需要。

在穆尔西里二世统治的第五年，他打击哈图沙西北方向来犯的卡什卡人，入侵并征服阿拉万纳（Arawanna）。接下来的两年是穆尔西里二世帝国的多事之秋，卡什卡人居然攻击了重建的首都哈图沙，赫梯处于极度的危险之中。另外，一位卡什卡的首领皮胡尼亚（Pihhuniya）占领了高地地区，他不像其他的卡什卡首领以他们传统分散的方式领导部落，而是自立为王[59]，以王国的形式统治辖区。这是一个可怕的、非常危险的对手，一旦他把卡什卡各部力量团结起来，整合成一个统一的战斗势力，那么赫梯将更加难以应对它。所以，在卡什卡即将成为不可战胜的群体之前，赫梯必须消灭它。

尽管皮胡尼亚表现出丝毫不畏惧赫梯人，甚至高调地回击赫梯的攻击，但他可能确实高估了自己的实力。他在战场上被穆尔西里二世打败，付出了代价。他的国土遭到了赫梯人的蹂躏，他本人也屈辱地投降并被押回了哈图沙。对于那些攻击哈图沙的卡什卡人，等待他们的是愤怒的穆尔西里二世无情的屠杀，他们的土地被占领，城市被付之一炬。然而，暂时被压制的卡什卡人和周边的王国依然不愿屈服于赫梯的暴力，哈亚萨-阿兹（Hayasa-Azzi）王国已经在蠢蠢欲动。

穆尔西里二世统治的第七年，在卡什卡地区处于表面上短暂平静的时候，赫梯东南部的问题在不断升级，急需国王亲自处理。叙利亚的努哈萨发动了叛乱，父亲苏比路里乌马任命的努哈萨国王泰特（Tette）造反了。事态紧急，国王一时无法应对，但处理努哈萨的问题是有办法的，因为还有他的哥哥卡开密什国王萨里-库苏赫在。

萨里-库苏赫代表穆尔西里二世在进行秘密的谈判，他唆使泰特的兄弟舒米塔拉（Shummittara）尽快杀死泰特，或者把他抓起来押到赫梯去，这样舒米塔拉就可以成为国王。萨里-库苏赫承诺，舒米塔拉将得到穆尔西里二世承认的合法王位。这个方案被成功实施了，舒米塔拉发动了政变，迫使泰特下台。为了消除努哈萨反叛对该地区造成的不利影响，穆尔西里二世抽身亲自远征了一次叙利亚，当他到达那里后，他甚至对叙利亚地区一些附庸国的领土进行了判决和划定。这是一种前所未有的重大表现，反映出赫梯帝国极高的地位和强大的权力。但是，当穆尔西里二世离开后，泰特在埃及军队的介入下，重新夺回了王位。由于埃及人的介入，使得这一地区的危机加剧。

◀ 卡诺匹斯罐

陶土，左：直径19.5厘米，高32厘米；右：直径18.5厘米，高31厘米。埃及第十八王朝，约公元前1450年。大英博物馆，伦敦，英国。

左：环绕罐体有三道红、黑、蓝色彩绘，盖子的人头有假发和领子。右：有五列书写的象形文字，写的是女神塞尔克斯（Selkis）说的话。

卡诺匹斯罐是古埃及人在制作木乃伊的过程中用于保存主人的内脏以供来世使用，每一个罐子储存一个内脏器官。人头盖罐子是死者内脏的守护者。

此时，北方哈亚萨-阿兹对赫梯发动了进攻，回到赫梯的穆尔西里二世已经没有太多的精力再次远征叙利亚，他只能派出一支由他的得力指挥官坎图兹利（Kantuzzili）率领的远征军去支援他的哥哥萨里-库苏赫。萨里-库苏赫同时致信乌加里特国王，暗示其在他们的军队到来之前主动出击攻打泰特。为国家不辞辛劳的穆尔西里二世本人也表示，他随时会亲自向前推进，与埃及人交战。好在不久他就接到了战报，赫梯联军成功地打击了埃及军队，并将他们驱逐，不过努哈萨的叛乱并没有得到彻底粉碎。

在西部，阿尔扎瓦早已不再平静。在穆尔西里二世统治的第三年，曾经与苏比路里乌马签订友好条约的阿尔扎瓦国王乌哈兹蒂联合该地区的其他王国一起反抗赫梯。穆尔西里二世亲自指挥赫梯军队远征，与那里的敌人展开决战，打了一年，直到乌哈兹蒂死去，赫梯人取得了胜利。在返回哈图沙之前，穆尔西里二世还讨伐了塞哈河谷地区，迫使那里的国王马纳帕-塔亨达（Manapa-Tarhunda）向他请求投降："我的主人，不要杀我，请让我臣服你吧。"[60]当时，穆尔西里二世摆出了一副势必要消灭敌人的架势，直到最后时刻，马纳帕-塔亨达让他的母亲出来，跪在穆尔西里二世膝下向他祈求宽恕，他才接受了这个国王的投降和未来的效忠，重新任命他为塞哈河地区的统治者。这是他故意制造的局面，是实现控制该地区的一种外交手法。整个阿尔扎瓦包括哈帕拉、米拉（Mira）等地在内的所有土地由赫梯统治，穆尔西里二世任命马苏卢瓦为米拉的统治者。这个人就是那个以前曾逃跑到赫梯的阿尔扎瓦王子，受到了苏比路里乌马的庇护，并且将女儿嫁给了他。

穆尔西里二世在取得胜利后，重新划分了西部地区，构建起了忠实于赫梯的附庸国格局。他甚至将65000名当地人迁移到了赫梯，使那里的人口锐减，没有实力再与赫梯对抗。在一系列条约的维护下，屈服于穆尔西里二世的各附庸国不再对赫梯构成威胁。但是，出人意料的是，在8年之后，马苏卢瓦竟然背叛了穆尔西里二世，公然煽动皮塔萨之地反抗赫梯国王。

由于卡什卡和叙利亚地区仍然处于潜在的动荡之中，穆尔西里二世不想发动大规模的战争解决马苏卢瓦的反叛，他希望用赫梯强大的武力威慑来使马苏卢瓦屈服，因此，他亲自指挥了一支赫梯军队前往米拉。这个外交策略应该是被有效地实施了，米拉王国的显贵们不再支持马苏卢瓦。当穆尔西里二世到达萨拉帕时，他写信给马苏卢瓦，要求他立刻来见自己，可是马苏卢瓦并没有服从国王的命令，他逃跑了，逃到了马萨（Masa）。穆尔西里二世绝不允许马萨对背叛他的人提供庇护，这同样意味着是反叛的行为，他带领军队追到了马萨。他向马萨人发出了严厉的最后通牒："马苏卢瓦是我的附庸，他与我争执，煽动我的臣民反对我，和我发生战斗。现在，他在我面前逃跑了，看，他跑到了你们这里。现在，抓住他把他交给我！如果你们不抓住他，把他交给我，我就要摧毁你们和你们的家园。"[61]马萨人屈服了，他们抓住了马苏卢瓦，把他交给穆尔西里二世。马苏卢瓦被当作人质带回哈图沙，以确保新国王对赫梯的忠诚，因为穆尔西里二世新任命的米拉国王库潘塔-库仑塔（Kupanta-Kurunta）是马苏卢瓦的养子，也是他的侄子。在赫梯强大的武力震慑下，穆尔西里二世在米拉国王的任免过程中还采用了强有力的外交手段，给了库潘塔-库仑塔沉重的压力，以迫使他不敢背叛赫梯。在他与库潘塔-库仑塔签署的条约中写道：

> 因为你的父亲马苏卢瓦得罪了我，你，库潘塔-库仑塔是他的儿子，虽然你一点罪也没有，但，我如果不想对你好，依然可以抛弃你，可以把你父亲的家和土地从你手中夺走，交给别人，在这片土地上再另立一个国王。但是，我不想对你不好，我没有抛弃你，没有剥夺你们的家和土地，也没有另立一个国王，我把你父亲的家和土地都归还给你，在这片土地上立你为王。[62]

穆尔西里二世还让库潘塔-库仑塔与阿尔扎瓦地区的另外两个附庸国联合在一起，签署条约宣誓效忠赫梯。在之后穆尔西里二世统治的时期里，安纳托利亚西部被牢固地控制在他的手里，各附属国没有再发生叛乱，而阿尔扎瓦王国已经很难再维系下去，他完成了父亲苏比路里乌马在安纳托利亚未能实现的壮举。

► 黄金项链

黄金，13.1厘米。土耳其，赫梯新王国时期，约公元前1400年—公元前1200年。大英博物馆，伦敦，英国。

这条黄金鹰坠项链可以追溯到赫梯帝国向西与阿尔扎瓦和阿黑亚瓦（Ahhiyawa）敌人作战的时期，黄金的来源可能就来自安纳托利亚半岛西部。赫梯对阿尔扎瓦的镇压直到它的灭亡。

公元前1320年，穆尔西里二世统治的第三年，在安纳托利亚西部阿尔扎瓦对赫梯发动攻击后，赫梯的反击包围了阿尔扎瓦的首都。在围城期间，赫梯人把带有瘟疫（可能是兔热病毒）的羊留在城墙外。饥肠辘辘的阿尔扎瓦居民把羊群带进了城中，于是，疾病在毫不知情的人们中传播开。这是人类历史上有记载的第一次生物战争。

可怕的瘟疫还在赫梯肆虐，人们被笼罩在死亡的危险之中，来自多方面对赫梯的进攻使这位奔波在广阔的国土上、亲自带领士兵与敌人作战的国王过于疲惫和操心，他积劳成疾。

> 一场暴风雨突然降临，暴风之神发出可怕的雷声。我很害怕。我的言语在口中枯竭，我所能发出的言语断断续续。我并没有太在意，但随着时间的推移，我开始做噩梦，在我睡觉的时候，神的手按在我身上，我的嘴歪向一边，神谕告诉我，马努齐亚（Manuzziya）的风暴之神是罪魁祸首。[63]

从“我的嘴歪向一边”的说法来看，国王可能是得了轻微的中风，导致他出现了语言表达上的障碍。这不仅是因为长年持续在几条战线上作战所带给他的劳累和压力，毁灭赫梯人的瘟疫也令他绝望和沮丧，而且，他自己宫廷内部的不幸也使他情绪紧张。

穆尔西里二世的妻子加苏拉维亚公主死了，他深爱他的妻子，“对我的惩罚是杀死我的妻子。情况好转了吗？因为她杀了她，在我生命的所有日子里，我的灵魂为了她而下到黑暗的阴间。对我来说这是无法忍受，她失去了我。众神啊，你们难道不知道谁是真正受到惩罚的吗？”[64]穆尔西里二世认为他妻子的死与他的继母有关，就是父亲苏比路里乌马的塔瓦娜娜王后。王后长期在宫廷里专横跋扈，控制帝国的宗教资产，挥霍无度，她绝不希望已经被称为“伟大王后”的穆尔西里二世的妻子取代她的位置，因此穆尔西里二世毫不怀疑是王后杀害了他的妻子。但是，他很理智，他深知宫廷内部的不和会对帝国造成巨大的伤害。虽然神谕已经判处了王后的死刑，但经过深思熟虑的穆尔西里二世并没有处死王后，而仅对她做出了罢黜职位的处罚。

> ……她什么都不缺，她有食物和饮料，一切都由她支配。她什么也不缺。她还活着，她的眼睛看得见天上的太阳，她一生都有面包吃。我的惩罚只有一个，我把她从宫殿上请了下来，我罢黜了她女祭司的神职，我的惩罚只有这一次。[65]

◀ 圆筒印章、压印图案

铜合金，高2.3厘米，直径1.2厘米。刻有赫梯楔形文字。安纳托利亚，土耳其，公元前2100年—公元前1550年。卢浮宫博物馆，巴黎，法国。

这个在安纳托利亚发现的印章属于赫梯统治时期，描绘了一幅与神交流的场景。左边是一位系着腰带穿着靴子的神，他戴着有角的高头饰，右手挎弓箭，向前伸出左手，上面有一只飞禽。在他的对面，是一位戴着圆帽，手持长矛的国王。他的身后下方是一只卧着的狮子，上方是一只有翅膀的狮子。在他们之间是赫梯语的楔形文字和一个小的穿着长袍的人物。

受到病魔困扰以及处于家庭悲痛之中的穆尔西里二世进入他统治的第九年，这一年是他在位期间帝国面临最大危机的时期，也是他最失落与无助的一年。哈亚萨-阿兹的军队大举入侵赫梯北方；在叙利亚，努哈萨再次发动了起义；在卡叠什，当年父亲苏比路里乌马任命的附庸国国王艾塔卡马也抓住时机，与赫梯断交。穆尔西里二世一定是希望他在叙利亚的两个哥哥能帮助他控制局面，镇压叛乱，可是不幸的消息突然传来，他的哥哥阿勒颇国王铁列平最近去世了。于是，他从北方的战场上抽身，亲自前往基祖瓦特纳最重要的宗教中心库马尼（Kummanni）去见他的另一个哥哥萨里-库苏赫，商议对策。可是出乎意料的悲剧接踵而来，在他到达库马尼后，萨里-库苏赫病倒了，很快也死了。更严重的事情随后发生了，萨里-库苏赫死亡的消息被亚述人知道了，他们迅速入侵并占领了卡开密什王国。而此时，赫梯东北方向的哈亚萨-阿兹国王发动的进攻已经摧毁了边境城市伊斯提蒂纳（Istitina）。

虽然穆尔西里二世的两个哥哥先后去世，他失去了最重要的支柱，来自不同方向敌人的压力使得帝国处于危难之中，但是，在他统治下的赫梯军队依然是最勇猛强大的，疾病似乎对他杰出的军事和政治领导力没有多大影响，穆尔西里二世的果断行动再次证明了他卓越的执政能力。他派遣他的将军库仑塔（Kurunta）前往叙利亚镇压那里的叛乱，再派出经验丰富、能干的将军努万扎（Nuwanza）北上迎击哈亚萨-阿兹的敌人，国王本人则再次亲自带兵进军幼发拉底河岸的阿斯塔塔，准备将亚述人赶出卡开密什。

进入下一年，努万扎将军狠狠地打击了哈亚萨-阿兹的敌人，将他们驱逐出高地地区。此后，在穆尔西里二世统治期间，该地区一直牢牢地被掌握在赫梯人的手中，由国王任命的地方官员直接统治。穆尔西里二世成功地从亚述人手中夺回了卡开密什王国，遏制了迅速扩张的亚述势力。在叙利亚，库仑塔将军彻底粉碎了努哈萨的叛乱，在他凶猛的打击之下，卡叠什被围困，城中粮食短缺，根本无法抵抗赫梯的军队，王宫内发生了逆转，卡叠什国王艾塔卡马被他的儿子尼克马都（Niqmaddu）谋杀，转而臣服赫梯。其实，穆尔西里二世并不希望看到这一幕的发生。首先，他毫不怀疑他的将军会攻克卡叠什，并不需要尼克马都以弑君的方式帮忙；其次，他认为，弑父杀君会受到神的诅咒，他自己就将包括瘟疫在内的赫梯所遭受的苦难归因于他的父亲没有遵守向神做出的起誓，篡夺了王位。库仑塔将刺杀父亲的尼克马都带到了卡开密什面见国王，穆尔西里二世本想处死他，不过，无论是出于地区政治的因素，还是出于对一个杀父投降的人必将对他保持忠诚的考虑，尼克马都还是最佳的国王人选。因此，穆尔西里二世最后让他坐上了他父亲的王位，赫梯在叙利亚地区的各附庸国成功回到了穆尔西里二世的控制之中。

▲ 人脸杯（右）

费昂斯，高6.1厘米，直径5.8厘米。叙利亚，青铜时代中期。大都会艺术博物馆，纽约，美国。

◀ 饰有女神脸的杯子

白色、蓝色、黑褐色釉料，陶瓷料，高16.2厘米，直径8.6厘米。黎凡特-叙利亚沿海地区，公元前14世纪—公元前13世纪。卢浮宫博物馆，巴黎，法国。

这两件杯子都饰有浮雕重彩的人脸。

女神脸的杯子是在叙利亚的古王国乌加里特一个富有女性的坟墓中被发现的。它可能是已故女人化妆用品的一部分，代表着一位生育和保佑女神，以及诱惑的力量。女神有巨大的眼睛，脸上凸出乌黑的卷发、浓密的眉毛，大大的瞳孔使得表情生动，与苍白的肤色形成鲜明的对比，脖子上围绕着一条像项链一样的彩带。女神的形象代表对男人的吸引力，她在美索不达米亚、叙利亚等不同的地区有不同的名字，如伊丝塔尔、阿丝塔尔特，在乌加里特同样受到女性的崇拜。

在穆尔西里二世统治的中后期，他对卡什卡人的征服走得更远，成功地占领了赫梯人长达两个世纪之久未曾再涉足的哈特祖瓦（Hatenzuwa）之地。他对他父亲苏比路里乌马时期就遗留下来的隐患图曼纳（Tummanna）发动了致命的打击，占领了它重要的城市萨皮都瓦（Sapidduwa），俘虏了它的军队，这里的统治者只身逃到山上躲避赫梯国王。征服图曼纳之后，他又派努万扎将军征讨卡拉斯马（Kalasma）王国，经过几年的反复镇压，统治者被打跑，赫梯完全控制了卡拉斯马。

为了防范卡什卡人，穆尔西里二世在与卡什卡人领土的边界上重建了提利乌拉城（Tiliura），迁徙人口，安置新的定居点，以监视和抵御敌人的入侵。他还重新占领了被卡什卡人夺去近三百年之久的圣城尼里克，并亲自前往庆祝风暴之神的节日。

在成功的军事行动之后，他将大量被征服地区的人口迁徙到赫梯，他们都是原来敌对国中身体健壮的男子，再加上他们的妻子和孩子。这样做不仅使得只剩下弱势人群的附庸国只能更加忠于赫梯，而且更重要的是，因为年复一年的军事行动对赫梯人造成了大量的人力损失，瘟疫的肆虐也使赫梯人口严重减少，重新将人口安置在赫梯本土和周边地区，无疑可以补充本国的军队和农民。显然，穆尔西里二世对待迁徙移民的政策是完善和有效的，在他统治的时期里，成千上万的移民被押送到赫梯，但没有证据表明他们造成了任何重大的社会或政治问题，相反，他们迅速、和平地融入赫梯人口体系之中。

在穆尔西里二世的统治结束时，虽然来自多方面的灾难和压力给他的身心造成了严重的伤害，但这位赫梯勇敢的武士顽强地与瘟疫和病魔抗争，与敌人战斗，不仅使帝国屹立不倒，而且推动了赫梯向更辉煌的阶段迈进。他对待宫廷内部事务理性的克制，以及对正义保持的良知，向当初蔑视他的敌人证明了赫梯帝国正在走向巅峰。

在古代近东各国争霸的过程中，融入先进文明的蛮族经过几代人勇敢的拼搏，从弱小走向强大，在危机中成就辉煌，通过扩张称霸世界。在跌宕起伏的胜败中，他们会崇拜更广泛的神灵，信仰也有所变化。实用主义的思想在战争中能够带来丰厚的利益因而受到推崇。宫廷内部的政治斗争更是愈演愈烈。虽然他们重视公平正义，但他们的行为又是建立在国家实力的基础之上。在他们不变的好战性格之外，他们更愿意使用签署条约的外交方式解决国家之间的矛盾。历史上，在所谓蛮族寻求世界霸权的历程中，似乎可以最大程度地迅速进入国际化时代。

注释

1. 理查德・迈尔斯. 古代世界:追寻西方文明之源. 金国,译. 北京:社会科学文献出版社,2018:42.
2. 维克多・V.瑞布里克. 世界古代文明史. 师学良等,译.上海:上海人民出版社,2010:111.
3. William James Hamblin. Warfare in the Ancient Near East to 1600 BC. New York: Routledge. 2006:293.
4. Trevor Bryce. The Kingdom of the Hittites. Oxford Scholarship Online. January 2010:73-9.
5. 科马克・奥・勃里恩. 帝国衰亡史. 邵志军,译. 北京:现代出版社,2013:44.
6. Keilschrifttexte aus Boghazköi. Leipzig - Berlin (KBo); Laroche, Emmanuel. Catalogue des textes Hittites. Paris: Klincksieck, 1971.
7. Keilschrifurkunden aus Boghazköi. Berlin (KUB), Laroche, Emmanuel. Catalogue des textes Hittites. Paris: Klincksieck, 1971.
8. 苏珊・鲍尔. 古代世界史. 李盼,译. 北京:北京大学出版社,2011:132.
9. Laroche, Emmanuel. Catalogue des textes Hittites. Paris: Klincksieck, 1971: KBo III 57.
10. 《铁列平诏令》第13节.
11. Gary Beckman, Under the Spell of Babylon: Mesopotamian Influence on the Religion of the Hittites. Joan Aruz, Sarah B. Graff, and Yelena Rakic. Cultures in contact from Mesopotamia to the Mediterranean in the second millennium B.C.. New York: The Metropolitan Museum of Art, 2013:284.
12. The Metropolitan Museum of Art. Cities, States, and Early Empires: The Ancient Near East ca. 3000-1200 B.C.: Gallery 403. © 2000-2021. https://www.metmuseum.org/art/collection/search/327399.
13. The Metropolitan Museum of Art.Cities, States, and Early Empires: The Ancient Near East ca. 3000-1200 B.C.: Gallery 403. © 2000-2021: https://www.metmuseum.org/art/collection/search/327401.
14. 矢岛文夫. 世界最古老的神话:美索不达米亚和埃及的神话. 张朝柯,编译. 北京:东方出版社,2006:156.
15. 李政. 赫梯文明研究. 北京:昆仑出版社,2018:370.

16. 李政.赫梯文明研究.北京:昆仑出版社,2018:479.
17. 李政.赫梯文明研究.北京:昆仑出版社,2018:478.
18. 李政.赫梯文明研究.北京:昆仑出版社,2018:373.
19. Siim Mõttus. The Edict of Telepinu and Hittite Royal Succession (Master's thesis). Tartu 2018: The Edict of Telepinu, Translation by van den Hout, 2003:194-198.
20. Keilschrifturkunden aus Boghazköi. Berlin (KUB), Laroche, Emmanuel. Catalogue des textes Hittites. Paris: Klincksieck, 1971 (CTH): KUB XXIII 11//12 (CTH 142.2), ed.
21. Trevor Bryce. The Kingdom of the Hittites. Oxford Scholarship Online. January 2010: A New Era Begins: From Tudhaliya I/II to Tudhaliya III (c.1400-1350).
22. Mitteilungen der Vorderasiatisch-Aegyptischen Gesellschaft, V.31·1926:138.
23. Laroche, Emmanuel. Catalogue des textes Hittites. Paris: Klincksieck, 1971.
24. Keilschrifttexte aus Boghazköi. Leipzig - Berlin (KBo); Laroche, Emmanuel. Catalogue des textes Hittites. Paris: Klincksieck, 1971 (CTH): KBo I 6 (CTH 75).
25. Laroche, Emmanuel. Catalogue des textes Hittites. Paris: Klincksieck, 1971:133.
26. Keilschrifturkunden aus Boghazköi. Berlin (KUB) XXIII 72 (+) rev. 27-31, trans. Gurney.1948:37.
27. Boaz Stavi, A Historical Reappraisal of the Reigns of Tudhaliya II and Suppiluliuma I. Tel Aviv University, 2011:55.
28. 西尔维娅·埃诺迪.开罗埃及博物馆.桑巍,译.南京:译林出版社,2015:27.
29. Trevor Bryce. The Kingdom of the Hittites. Oxford Scholarship Online. January 2010:147.
30. Laroche, Emmanuel. Catalogue des textes Hittites. Paris: Klincksieck, 1971:88.
31. Trevor Bryce. The Kingdom of the Hittites. Oxford Scholarship Online. January 2010:151.
32. Keilschrifturkunden aus Boghazköi. Berlin (KUB), Laroche, Emmanuel. Catalogue des textes Hittites. Paris: Klincksieck: KUB XIX 22 (CTH 40 VI.52B), 4-8, after Houwink ten Cate, 1966:28-9.
33. Keilschrifturkunden aus Boghazköi. Berlin: XIX 22, 8-11, after Houwink ten Cate, 1966:28-9.
34. Boaz Stavi, A Historical Reappraisal of the Reigns of Tudhaliya II and Šuppiluliuma I. Tel Aviv University, June 2011:179.
35. Boaz Stavi, A Historical Reappraisal of the Reigns of Tudhaliya II and Šuppiluliuma I. Tel Aviv University, June 2011:184.
36. ALi M. DINCOL-BELKIS DINCOL-J. DAVID HAWKINS-GERNOT WILHELM. The 'Cruciform Seal' from Bogazkoy-Hattusa.
37. Giorgio Buccellati, When were the Hurrians Hurrian? The Persistence of Ethnicity in Urkesh. Joan Aruz, Sarah B. Graff, and Yelena Rakic. Cultures in contact from Mesopotamia to the Mediterranean in the second millennium B.C.. New York: The Metropolitan Museum of Art, 2013:84.
38. 李海峰.古代近东文明:古代两河流域 古埃及 波斯等古文明探研.北京:科学出版社,2014 :39.

39. Joan Aruz, Sarah B. Graff, and Yelena Rakic. Cultures in contact from Mesopotamia to the Mediterranean in the second millennium B.C.. New York: The Metropolitan Museum of Art, 2013:91.
40. 拱玉书,刘文鹏,刘欣如,李政,王以欣. 世界文明起源研究——历史与现状. 北京:昆仑出版社,2015:201.
41. Joan Aruz with Ronald Wallenfels. Art of the First Cities: The Third Millennium B.C. from the Mediterranean to the Indus. New York: The Metropolitan Museum of Art, 2003:223.
42. Giorgio Buccellati, When were the Hurrians Hurrian? The Persistence of Ethnicity in Urkesh. Joan Aruz, Sarah B. Graff, and Yelena Rakic. Cultures in contact from Mesopotamia to the Mediterranean in the second millennium B.C.. New York: The Metropolitan Museum of Art, 2013:84.
43. Joan Aruz, Sarah B. Graff, and Yelena Rakic. Cultures in contact from Mesopotamia to the Mediterranean in the second millennium B.C.. New York: The Metropolitan Museum of Art, 2013:226.
44. 塞缪尔·E.芬纳.统治史(卷一):古代的王权和帝国——从苏美尔到罗马. 王震,马百亮,译. 上海:华东师范大学出版社,2014:183.
45. 安东·穆尔特卡,伊萨·苏勒曼. 古代伊拉克艺术. 周顺贤,袁义芬,朱一飞,译. 南京:南京大学出版社,2011:208.
46. 基思·卡明斯. 世界玻璃工艺史. 薛吕,译. 上海:上海交通大学出版社,2014:104.
47. Trevor Bryce. The Kingdom of the Hittites. Oxford Scholarship Online. January 2010:146.
48. Laroche, Emmanuel. Catalogue des textes Hittites. Paris: Klincksieck, 1971:40.
49. Caubet Annie, Prévotat Arnaud, Department of Near Eastern Antiquities: Levant. Collection & Louvre Palace, Curatorial Departments, The Hunt Patera.
50. Laroche, Emmanuel. Catalogue des textes Hittites. Paris: Klincksieck, 1971:51.
51. Boaz Stavi, A Historical Reappraisal of the Reigns of Tudhaliya II and Šuppiluliuma I. Tel Aviv University, June 2011:333.
52. Laroche, Emmanuel. Catalogue des textes Hittites. Paris: Klincksieck, 1971:45–47.
53. Trevor Bryce. The Kingdom of the Hittites. Oxford Scholarship Online. January 2010:167.
54. The Deeds of Šuppiluliuma (DŠ); Laroche, Emmanuel. Catalogue des textes Hittites. Paris: Klincksieck 40. The Seventh Tablet (Fragment 28).
55. The DS (CTH 40). The Seventh Tablet (Fragment 28).
56. The Deeds of Šuppiluliuma (DŠ): Fragment 28.
57. Laroche, Emmanuel. Catalogue des textes Hittites. Paris: Klincksieck, 1971:51.
58. The History Files, Near East Kingdoms, Ancient Anatolia. 1999–2021 Kessler Associates. https://www.historyfiles.co.uk/KingListsMiddEast/AnatoliaHittites.htm.

59. Trevor Bryce. The Kingdom of the Hittites. Oxford Scholarship Online. January 2010:199.
60. Trevor Bryce. The Kingdom of the Hittites. Oxford Scholarship Online. January 2010:196.
61. Trevor Bryce. The Kingdom of the Hittites. Oxford Scholarship Online. January 2010: A Young King Proves his Worth: The Reign of Mursili II (c.1321–1295). Mursili II, Kupanta–Kurunta Treaty.
62. Trevor Bryce. The Kingdom of the Hittites. Oxford Scholarship Online. January 2010: A Young King Proves his Worth: The Reign of Mursili II (c.1321–1295). Mursili II, Kupanta–Kurunta Treaty.
63. Laroche, Emmanuel. Catalogue des textes Hittites. Paris: Klincksieck, 1971:486.
64. Laroche, Emmanuel. Catalogue des textes Hittites. Paris: Klincksieck, 1971:71.
65. Keilschrifttexte aus Boghazköi. Leipzig - Berlin: IV 8 II 9–20, after Hoffner, 1983:188.

第三部分

崩溃

在古代西亚青铜时代晚期、最后一个世纪即将到来之际，曾经是近东地区最大的王国米坦尼倒下了，赫梯吞并了叙利亚的大部分地区，将边界扩展到幼发拉底河岸。逐渐崛起的亚述则攻占了米坦尼王国在幼发拉底河以东的领土，在国王阿舒尔乌巴利特的领导下，不仅试图跻身国际大国的行列，而且对位于它南部的巴比伦更是情有独钟。长期异常平静的巴比伦也不能再保持沉默，它不得不加入这国际化时代的竞争之中。此时，世界上的另一个大国——埃及，正在法老霍朗赫布（Horemheb）的统治下向新的时代迈进，随后将进入拉美西斯一世（Ramesses I）所建立的第十九王朝。埃及人摆脱了羸弱的国势，并决定重新赢得叙利亚–迦南之地的霸权。

一、国际化的时代

乌鲁布伦沉船(Uluburun shipwreck)

海洋考古学家在做好精确记录后，用提升气球拉起一些乌鲁布伦沉船的石锚。

乌鲁布伦沉船上的迦南罐子，主要用于海上运输，现被收藏于土耳其博德鲁姆水下考古博物馆。

乌鲁布伦沉船上清理出来的牛皮形状的锡锭，最大长度62.5厘米。

▶ 乌鲁布伦沉船上一些来自埃及的珠宝、黄金和其他贵重物品
博德鲁姆水下考古博物馆，博德鲁姆，土耳其。

公元前1300年前后，一艘载满重要物品的货船在安纳托利亚半岛的西南部海域遭遇不幸，突然沉没。这艘沉船就是为研究古代近东历史提供了很多考古线索和证据的著名的乌鲁布伦沉船。

1982年，德克萨斯海洋考古研究所的创始人乔治·F. 巴斯（George F. Bass）博士正致力于在这一海域的考古发掘。他从一位土耳其潜水员那里得知在水下发现了古代金属遗物后，经过勘察，确定了沉船位置在土耳其西南海岸乌鲁布伦的不远处。于是，在巴斯先生的带领下，德克萨斯海洋考古研究所的专家们敦促并协助土耳其博德鲁姆水下考古博物馆开启了考古发掘。艰苦的考古工作于1994年9月完成，巴斯团队下潜到沉船处达2.2万余次，所绘制的考古平面图精确到毫米，收集到数以千计的珍贵的古代文物。这些文物现被收藏在博德鲁姆水下考古博物馆中，以供人们进行全面的保护和研究。

这艘货船在它遇难的最后时刻究竟发生了什么，我们已经无从知晓。长期以来，考古学界对这艘船是从哪里启航，意欲驶向何处，运载大量珍贵物品和资源的船主人是谁，它会经历一条什么航线，这是一次商业航程还是另具更重要的目的等问题进行了各种推断，为复原古代地中海历史添加了丰富的色彩。

解答这些问题最基本也是最明确的证据自然是来自那些被打捞上来的大量文物，也就是这艘沉船当时运载的货物以及相关的用品。乌鲁布伦船上的物品非常丰富，至少来自七个不同的国家和地区，最主要的货物包括：10吨的牛皮铜（形状像割下来的牛皮，但并非是为了模仿牛皮而铸造的）和饼状的铜锭，据考古表明船上的铜应该来自塞浦路斯；1吨圆锭和牛皮状的锡，很可能来自当时为数不多的产锡地之一阿富汗的巴达赫尚地区，船上的青金石也来自于那里；150个迦南储藏罐，罐子里面装有大约1吨的树脂；175个完整的玻璃锭，其中至少部分玻璃是在埃及王室的监督下生产的，有一部分可能来自美索不达米亚。船上还载有：鸵鸟蛋壳、象牙、河马牙、贝壳戒指、珠子、迦南珠宝、近东其他地区的圆筒印章、努比亚的乌木、费昂斯酒杯，以及埃及的金银小物件，包括一个刻有王后奈费尔提蒂（Nefertiti）名字的黄金圣甲虫；可能来自迦南、希腊和巴尔干半岛的青铜工具和武器，石头的权杖头；船员使用的日常用品（船上至少有两名迈锡尼人）。另一个重要的发现是船上有24只石锚。

根据对这些证据的分析，很多人提出这艘船是启航于迦南，在乌加里特停靠，之后沿着安纳托利亚南部海岸向西进入爱琴海，在地中海东部采购进口物资的一艘商船。船主人可能属于近东或埃及的商人，也或许是由迈锡尼人派遣，在沿途购买、装载上玻璃原料、大麦、树脂、珠宝和葡萄酒等物品，还有最重要的铸造青铜的原料铜和锡，不幸在土耳其西南海岸的乌鲁布伦沉没。

从船的制造结构和材质上看，这艘迄今为止被发现的青铜时代最完整、体积最大、物品最丰富的沉船是属于地中海东岸的一艘船。人们运用现代科技手段对船上的物品进行各项物理和化学成分分析，结论也是这是一艘迦南船。不过，根据当时的世界格局和国际关系判断，这艘船不可能属于被埃及控制的迦南地区的任何一个小国，因为从船上所装载的货物种类、数量以及价值判断，当时地中海东岸的小国不可能拥有这么大量的战略物资和珍贵的原材料，也不太可能属于某一位私营商人，通过对船上货物的进一步深入分析，那些重要的材料不像是在漫长的航程中进行商业买卖所运载的商品。因此，这是一艘迦南船，但它最有可能的主人是一位埃及法老。在埃及第十八王朝末期或第十九王朝初期，埃及在航海方面并不比其他民族高强，而且他们的船只也不用于地中海航行，但征用迦南地区其他国家的船只执行法老在地中海上的任务是没有问题的。做出这种判断的主要依据来自于船上装运的最重要的货物以及那奇怪的24只石锚。船上的主要商品是10吨铜、1吨锡，这个比例是制造青铜的正常比例，表明这是有计划统一发运的一批货物。船上的迦南罐子在公元前2千纪的地中海沿海遗址中被大量发现，表明它们的主要用途是海上运输的盛装容器。船上大量的罐子中装的是树脂，虽然这种物质可以用作香料，但当与蜂蜡混合时，它可以成为一种柔韧性很好的可塑材料，这种材料在使用失蜡技术铸造金属时被普遍使用。这显然是一批极为重要的战略物资，并且应该具有明确的目的性。而且，乌鲁布伦沉船上装载的铜的价值正好符合阿马尔纳书信中记载的埃及从阿拉西亚运铜的平均价值，与作为税收从迦南运到埃及的树脂也相一致。这令人想到古埃及雷克米尔墓葬绘画中来自当时近东各国向法老进贡的场景，只有埃及法老的国库中才可能拥有如此多品种的大量资源。另外，船上有24只石锚，在装载了那么多重物的情况下，这些锚不可能是压舱物。作为船只航海的重要用品，它们也不太可能是货物，而且经过岩相分析，这些石锚大多数产自迦南地区，是在启航之初就被装上船了。那么，为什么这艘船在可能负载过大的情况下还要带上这么多锚呢？这是因为在古代航海的过程中丢失锚的现象是很常见的，在失去一个锚时，要保证有另一个锚可以使用，虽然在沿途停靠的港口可以补充，但这些锚还是透露了这艘船在准备启航时就打算要进行一次长距离的航行。

那么，埃及法老派出这样一艘满载贵重物资的货船要去哪里？他的目的又是什么呢？

我们根据历史文献可以得知当时的政治格局，埃及与赫梯帝国正处于紧张的对峙状态之中。在赫梯的西部，阿尔扎瓦以及卢卡等地方政权的反叛对赫梯构成了巨大的威胁和破坏，而在他们背后总有迈锡尼人的身影。当时希腊的迈锡尼人已经侵入安纳托利亚半岛的西部，因此，赫梯对爱琴海地区的国家交往实行了严格的限制，有效地维护了赫梯人对这一地区的控制，但也为埃及人提供了政治机遇。此时，法老最希望与赫梯在爱琴海的敌对国家建立联盟，为他们提供战略物资，对抗赫梯。在这一背景下，乌鲁布伦这艘迦南船很可能是在法老的指令下，在埃及装载了丰富而珍贵的物资，意欲沿地中海东岸北上，经安纳托利亚南部海岸向西一路前往爱琴海，为那里的迈锡尼人送上一份厚礼以联合对抗赫梯帝国。

然而，这艘船在它完成使命之前便沉没于它的悲惨命运之中，足以制造青铜剑、盾牌、盔甲，装备一支军队的青铜原料，以及珍贵的象牙和其他奇珍异宝也随之沉没在洪瀚的海水之下。这是否意味着船的主人也在下沉？

无论如何，从乌鲁布伦沉船中我们可以看到，公元前1300年的西亚是一个国际化的时代，这艘迦南船上的物资来自不同民族、国家和地区，属于一个包含着贸易、移民、外交和战争等因素的相互联系的世界。那个时代堪称第一个真正的全球化时代。[1]

在一个政治、贸易、外交以及军事上进入国际化的时代，大量的希腊迈锡尼人进入安纳托利亚，来往于地中海东岸与爱琴海之间繁荣的航线上，为以后地中海对岸的更多民族从海上大举入侵近东地区埋下了伏笔。而此时，东方的美索不达米亚地区也自然不可能置身事外。

亚述和加喜特巴比伦王国

亚述在伟大的国王阿舒尔乌巴利特的带领下崛起，已经进入中亚述时期。当米坦尼屈服于赫梯的军事力量，退出国际舞台时，独立后的亚述占领了幼发拉底河以东米坦尼在美索不达米亚东北部地区的领土，巩固了王国核心地区亚述城和尼尼微的统治，开始恢复它旧时帝国的力量。有趣的是，为了获得其他大国对亚述国际地位的认可，阿舒尔乌巴利特以非常谦逊的姿态第一次给埃及法老写了一封信，并派出了自己的使节。信中写道："我的前辈没有一个给你写过信，但我今日写信给你。我派遣我的使者到你那里去，要拜访你和你的国家。我向你送上一辆漂亮的战车、两匹马，还有一块真正的天青石作为礼物。"显然，阿舒尔乌巴利特并不能确定法老会如何回应他，是否会接纳亚述在国际交往中具有一席之地，他没有自称是伟大国王，礼物是他主动献上的，他更不敢像其他大国国王那样要求法老回赠礼物。他只对法老提出了一个请求，希望他的使者能尽快回来："让他参观一下，看看你和你的国家，然后就回家。"阿舒尔乌巴利特肯定是急于想知道埃及人对他的态度，他担心法老会拖延接见使者的时间。

在亚述的南面，自从借助赫梯人的力量夺取政权的加喜特人建立了加喜特巴比伦王国以来，作为一个外来的蛮族，他们接受并沿袭了古巴比伦的先进文明和社会习俗，重修马尔都克神庙，使用阿卡德语言，继承苏美尔文学，在几个世纪的时间里适应了巴比伦文化，甚至默默地将国家的疆域恢复到了汉谟拉比时期的状态。也许正是因为加喜特人不以武力寻求扩张，固守自有的领土，从而在一个相对和平的环境中保持了国泰民安。他们在科学、艺术、医学以及占卜等领域在古巴比伦文明的基础上取得了更大的进步。凭借古巴比伦昔日的辉煌，阿卡德语一直是古代近东地区广泛使用的国际外交语言，由于加喜特巴比伦在精神文上和物质文明上的突出成就，使得它在青铜时代晚期的国际政治和贸易中不可能缺席。而且，在军事方面，加喜特巴比伦王国虽然在国际舞台上的作用非常有限，但是，当时任何一个大国都不可能忽视它的存在，如果能与巴比伦成为潜在的军事盟友而不是敌人，一定会获得有益无害的战略利益。赫梯国王苏比路里乌马就是在迎娶了加喜特巴比伦国王布尔那布里亚什二世（Burnaburiash II）的女儿，与巴比伦建立了友好同盟之后，开启了他摧毁米坦尼王国的战役。国王布尔那布里亚什二世在面对可能的冲突时，似乎也更愿意选择外交或政治联姻的方式而不是战争的方式以保持友好的国际关系。

▶ 纳齐马鲁塔什（Nazi-Maruttash）界石（库杜如，kudurru）

黑色花岗岩，高50厘米，宽22厘米。加喜特巴比伦国王纳齐马鲁塔什统治时期（公元前1307年—公元前1282年），在马尔都克-阿普拉-伊迪纳统治时期（Marduk-apla-iddina，公元前1171年—公元前1159年）复制。卢浮宫博物馆，巴黎，法国。

库杜如，是将国王授予王室成员和臣属的封地及财产刻录在石碑上的一种文件形式，故称界石，代表了一种半封建性的社会组织制度。界碑上新颖而丰富的装饰包括神的象征符号、合约、神对违背契约人的诅咒，以及授予土地的国王的形象。它是公元前16世纪至公元前12世纪加喜特巴比伦时期唯一幸存下来的一种艺术品，目前被收藏在卢浮宫博物馆、大英博物馆和伊拉克国家博物馆。

这块纳齐马鲁塔什界石是加喜特巴比伦国王将土地赐予马尔都克神庙的记录，根据基座上的铭文，界石是一件由后世巴比伦国王制作的复制品，目的是为了永久延续已经被毁掉的界石上的契约。这块界石上用图形符号表现了19位神，例如，山羊-鱼代表恩基神，矛头代表马尔都克神，八角星代表伊丝塔尔女神，太阳圆盘是沙马什。这些神将会诅咒每一位企图亵渎界石的人。

◀ 梅利西帕克二世国王（Melishipak II）赠予儿子土地的纪念界石

黑色花岗岩，高65厘米，宽30厘米。加喜特巴比伦时期，约公元前1186年—公元前1172年。卢浮宫博物馆，巴黎。

加喜特巴比伦人对这种黑色花岗岩的偏爱如同以往古巴比伦阿卡德国王一样，他们从遥远的下海，波斯湾的阿曼进口这种石材，把它们运到阿卡德码头。巴比伦出色的雕刻家用此石材来制作雕像和石碑。

这块界石是记录梅利西帕克二世国王赐给他的儿子土地作为礼物的文件。雕刻家用一种当时流行的分栏方式表现了众神对世界秩序的维护。最上面一排的顶部有月神、太阳神以及伊丝塔尔神，下面是淡水之神埃阿和象征恩基神的山羊-鱼；下面一排包括龙背上的武器和狮头武器的武士神；再下面一排是马尔都克的形象，以及医药神古拉（Gula）；再往下一排是代表闪电和风暴之神的公牛；最下面一排，在蛇蝎横行的地面上，一切将受到神的控制。

界石的另一面，记载这一事件的阿卡德楔形文字是古代近东普遍使用的通用书面语言。

▶ 未完成的界石

花岗岩，高54厘米，宽36厘米。加喜特巴比伦梅利西帕克二世国王统治时期，约公元前1186年—公元前1172年。卢浮宫博物馆，巴黎，法国。

在公元前12世纪埃兰战胜巴比伦后，这些界石作为战利品被带到了苏撒，因此，界石都是在苏撒被发现的。

这块界石的顶部盘绕着一条蛇，下面是巴比伦众神中主要的神的象征形式，再下面一栏是一队正在演奏乐器的神和动物。下部大面积的空白处是准备刻写文字的，有的区域已经被刻上了横线，但文字还没有完成。一条有角的蛇（龙）盘踞在整个界石的底部，它是马尔都克神的象征。

界石虽然是一种记录关于土地和财产的重要法律文书的载体，但它们是被保存在神庙中的。从界石上雕刻的珍贵图案中，我们可以看到当时加喜特巴比伦统治者的宗教意识和生活情趣。

这块界石上的图案有些与众不同，中间部分的浮雕描绘了戴着角冠、携带弓箭的八个神在动物的陪伴下演奏着乐器。其中七位是蓄有胡须的神，一位拿着手鼓的女神跟在他们后面翩翩起舞。这些神从未在加喜特巴比伦的其他浮雕图案中出现过，不像那些有象征意义的神，他们更有着一种人性的体现，可能是仪式中的一些小神或外来的神，但一定是代表了国王的某种兴趣。

当亚述被控制在米坦尼手中时，巴比伦是安全的，但是现在，进入国际化竞争的时代，亚述的崛起令布尔那布里亚什二世感到十分不安，当他得知亚述国王正与埃及建立外交联系时，非常着急，立刻写信给法老：“关于我的属国亚述，我并没有派他们到你那里去，他们为何自作主张到你的国家去？如果你爱我，就不要让他们在那里做任何事，送他们到我这里来，让他们空手而归！”

布尔那布里亚什二世在信中说亚述是他的属国，这肯定不是事实，但我们可以理解他的焦虑。也许生活在美索不达米亚的人更了解亚述，如果亚述真的成为一个在国际上被认可的大国，对巴比伦王国来说将意味着多么严重的威胁。

埃及法老，最晚在图坦卡蒙的继任者阿伊统治时，认为一定不能再忽视亚述的力量，不再顾及巴比伦的担忧和请求，公开承认了阿舒尔乌巴利特伟大国王的身份。亚述与埃及建立起平等的外交关系，这标志着亚述在国际上具有与埃及同等的地位。

布尔那布里亚什二世放弃了对埃及的幻想，他决定以他的方式面对亚述。他与亚述建立了婚姻联盟，他的儿子娶了阿舒尔乌巴利特的公主，在举办了隆重的婚礼之后，两国开始了一段时间并不长的和平相处时期。亚述公主与他的儿子也生育了他们的后代，因为布尔那布里亚什二世做出的一个或许是出于善良和友好的决定，导致了严重的后果。在他将死的时候，他没有将王位传给儿子，而是传给了亚述公主所生的孙子。这个做法引发了加喜特巴比伦军队的暴乱，他们不能容忍一个有一半亚述血统的人登上巴比伦王位，于是无情地刺杀了刚刚即位的那个男孩，并占据了王宫。

阿舒尔乌巴利特迅速带兵入侵了巴比伦，不仅为他的外孙报仇，斩杀了那些凶手，而且，处决了刚被扶上王位的伪国王，另立了一位他认为可靠的王室后裔库里加尔祖二世（Kurigalzu II）为巴比伦国王。

可是，这位被亚述国王青睐的巴比伦国王似乎具有亚述人的秉性，他不但没有站在亚述的立场上统治巴比伦，反而一改以往加喜特巴比伦人的做法，主动发动了对亚述的军事入侵。此时，阿舒尔乌巴利特去世了，他的儿子恩利尔尼拉里（Enlil-nirari）即位，他立刻率军迎敌，将巴比伦人阻击在边境线上，在最终打败库里加尔祖二世之后，他反攻到巴比伦的土地上。在两国签署了和平条约之后，恩利尔尼拉里甚至侵占了巴比伦的领土，扩张了亚述的版图。

虽然在之后的一段时间里亚述和巴比伦之间仍然互有侵犯，总体上亚述占有上风，但或许是因为共处于美索不达米亚地区，亚述对巴比伦的悠久文化、宗教和历史充满敬仰，他们没有对加喜特巴比伦施加毁灭性的打击。继恩利尔尼拉里之后的亚述国王开始把目标转向了西方，那里是赫梯帝国的领地。

赫梯和埃及帝国

此时，赫梯与埃及的冲突已经上升到了最危险的边缘，大规模战争一触即发，赫梯国王将他的全部注意力集中在了准备与埃及在叙利亚南部进行的对抗上。

赫梯国王穆尔西里二世不久前刚刚去世，他的儿子穆瓦塔里二世接过了一个相对稳定的帝国，这位深谋远虑的国王造就了公元前13世纪赫梯帝国最辉煌的时刻。他不仅为先王和前辈们报仇雪耻，而且，将赫梯推向鼎盛。此外，在他统治下的帝国似乎可以调动整个安纳托利亚半岛上各个国家的力量参与他的军事行动，这在公元前2千纪的世界文明史中是非常罕见的。

这时的埃及在拉美西斯一世的带领下，已经开启了埃及著名的朝代之一，第十九王朝。当法老的王位由他的儿子塞提一世（Seti I）正式接替后，埃及开始夺回其在叙利亚地区的权威，恢复其在国际上的政治和军事大国地位。在卡尔纳克神庙建筑中雕刻的战争场景生动地记录了法老的胜利，在他执政的第一年，通过直接在迦南和巴勒斯坦地区发动的军事战役，埃及有效地重申了其在叙利亚南部的主权，并进一步向北推进，一举拿下了赫梯人控制的卡叠什和阿穆鲁王国。塞提一世的战争纪念碑上描述道："强有力的公牛，无情地攻击亚洲人，打倒了那些赫梯人，杀戮他们的首领，鲜血像火舌一样在他们中间流淌……那些不知道埃及厉害的国家首领被法老生擒成为俘虏，在摧毁了这些国家之后，法老凯旋而归，他重创了赫梯之地，使懦弱的叛乱者停止了行动。"[2]塞提一世的胜利不仅带回了大量的赫梯俘虏，而且使卡叠什以南以及沿海地区的领土重回埃及的霸权之下。这无疑是对赫梯人的宣战，穆瓦塔里二世绝不会允许埃及人在他的地盘上横行，但他没有急于出兵，他还需要做更充分的准备。

▲ 拉美西斯一世崇拜浮雕

石灰岩，长139.7、96、111厘米，宽165.1、148.5、258厘米。塞提一世神庙，阿比多斯，古埃及，埃及第十九王朝，约公元前1295年—公元前1284年。大都会艺术博物馆，纽约，美国。

这些阿比多斯神庙中的崇拜浮雕是由法老拉美西斯一世的儿子、继任者塞提一世完成的。拉美西斯一世被描绘成一位已故的国王，他被神化，与死亡的统治者奥西里斯神（Osiris）在一起。国王坐着，一只手伸向一张小的供桌，右边放着成堆的食物和饮料。上面列出了一些祭品，有部分已受损，接着是一连串的咒语，保佑"太阳神之子拉美西斯的口不会干渴，也不会饥饿"。右下方的小人儿举行祭祀仪式，还应该有塞提主导祭祀的形象，现在已经看不到了。国王的椅子在一个平台上，上面有象形文字"统一"，两个尼罗河神将上埃及和下埃及的象征（纸莎草和荷花）连接在一起。此外，尼罗河神还带来了装满淡水的花瓶，象征着"生命、一切幸福、一切食物和供给"。

另一面墙上的浮雕描绘了拉美西斯一世在伊西斯、鹰头的荷鲁斯神以及他的儿子塞提一世的陪伴下，向奥西里斯神献上物品。作为回报，奥西里斯神祝愿塞提一世："你是我的儿子和守护者。只要太阳还存在，你的名字就会存在。只要天空还存在，你的行为就存在。"

第三面墙上展示了拉美西斯一世和他的家人向奥西里斯雕像献上供品，男男女女的人群跟随着他们。拉美西斯一世领着四头健壮的公牛献给奥西里斯神。

赫梯帝国的隐患

穆瓦塔里二世做出了一个重大决策，将首都迁移到了帝国南部，距从安纳托利亚半岛进入叙利亚的通道西里西亚门更近的塔浑塔萨（Tarhuntassa），同时也指派了一位得力的大臣管理哈图沙。为了巩固北方对卡什卡人的防范，他做出了一个同样重要的决定，在北方的哈克皮萨城（Hakpisa）建立了一个行政中心。这个城市位于从哈图沙经过圣城尼里克进入卡什卡人领地的重要线路上，具有特别的战略意义，现在，这座城市就像苏比路里乌马在叙利亚的卡开密什和阿勒颇建立的封国一样，统辖帝国的北部。穆瓦塔里二世任命他的弟弟，已经拥有王室卫队首领最高职位的哈图西里（Hattusili）为国王，将整个帝国北方的所有城市和地区（包括高地地区以及克孜勒河盆地北半部）交给了他。穆瓦塔里二世将首都迁到塔浑塔萨，又在北方建立封国并留给哈图西里太大的权力，这种种做法从某种意义上说是对帝国的一种分裂，为今后王室的权力斗争埋下了隐患。不过，哈图西里在他所统治的地区成功地打击了卡什卡人，并将其重新安置被遗弃或人口稀少的定居点，甚至在大量生活着卡什卡人的地区建立起赫梯人的家园。在穆瓦塔里二世集中力量准备对付埃及的时刻，哈图西里的确为他的哥哥维护了赫梯北方的政权，有效地遏制了卡什卡人的威胁。

安纳托利亚半岛的西部也不可能是风平浪静，为了将注意力集中在叙利亚，穆瓦塔里二世放弃了一些在半岛西部地区的利益，与阿黑亚瓦王国达成了友好联盟。在平定一个由阿黑亚瓦支持、名叫皮亚马拉杜（Piyamaradu）的阿尔扎瓦贵族发动的叛乱时，穆瓦塔里二世派出了由他的将领加苏（Gassu）指挥的赫梯远征军，在米拉国王库潘塔－库仑塔率领的一支增援部队的协助下，抵达塞哈河地区后继续向西北进发，最终恢复了对威卢萨王国的控制。这位皮亚马拉杜是赫梯史上最具破坏力的一个人物，赫梯王国为之付出了巨大的代价。他传奇般的事迹加剧了迈锡尼人与赫梯王国的对立，却也为古希腊最著名的史诗提供了青铜时代晚期真实的历史印迹。

从赫梯与威卢萨国王阿拉克山杜（Alaksandu）签署的条约中，我们可以看出赫梯为维护西部领土稳定，尽量避免直接冲突。此时，穆瓦塔里二世很可能已经知道，在不久之后他将会动用所有可调动的军事资源在叙利亚展开一场大战。因此，他要求阿拉克山杜：“对于赫梯，这些是你的军事义务：国王，就是我的太阳。埃及国王，巴比伦国王，哈尼加尔巴特国王，或亚述国王，如果与这些人中任何一方发生战斗，或者在国内有人反抗我的太阳，我，我的太阳，写信给你，需要你的步兵和战车，立即派步兵和战车来协助我。”[3]从这段文字中可见，赫梯国王列出了当时可能与他具有同等地位的国家，而且他也意识到潜在的危险不仅来自埃及，他的军事备战已经部署到了遥远的爱琴海沿岸。

为了与埃及决战，穆瓦塔里二世所做的最后一件重要准备是，他在出征前选定了一位他的第二等妻子所生的儿子乌尔希－特舒卜（Urhi-Teshub）作为王位继承人，毕竟在古代战争中，国王亲自参加战斗有着极大的死亡风险。这一决定显然引起了宫廷内部的争斗，按照赫梯人的传统，此时宫中掌握大权的王后是穆尔西里二世依然健在的妻子，穆瓦塔里二世的继母达努海帕（Danuhepa），她很可能想让自己所生的儿子继承王位，因此反对穆瓦塔里二世对王储的选定。穆瓦塔里二世知道，在即将与埃及展开大战的紧要关头，宫廷内斗会对帝国造成巨大的破坏。所以，为了防止王后在宫廷中发动阴谋政变，他和他的父亲所做的一样，剥夺了她的职位，并将她流放出了首都。同时，也许他已经意识到宫廷斗争的复杂性，他所立的这个王子可能会有危险，所以，他将小儿子库伦塔（Kurunta）交给弟弟哈图西里抚养，作为王储的后备。穆瓦塔里二世这一系列无奈的举措为赫梯帝国的未来留下了后患。

◀ 泥板条约

黏土，长3.25厘米，宽2.5厘米。博阿兹柯伊，土耳其，公元前13世纪。大英博物馆，伦敦，英国。

穆瓦塔里二世与威卢萨国王阿拉克山杜签署的条约，19行。

卡叠什之战

在埃及，被誉为众神宠儿的拉美西斯二世（Ramesses II）继承了父亲塞提一世的法老王位，也继承了父亲称霸叙利亚的遗志。他即位后的第四年就开始为与赫梯人的对决做准备，他对叙利亚南部发动的试探性的战役使得卡叠什以南包括迦南、提尔和比布鲁斯等城市以及阿穆鲁的部分地区被牢牢地控制在埃及手中。卡叠什则成了埃及与赫梯两个帝国之间最具象征意义的前沿阵地，任何一方占有它，都可以证明自己拥有战胜对方的霸主实力。

终于，在公元前1274年，赫梯国王穆瓦塔里二世率领由赫梯武士组成的军队，并调动了安纳托利亚半岛和叙利亚地区所有附属国的军事力量，进入叙利亚。他的目标就是要彻底打垮埃及，决战的战场就在奥龙特河畔的卡叠什。即将打响的卡叠什之战被称为古代历史上的伟大战役，是已知最早对作战战术有详细记载的战役，是经过周密策划、使用间谍诱敌的最早战例，也是史上规模最大的战车大战，据称共有五六千辆战车参战。

卡叠什战役之所以著名，主要是因为这场战役异常惨烈，双方都有机会一举取胜，但战事一度陷入僵局，激战的场面被拉美西斯二世记载在至少五座埃及神庙的墙壁上。战役的结果是双方各有胜负，最终导致了两个强大的帝国签署了世界历史上最早的、真正意义上的国际和平条约。

同时，双方都动用了几万人参加的这场大战严重削弱了各自的实力，从此两国开始走上了衰退的道路。

根据埃及铭文记载，拉美西斯二世集结了从埃及招募的四个军团：阿蒙（Amun）军团（该军团由拉美西斯二世亲自指挥）、拉神（Re）军团、普塔（Ptah）军团和赛特（Seth）军团。公元前1274年5月下旬，军团沿海岸向北进发，每个军团都由一位将军率领，拥有约25个200人规模的战斗分队，每个分队分别由4个50人规模的连队组成[4]，并配有500辆战车。

而且，拉美西斯二世已经在阿穆鲁部署了一支特殊的部队，这支部队可能是效忠埃及的迦南雇佣军或者就是埃及人自己的军队。它最初的目的是为了保证该地区的安全，但后来，这支部队在卡叠什战役中发挥了关键的作用。因此，在卡叠什战役中，拉美西斯二世调动了五支部队，战车的数量超过了2000辆。

据埃及方面记载，赫梯一方集结了19个国家组成的联军："聚集了所有境外的国家，直到海的尽头……他们漫山遍野，人数众多，就像蝗虫一样。没有留下一分钱就夺走了那里的一切财物，送给那些外邦人，使他们为他（赫梯国王）而战斗。"[5]由此可见，赫梯帝国在当时国际上的影响力。

经过一个月的行军，拉美西斯二世已经接近卡叠什。他的挺进速度太快了，而且沿途没有遇到任何阻击，以至于他拉长了战线。他和他的阿蒙军团在前，不仅与拉神军团分离，而且将普塔和赛特军团甩在了后面，这使得他越接近敌人的领土所冒的风险就越大。

不过，当他带领阿蒙军团在奥龙特河边的一处浅滩准备渡河时，他获得了一个鼓舞人心、对他十分有利的情报。两个贝都因（Shosu bedouins）牧民被埃及军团抓住，在被带到法老面前接受拷问时，他们的表现令拉美西斯二世兴奋。他们告诉法老，赫梯国王"还在图尼普以北阿勒颇的土地上，因为太害怕法老了，不敢南下"[6]。

于是，拉美西斯二世又加快了推进的步伐，立即渡过奥龙特河占领了卡叠什西北部。此时，拉神军团正忙于渡河，而普塔和赛特军团还在南方数千米以外。

实际上，这两个贝都因人是穆瓦塔里二世精心安排的间谍，他们给法老提供了赫梯诱敌深入的假情报，"目的就是为了阻止法老的军团集结起来与赫梯人作战"[7]。

实际上，此时的赫梯国王穆瓦塔里二世和他的大军就在卡叠什，他们已经"装备完毕，登上战车，随时准备投入战斗，他们比沙滩上的沙粒还多，就埋伏在卡叠什的城墙后面"[8]。

当一名埃及士兵将再次抓获的两名赫梯侦察兵带到拉美西斯二世的面前时，他才获知了这一真实的情况。他立刻召集阿蒙军团的将领商议，在痛斥了他的情报人员失职之后，迅速派人赶往拉神和普塔军团，让他们火速前进。赛特军团实在离得太远了，已无济于事。

就在拉美西斯二世还在商议之际，赫梯的军队已经杀过来了，他们首先冲进了拉神军团。这突如其来的进攻立刻使拉神军团溃散，惊恐的埃及士兵情急之下混乱地逃向拉美西斯二世的阿蒙军团。赫梯人的战车在后面紧追不舍，并向北开始包抄阿蒙军团，要将拉美西斯二世和他的军队一网打尽。

赫梯战车撞穿了阿蒙军团的盾牌墙，就在拉美西斯二世即将成为阶下囚、战死沙场的最危险时刻，战场的形式突然发生了变化。

在埃及一方，那支在阿穆鲁的埃及部队在千钧一发之际赶到了，从背后杀来的这支部队使赫梯人猝不及防，减缓了他们的进攻势头。这不仅避免了拉神和阿蒙军团被全歼，而且为后续部队的到来争取了时间，最后，普塔军团从南面赶到，对赫梯联军形成了夹击之势。同时，在赫梯一方，那些纪律不严、目标并不坚定的外国联军中的民兵犯了在那个年代最有可能犯的错误，那就是面对已被打败的敌人留下的战利品，他们开始掠夺。这也导致了赫梯军人放松了警戒，加入劫掠的行动中，使赫梯原本以自重为优势的战车变得更加沉重，一下子将优势变为劣势，甚至有些人死于战车的相撞。

正是由于阿穆鲁军团的及时到来，以及赫梯方面的贻误战机，使赫梯拖延了歼灭埃及军团的时间，埃及人的后续部队得以最终赶到参加战斗，挽救了拉美西斯二世。但是，在埃及的铭文记录中，这些被淡化了，拉美西斯二世的光辉形象掩盖了一切。

就在战局变化的瞬间，拉美西斯二世重新振作，他非凡的勇气令埃及人再次建立起防线，法老发起了他的生死之战。

> 然后，陛下疾驰而去，冲进赫梯毁灭者的大军之中，他孤身一人，没有人跟随，他看到赫梯人还有其他国家的2500辆战车在外部包围了他……“我不知道有多少人，我就在他们中间，我呼唤你，我的父亲，阿蒙神。所有的国家都联合起来对抗我，我只身一人，没有人和我在一起，我众多的步兵抛弃了我，没有一个人看到战车上的我，我不断地向他们喊叫，可是没有人听到……当我呼唤阿蒙神的时候，他来了，他向我伸出手，我非常高兴……我做到了我所做的一切，我向右射箭，向左搏斗，我就在那2500辆战车的中间，它们在我的马前展开，可没有一个人是我的对手，我让它们就像鳄鱼一样落入水中，一个接一个脸朝下倒在另一个人身上。我随意地在他们中间大开杀戒。”[9]

其实，军事技术也是战况突变的决定性因素。赫梯的指挥官很可能对战场的地形认识不足，当赫梯联军冲入阿蒙阵营后，那里是一片比较开阔的平原，而埃及人在安营扎寨时的帐篷以及溃败时遗弃的物资等障碍物影响了赫梯战车的行动，但是埃及人的战车可以冲杀自如，这是因为赫梯战车与埃及战车在技术上有所不同。

根据考古学家和历史学家的研究，赫梯人的战车作为移动的射击和战斗平台，车身比较重，在与敌人近距离接触时，能够利用冲击力重创对手。因此，他们的战车比埃及人的战车更大、更坚固，能容纳三个作战人员。三个战士分别是：第一个人是车夫，他最重要的任务就是驾驭战车，没有盔甲和武器；第二个人是一名穿戴精良的甲胄、装备长矛或弓箭的武士；第三个人是盾牌手，必要时也使用长矛，他被拴在车箱的后部以便在激战时保持稳定。他的主要任务就是保护其他人不受敌人的伤害。为了能够承载这三个战士，赫梯战车的车箱中部被安置在轮轴的正上方，使车载的重量落在车轴上，减轻马匹的压力。埃及人的战车则是把车轮置于车箱的后部，这使得载重受到限制，只能承载两个人，一名车夫和一名武士。由于轮轴在车箱后面较远处，这种轻型战车更多地依靠马匹的力量，因此，速度是埃及战车最大的优势。在考古发现中，赫梯人也有埃及这样的轻型战车，而且车轮有八根辐条，但这不是赫梯人的典型战车，他们更多地制造轮子有六根辐条的重型战车。这是赫梯人的一项发明，六根辐条的轮子使战车既稳定又灵活。更重要的是赫梯战车的轮轴是铁制的，使战车更坚固耐用，而且战车上的武士装备了青铜时代晚期最先进的武器。他们的铁箭头比埃及人的铜箭头具有更大的穿透力，他们使用的铁剑也比青铜武器更有杀伤力。有学者指出，赫梯人掌握了当时所谓高科技的冶铁技术，而且知道如何淬火，他们的武器比美索不达米亚、埃及以及其他国家的青铜武器更坚硬、锋利。在一段时间内，这种武器帮助赫梯称霸古代近东。

但是，这些赫梯人用两匹马或四匹马拉的、载满战利品的战车在拉美西斯二世果断地开始反击时，变得相形见绌。虽然埃及的铭文和浮雕对拉美西斯二世英勇奋战的描写一定有夸大的嫌疑，但是，在这场战役中，年轻的法老在生死关头，以榜样的力量召集他的被打散的部队，驾驭着更轻便的战车，发挥出其快捷的特点，追上赫梯联军的重型战车。经过六次冲锋，年轻的法老带领他的部队击杀了一个又一个敌人，坚持到了最后时刻，他没有被消灭，他的更多的军团到了。

夕阳沉落之时，已听不到之前雷鸣般的马蹄声，赫梯军队从尘烟弥漫的战场撤退了。第二天的黎明，战火重燃，现在已无从知晓是否像前一天一样，又是一场屠杀。在双方均遭受到重大损失之后，战斗陷入僵局，没有谁还能给对方致命的一击，战役就此结束了。

谁是最后的赢家

也因此这场战役在历史上留下了一个有争议的话题：到底谁是最后的赢家？有的人认为埃及胜利了，在埃及的铭文中甚至记载了赫梯国王穆瓦塔里二世向法老求和，祈求怜悯。一些历史学家认为这场战役充其量是一个平局，双方最后以停战告终。由于记载这场战争的文字和浮雕证据都来自埃及，尽管这些一面之词具有一定的可信度，但法老夸大其词也是公认的事实。至今没有发现赫梯方面关于这场战役胜负的文献记载，但从现存零星的赫梯文献中我们可以看出，战后的格局表明赫梯实际上实现了其远征叙利亚的目的，穆瓦塔里二世是最终的胜利者。拉美西斯二世在埃及的神庙中对这场战役所进行的图文并茂的描绘只是对他在危难时刻顽强、果敢行为的炫耀。他将自己塑造成所有法老中无可置疑的最伟大的战神。

拉美西斯二世在关键时刻英勇的壮举只是让他逃脱了一场惨败，尽管他在战斗中射杀了众多的赫梯战士，被杀戮的赫梯军官的名单也被刻在了埃及神庙的墙壁上，我们没有理由怀疑这些记录的准确性，甚至他还缴获了大量的战利品，俘虏了大批的赫梯士兵。但是，我们所看到的战后的局势是，拉美西斯二世带着他的战利品和俘虏快速撤离了战场，一路向南退至阿巴（Aba），即今天的大马士革地区。他不仅没有夺取卡叠什，并且彻底丧失了对阿穆鲁的统治。而赫梯国王穆瓦塔里二世却带领着他的赫梯大军尾随在埃及军队的后面，继续向南挺进，追击到埃及在叙利亚南部所控制的领土上，并攻打阿巴，使拉美西斯二世被迫返回了埃及。占领了阿巴后，穆瓦塔里二世在返回赫梯前将新纳入赫梯势力范围的阿巴交给了他的弟弟哈图西里掌管。后来，哈图西里在一封信中写道：“因为我的哥哥穆瓦塔里发动了对埃及国王和阿穆鲁国王的战役，当他打败了埃及国王和阿穆鲁国王之后，到了阿巴。当我哥哥穆瓦塔里打败阿巴后，他回赫梯了，但他把我留在了阿巴。”[10]在另一封信中，当赫梯人知道拉美西斯二世在他的国内以卡叠什战役的胜利者自居时，哈图西里还威胁并嘲讽他：“难道你忘记了来自赫梯的敌人讨伐你的那些日子吗？”[11]

穆瓦塔里二世发动叙利亚战争的一个重要动机就是要完全夺回对阿穆鲁王国的控制，因为它所处的战略位置对保证赫梯在叙利亚的统治安全至关重要，此次远征的胜利达到了他的目的。但他对阿穆鲁的国王本特希纳（Benteshina）背叛赫梯、投靠埃及的行为非常愤怒，当他抓住本特希纳时，要把他押回赫梯，献给众神，并另扶持了一位国王取代他。但是，在他的弟弟哈图西里的请求下，穆瓦塔里二世把本特希纳交给了弟弟处置，哈图西里将本特希纳安置在了北方的哈克皮萨城，并给予他优厚的待遇。

▲ 卡叠什战役浮雕

阿布辛贝神庙，埃及拉美西斯二世统治时期。

法老拉美西斯二世在他的战车上奋勇作战，向敌人射箭（左上），周围是被他射杀后纷纷倒地的赫梯士兵，大批攻击他的赫梯战车被描绘得较小。

哈尼加尔巴特

赫梯人将他们所有的精力投入与埃及争霸的战役中，更加凶狠的亚述人始终在战场的东方潜伏着。虽然正在崛起的亚述还是畏惧赫梯帝国强大的军事实力，在赫梯与埃及的决战时刻没有敢趁火打劫，但是他们向西扩张的野心对赫梯形成的威胁已经显露。

对于为赫梯把守边境的前米坦尼王国、现在小得可怜的哈尼加尔巴特来说，来自亚述的压力越来越大。沙提瓦扎的继任者沙图阿拉一世（Shattuara I）作为现任国王，一定希望赫梯能给予他最大的支援，但是，他看到赫梯人正专注于与埃及的较量。在卡叠什战役之后，埃及在叙利亚的地位和权威受到严重打击。为了挽回败局，拉美西斯二世在两年后开始了反扑，经过几年的战争，稳定了他在迦南和巴勒斯坦地区的统治，并且严重威胁到赫梯从阿穆鲁以南到穆瓦塔里二世刚刚征服的阿巴地区。与埃及的这种居高不下的紧张局势使赫梯随时准备战斗。

然而，赫梯伟大的国王穆瓦塔里二世去世了，他指定的继承人乌尔希-特舒卜即位，他采用穆尔西里三世（Mursili III）作为他的王名，以提高自己的声望。不过，沙图阿拉一世对这个年轻的赫梯国王似乎缺乏信心。在这种情况下，虽然哈尼加尔巴特是赫梯的附庸国，但作为米坦尼王国的后续，沙图阿拉一世决定展现他独立的立场，他没有再寻求赫梯的支持，而是凭一己之力对亚述采取了先发制人的攻击。

结果是可悲的，这一不切实际的主动出击导致了他的惨败，亚述国王阿达德尼拉里一世（Adad-nirari I）一举打败了不堪一击的哈尼加尔巴特，俘虏了沙图阿拉一世。据阿达德尼拉里一世的王室铭文记载：“在我的主人阿淑尔神的指令下，我抓住了他，把他带到我的亚述城。我让他发誓（作为附庸效忠亚述），然后，我放他回到他的土地上，在他活着的日子里，我每年都在我的亚述城接受他的贡品。”[12]

军事上的胜利使亚述成为幼发拉底河以东最强大的力量，阿达德尼拉里一世宣称他所发动的战争是受到了美索不达米亚众神的召唤，这一声明被后来的大多数亚述国王使用。因此，他毫不客气地称自己为“伟大国王”。但他现在还是不想与赫梯彻底闹翻，同时，为了树立自己在国际上的地位，他派出了使节前往赫梯，并给国王乌尔希-特舒卜写了一封表达友好却又不合时宜的信。因为在信中，他不仅自称“伟大国王”，而且与乌尔希-特舒卜以兄弟相称，企图确立自己与国际大国国王平等的地位。结果，正在为亚述夺取他的附属国哈尼加尔巴特气愤的乌尔希-特舒卜以极为恶劣的态度对待了他的使节，并且回信道：“你为什么还说兄弟情谊？……论到弟兄情谊，难道那些交情不好的人也彼此称兄弟吗？我为什么要和你称兄弟，你和我是同一个母亲生的吗？我的祖父和我的父亲都未曾写信给亚述国王论到弟兄之情，你也不可一直写信给我，论及弟兄之情和伟大王权。这不是我爱听的！”[13]

赫梯国王对阿达德尼拉里一世这种恶意且强硬的态度使哈尼加尔巴特新即位的国王、沙图阿拉的儿子瓦萨沙塔（Wasashatta）看到了希望，他准备再次发起对亚述的反抗。他向赫梯人请求援助，说明自己将发动对阿达德尼拉里一世的叛乱，脱离亚述的控制，回到赫梯的阵营。为此，他还向赫梯献上了礼物，赫梯人也欣然接受了他的贿赂，这意味着他们也接受了瓦萨沙塔的请求。

阿达德尼拉里一世的亚述王室铭文记载了瓦萨沙塔发起的这场反抗亚述的起义，结果又是一次以卵击石的惨败。在一个叫作伊里杜（Irridu）的城市，瓦萨沙塔被阿达德尼拉里一世擒获：“我把他，还有他的王后，他的儿女以及他的臣民从城里赶出来，我把他们和他的财物带回了我的亚述城。我征服了伊里杜城，烧毁了它和它辖区内的城市。”[14]在征服了哈尼加尔巴特多座城市，掠夺了大量财宝之后，阿达德尼拉里一世大量驱逐哈尼加尔巴特的人口。这不仅是对被征服者的一种惩罚，还是使亚述王国得以发展和稳定的一种手段，他的这一创举后来成为亚述帝国战争的标准程序。哈尼加尔巴特人被迫成了亚述的奴隶，加在他们身上的是建设亚述王国的苦役。

国王瓦萨沙塔戴着镣铐被押回了亚述城，阿达德尼拉里没有再让他回去，在那里他从历史中消失了。哈尼加尔巴特这个前米坦尼伟大王国的后续就此即将走向终结，其大部分领土被并入亚述的版图，阿达德尼拉里直接派驻亚述的官员接管了这个国家。

胡里安人的米坦尼王国曾经迅速崛起，成为西亚最大的帝国，也最有可能统一近东世界。胡里安人遍布当时的世界各地，他们的宗教信仰被很多地区的人们接受。这使得胡里安人缺少了明确的敌友判断，它主要通过民族认同感建立的国家政体没有经受住强化和考验。米坦尼的国家主权如同他们在建立之初一样，来得快去得也快。

◀ 青铜弯刀

青铜，长 54.3 厘米。美索不达米亚北部，中亚述时期，约公元前 1307 年—公元前 1275 年。大都会艺术博物馆，纽约，美国。

弯刀的两侧刻有象形文字铭文：“阿达德尼拉里宫殿，宇宙之王，阿里克丹伊利之子，亚述之王，恩利尔尼拉里之子，亚述之王。”这把刀属于阿达德尼拉里，上面还刻有一只卧在平台上的羚羊。在美索不达米亚的艺术中，弯曲的刀剑作为权威的象征经常出现在神和国王的手中。因此，这把刀可能不是用于作战，而是阿达德尼拉里在代表王权的仪式上使用的。

内战

对于瓦萨沙塔的失败，赫梯是有重大责任的，乌尔希-特舒卜没有给他的属国应有的支援。他全力专注于与埃及的关系固然是一个重要的原因，但更重要的原因是他很可能在审时度势后，有意做出了放弃哈尼加尔巴特的选择。卡叠什之战后，赫梯的损耗太大，面对亚述不断在东方壮大起来的实力，他决定将瓦萨沙塔的命运交给阿达德尼拉里，不与亚述人发生直接冲突，以换取与亚述友好和平的关系。事实上，阿达德尼拉里的确没有再继续向赫梯发难，停止了亚述西进的步伐。但是，乌尔希-特舒卜无法保护自己属国的无能表现势必会影响他在国际和国内的权威。实际上，他面临的最大危险不是来自埃及，也不是亚述，而是来自他的国内，他真正迫切要解决的是对他的帝国王权的威胁。

乌尔希-特舒卜的叔叔哈图西里在穆瓦塔里二世统治时期，为他的哥哥出生入死，在赫梯帝国称霸近东、走向巅峰的路上立下了汗马功劳。在穆瓦塔里二世将首都迁到南方的塔浑塔萨之后，他在极为艰难的情况下抵御了卡什卡人的侵略，成功地守住了赫梯北方的疆域；当赫梯在安纳托利亚西部最大的“烦恼”皮亚马拉杜发起对赫梯属地的进攻时，年轻的哈图西里，在政治上和军事上取得了对皮亚马拉杜和阿黑亚瓦王国的胜利，最终收复了威卢萨[15]；当穆瓦塔里二世与埃及发动悲壮的卡叠什战役时，他辅佐伟大国王打到了战争的最南端。哈图西里对帝国是忠诚的，对穆瓦塔里二世是忠诚的，对他的侄子也是“忠诚”的。在乌尔希-特舒卜即位后，他一直尽心尽力培养年轻的国王，指导他处理国家事务。

在哈图西里的帮助下，乌尔希-特舒卜将首都又迁回了哈图沙，虽然塔浑塔萨仍然发挥着王国最重要的区域中心的作用，但这样做显然违背了先王穆瓦塔里二世的意图。年轻的国王不仅召回了当年由于对抗皮亚马拉杜反叛不利、被父亲废黜的塞哈河附庸国的老国王，而且，还将被父亲流放的达努海帕王后请回了宫中。更奇怪的是，在叙利亚具有重要战略意义的阿穆鲁王国，乌尔希-特舒卜废除了他父亲的决定，恢复了一直在哈图西里庇护下的本特希纳的王位。这一系列违背前国王意愿的举措，背后似乎都有哈图西里的影子。

在一份哈图西里对太阳女神阿利娜的祈祷泥板文献中，他写道："出于对我兄弟的尊重，我没有做过伤害他的事。由于他没有留下第一等的儿子，我就把他第二等妻子和他所生的儿子乌尔希-特舒卜扶上了赫梯的王位。我将哈图沙的全部都交到了他的手里，他就是赫梯的伟大国王。"[16]从这份哈图西里宣称忠诚的文献中可以看出，他对乌尔希-特舒卜继承王位是不认可的，因为在赫梯传统的继承法律中，第二等妻子和国王所生的儿子是完全有资格继承王位的，他在这里的特意声明实际上就是一种质疑。事实上，他从未称呼过他的侄子为了显示正统所使用的王名——穆尔西里三世。

随着乌尔希-特舒卜开始独立地处理国家事务，哈图西里的职位和权力被逐渐地剥夺，七年之后，哈图西里终于以神的名义向乌尔希-特舒卜发起了挑战："让我们在风暴之神和伊丝塔尔女神面前接受审判，谁是最终的胜者。"[17]乌尔希-特舒卜并不能确定自己是否是他叔叔的对手，但他必须行动，先发制人。他带领军队进入哈图西里的哈克皮萨王国，但遭到了哈图西里率领的大军的打击，乌尔希-特舒卜战败了，他一路撤到了萨穆哈，哈图西里又将萨穆哈城团团包围，乌尔希-特舒卜最终投降，成了囚犯。他被押回哈图沙，在那里，他被正式废黜，他的叔叔夺取了赫梯的王位，即赫梯历史上又一位伟大的国王哈图西里三世。

► 浮雕残片

玄武岩，长94厘米，宽45.7厘米，厚7.6厘米。安纳托利亚，赫梯新王国时期，公元前1千纪。大都会艺术博物馆，纽约，美国。

浮雕左部可能是一位高大的神的形象，已经残缺，他穿着长袍和鞋子，手里拿着一根手杖和一圈绳子。对于右上部的人物，我们通过他所穿的衣服和有装饰的腰带以及短裙可以看出他是男性。他留着齐肩的卷发，右手拿着一个杯子，左手拿着一枝棕榈叶。他们之间是一个供桌，桌上的盘子里盛放着鸭子等食物，可能是在向神献祭。在下部，一个较小的人物左手拿着矛，右手牵着马的缰绳，人物和马刻画得比较生动，整体构图不留空间却有力度。

公元前13世纪前后，赫梯帝国在与米坦尼、埃及、亚述王国的战争以及为争夺王位爆发的内战中消耗了原本强大的国力。

虽然哈图西里三世宣称他的即位是众神的旨意，他是在他的侄子先对他发动了战争之后被迫迎战，夺取了王位，他所统治的赫梯也正是帝国最鼎盛的时期，但是根据赫梯传统的继承法《铁列平诏令》，他是没有资格合法取得王位的。赫梯的宫廷斗争始终是帝国挥之不去的阴霾，这一次的篡权甚至发展成了内战，而哈图西里的王位之争并没有结束，这使赫梯走上一条不归之路。

无论通过政变的方式获取王位是否光彩，哈图西里三世首先要做的都是要争取本国人的支持，如果不能以各种手段和办法获得本国人的拥护，那么争取得到国际上其他国家的认可就更加困难和不确定。

国际外交

因为这次政变，哈图沙很可能发生了骚乱，哈图西里三世为此特赦了那些支持前国王的人，并一再申明自己的正义以平息事态。同时，按照赫梯的传统，他没有处死乌尔希-特舒卜，只将他流放出首都，到一个保证他生活安逸的地方去，但必须是一个远离权力中心并仍受他控制的地方。乌尔希-特舒卜被贬谪到了努哈萨，在那里他会受到阿穆鲁国王本特希纳的监视。但是，哈图西里三世还是低估了乌尔希-特舒卜的能力，几经周折，乌尔希-特舒卜逃脱了，而且跑到了哈图西里三世最大的敌人那里。他出现在了拉美西斯二世的宫殿里，埃及给予了乌尔希-特舒卜庇护，这使哈图西里三世的政权在国际外交上遭到了最严重的质疑。

虽然哈图西里三世以友好的姿态与加喜特巴比伦王国建立了和平稳定的关系，之后进一步完成了政治联姻，他的政治地位得到了巴比伦的认同，但是，他在东方真正的对手亚述没有给予他所希望的反应。相反，亚述人认为他“只是伟大国王的替补”[18]。为此，他立刻致信亚述国王阿达德尼拉里：“当我登基时，你没有派遣使节来见我。按照惯例，当国王登基时，与他地位相等的国王会送他合适的问候礼物，适合王位的衣服和圣油。但你今天没有这样做。”[19]哈图西里三世与他前任国王的态度完全不同，他将亚述看作与赫梯平等的国家，国王之间应该可以以兄弟相称。但是，阿达德尼拉里依然迟迟不承认哈图沙的新政权，哈图西里三世迫切地希望亚述能接受他所篡夺的王位，他不惜出让附属地，丧失领土，以最大的善意改善两国的关系。

当时，在赫梯和亚述边界，曾经是哈尼加尔巴特王国一部分的图里拉镇（Turira），出现了居民袭击邻近的卡开密什领地的事件，哈图西里三世慷慨地写信给阿达德尼拉里：“如果图里拉是你的，你去粉碎它，但你不要剥夺住在城里我的臣民的财产，如果图里拉不是你的，写信给我，那我就去粉碎它，你住在城里军队的财物也不会被剥夺。”[20]从信中可见，哈图西里三世已经放弃了原属地的主权，阿达德尼拉里一定欣然接受了这份大礼，两国的关系也有所缓和。阿达德尼拉里写信给哈图西里三世请他送自己一件铁制的礼物，铁在当时是一种非常稀有的贵金属，虽然古代近东地区的国家对铁并不陌生，但赫梯人在冶炼和加工方面的技术更胜一筹。不过，他们的制造能力也未必那么的炉火纯青，哈图西里三世写信告诉他：“至于你要的好铁，我在基祖瓦特纳城的军械库里没有好铁，现在不是炼铁的好时候。他们会做出好的铁，但是现在还没有完成。等他们做好后，我会送给你的。现在我先送给你一把铁匕首。”[21]

当时近东的四个大国中，埃及法老对哈图西里三世的赫梯王位的认可当然是最重要的，可是，哈图西里三世的最大政敌乌尔希-特舒卜还在埃及，拉美西斯二世依然在明确地庇护他。乌尔希-特舒卜本人也从来没有放弃过联络巴比伦和亚述的国王，争取他们的支持，随时准备反攻，夺回王权。哈图西里三世知道这一切，他写信给法老，坚定地声明："现在我才是赫梯的国王，不是乌尔希-特舒卜！"[22]

为了消灭他的心腹大患，哈图西里三世准备付出多大的代价呢？他在给加喜特巴比伦国王的信中说，他和埃及国王已经彼此敌对。从巴比伦国王的回信中可以看到当时的赫梯和埃及两国的局势是多么紧张，几乎又一次进入战备状态。巴比伦国王在回信中写道："如果你的军队去攻打埃及，我将和你一起去。你们若要与埃及开战，我必尽我所能，为你派去我的这些步兵和战车。"[23]

客观上，自卡叠什战役之后，虽然双方小规模的冲突不断，但已经不可能再次发生大规模的决战，哈图西里三世在寻求有效的外交方式解决他最大的难题。

▶ 泥板文书《哈图西里三世的道歉》(*Apology of Hattusilis III*)

黏土。刻有赫梯楔形文字。赫梯。伊斯坦布尔考古博物馆，伊斯坦布尔，土耳其。

这份被现代学者称为"哈图西里三世的道歉"的文件，讲述了赫梯国王哈图西里三世的生平和军事功绩。在他继位前后，他不仅在军事方面取得了成功，还和他的妻子普都赫帕 (Puduhepa) 在赫梯王国实行了宗教改革，并与当时的其他大国，如埃及和亚述建立了广泛的外交关系。在他从弱小的孩童到成为强大国王的经历中，女神伊丝塔尔一直是他的保护神，她不仅在战斗中帮助他，而且还对他个人生活中的重大事件给予了指导。[24]

《埃及-赫梯和平条约》

已经壮大的亚述虽然没有继续往西向赫梯的领土推进，但是它对叙利亚地区构成的威胁不仅使赫梯国王担心，而且也使埃及法老感到极度的不安。拉美西斯二世在慎重考虑了当时越来越复杂的国际形势以及如何巩固他在国内统治的大业之后，他回复哈图西里三世："难道你没有获得王位吗？难道我不知道吗？难道它不是已经牢牢在我心里了吗？履行你作为国王的职责！另外，我也知道关于乌尔希-特舒卜的事，你曾写信给我说过，'我已经坐上了他的王位'。"[25]当哈图西里三世一再要求法老引渡他的政敌时，拉美西斯二世却一直在说："我真的不知道他在哪里！他已经像鸟一样飞走了！"[26]

◀ 泥板文书，拉美西斯二世致哈图西里三世的信

黏土，高15厘米，宽12.3厘米，厚3.5厘米。博阿兹柯伊（古代哈图沙），土耳其，赫梯新王国时期，公元前13世纪。柏林近东博物馆，柏林，德国。

终于，人类文明史上的一件大事实现了，在卡叠什战役的15年之后，公元前1258年，已知最早的和平条约在赫梯和埃及两国之间诞生了，《埃及-赫梯和平条约》是唯一以双方语言版本保留下来的近东古老的条约，又被称为《永恒条约》。这一重大的历史性成就很可能是由哈图西里三世首先提出来的，赫梯在叙利亚的军事胜利使他们更有资格提出和解。在经过了反复的协商之后，双方把以各自语言制定的版本都翻译成阿卡德语刻写在银板上，送达对方，最终达成一致。所以，这份历史上伟大的和平条约也被称为《银板条约》。原始的银板现在已经不复存在，这篇源于古老文明的《埃及-赫梯和平条约》的复制品现在被显赫地悬挂在联合国总部的一面墙上。

► 《埃及-赫梯和平条约》泥板

黏土。博阿兹柯伊（古代哈图沙），土耳其，公元前1259年。伊斯坦布尔考古博物馆，伊斯坦布尔，土耳其。

这件文字泥板的复制品为埃及法老拉美西斯二世和赫梯国王哈图西里三世之间缔结的和平条约。在这份“永恒条约”中，埃及人和赫梯人缔结了“永远的和平与兄弟情谊”。条约的第一行写道：“拉美西斯，阿蒙神的宠儿，伟大的国王，埃及国王，英雄，在银板上与哈图西里，伟大的国王，赫梯国王，他的兄弟，约定”，之后在条约中写出：“拉美西斯二世将支持哈图西里的继承人掌握赫梯的王位。”

既然是《埃及-赫梯和平条约》，那么双方签署条约的目的一定是为了终止两国之间的战争冲突，建立和平友好的关系。当条约文本被发现后，一些古埃及学家曾经一度是这样解读的。随着研究的进一步深入，《埃及-赫梯和平条约》是否真的是为了"和平"而签署却受到质疑。在这份古代近东两个大国之间最重要的官方和平条约中，双方在达成了以下共同目标的前提下，彼此承诺将永远和平与友爱：第一，两国相互保证不会侵犯对方的领土，虽然条约中并没有就两国边界做出明确的划定，从其他文件中可知，埃及对迦南、黎凡特沿海城镇包括比布鲁斯及其以北的海港城市苏穆尔享有主权，并派有驻军。双方都将放弃对叙利亚有争议的土地采取敌对行动，不再发动战争。第二，双方建立战略联盟，条约保证如果任何一方受到第三方或国内叛乱势力的攻击时，另一方都将给予军事上的支持和援助。第三，每个国家都向对方发誓，会把逃跑的政治犯和难民遣返，这使得拉美西斯二世不再可能隐藏乌尔希-特舒卜。第四，拉美西斯二世显然是承认了哈图西里三世的国王地位，他承诺保护哈图西里三世的儿子继承王位，并帮助他对抗反对者，这也意味着赫梯王位的继承权不会再返回到穆瓦塔里二世家庭的那一支。最后，两位国王呼唤各自的众神为条约做证，赫梯的"千神"，埃及的"山川、天空、大地和风、云等神灵"将诅咒违背誓言的人，奖励遵守条约的行为。

联合国总部入口

虽然，条约文本中有"企求和平"的文字，但现在的古埃及学家和其他学者逐渐形成共识，认为条约中提到的要建立"永远的和平与兄弟情谊"误导了大家对条约的理解。实际上，这份在青铜时代晚期签订的条约是"出于各自利益的权宜之计……他们更关心的是建立战略联盟，而不是为了和平"[27]。对于哈图西里三世来说，因为王位的合法性问题使他非常被动，法老无疑是近东地区最具影响力的统治者，得到拉美西斯二世的官方认可将使他在国际舞台上具有不可动摇的地位。哈图西里三世使法老放弃支持他的侄子，只有两条路可走：一条是武力解决；另一条则是与埃及成功地结盟，彼此建立友好的兄弟情谊，以此阻止法老支持他的侄子与他争夺王位，同时可以获得拉美西斯二世对他作为赫梯正式国王的认可，从而有效地平息王国中支持拥有合法继承身份的乌尔希-特舒卜的民众的不满。另外，哈图西里三世在叙利亚所占有的土地已经使赫梯人享有了最大的利益，不需要再向南推进，而来自东方的巨大威胁才是他最担心的，亚述人随时有可能越过幼发拉底河对他发动进一步攻击。与埃及和解，建立军事联盟便是最好的策略。对于拉美西斯二世来说，多年来与赫梯人的对峙，不仅没能打破赫梯对叙利亚占领区的控制，还阻碍了埃及面向地中海的商业往来。与赫梯修好，可以使埃及进入像乌加里特这样的地中海东岸的重要港口，促进贸易往来。拉美西斯二世意识到战争带给埃及的只有损失，他希望成为一位通过良好的对外贸易促进埃及经济发展、获取更安全利益的伟大法老。此外，亚述的军事扩张对于埃及也是威胁，法老不希望看到亚述的势力出现在叙利亚地区，这股突然崛起的力量离埃及越近，不确定的危险也就越大。因此，法老决定与赫梯人结盟，支持他们直接与亚述人对抗，以保护双方在叙利亚的共同利益。更有意义的是，与赫梯签署条约可以为拉美西斯二世在国内树立自己的伟大形象，为他大兴土木提供可能。因为是哈图西里三世先提出的和解，拉美西斯二世利用两国语言各自独立的机会，将赫梯人描绘成求和的失败者，他本人则是一位结束了两国长期敌对战争的胜利者。由于不再为战争消耗巨大的投入，他在整个埃及修建了许多神庙和宫殿，在他新迁至的首都派-拉美西斯城（Pi-Ramesses）建造了前所未有的巨大庙宇和居住宫殿。在这些建筑中，装饰着代表他不朽而神圣力量的浮雕和石像，这使埃及臣民完全相信他是赫梯的征服者。而且，这一切使得拉美西斯二世有精力处理更多的国内事务，其中，可能与赫梯人一样，也涉及一件神话般的历史事件。

▲ 巨大的拉美西斯二世的雕像

石英岩，重5吨。开罗，埃及，拉美西斯二世统治时期。

2017年3月，考古学家在埃及开罗发现了一件巨大的石英岩雕像，该雕像出土于一座拉美西斯二世的神庙遗址附近，很可能就是埃及统治者拉美西斯二世的雕像。《国家地理》也讲道："2006年，考古学家在开罗一个市场的地下发现了一座最大的太阳神庙，这里有许多拉美西斯二世的雕像，重达5吨。其中一尊雕像刻画的是法老坐着，穿着豹皮，表明他可能在神庙建造时担任拉神的大祭司。"拉美西斯二世为自己建造了一座以自己的名字命名的巨大都城，通常被认为是《出埃及记》中最可能的法老。[28]

青铜时代晚期西亚地区的城市

历史疑案之一：走出埃及

一个非常严重的情况使这两个国家的统治者都感到十分的不安，这也是促使双方要尽快达成和解、签订条约的一个因素。一股新的破坏性力量出现了，他们从海上来，烧杀抢掠，当遇到阻击后，他们又会消失在大海中，给两国造成了新的损失和威胁。

早在拉美西斯二世统治的第二年，一些不明来路的人袭击了埃及在地中海航线上满载货物的船只，这些人的小型舰队出没于埃及沿海地区，肆意掠夺和焚烧海岸城镇，随后又会迅速逃逸。埃及人称他们是施尔登人（Sherden），可能来自爱奥尼亚（Ionia）海岸，也可能来自撒丁岛（Sardinia），或者来自安纳托利亚西南部。他们对这些地区的骚扰已经持续了很长时期，因为不清楚他们到底是哪里人，这些侵略者被视为“来自海上的异邦”。塔尼斯（Tanis）的一块石碑上写道：“没有人知道如何与这些不守规矩的施尔登人作战，他们驾着战船从海中而来，没有人能抵挡他们。”[29]不过，这一次，拉美西斯二世成功地击退了他们，他事先在海岸的战略要地部署了军队和战舰，耐心地等待施尔登海盗攻击他们所发现的猎物，然后出其不意地发起海战，一举将他们全部抓获。但是之后，包括利比亚人（Libyans）在内更多的海上异邦对埃及施加的压力越来越大，这股进一步有组织扩大的“海上民族”对古代近东文明造成了巨大的破坏。法老拉美西斯二世一定不会忽视这股来自海上并且直接对他的本土造成损失的力量。

拉美西斯二世被认为是埃及新王国最伟大、最著名的法老，他不仅捍卫了本国的领土，留下了大量宏伟的建筑，还有一件事似乎也与他有关。

虽然有学者认为《出埃及记》可能只是一个虚构的传说，其中所记载的事件很难得到历史文献和古文物的证实，但它仍然被学术界看作是非常有价值的资料，这则故事至今被犹太人传颂。不管如何分析以色列人是何时走出埃及获取迦南之地的，确定此时统治埃及的是哪一位法老一直是各界探讨的历史话题。

◀ 坐着的女人

陶土。沙阿·哈戈兰，以色列，新石器时代，公元前7千纪晚期。大都会艺术博物馆，纽约，美国。

《出埃及记》讲述了先知摩西（Moses）在神耶和华的指引和帮助下，带领在埃及受到压迫的以色列人摆脱奴役，逃离埃及的事迹。故事中涉及两位法老，但是没有给出法老的名字，这使学者们陷入极大的争议之中。从埃及第十八王朝的建立者阿赫摩斯一世（Ahmose I）算起到第十九王朝的各位法老再到第二十王朝的拉美西斯三世（Ramesses III），几乎所有有作为的法老都有可能是《出埃及记》的法老，这也使得推断以色列人走出埃及的时间差异非常大。其中，拉美西斯二世就是这位法老的推断压倒了其他法老的可能性。那么，拉美西斯二世一定是这位压迫以色列人的残暴法老吗？毫无疑问，这位大兴土木建筑的法老应该是位残暴的法老，但他一定就是《出埃及记》中的法老吗？

《圣经》记载，一位法老看到以色列人的人口在埃及大幅度增加，甚至比埃及人还要强盛，于是他决定用一种巧妙的办法来处理这种情况。他加重了以色列人的劳役负担，为法老建造了比东和兰塞两座城，他让以色列人在制泥、制砖以及田间各种工作中服苦役，并派出监工严加看管，使得他们的生活苦不堪言。一个叫摩西的以色列人出生了，关于他的传说与阿卡德的萨尔贡一样，他被装在篮子中放在了河边，来河边洗澡的法老的女儿见到后将他收留为自己的儿子，把他抚养成人。但后来，在一次为保护以色列人的争斗中他杀死了一个埃及人，由于埃及与周围的邻国都签署有引渡条约，所以他被迫逃入沙漠。在那里，神耶和华降临，指导摩西将受苦的以色列人带出埃及，到美好、宽阔、流着奶和蜜的迦南去。为了使人们相信耶和华神的威力，他要使埃及法老的心肠变得坚硬，更加冷酷地对待以色列人，他要在埃及的土地上降下十种灾难，但同时会保护以色列人不遭受伤害。他要让以色列人知道，他是宇宙万物之上唯一的神。

随着时间的推移，法老死了，一位新的、同样不知其名的法老继承了埃及王位。因此，摩西安全了，他可以回到埃及拯救那些被奴役的以色列人。一天早晨，摩西和他的兄弟亚伦（Aaron）进入法老的宫殿，向法老禀告以色列的神耶和华的旨意："让我的人民走吧，在旷野向我祭祀。"这句话对法老来说不仅是莫名其妙的，而且更是大不敬。作为拉神、太阳神的儿子，底比斯阿蒙神的宠儿，自己也是众神中的一个神，法老愤怒地说道："耶和华是谁，要我听从他的话，让以色列人走？我不认识耶和华，也不会让以色列人走。"当天，他就更加凶狠地吩咐监工："不要再像以往那样给那些百姓稻草去做砖，让他们自己去找稻草，但是，工作量一点也不能减少。"稻草是作为捆绑泥砖以防在运输过程中破碎的必要材料，于是，以色列人到田间去收集能替代草的碎秸，结果运到工地的泥砖一半都破碎了。由于不能完成任务，他们遭到了责打。

耶和华让摩西和亚伦在法老面前不断地重复让以色列人走的要求，并开始出手制造一个又一个奇迹。一开始，他们用魔法将手中的杖变成了蛇，但是，这个把戏对于埃及人来说早就不新鲜了，法老的术士们丢下各自的杖，也变成了蛇。第二天，耶和华让摩西把河水变成了血，随后，又制造了蛙灾，术士们也照样可以做到。直到摩西使尘土变为虱子，术士们做不到了，众人惊呼："这是神的手段。"但是，法老刚硬的心肠依然不为所动。为了更好地达到目的，耶和华指使摩西又给埃及带去了蝇灾、畜疫、疮灾，术士们再也无法应对，消失在了疾病中。接下来更加残酷的雹灾、蝗灾、黑暗之灾重重地打击了法老的傲慢，他似乎不再那么坚定，他的臣民也绝望地对他喊道："这个人祸害我们要到几时呢？让这些人走吧，去侍奉他们的神。你还不知道埃及被灭了吗？"但是，心肠变得更硬的法老还是不想失去他的这些以色列奴隶，他开始表现出妥协，却都是在欺骗。最可怕的灾难降临到了每一户埃及人家，半夜，埃及土地上所有的长子，从宝座上的法老，到监狱里的囚犯，他们的长子，以及一切头生的牲畜，尽都被杀。直到这最后一次杀长子之灾发生后，法老看到在所有的灾难中，以色列人受到了神的保护，都没有被伤害。他终于知道了耶和华的神力，他让步了，让以色列人走。但随即他又对这一决定感到懊悔和愤怒，立刻带领战车前去追赶。在无法横渡的红海岸边，法老的军队追上了以色列人，就在恐惧中的以色列人抱怨摩西不该将他们带出埃及时，耶和华将海水分开，让摩西带领以色列人从中间的干地逃走，而后面追赶上来的埃及军队被复合的海水全部淹没。如此神奇地走出埃及，以色列人更加信服和敬畏神耶和华，据说，他们从此跟随摩西走上了一段长达四十年的游荡之路。在艰难的征途中，以色列人有过动摇，也做过违背旨意的事情。白天，耶和华在云柱中为他们领路，夜间用火柱为他们照路，在没有食物时，为他们降下吗哪食用。在西奈山他们接受了十诫，按照指示制作了约柜用来放置法典，建造了会幕。最终，以色列人来到了迦南。耶和华命令他们，除了神耶和华以外，他们不可有别的神，不能崇拜其他的神，不能效法其他国家和民族的行为，要把他们的神像全部摧毁，打碎他们的形象。

神耶和华的一些特点与埃及众神有相似之处，犹太人的一些习俗，如割礼等，可能来自埃及祭司的行为，以色列人走出埃及重返迦南地区的事迹应该有着其历史的真实性。据说，以色列人走出埃及到达迦南用了四十年的时间。有学者指出，出埃及所持续的时间肯定不是四十年，可能出埃及的时间不超过四年，希腊化时代的历史学家认为这一时间只有七天。[30]对于埃及人来说，也许是各种自然灾害带给了他们巨大的苦难，法老的战车部队在红海又遭到了重大损失，这一切都归罪于以色列人。出走的以色列人可能是进入了沙漠地区，一直没有放弃这些奴隶的法老不知道他们的行踪，但是，无论是四十年还是四年，时间都不算长。他们一旦出现在埃及的势力范围内，不管他们是否真的给埃及的土地造成了灾难，当事的或者后续的法老一定不会放过他们。以色列人大举入侵迦南地区并不是悄无声息的，他们占领当地的城市，按照耶和华的命令摧毁对其他众神的崇拜，而不怕法老的报复。他们敢这样做只有两种可能：一种可能是迦南不在埃及的统治范围内，当时的埃及还没有牢固地控制这一地区；另一种可能则是由于埃及国力的衰退，尤其是国际形势的新变化，以色列人认为法老无力顾及他们在迦南的行动。事实果真如此吗？

当年，希克索斯人驾驭着马和战车对埃及三角洲发起袭击时，埃及人无论在战争或日常生活中还未曾见过马匹，希克索斯人成功地占领埃及，并统治了长达一个世纪。在公元前16世纪上半叶，起源于本土底比斯的王朝首领阿赫摩斯勇敢地与希克索斯人作战，将他们以及一些同盟部族赶出了埃及，建立了重新统一的埃及第十八王朝，他就是阿赫摩斯一世。阿赫摩斯一世死后，他的儿子阿蒙霍特普一世统治埃及，他继续将本土尚未完全统一的地区征服。在埃及解放之战结束后，他建立了规模庞大、随时待命并使用战马和战车的军队。[31]

有学者认为，以色列人出埃及的时间应该在这一时期，此时，迦南地区还没有受埃及统治。而且，"阿赫摩斯风暴石碑"上记载了当时埃及发生的种种灾难，黑暗、暴雨、狂风和洪水，甚至提到了火山爆发和地震，铭文中记述的内容与《出埃及记》中的“瘟疫”很相像。但是，这个观点也存在一些问题。首先，人们认为阿赫摩斯一世在攻打希克索斯人聚集的中心城市阿瓦里斯（Avaris）时，战争是残酷和血腥的，但据对这座城市废墟的考察显示，这里没有发生过大的杀戮。可能在双方达成协议后，阿赫摩斯一世让希克索斯人离开了埃及。人们在之后埃及的仆役列表中也没有发现闪米特人的名字，这说明希克索斯人以及他们的同盟部落没有被迫使成为奴隶。他们是被驱逐出埃及的，绝没有被强制留下的可能。而且，当这些人向北进入迦南后，阿赫摩斯一世还追到了巴勒斯坦的沙如罕（Sharuhen），他显然不希望他们在距离埃及不远的地方存在。法老在迦南甚至更远的北方地区声张主权，一个叫哈佐尔（Hazor）的迦南城市也被埃及人直接控制[32]。这与《出埃及记》中的讲述很不一样。摩西对应到当时的人物可能是一位军事领袖，与法老有过直接的接触，但当时他们的观念最多是主神崇拜，诸神在一位神的统领下，即不否认其他神祇的存在，这很难被认为是一神论。还有一个指标通常被用来确定是否为《出埃及记》的法老，就是耶和华所降临的杀长子灾难，法老一定失去了长子，可是，阿蒙霍特普一世是一个奇怪的法老，他不仅没有长子，而且没有孩子，他似乎不太喜欢女人，更不担心自己王位的继承问题。另外，在他统治时期，由于国库并不宽裕，他没有大兴土木，没有建造金字塔，但他一定为刚建设起来的埃及战车部队投入了钱财。这支军队为他击败努比亚（Nubia）提供了保证，而且他还很可能已经开启了对亚洲黎凡特和叙利亚地区的战争。因此，他不会轻易地调动这支战车部队，更不会动用全国的战车去追赶以色列人，并且还全军覆没。如果马、战车以及他的战车兵受到重大损失，那将极大地限制他发动统一埃及的战争。

继阿蒙霍特普一世之后，埃及法老率领军队频繁出入迦南，进入叙利亚，牢牢地控制了迦南地区。在最有可能是《出埃及记》的多位法老中，首先的人选是图特摩斯一世。他带领军队进入叙利亚，米坦尼不敢与这支陌生的军队交锋，于是退避。法老长驱直入逼近幼发拉底河，如果图特摩斯一世第一次进入亚洲就使得米坦尼后撤，那么，米坦尼可能已经知道埃及人的厉害。也就是说，在图特摩斯一世之前，很可能就是阿蒙霍特普一世的埃及军队已经在亚洲初露锋芒。之后，虽然有很多迹象将《出埃及记》的法老指向图特摩斯三世，但美吉多战役之后，他建立了埃及有史以来最强的统治，绝不可能允许逃脱的以色列人在这里生存。即使在他死后，他的继任者阿蒙霍特普二世统治时期，这种控制权依然不可动摇。由于阿蒙霍特普二世有很多符合《出埃及记》中法老的特征，被认为是很有可能的人选，但他可以随意出入迦南地区，没有任何阻力去抗击米坦尼的扩张，而且，他不像《出埃及记》中的法老那样是一个非常顽固的人，他可以根据局势做出相应的转变，将埃及与米坦尼的对抗转化为和解。在与米坦尼王国建立联盟之后，他的后代法老更是通过联姻，使埃及对迦南地区的统治更加稳定。阿肯那吞的宗教改革被认为显示出一种一神论的强烈倾向，他也是可能的法老人选。阿马尔纳时期世界局势复杂，内政问题使得埃及在与赫梯帝国的竞争中失利，对近东的控制减弱，但没有文献和相应的证据表明以色列人在公元前14世纪前期在迦南的土地上生活过。有一些学者试图通过理性地对自然现象的考察来解释各种神迹，例如洪水、干旱、瘟疫等灾难，以及红海一分为二可能与爱琴海圣托里尼岛（Santorini）火山爆发引起的海啸，或者尼罗河与西奈沙漠之间沼泽地的涨落有关。但经过对地质学和考古证据的分析，各事件之间相差的时间有将近四百年的间隔，很难得出正确的结论。

法老塞提一世以发动与赫梯帝国对抗、夺取巴勒斯坦沿海城市的一系列战争而闻名，同时，也以建造巨大的建筑工程而令人敬畏。据推断，《出埃及记》中提到的比东和兰塞两座“积货城”就是他开始兴建的，他可能需要大量的奴隶，而这两座城是在拉美西斯二世在位期间完工的。兰塞城被确定就是以拉美西斯二世命名的派-拉美西斯城。因此，拉美西斯二世可能就是以色列人走出埃及时的法老，事情应该发生在公元前13世纪中叶。这个理论已经成了关于推测《出埃及记》中是哪位法老的主流观点，这一认定甚至阻碍人们再去思考其他法老是否更为符合的可能性。

在《出埃及记》中派-拉美西斯城作为以色列人逃离奴役的城市不止一次被提到，但是，没有记录和证据表明这座城市有过大规模的人口外流，与所有其他法老统治时期一样，在埃及历史上没有出现过大规模人口逃离的现象，更没有发生过追逐大批逃走奴隶的事件。不仅拉美西斯二世这样一位重视书写历史、擅于美化自己历史记录的法老对以色列人的大迁徙只字未提，而且，埃及人虽然有以书写方式记录历史的传统，但在他们所有的记载中也未曾有关于大量希伯来奴隶的记录。事实证明派-拉美西斯城并没有以色列奴隶参与建设，对拉美西斯城的考古挖掘没有显示出那里有大量闪族人口生活的迹象，当时这里没有以色列人，也没有发生过灾难。

如果仅从迦南之地是否被埃及人控制，以色列人何时能够入侵这一地区来看，很多学者倾向于以色列人更早时就走出了埃及，可能在几个世纪之前。当然，在上述法老所统治的王朝中也有对迦南控制减弱的时候，例如，图特摩斯二世、哈特谢普苏特（Hatshepsut）、图坦卡蒙等统治时期。目前，关于以色列人何时走出埃及仍然是一个未解之谜，但很可能一直有希伯来人定居在迦南，与迦南人共处，没有被明显地区别对待。而大约在公元前1250年这个时期，有为数并不是很多的以色列人离开埃及，经沙漠重返迦南之地，并强化了自己的宗教和民族属性。

不管《出埃及记》的故事是否反映了真实的历史，但有一点是可以肯定的，无论是文字记载还是考古证据都表明，公元前13世纪晚期，以色列人作为一支单一民族已经出现在迦南，如果确实有以色列人从埃及迁徙，那么迁徙应该发生在这个时间之前。

如果《出埃及记》的故事真的发生在拉美西斯二世时期，那么最有可能是主角的法老应该是他的儿子、继任者麦伦普塔赫（Merenptah），因为他是所有埃及法老中第一位、也是唯一一位知道并提及以色列人的法老。在发现的麦伦普塔赫石碑上，他首次使用了“以色列”这个词，碑文中出现的特殊标记表明，这个词不是指一个地区或国家，而是指一个民族，麦伦普塔赫石碑也是最早提到以色列人的历史考古文物。

拉美西斯二世是个长寿的法老，他强势的统治可能长达六十余年，他的第十三个儿子麦伦普塔赫继承王位时，已经年近六十。拉美西斯二世去世的消息很快在当时的世界各地传开，如果所记载的摩西返回埃及拯救以色列人的事迹是真实的，那么，这一时刻也许是符合当时埃及局势的。

▶ 拉美西斯二世雕像

花岗岩，高266.8厘米，宽203.3厘米。底比斯，古埃及，约公元前1279年—公元前1212年。大英博物馆，伦敦，英国。

雕像出色地展现出拉美西斯二世面部和身体的完美，这尊来自于底比斯神庙、重达7.25吨的伟大形象彰显出法老的威严和权力。

越来越多来自海上的异族出现在三角洲的西部，与利比亚人相遇，在侵略埃及、掠夺那里富饶财富的动机驱使下，他们结成联盟。这些海上异族有施尔登人，还有可能是来自希腊的迈锡尼人（Eqwesh），来自西西里（Sicili）的舍克利斯人（Shekelesh），伊特鲁里亚（Etruscan）的特雷斯人（Teresh），来自利西亚（Lycia）的卢卡人（Lukka）等。他们在一位利比亚国王的带领下，占有了埃及的绿洲，侵吞着土地上的财富。法老麦伦普塔赫像狮子一样发怒了，在他统治的第五年，公元前1207年第三季的某一天，埃及军队出现在了利比亚联军的阵前。两军遭遇后的第二天，埃及人开始进攻，先经过了六个小时的弓箭射杀，大批人死于非命，然后是近距离的刀剑拼杀，利比亚联军被完全歼灭。可怜的利比亚国王跑掉了鞋子，扔掉了武器，甚至丢掉了他盛水用的皮囊，趁着黑夜逃进了沙漠，遗弃了他的军队、他的家庭，还有他的王位。次日，没有他的消息，谁也不知道他是死是活，这场战斗有超过9000人死亡，敌人的手被砍下作为统计证据。

哈佐尔是以色列最大的迦南人居住的城市，青铜时代拥有辉煌的宫殿和神庙建筑，它是连接埃及和美索不达米亚商贸路线上的重要供水要塞，被称为“城市之首”。据考古发现，这座城市在公元前13世纪晚期被完全破坏，坚固的城市被烈火烧毁，倒塌的玄武岩神像破碎不堪，其中包括一座迄今为止在以色列发现的青铜时代的最大雕像。这与《圣经》中提到的，在以色列人征服迦南的过程中，一场大火将哈佐尔彻底摧毁相吻合。进行挖掘的考古人员也认为，最有可能的破坏者就是以色列人。或许以色列人遵照耶和华的命令，摧毁一切对其他神灵的崇拜，将这座城市夷为平地，随后重新在这里定居。

以色列人在迦南的出现以及造成的破坏一定令法老感到震惊，他不可能坐视不管，在战胜了利比亚联军之后，他带兵进入迦南地区，平定那里的异族。麦伦普塔赫石碑的碑文中写道：“迦南诸国皆遭镇压……以色列一片荒凉，断绝了子孙。”

这明显是夸张，以色列人的后代至今繁衍生息。当时，以色列人也许利用了海上民族对近东地区不断增加的入侵压力，他们认为埃及已无实力统治迦南，所以公然占领了哈佐尔，进而控制了这一地区。无论以色列人是何时进入迦南，当时埃及的法老究竟是谁，公元前13世纪末，在近东文明的大变局中，以色列人作为世界民族的一员已经崛起。

王后普都赫帕的外交

哈图西里三世与拉美西斯二世签署了在众神监督下的和平条约之后，两国的关系开始改善，双方停止了在边境的冲突，也消除了各附庸国之间的争端。拉美西斯二世不敢再庇护赫梯王位的合法继承人乌尔希-特舒卜，他考虑将这个危险的人物交还给哈图西里三世，哈图西里三世也认为这个令他感到最棘手的问题将随着两位国王建立起来的兄弟情谊而迎刃而解。但是，他们没有想到，狡猾的乌尔希-特舒卜可能是听到了风声，觉察到了事态的变化，他突然不辞而别，离开了埃及，没有人知道他去了哪里。哈图西里三世写信要求法老不惜代价抓住他，拉美西斯二世也确实尽了一切努力，但一无所获。乌尔希-特舒卜跑回了赫梯的土地上，他显然在赫梯拥有众多的支持者，哈图西里三世最终也没有抓住这个一心想夺回王位的侄子，穆瓦塔里二世后代的存在对赫梯帝国的稳定始终是一个动荡的因素。

▲ 哈图西里三世和普都赫帕的联合印章、压印图案

黏土。哈图沙、乌加里特，赫梯帝国时期。土耳其科鲁姆考古博物馆，土耳其。

在赫梯人的首都哈图沙和乌加里特都发现了国王哈图西里三世和王后普都赫帕的联合印章压印，这枚与众不同的印章同时刻有二人的标志形象。顶部是一个带翼的太阳圆盘，“我的太阳”象征着王室，中间像是一个带有花瓣的玫瑰花图案，左侧是哈图西里三世的标志和名字，右侧象征“伟大”的头饰下以写实浮雕形式呈现的女性头像代表的就是王后普都赫帕。王后的名字也以赫梯的象形文字刻写在印章中央部位，即“伟大王后普都赫帕”，表明王后享有与国王平等的权力。

卡叠什战役之后，哈图西里三世在返回自己国家的途中，特地前往基祖瓦特纳重要的宗教中心为他的守护神伊丝塔尔女神举行纪念仪式，因为他坚信并宣称这位女神一直是他取得胜利的保障。就在这次祭奠女神的过程中，他遇到了当地为女神服务的女祭司普都赫帕，或许又是伊丝塔尔女神的安排，哈图西里三世爱上了普都赫帕，这可能是王室婚姻中难得的一段一见钟情的真挚爱情。这份美好的姻缘对于哈图西里三世，甚至对于赫梯帝国来说都是幸运的。然而，王室宫廷的生活一向是复杂的，在普都赫帕的书信中记录道："当我进入王宫的时候，我看到了国王的女儿们，我帮助她们接生了孩子，并养育他们。我还抚养他们成人，使他们成为军队的指挥官。"显然，在普都赫帕进宫之前，无论哈图西里三世是否有王后，他应该是有妻子的，而且有孩子。在哈图西里三世登上赫梯王位后，普都赫帕不仅是一位忠贞的妻子，被授予帝国中至高的地位，在她的丈夫执政期间，王后还成了他统治帝国最重要的助手，也成了在当时的国际舞台上一位杰出的外交家。

在国家政治、外交、法律和宗教等事务中，王后普都赫帕都发挥了积极和有效的作用，与她的丈夫一起平等而独立地履行职责。在乌加里特的考古挖掘中，考古学家发现了一份关于一件海事纠纷的文件，该文件是赫梯王后以阿卡德语写给乌加里特国王的国际仲裁通知，上面钤盖了王后普都赫帕的印章，并使用了"我的太阳"的头衔，这表明她可以全权代表赫梯国王独自处理国际事件。她不仅曾经直接要求在叙利亚的小国与埃及签署和平条约，而且还参与了具有历史意义的《埃及-赫梯和平条约》的签订。虽然银板没有幸存下来，但根据埃及方面的资料，这张银板的一面是伟大国王哈图西里三世的印章，另一面是伟大王后普都赫帕的印章。

《埃及-赫梯和平条约》使埃及和赫梯化敌为友，哈图西里三世宣布，他将会把公主嫁给拉美西斯二世，拉美西斯二世也保证，尽管其他伟大国王也想把女儿嫁给他，但这份荣誉只属于赫梯公主。于是，双方就王室婚姻的事宜展开谈判。从现存王后所收到的来自埃及的15封信中可见，操控两国之间政治联姻的负责人是普都赫帕，拉美西斯二世写给哈图西里三世的信件只是出于礼貌的外交程序，同时写给普都赫帕的信语气相当正式，特意使用长而礼貌的格式，表现出对这位赫梯王后与伟大国王享有同等地位的尊重，信中落实了各项具体事务。在拉美西斯二世的一封信中，他称她为"我的妹妹"，并祝愿王后也能像他一样拥有良好的境况。为了确保婚礼最后能顺利完成，普都赫帕完全凭自己的权威给拉美西斯二世回信。

从这些来往的信中我们可以看出，拉美西斯二世迫不及待地希望赫梯的新娘能够早日到达埃及。或许普都赫帕确实是因为在为他从哈图西里三世众多的女儿中挑选最美丽、最优秀的公主，或许出于其他的客观原因，她拖延了向埃及送去新娘的时间。当拉美西斯二世责问她时，这位精明的外交家不失时机地回答说，赫梯保存珍贵财富的仓库被大火烧毁了，所以一时无法准备好相应的嫁妆。赫梯王室丰厚的嫁妆不仅确实是拉美西斯二世渴望得到的，而且也关系到两国的名誉，因此，这是一个非常合理的理由。但是，这个仓库着火的事是在以前乌尔希-特舒卜在位时期发生的，所以，此时她在信中对法老说："既然乌尔希-特舒卜和你在一起，问问他是不是这样。"虽然乌尔希-特舒卜已经逃跑了，但这无疑是对拉美西斯二世包庇赫梯国王政敌的指责。

一切准备就绪后，赫梯送亲的队伍很庞大，壮观的嫁妆包括金、银，大量的青铜、马匹，无数的牛、羊以及很多奴隶，公主由一位赫梯王子带领军队护送，王后本人也将亲自送公主到叙利亚境内。拉美西斯二世写信给沿途地区的官员要保证将她们安全地送到法老的领土上，绝不能再出现像以前伟大国王苏比路里乌马的王子赞南扎那样的事件。法老对赫梯送亲的安排非常满意，他在给普都赫帕的信中承认："好极了，好极了，就像我兄弟在信中对我说的。太阳神，风暴之神，埃及大地的众神，赫梯之地的众神已经授予我们两个伟大的国家永远联合在一起。"[33]与此同时，他在辉煌的新都城派-拉美西斯为他的赫梯新娘建造了一座华丽的宫殿，并宣称他送给新娘的礼物超过了其他任何一位伟大国王。

事实上，普都赫帕精心挑选和训练的赫梯公主的确没有让埃及法老失望，拉美西斯二世在第一次见到赫梯新娘时的反应被记录下来："在法老的心中，她很漂亮，他爱她胜过一切。"[34]

哈图西里三世和普都赫帕的确是经过了精心策划，因为按照赫梯的传统，他们坚持嫁到埃及的赫梯公主一定要作为法老的首席妻子，其他任何人不能超过她的地位。他们知道埃及王后所拥有的权力，甚至成为法老也不是没有先例。而且，拉美西斯二世对公主的痴情更能够促成这一目标的实现。

但是，事情的发展并不如愿，很可能这位赫梯公主之后死去了，否则普都赫帕绝不会容忍埃及王后的大权旁落。因此，在哈图西里三世去世后不久，她又为法老送去了第二位赫梯公主，延续两国之间的联姻关系。

◄▼岩石浮雕

岩石，高1.3米，长3.2米。费拉克特，土耳其，公元前13世纪。

土耳其中部开塞利（Kayseri）以南、代韦利（Develi）以东、托罗斯山后的费拉克特（Firaktin）岩石浮雕是赫梯宗教和艺术的杰出体现。浮雕大约高1.3米，长3.2米，公元前13世纪被雕刻在山谷陡峭的岩壁上。这条山谷是历史上通过西里西亚进入叙利亚的重要路线。

浮雕由三部分组成：左边部分表现的是，赫梯国王哈图西里三世（右）向天气之神特舒卜献上贡品，他正用一个长嘴壶向地上的容器中倒酒；中间是一个贡台，上面放有供奉的物品；天气之神手中拿着一个弯形的东西。他们都戴着象征神性的尖帽子，头部的前方以象形文字刻写着他们的名字。中间部分的场景描绘的是，国王的妻子普都赫帕（右）正在向女神赫巴特祭酒，中间也是一个祭台，上面有一个鸟形的容器，她们头部的位置也刻有女神和伟大王后的名字。浮雕的右边部分是卢威安语象形文字，从王后的身后开始，文字写道："基祖瓦特纳之地的女儿，神的宠爱。"

与当时整个近东世界一样，赫梯王室社会的职能和生活与宗教密切相关。作为帝国的王后，也是首席女祭司，普都赫帕很可能进一步完备了赫梯众神的宗教文化。为了帝国的胜利，她向赫梯的女主神、太阳女神阿利娜祷告；为国王祈福向胡里安主神特舒卜和女神赫巴特以及山神献祭；为抓获被赫梯人视为最大麻烦的"海盗"皮亚马拉杜，她向海神许愿；她是女神伊丝塔尔的女仆；为了哈图西里三世的健康，她向冥界女神发出呼吁；为了治愈丈夫的疾病，她为宁加尔女神献上贡品。所有主宰和保佑赫梯人的众神在她更加完善的规范下进入赫梯的万神殿。

在岩石浮雕中，王后普都赫帕与她的丈夫一样，从头到脚穿着神圣而特殊的宗教服装，向赫梯主神、阿利娜的太阳女神、胡里安的主女神赫巴特祭酒，显示出她与国王以平等的身份一起参加敬神仪式，证明了她在哈图西里三世统治时期的至高地位。

由于哈图西里三世夺取王位造成了赫梯巨大的篡权危机，使得残酷的宫廷斗争更加恶化。哈图西里三世日渐衰老，在王位继承人的选择上，王后普都赫帕帮助她的丈夫做出了正确的决定。尽管他们的儿子图达利亚四世（Tudhaliya IV）的即位必然会受到来自王室家族多方面的非议和争夺，但在可能的竞争人选中，国王和王后还是更看重图达利亚四世的能力。之后的事实证明，新国王一次次打败了对手，虽然赫梯帝国不可避免地走向了衰落，但图达利亚四世还是顽强地维系了帝国的命运。

历史疑案之二：特洛伊战争

虽然赫梯与埃及之间建立的新联盟迫使亚述不敢再轻举妄动，但是，哈图西里三世与拉美西斯二世一样意识到了来自海上的紧迫压力，爱琴海的迈锡尼王国开始在安纳托利亚半岛的西部和南部兴风作浪。

特洛伊战争的故事是西方世界著名的文学和艺术作品，为后世的哲学家、艺术家乃至政治家提供了无限的灵感。这个通常被称为由公元前8世纪希腊盲诗人荷马所讲述的事件，发生在今天土耳其西北部恰纳卡莱市附近的希萨利克。19世纪70年代，当执着的德国人海因里希·谢里曼（Heinrich Schliemann）来到这里，开始他寻找特洛伊古战场的挖掘时，大多数学者都认为吟游诗人荷马的《伊利亚特》只是一个神话传说。可是，他随后的考古发现震惊了世界，几乎没有现代学者再怀疑特洛伊的真实存在。当然，荷马的史诗并不等于真实的历史，谢里曼本人的原始挖掘也没有取得确凿的证据和准确的结论。

《荷马史诗》中讲述的特洛伊战争是诸神和英雄的斗争故事。在神的安排下，特洛伊王子帕里斯（Paris），他的另一个名字叫亚历山德罗（Alexandros），在出使斯巴达（Sparta）时爱上了国王墨涅拉俄斯（Menelaus）美丽的妻子海伦（Helen），并将她带回了特洛伊。为了夺回海伦，整个迈锡尼希腊出动了由1186艘战船组成的庞大舰队以及数万名战士的联军与特洛伊王国展开了长达十年的战争。特洛伊人在经历了顽强的抵抗之后，遭到屠杀，特洛伊城沦陷，希腊人取得胜利，墨涅拉俄斯将海伦带回了斯巴达。

发动这场战争的动机一定是复杂的，很难使人相信如此大规模的战争只是为了一个美貌的女人。或许，相信爱情的力量能够战胜一切的美好愿望可以成为《荷马史诗》中挑起战争的借口，但是，众多的勇士为了建功立业而被无情地杀害，帕特洛克罗斯（Patroclus）、赫克托尔（Hector）、阿贾克斯（Ajax）等一个个光辉的英雄形象不断地倒下，包括宙斯、雅典娜、波塞冬、赫拉、阿芙罗狄忒等诸神与凡人一样的嫉妒、贪婪和好战，为战争推波助澜，这些情节使人感到《荷马史诗》更像是文学和艺术的寓言。这位诗人的讲述中有多少是历史事实呢?

《荷马史诗》中提到的希腊29国联军人数众多，被诗意地描写为“像春天的叶子和花朵一样多的人”，在迈锡尼国王阿伽门农（Agamemnon）的统领下，与特洛伊人及其盟友展开了旷日持久的围城之战。特洛伊城之所以能够抵抗入侵者这么长时间，主要是因为其宏伟而坚固的防御工事。

荷马出生于爱琴海东部海岸的士麦那（Smyrna）（今土耳其西部伊兹密尔的港口城市），后来居住在希俄斯岛（Chios），这里正处于特洛伊战争的范围之内。作为吟游诗人他可能在失明之前到过特洛伊。在那里，特洛伊战争的后人将生动的故事一代一代传颂，而荷马本人也辨识和领略了那些被废弃的约五百年前的城墙和堡垒遗迹。他游历了整个爱琴海和希腊大陆，由此谱写出了一场著名的“特洛伊战争”。在他伟大的著作《伊利亚特》和《奥德赛》中，他准确地描绘了青铜时代晚期的宫殿建筑，他所记录的在战争中使用的武器以及战车也确实是那个时代的产物，尽管他本人很可能没有见过那些盔甲、盾牌，甚至不了解古代战车的作用。虽然荷马的史诗是经过文学和艺术加工后的神话故事，并不代表真实的历史，但其对古代地理、城市、宫殿以及战争和各种物品的描绘又是那么的真实，而且与今天的考古遗迹非常吻合。这说明荷马的特洛伊战争背后有一个真实的历史背景，只有发生了类似的事件，存在过同样的实物，史诗才有了它的故事来源。

现在，考古学家和很多杰出的学者们经过了一个半世纪艰苦、细致的研究，结合出土的赫梯文献逐渐揭开了特洛伊战争背后的真相。

考古学家和学者们对赫梯语文本中出现的地名威卢萨的词源和位置进行了分析与考证，这里被认定为古代的特洛伊。语言学家确定赫梯语的“Wilusa”即希腊青铜时代晚期的“Wilios”，在荷马时代，“Wilios”已经变成了“Ilios”，这个名字是他对特洛伊城的另一种称呼。希腊人读写为“Troia”的“特洛伊”这个名字，赫梯语为“Taruwisa”或“Taurisia”，就在威卢萨，在公元前1400年以后，赫梯文本中不再使用“Taruwisa”或“Taurisia”，特洛伊被并入威卢萨。根据穆瓦塔里二世的将领加苏率领军队抵达塞哈河地区后继续向西北进发并收复威卢萨可知，特洛伊城位于安纳托利亚半岛的西北角。赫梯人所称的威卢萨也正是谢里曼所发现的古遗址，荷马所讲述的特洛伊古战场。

自谢里曼之后，这里成为重要的世界性考古遗址。人们对特洛伊古城的挖掘和研究一直持续至今，并得到了越来越清晰的考古成果。

古城遗址由九个主要地层构成，它们依次在下一层废墟上叠压而成，其中第六层（Ⅵ）有两个阶段分别被称为特洛伊Ⅵh和特洛伊Ⅵi，可追溯到公元前1300年至公元前1180年，似乎正是《荷马史诗》中所描述的城市。这座青铜时代安纳托利亚风格的城堡有着宽阔的街道，王城周围的防御工事是用切割良好的砖石砌成的坚固城墙和高大塔楼。从残存城墙上的巨大垂直裂缝和倒塌的塔楼可以明显看出，大约在公元前1300年至公元前1270年，特洛伊Ⅵh受到地震的严重破坏。在发现有火灾痕迹的地方，厚厚的木炭层可追溯到公元前1250年。这里还有弹弓、青铜矛头和箭头散落在城墙上，留下了战争的迹象。房屋和城防工事在匆忙中修建，旧的房屋被重新利用，并用隔离墙分开，供更多的人家居住，新建的房屋更加窄小，这些表明城市中的人口在迅速增加。特洛伊Ⅵi与Ⅵh没有文化上和政治上的断裂，人口变化也不大，被认定为在公元前1220年至公元前1180年。大量深埋在地下的储物罐说明，这时期的特洛伊人感到非常不安全，似乎随时准备面对敌人的到来。在大火的残骸中人们发现了人类的骨骼以及被损坏的武器，一个估计只有十六七岁的女孩双脚被烧焦，被半埋在土中，显然，这里的人惊慌失措，输掉了保卫家园的战争。[35]在整个特洛伊Ⅵ层中发现的迈锡尼陶器反映了当时繁荣的特洛伊和迈锡尼希腊世界之间的联系。

特洛伊位于半岛的西北角，北临达达尼尔海峡，西边是爱琴海，优越的地理位置是连接爱琴海通过马尔马拉海进入黑海地区的交通要道和贸易中心，也是控制从希腊进入安纳托利亚半岛的前沿。特洛伊周围肥沃的平原土壤以及良好的渔场提供了丰富的食物，铜、锡等金属资源也在这座繁荣的城市进行贸易，为特洛伊积累了大量的财富。据考古调查，特洛伊在处于古遗址第六层阶段时，占地20万平方米，与乌加里特城大致相当，学者们估计当时的人口规模可能达到六千至一万人。发现的大量文物可以证明它当时的富有，而且，特洛伊城的城墙厚4至5米，高10米，几乎坚不可摧。在距离宫殿遗址约200米外还有一条用岩石砌成的防御壕沟，他们显然非常畏惧入侵者，所以才筑建了这样严密的双重防御系统。这些似乎都符合荷马在《伊利亚特》中对特洛伊的描述。如果我们相信希腊人发动特洛伊战争的动机是对这座繁荣、富有而坚固的城市所拥有的一切优势的垂涎，而不仅仅是为了美丽的海伦，那么荷马描写的特洛伊战争真实的历史背景又是什么？人们从哪里寻找它的起源呢？

对特洛伊古城遗址的考古发现表明，特洛伊Ⅵh在受到地震破坏后很快得到了修缮，但特洛伊人重建的家园人口增加，人们的生活质量明显下降，在经历了战争的摧残之后，特洛伊开始走向衰落。考古证据显示，这段特洛伊在青铜时代晚期的动荡经历几乎可以肯定开始于赫梯国王穆瓦塔里二世的统治时期。

在穆瓦塔里二世统治的早期，失去祖国的皮亚马拉杜开始在赫梯帝国的西部领土上寻求建立自己的政权，于是发起了对赫梯西部附庸国的战争，而对于赫梯人来说，真正最大的威胁来自阿黑亚瓦国，这是迈锡尼人在安纳托利亚半岛西南沿海建立的殖民国家。大多数学者认为他们是青铜时代晚期的迈锡尼希腊人，也就是荷马所谓的亚该亚人，而皮亚马拉杜正是得到了他们的支持，才能够与赫梯帝国对抗。当时，爱琴海东岸的米拉瓦塔（Milawata，即米利都，Miletus）之地已经在阿黑亚瓦的控制之下，皮亚马拉杜将女儿嫁给了阿黑亚瓦国王的兄弟、米拉瓦塔的统治者阿特帕（Atpa），与阿黑亚瓦保持了更为紧密的关系。

著名的塔瓦伽拉瓦书信（Tawagalawa Letter）提供了重要的信息，这封信是赫梯国王哈图西里三世写给一位没有留下姓名的阿黑亚瓦国王的。信中写道："关于威卢萨（特洛伊）的事情，我们曾经怀有敌意，我们已经和解了。"迈锡尼国王说："你对我使用了武力。"赫梯国王回答说："但（当时）我还年轻。"特洛伊一直是赫梯的忠实盟友，这段对话特别谈到了在特洛伊，迈锡尼与赫梯发生了战争，也是迈锡尼希腊人参与了特洛伊战争的明显证据。这正是皮亚马拉杜开始疯狂攻击赫梯属地的时刻，他不仅参与了这场战役，而且还攻占了威卢萨，甚至很可能暂时成了这里的国王。

在紧邻威卢萨东南方的塞哈河之地，赫梯附庸国的国王马纳帕-塔亨达与皮亚马拉杜遭遇。为了保卫家园、驱逐皮亚马拉杜的入侵，国王马纳帕-塔亨达进行了战斗。但是，他打不过皮亚马拉杜，遭到了羞辱性的失败。之后，皮亚马拉杜又踏上了显然是属于塞哈河王国领土的拉兹帕岛（Lazpa，即莱斯博斯岛Lesbos），从这里为阿黑亚瓦掳走了赫梯的一批工匠，他很可能还想为阿黑亚瓦国王夺取这里的岛屿。

为了阻止皮亚马拉杜叛乱的升级，更是为了打击阿黑亚瓦王国的势力，穆瓦塔里二世必须做出回击。在他的兄弟哈图西里的参与下，他派出由加苏率领的远征军对该地区实施了武力打击，收复了威卢萨，也遏制了皮亚马拉杜的敌对行动。在这次军事镇压中，米拉国王库潘塔-库仑塔率领军队给予了增援，但是，上一次被皮亚马拉杜打败的马纳帕-塔亨达向穆瓦塔里二世称病：“我病倒了，我病得很重，病得很厉害！”[36]他没有再参加与阿黑亚瓦人和皮亚马拉杜的战斗。赫梯人取得了战争的胜利，推翻了皮亚马拉杜在威卢萨的统治，任命阿拉克山杜为威卢萨的新国王。但是，皮亚马拉杜逃脱了，躲到了阿黑亚瓦人的领地，受到阿黑亚瓦国王的庇护。威卢萨一如既往地忠诚于赫梯，穆瓦塔里二世与国王阿拉克山杜签署条约，要求他支援赫梯维护该地区的稳定，不可对塞哈河或阿尔扎瓦地区邪恶的叛乱计划视而不见，威卢萨建立军队的规则就是要与赫梯军队并肩作战。

随后，一定是出了什么问题，穆瓦塔里二世似乎是对塞哈河王国老国王马纳帕-塔亨达的忠诚产生了怀疑。为了确保西部地区的稳定，他决定废黜老国王马纳帕-塔亨达的王位，并将他驱逐出王国，任命他的儿子马斯图里（Masturi）为新国王。

不管皮亚马拉杜在这次战争中扮演了什么样的角色，他可能是在迈锡尼人的支持下发动了对特洛伊的战役，或者他就是在为阿黑亚瓦国王侵占安纳托利亚的土地和城市而作战。大概在公元前13世纪中期之前，赫梯人与迈锡尼人在特洛伊确实发生了战争，也就是特洛伊Ⅵh遭受地震之后。考古证据表明，经过艰苦的保卫战，特洛伊城被征服。根据赫梯文献的记录，这一次是迈锡尼人对特洛伊城发动的围攻。

实际上，迈锡尼人在公元前15世纪就已经踏上了安纳托利亚的土地，也就是在公元前1420年前后，赫梯国王图达利亚击败阿苏瓦联军之前，一位名叫卡加穆纳（Kagamuna）的迈锡尼国王娶了阿苏瓦的公主，作为嫁妆他接收了爱琴海东岸的某些岛屿，很可能是拉兹帕岛、希俄斯岛或萨莫色雷斯（Samothrace）这样的岛屿，在安纳托利亚西南海岸之外。当时，图达利亚为了在赫梯的西部安置一个傀儡国王马都瓦塔，他就与阿黑亚瓦的一位国王阿塔尔西亚（Attarssiya）交过手，打败了这些来到安纳托利亚半岛的迈锡尼人，控制了位于拉兹帕岛以东安纳托利亚半岛西部的领土。很多学者已指出这位阿黑亚瓦人的国王阿塔尔西亚就是荷马传说中的阿特柔斯（Atreus），国王阿伽门农的父亲。根据古希腊著名历史学家修昔底德（Thucydides）的说法，阿特柔斯的父亲、阿伽门农的祖父佩洛普斯（Pelops）是从亚洲来到希腊的。古希腊的神话也提到他们的祖先迈锡尼（Mycenae）、梯林斯（Tiryns）和阿尔戈斯（Argos）的事迹都与亚洲有关，这个“亚洲”就是公元前15世纪在小亚细亚西部二十二国联盟的“阿苏瓦”之地。

后来，阿黑亚瓦一定是有所收敛，双方保持了一段时间的和平，直到伟大国王苏比路里乌马时期，彼此都没有发生冲突。到了赫梯国王穆尔西里二世统治时期，他对西部的政策十分强硬，当时，阿尔扎瓦国王乌哈兹蒂很可能得到了阿黑亚瓦国王的支持，胆敢与赫梯开战。穆尔西里二世亲自带兵征讨，占领了阿尔扎瓦的都城阿帕萨（Apasa，即以弗所，Ephesus），打败了乌哈兹蒂。乌哈兹蒂和他的儿子皮亚马卡伦塔（Piyama-Karunta）越过大海逃到了岛上，阿黑亚瓦国王给予他们庇护。乌哈兹蒂死在了岛上，当穆尔西里二世彻底消灭了阿尔扎瓦后，他要求阿黑亚瓦国王将乌哈兹蒂的儿子引渡给他。阿黑亚瓦国王意识到赫梯人的威力，决定还是要与穆尔西里二世建立友好的关系，于是，就把乌哈兹蒂的儿子交给了赫梯国王。随后，阿黑亚瓦在西部与赫梯友好相处。但是，有学者考证，皮亚马拉杜很可能是乌哈兹蒂的另一个儿子，他当时留在了阿黑亚瓦。

阿黑亚瓦之地位于半岛的西南海岸，距离赫梯人的首都哈图沙450千米。赫梯军队来到这里需要翻过跌宕起伏的高原，穿越群山环绕的峡谷，他们对这里的控制往往是脆弱和间断的。然而，很明显，迈锡尼人对跨越爱琴海夺取安纳托利亚西部地区的领土充满着非常强烈的野心。事实上，在公元前14世纪晚期，安纳托利亚西南部的米拉瓦塔就已经在阿黑亚瓦国王的控制之下，一直在与赫梯人抗衡。

到了穆瓦塔里二世统治时期，尤其是在公元前1274年，赫梯和埃及的军队在叙利亚奥龙特河爆发了激烈的卡叠什大战，为了集中兵力打败埃及人，穆瓦塔里二世决定放弃一些在半岛西部地区的利益，他接受了阿黑亚瓦占据米拉瓦塔的事实，并且承认了阿黑亚瓦对那些西南沿海以外岛屿的主权。阿黑亚瓦人终于实现了他们占领安纳托利亚领土的野心，米拉瓦塔成为他们在半岛西南海岸的中心地带，也是他们的军事基地。

皮亚马拉杜撤退到了沿海附近的岛上，他没有走远，当赫梯军队离开后，他又继续袭击赫梯的属地。迈锡尼人自然很希望利用这股力量，乐见其成。皮亚马拉杜在卢卡地区展开行动，发动叛乱，就像当初他在塞哈河王国取得胜利后一样。他没有主张自己拥有被征服之地的管辖权力，而是将其置于阿黑亚瓦国王的控制之下，大批的叛军和平民被他带到了阿黑亚瓦安置，赫梯人称有7000名平民俘虏被带走。这些人不仅可以为迈锡尼人建造更坚固的防御城堡，而且，他们有可能还会被招募到军队中成为新兵。同时，该地区忠实于赫梯、遭到皮亚马拉杜迫害的人们向赫梯国王求救。

此时的赫梯国王已经是哈图西里三世，在与埃及法老拉美西斯二世签署了和平条约之后，拉美西斯二世又迎娶了他的女儿，加强了两国之间的友好关系，这无疑使他有更多的精力解决安纳托利亚西部的危机。

被赫梯人视为“恶棍”的皮亚马拉杜所引发的危机导致赫梯国王必须亲自出征，哈图西里三世带兵来到了半岛西部，他向皮亚马拉杜发出了最后通牒，只要皮亚马拉杜愿意臣服于赫梯帝国，他可以保证不处死他。皮亚马拉杜则提出，给他一个封国，他可以投降。可是，当哈图西里三世要求他前来觐见面谈时，皮亚马拉杜又变卦了。赫梯的军队继续前进，当到达距米拉瓦塔以东约60千米处的伊亚兰达（Iyalanda）时，遭到了皮亚马拉杜军队的伏击。这很可能是一场规模不小的激烈战斗，皮亚马拉杜的军队从三个方向对赫梯军队发起了猛烈的进攻。哈图西里三世摧毁了整个伊亚兰达之地，被赫梯军队打败的皮亚马拉杜仓皇逃窜，他又跑到了阿黑亚瓦王国的避难所米拉瓦塔。这一战虽然以皮亚马拉杜的惨败而告终，但也阻止了国王去营救那些被掳掠走的臣民。

此时的赫梯已不再有往日所向无敌的霸气，哈图西里三世也不像他的前辈那样所到之处只留下一片焦土。虽然他的大军已经进入米拉瓦塔之地，但他无意与阿黑亚瓦开战。迈锡尼人已经控制了米拉瓦塔，这里的统治者又是皮亚马拉杜的女婿，这使局势变得很复杂。哈图西里三世虽然痛恨这个人，但还是希望能以外交手段解决此事，他向阿黑亚瓦和皮亚马拉杜敞开了和解的大门。哈图西里三世致信阿黑亚瓦国王，要求他把皮亚马拉杜交出来，他会保证皮亚马拉杜的安全，如果他们不放心，他将以自己可敬而亲密的车夫作为人质。面对兵临城下的赫梯军队，阿黑亚瓦国王很不情愿地表示，他将把皮亚马拉杜交给赫梯国王。但是，在暗地里，他安排皮亚马拉杜坐船逃跑了，再一次消失在了爱琴海的岛屿中。这对于赫梯国王来说是极大的耻辱，从来没有哪个国家可以窝藏赫梯的逃犯，但是现在阿黑亚瓦这样做了。

哈图西里三世无奈地向阿黑亚瓦国王提出了不可思议的请求，对于被掳走的平民，他的妥协方案是，那些自愿前往的人可以被允许留在阿黑亚瓦国，那些被武力胁迫的人应该被送回赫梯。对于皮亚马拉杜，哈图西里三世质问阿黑亚瓦国王："皮亚马拉杜把他的妻子、孩子和家庭留在我兄弟（阿黑亚瓦国王）的土地上的时候，你的土地给了他保护。他时常侵夺我的领土，我对他进行了阻击，他就回到你的境地去。我的兄弟，你现在对这种行为赞成吗？"对于赫梯帝国来说，这在以往是绝对不可能发生的事情，因为拒绝遣返俘虏或逃亡者就是对赫梯帝国的敌对行为，意味着宣战。然而，哈图西里三世在与阿黑亚瓦国王的对话中称呼对方为"伟大国王"，并使用了"我的兄弟"这样的称谓，在近东世界高度排外的统治秩序中，其他王国都没有这样做过，即使他们知道有这样一个政权存在，无论从政治、军事还是外交方面也没有必要这样称呼和认同这位在遥远的安纳托利亚西部的国王。显然，哈图西里三世希望通过与阿黑亚瓦国王建立平等、亲密的"兄弟情谊"以解决皮亚马拉杜的问题，他告诉阿黑亚瓦国王，让他写信对皮亚马拉杜这样说："去见赫梯国王，我会和他和解的。不然，到阿黑亚瓦之地，无论我把你们安置在什么地方，你们都必须留在那里。否则，你和你的俘虏、你的妻子和孩子就到另一个地方安顿，如果你依然要与赫梯国王为敌，你就从别的国家、不要从我的国家发起敌对行动。"[37]实际上，迈锡尼人一直在试图占领安纳托利亚的土地，支持皮亚马拉杜破坏赫梯的安定正是他们的策略，赫梯国王希望阿黑亚瓦国王说服皮亚马拉杜维护赫梯的领土完整，只能是与虎谋皮。

皮亚马拉杜的出身一定很高贵，不仅米拉瓦塔的统治者迎娶了他的女儿，而且，赫梯国王似乎也愿意以一个封国来换取他的忠诚。没有任何一个人，尤其是一个没有国家、自身也不是国王的人，像皮亚马拉杜那样给赫梯人造成如此大的麻烦。他有胆量在军事上与强大的赫梯帝国作战，在外交方面也给赫梯人造成了前所未有的耻辱。哈图西里三世的妻子普都赫帕王后作为国家的大祭司，甚至祈祷神能将皮亚马拉杜擒获："把皮亚马拉杜交给我，让他不会逃脱我的掌控。""如果你抓住了皮亚马拉杜，我会给你一只金鸟和一大批黄金。"

《荷马史诗》的特洛伊战争在希腊联军中最重要的人物不是统帅阿伽门农，而是一位王子，希腊最强壮、勇敢的英雄阿喀琉斯（Achilles）。他的祖父和父亲都是弗提亚（Phthia）王国的国王，在他成年后，为了避免参加特洛伊战争而受到伤害，他躲到了国外的斯基罗斯岛（Skyros）上，在那里，他娶了一位公主，并生育了孩子。阿喀琉斯在他的人生经历中大部分时间似乎都在躲藏，虽然是唯一的王子，但他注定不会继承王位。

阿喀琉斯决定参加特洛伊战争，他将家人留在了斯基罗斯岛，而不是自己的国家，率领他手下的密尔弥冬人（Myrmidons）出征特洛伊。荷马说，阿喀琉斯只有50艘船，每艘船上有50名密尔弥冬战士，也就是说，他总共只有2500人。可是，这支规模不大的部队担负了战争的主要压力。

在荷马的故事中，希腊联军启航攻打特洛伊，阿喀琉斯的部队误把毗邻特洛伊东南方的米西亚（Mysia）当成了特洛伊。国王忒勒福斯（Telephos）统治的米西亚是特洛伊的盟友，他们与希腊入侵者发生了激战，忒勒福斯被阿喀琉斯所伤。当阿喀琉斯意识到错误时，他希望忒勒福斯和他们一起攻打特洛伊，但忒勒福斯拒绝了。随后，阿喀琉斯离开了，他们没有直接进军就在邻近的特洛伊，而是一路返回希腊，但阿喀琉斯并没有回到他的国家弗提亚，而是留在了斯基罗斯岛。奇怪的是，忒勒福斯为了治愈他的创伤，只得去找阿喀琉斯，结果，他的伤被阿喀琉斯治好了。为了报恩，忒勒福斯决定与希腊人合作。米西亚大致就在塞哈河王国地区的附近，这个传说使人想起赫梯的附庸国、特洛伊的盟友塞哈河王国，被皮亚马拉杜打败的老国王马纳帕-塔亨达失去了赫梯国王对他的信任。在荷马的特洛伊战争中，阿喀琉斯以迈锡尼国王阿伽门农的名义洗劫了爱琴海东岸的23座城市和至少两个岛屿，其中包括最重要的莱斯博斯岛，为阿伽门农带回了大量的战利品和妇女。《奥德赛》中曾记述，希腊人在阿喀琉斯的率领下，对莱斯博斯岛发动了一次登陆之战，随后，阿喀琉斯撤离了这一地区。在历史上，这很可能就是皮亚马拉杜在迈锡尼人的支持下对拉兹帕岛和特洛伊附近地区大肆侵略的战役，当他听说加苏将军率领的赫梯大军即将到来的时候，因为他的兵力无法与赫梯军队抗衡，就掳走了赫梯大量的工匠和染工，然后撤退了。当在战斗中遇到困难时，阿喀琉斯会在爱琴海的一个岛屿上躲避，将他的妻子、孩子和家人留在岛上，以便自己可以袭击安纳托利亚西部的城市。奇怪的是，同样属于特洛伊盟友的米利都却不在阿喀琉斯的攻击目标之中。相反，对于他来说，米利都似乎是一个安全的地方，他会到这里来休整。

历史上的皮亚马拉杜的事迹和《荷马史诗》中的阿喀琉斯之间似乎有很多相似之处。他们都是令人生畏的军事首领，虽然都在寻求建立自己的国家，行动有高度的自主性，但他们始终为迈锡尼希腊而战，与东方的军队作战，与利西亚即卢卡地区有着密切的联系，迈锡尼人控制的爱琴海上的岛屿是他们的避难之地。但是，阿喀琉斯不是皮亚马拉杜，皮亚马拉杜非凡的经历很可能激发了爱琴海两岸人们关于神话故事的灵感，阿喀琉斯是后来的史诗诗人演绎的虚构人物，但这个虚构的角色并不是凭空捏造出来的。荷马游历了特洛伊古战场，在那里他将口头传颂的战争故事继承、改编为生动而更具希腊神话色彩的传奇。

在《伊利亚特》中，特洛伊王子帕里斯被指诱骗了斯巴达国王的妻子海伦，但是，当希腊军队大兵压境，特洛伊承受了巨大伤亡的时候，特洛伊人依然坚定地认为为了这样一个美丽的女人是值得的。这似乎缺乏说服力，因此，后来更为合理和简单的解释是，在这个神话的早期版本中，帕里斯就是特洛伊的国王。不仅帕里斯的出身和童年的成长经历暗示他本身就是一位国王，而且，希腊最杰出的英雄阿喀琉斯在打败了众多强悍的对手之后，却死在了他的弓箭之下。在创作《伊利亚特》的时代，使用弓箭这种远距离杀伤性武器似乎并不英勇，但在青铜时代晚期，使用弓箭是所有近东伟大国王彰显勇武的首选武器，是国王武力的象征。

阿伽门农在荷马的史诗中与阿喀琉斯属于同一时代，但他的名字可能来自更早的历史时期。有学者指出，阿苏瓦时期就登陆安纳托利亚半岛的迈锡尼国王卡加穆纳的名字听起来很像希腊联军的国王阿伽门农，今天很多希腊人都是这样认为的。然而，阿伽门农的事迹也很可能是从另一位真实的历史人物演变而来的，就是那位在公元前13世纪与哈图西里三世通信、没有留下姓名的阿黑亚瓦国王。荷马的故事来源于当地世代相传的回忆，史诗中的英雄人物，很像青铜时代几百年内不同时期的各类英雄形象的同场竞技。

《荷马史诗》中的战争是希腊与特洛伊之间的对决，而真实的历史背景则是入侵安纳托利亚半岛的迈锡尼人与赫梯帝国及其附庸国之间的战斗。迈锡尼人可能认为他们有合法的权利向东扩张领土，虽然赫梯帝国在军事上具有强大的威慑力，但从遥远的哈图沙对半岛西部附庸国的控制总显得薄弱。事实上，长期以来，迈锡尼人通过贸易、殖民等方式对爱琴海东岸的影响力丝毫不比地处内陆的赫梯人逊色。考古资料显示，安纳托利亚西部的文化和经济很可能与爱琴海文明具有更多的共同点，特别是当迈锡尼人注意到在西部的一些附庸国会经常反叛赫梯的时候，他们占领这里的土地和资源的野心就更加强烈。

到了荷马创作史诗的时代，希腊人可以用书面语言保存文学记录时，荷马很可能已经不能理解更古老的史实，但是，在他的《伊利亚特》和《奥德赛》中，许多不属于希腊人的传统、习俗，以及相互矛盾之处都证明他比较忠实地传承和记录了更为悠久的历史故事。根据考古发现《伊利亚特》中记载的头盔和巨大的盾牌，是属于公元前15世纪青铜时代迈锡尼重装战士的装备。这种头盔具有光荣的象征意义，可并不实用，在荷马的时代已经不再使用，但口口相传的故事就是这样讲述那场战争的，荷马也就这样记下来了。在《伊利亚特》第6卷中，特洛伊王后赫卡贝（Hekabe）亲自召集“老妇人”，由一位女祭司向女神雅典娜献祭，并祈祷女神怜悯特洛伊人：“折断狄俄墨得斯（Diomedes）的长矛，她将献上十二头完好的小母牛。”这样的仪式和祈祷是青铜时代安纳托利亚的宗教特征，就像哈图西里三世的妻子普都赫帕王后的行为，并非希腊人的传统。结果，在荷马的故事中，特洛伊王后的祈祷遭到了希腊女神雅典娜的拒绝。在23卷中，英雄帕特洛克罗斯（Patroklos）死后的火葬仪式也体现了安纳托利亚的文化特点。这些在后世希腊文学中出现的宗教、祈祷、葬礼等赫梯文化的痕迹，都说明这场特洛伊战争与青铜时代的赫梯人密切相关。

考古研究表明，古代希腊的迈锡尼人在二百年的时间里，通过贸易、殖民、外交和军事活动入侵了安纳托利亚的土地。在公元前1250年前后，支持皮亚马拉杜对赫梯领土及其附庸国发动袭击的特洛伊也遭受了战火的打击，在某一时刻被征服，迈锡尼人取得了短暂的胜利。但是，特洛伊战争仍然在继续。在赫梯的文献资料中，有关皮亚马拉杜的信息消失了，赫梯与迈锡尼人之间的通信停止，外交关系中断，双方可能陷入一种僵持的局面。不过，赫梯军队的远征使威卢萨（特洛伊）又回到了赫梯人的手中。荷马没有给出战争的具体时间，在他的史诗中一些矛盾之处暗示，一个充满活力的口头文学作品会随着时间的推移不断有新的事件和新的人物被一代一代人吸收到希腊与安纳托利亚之间的传奇中。战争是故事的主题，持续十年的围困实际上覆盖了几个世纪的战斗片段，那些关于特洛伊战争激动人心的演绎都有着其背后真实的历史根源。

特洛伊古城遗址Ⅵi层的考古发现显示，大概在进入公元前12世纪的阶段中，特洛伊承受了更多来自地中海不同地区的入侵压力，最终在青铜时代崩溃之际，遭到了最后的洗劫，在战火中被烧毁，平民被杀戮，就连孩子也不能幸免。这一时期不同规模的大小战争同样被荷马收入他的故事中，希腊人最终攻陷了特洛伊，摧毁了这座城市。

来自希腊大陆的亚该亚人无疑是特洛伊灾难的最大嫌疑人，赫梯帝国没能保护他们的忠实盟友，甚至在风雨飘摇中赫梯人自身难保。但是，有考古证据表明，在特洛伊城被最终摧毁之前，半岛西部的迈锡尼人早已不是赫梯帝国的对手，赫梯人收复了迈锡尼人的基地米拉瓦塔的控制权。在赫梯国王的眼中，阿黑亚瓦国王已经不具备与他平等的身份，而且，有一些证据说明特洛伊的最终毁灭者并不是迈锡尼人。那么，特洛伊的灾祸究竟是何人所为？历史上古代近东世界各国的命运将何去何从呢？

二、文明的沦陷

赫梯帝国收复了威卢萨，依然控制着西部大部分领土，哈图西里三世对阿黑亚瓦王国近乎耻辱性的失败并非因为赫梯的军力不强，而是年迈的国王确实不想在西部投入太多的精力，他知道对于帝国来说，最迫切和最严重的问题不在这里。

对帝国未来命运最主要的威胁来自另外两个方面。哈图西里三世一直在培养他具有优良品质和能力的儿子图达利亚四世（Tudhaliya IV）作为接班人，在他统治的最后时期，他让图达利亚四世成为摄政王。老国王还活着的时候，已经称他为“我的太阳”。但是，最重大的隐患依然存在，乌尔希-特舒卜还是不知去向，而且他还有一个亲弟弟，就是当年穆瓦塔里二世交给哈图西里三世抚养的那个小儿子库伦塔。乌尔希-特舒卜是哈图西里三世在世时付出最大努力想要解决的问题，现在仍然悬而未决。好在库伦塔或许是感念抚养之情，一直以来对哈图西里三世的王权表示忠诚，也与一起长大的图达利亚四世建立了良好的友谊。哈图西里三世为了安抚他，将赫梯重要的领地塔浑塔萨交给了他，就是他的父亲曾经迁都的地方，任命他为塔浑塔萨国王。这一地区日趋重要起来，成为帝国最高等级的附属领土之一。老国王和以后的新国王都给了库伦塔充分的权力和最优惠的政策。但是，穆瓦塔里二世一支后代的存在始终是新国王潜在的最大威胁，老国王去世后，图达利亚四世还能够顺利地保全他的王位吗？另外，哈图西里三世知道，他真正来自国外的劲敌是东方的亚述，他一直在以友好的姿态与亚述人建立和平的关系，亚述人也没有再侵犯赫梯。但是，已经跃跃欲试的亚述不可能一直安分守己，图达利亚四世能应付吗？

亚述的扩张

公元前1237年，图达利亚四世登上赫梯王位，开始支持一息尚存的哈尼加尔巴特对抗亚述。虽然瓦萨沙塔国王的继承人沙图阿拉二世（Shattuara II）并没有勇气直接与亚述开战，但是他宣誓效忠赫梯国王的行为导致了阿达德尼拉里一世的儿子、此时的亚述国王沙尔马纳赛尔一世（Shalmaneser I）再次带领军队踏上了这片土地。亚述的皇家铭文记载道：“在众神的指令下，在主神阿淑尔强大的力量下，我踏上了哈尼加尔巴特的土地。”当沙尔马纳赛尔一世率领的亚述军队在最艰难的道路上行进时，沙图阿拉二世看准时机，在赫梯人和阿拉姆人（Ahlamu）的帮助下，切断了亚述军队的食物补给，并占领了他们的水源供应地。在亚述士兵又渴又累时，哈尼加尔巴特的联军对他们发动了猛烈的进攻。亚述人在绝望中反击，拼死一搏的结果是完全打败了沙图阿拉二世，沙尔马纳赛尔一世的箭头指向沙图阿拉二世，在后边追着他跑。亚述人杀死了哈尼加尔巴特无数的士兵，屠杀了敌人庞大的军队和部落，沙尔马纳赛尔一世下令，残忍地刺瞎了14000名战俘的右眼，将他们流放为奴隶。他征服了包括哈尼加尔巴特首都在内的九座宗教圣城，将180座城市变为废墟，“我像杀死绵羊一样屠杀了赫梯人及其盟友阿拉姆人的军队”[38]。

这一战之后，哈尼加尔巴特王国、曾经辉煌的米坦尼王国从历史上彻底消失了，整片国土被并入亚述的版图。沙尔马纳赛尔一世任命一位亚述王子作为这里的统治者，并向各座城市派遣了总督负责治理，将哈尼加尔巴特变成了亚述的一个行省。这是一种出现在公元前2千纪后期的新政体形态，从亚述王国中心地带出发，周围被吞并的国家由中央政府派官员管理，再往外一圈是附属国，他们仍由原来的国王统治，最外围是与王国拥有缔约关系的其他国家。亚述对兼并地区实施中央王权统治，是历史上第一个真正意义上帝国的雏形。随后，沙尔马纳赛尔一世继续领兵北上，入侵乌拉尔图，摧毁城市，并在三战之后击败乌拉尔图。在他统治期间，他还对东部山区发动多次战争，掳掠那里的人和牲畜，战败后的山地民族向亚述缴纳重赋。他还在上扎卜河与底格里斯河交汇处建立了后来成为亚述又一座都城的卡尔胡城（Kalhu，现在的尼姆鹿德，Nimrud），这里是重要的商道要冲，向东通往扎格罗斯山，向西通向叙利亚地区及安纳托利亚半岛。沙尔马纳赛尔一世的这些做法为未来的亚述帝国称霸世界奠定了根基。

▶ 沙尔马纳赛尔一世石碑

石质，高25.2厘米，宽21.3厘米，厚3厘米。刻有阿卡德楔形文字。古代亚述城，约公元前1273年—公元前1244年。大英博物馆，伦敦，英国。

沙尔马纳赛尔一世石碑上22行刻有横线的楔形文字记录了他清理亚述城的废墟，重建亚述城被毁坏的部分，修建了门道，并将这块石碑放在了那里，以后再修建破旧的大门时，也要将他的名字放回原位。

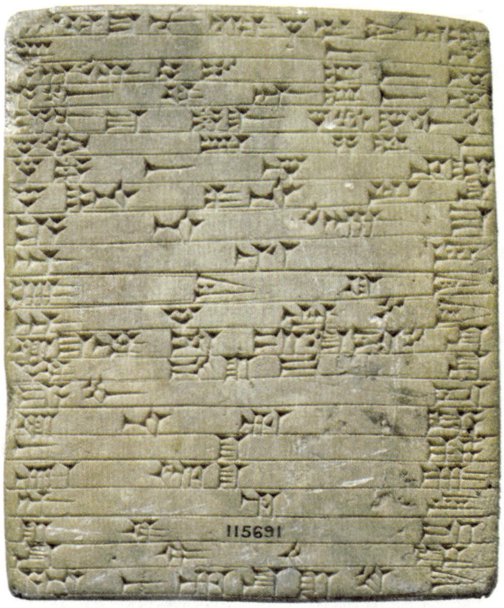

◀ 黑色方尖碑

石灰岩，高197.48厘米，宽45.08厘米—60.96厘米。刻有阿卡德楔形文字。尼姆鹿德（古代卡尔胡城），伊拉克，新亚述时期，公元前825年。大英博物馆，伦敦，英国。

在沙尔马纳赛尔一世建造的卡尔胡城发现的方尖碑刻画了古代各地来觐见亚述国王、献上各国贡品的场景。

◀ 象牙牌饰

象牙，高10.1厘米，宽6.3厘米，厚1.1厘米。克尼姆鹿德（古代卡尔胡城），伊拉克，新亚述时期，公元前9世纪—公元前8世纪。大都会艺术博物馆，纽约，美国。

这件象牙牌饰在古代卡尔胡城的一座皇家建筑中被发现，这里可能是用来存放亚述人在胜利后得到的战利品以及其他国家的贡品的地方。牌饰雕刻了一只有翼羊头狮身的斯芬克斯，下面有两个跪着的年轻男性人物用左手和头部将斯芬克斯托起，举起的右手手掌朝向前方。牌子的中间有一棵树干弯曲的大树，顶部有一些花饰。斯芬克斯羊头的眼睛是一个孔，用来镶嵌彩色玻璃或宝石，但现在已经丢失。这件牌饰的上、下两端有榫头，表明是用来安置在一件大的物品（可能是家具）上的。

象牙来自非洲，这件可能在卡尔胡城制作的作品，它的特点表现出埃及和叙利亚南部的风格，是亚述在国际化时代的产物。

消灭阿黑亚瓦

赫梯人未能拯救米坦尼，王国内部的局势依然动荡不安，图达利亚四世的兵力需要时刻准备对抗亚述，他也需要他的军队平定内乱，威慑西部不断挑动叛乱的阿黑亚瓦王国。因此，他不敢贸然与亚述直接开战。皮亚马拉杜一定还在活动，阿黑亚瓦继续支持西部各地的起义，图达利亚四世派兵成功地平定了卢卡地区的叛乱，在更靠近赫梯帝国腹地西南方的拉兰达（Lalanda）人的起义也给他造成了很大的困扰。令他最担心的麻烦还是发生了，依靠阿黑亚瓦国王的支持，甚至可能是直接介入，塞哈河地区爆发了新的叛乱，那里对赫梯忠实的国王马斯图里也被推翻了。而且，威卢萨（即特洛伊）再次遭到了入侵，国王沃尔姆（Walmu）对赫梯忠心耿耿，不肯投降，因此被赶下了王位，无奈地逃离了祖国，跑到了米拉王国，得到了国王塔尔卡斯纳瓦（Tarkasnawa）的庇护。这一历史事件可能也是荷马的特洛伊故事中的元素。为了保住赫梯在西部的权威，图达利亚四世立刻采取了行动，剿灭了塞哈河地区的叛乱，俘虏了他们的首领，将他与大量战俘以及500匹的马队带回哈图沙。赫梯国王认为，必须要彻底解决阿黑亚瓦的问题了。

关于图达利亚四世统治时期安纳托利亚半岛西部的历史，最著名的史料《米拉瓦塔书信》做了明确的记录。写这封信的人是图达利亚四世，收信人是一位不知道名字的西部统治者，但经学者们研究认为他就是米拉国王塔尔卡斯纳瓦。图达利亚四世在信中写道："现在，我的儿子，只要你照顾好我的太阳，我，我的太阳，就会相信你的善意。现在，我的儿子，把沃尔姆送到我这里来，我要让他重新成为威卢萨的国王，就像以前他是威卢萨的国王一样，现在让他再次成为国王吧！"[39] 图达利亚四世称塔尔卡斯纳瓦为"我的儿子"，显然，塔尔卡斯纳瓦很可能与赫梯王室建立了联姻关系，或者可能是赫梯国王收养的儿子。图达利亚四世的语气高高在上，但是，这位西部统治者与以往的附庸国国王有很大不同。在信中他说，沃尔姆是他的附庸，他将按照赫梯国王的安排，让沃尔姆再次成为威卢萨的国王，恢复他们之间的附庸关系。这意味着在西部出现了一种新的权力结构，有一个地方统治者可以凌驾于西部其他附庸国之上，行使主权。这与以往附庸国都必须直接对赫梯国王负责的政策是不一样的。

哈图西里三世在西部的挫折证明赫梯人已经很难有效地控制这里的局面，将权力交给一个有实力的地方统治者更有利于对抗阿黑亚瓦国，实现西部的长久稳定，并保证赫梯人在这里的权益。果然，塔尔卡斯纳瓦打败了长期盘踞在这里的顽强的阿黑亚瓦王国，收复了米拉瓦塔，沃尔姆重回威卢萨的王位，迈锡尼人在该地区的势力彻底衰落，半岛西部大部分地区回到了赫梯帝国的手中。失去米拉瓦塔的阿黑亚瓦王国在安纳托利亚没有了根基，他们在近东的政治和商业活动被禁止，这些迈锡尼人失去了他们几代人付出努力而维系的王国，再也不能对威卢萨构成威胁。在图达利亚四世眼里，当时可以与他具有平等地位的国王只有埃及国王、加喜特巴比伦国王和亚述国王，这些国家也很可能被他认为是最主要的对手和敌人。在一份他与阿穆鲁国王绍什加穆瓦（Shaushgamuwa）签署的关于对阿黑亚瓦与亚述之间实施禁运的条约中，“阿黑亚瓦国之王”的文字被线画掉了，迈锡尼人的王国被他从近东具有平等地位的强国中除名了，哈图西里三世统治时期的阿黑亚瓦已经不复存在。这是赫梯在走向衰落的危机时刻，图达利亚四世做出的重大功绩。

▲ 米拉国王塔尔卡斯纳瓦岩石浮雕

岩石，高约2.5米，宽约1.5米。尼夫山南坡，伊兹密尔，土耳其。

位于土耳其西部，伊兹密尔市以东，在卡拉贝尔通道（Karabel Pass）海拔1510米的尼夫山（Nif）南坡，保留着一幅高约2.5米、宽约1.5米的岩石浮雕。浮雕描绘了一个男性战士的形象，他右手拿着一张弓，左手拿着长矛，身穿长袍，头戴锥形高帽，在这个战士的头部与长矛之间有三行残缺不全的卢维语象形文字铭文。通过对铭文的解读，这座赫梯－卢威安纪念碑的人物被认为是米拉国王塔尔卡斯纳瓦。米拉是当时安纳托利亚西部最大、最强大的国家，图达利亚四世授予其地区霸主的地位，享有对米拉瓦塔、威卢萨以及该地区其他领土的直接权力。但他同时必须忠于赫梯国王，维护赫梯帝国在西部的权威和利益。

这一时期，赫梯本土正在遭受无情的干旱打击，农作物凋零，牲畜减少，哈图西里三世和普都赫帕将女儿远嫁埃及的嫁妆很可能就是赫梯国库最后的积蓄。当时的铭文证据表明，面对日益严重的饥荒，图达利亚四世不停地向埃及和他的附属国催要国家存活下去的粮食，粮仓几乎都是空的。粮食依靠外国援助的赫梯人在饥饿中度日，军队因缺乏粮饷而战斗力下降。虽然赫梯依赖地方力量稳定了西部的局势，但在东方，亚述的军队已经近在咫尺。

不停运转的亚述战争机器

吞并了哈尼加尔巴特之后，沙尔马纳赛尔一世绝不会停下他向西推进的脚步，安纳托利亚和地中海地区繁荣的贸易资源自古就是亚述人的商业目标，占据和控制这一方向的通路显然能够提高亚述在这个国际化时代的地位。但是，对于赫梯人来说，这是一个难以应对的巨大威胁。然而，随后传来了沙尔马纳赛尔一世去世的消息，他的儿子图库尔提尼努尔塔一世（Tukulti-Ninurta I）继承了亚述王位。略感欣喜的图达利亚四世为了避免与亚述发生全面的冲突，他借此机会向亚述新的国王发去了贺信，不仅赞扬了他父亲的功绩，而且承认了哈尼加尔巴特的土地已经是亚述领土的一部分，以表示今后将与亚述和平友好地相处。但是，图达利亚四世错了，图库尔提尼努尔塔一世的扩张野心丝毫不在他的父亲之下。

◀ 图库尔提尼努尔塔一世方形祭坛碑

大理石，高58厘米，宽57.5厘米，厚23.5厘米。伊丝塔尔神庙，古代亚述城，中亚述时期，约公元前1243年—公元前1207年。柏林近东博物馆，柏林，德国。

精美的石碑在亚述城出土，碑上出现了亚述国王图库尔提尼努尔塔一世的两个形象。他是一个留着胡须的男人，左手握着一个权杖或者是一种法器，穿着一件有流苏的长袍，腰间系着一条细带子。一个是站立的，另一个是双膝跪地，在书写之神纳布（Nabu）的祭坛前向一支笔和一块泥板表示敬意。残缺的铭文写着努斯库（Nusku，太阳神/火神）的崇拜者，E-kur神庙的大祭司，图库尔提尼努尔塔一世每天的祈祷……浮雕画面中同时表现了虔诚的国王两个连贯的动作，可见此时的亚述艺术在探索如何在有限的表现形式中建立动态的结构。这块石碑本身与祭坛的形状一样，也是供人敬拜的。

亚述的心脏地区是以亚述城、尼尼微和埃尔比勒诸城形成的三角地带，这里的降雨量比较充沛，植物茂盛，谷地中的耕地无须经常灌溉即可丰收，高地上的广阔草场可供牧马。这片土地虽远比不上当时其他强国的领土面积，却培养出近东历史上最狂暴的民族，他们一直生活在美索不达米亚。无论是在阿卡德人、加喜特人还是米坦尼人入侵时，他们都顽强地保留了本民族的特性，在他们的主神和守护神阿淑尔神的旨意下生存。只有国王才能与神沟通，这里依然保守着王权与神权结合的古老的政治环境。可是，没有哪种伟大的文明像亚述一样热衷于尚武的精神，中亚述时期的几位国王为亚述人残忍地屠杀和无情地羞辱敌人树立了榜样。亚述高度中央集权的国际性政权与赫梯帝国不同，它不再仅仅是控制封国和附庸国，依赖他们进贡的物资，而是用其强大的军事机器使其他国家的土地和资源归亚述所有。

图库尔提尼努尔塔一世没有理会图达利亚四世所谓的善意，但他起初没有与赫梯发生直接的冲突，而是率领军队向北进攻距伊苏瓦东南方不远的苏巴里地区（Subari）。征服苏巴里之地使亚述控制了穿过幼发拉底河进入安纳托利亚最重要的道路，而且，占领了埃尔加尼马登（Ergani Maden）的战略性资源——铜矿。图库尔提尼努尔塔一世这个出乎意料的行动使赫梯和埃及联盟根本无法阻止。因丧失了对幼发拉底河畔铜矿的控制，赫梯的安全受到了更大的威胁。果然，亚述的军队随后继续向西挺进，进入尼里亚地区（Nihriya，今天的土耳其迪亚巴克尔东北部）。这里分布着四十多个山地小王国，他们为捍卫自己的家园对亚述人发起反击，他们也正是图库尔提尼努尔塔一世要征服的目标。

外交无望，图达利亚四世不得不动武了，也许他认为现在是个好的时机。在尼里亚地区的部族对亚述进行激烈抵抗时，他的军队可以对亚述人发动突然袭击，一举打败图库尔提尼努尔塔一世。于是，赫梯的军队开进了尼里亚。在乌加里特出土的书信提供了这场尼里亚战役的证据，两军在今天的库尔德人地区相遇，双方似乎都没有胜算的把握，于是开始运用战争的诡计。图库尔提尼努尔塔一世收到了图达利亚四世的战书："您抓捕了那些忠于我的商人。来吧，让我们战斗吧，我已经发起了对抗你的战争。"图库尔提尼努尔塔一世让他的军队和战车做好了战斗准备，紧接着，赫梯国王图达利亚四世派来了一位信使，带来了三块泥板书信。信使以一种傲慢和挑衅的态度首先展示了一块与亚述敌对的挑战信以及一块写有友善话语的信，当图库尔提尼努尔塔一世的官兵听到这些话时，他们都跃跃欲试，随时准备出发去与赫梯人决战。信使见状马上拿出了第三块泥板，上面写着赫梯国王的话："我不是敌对亚述国王，我的兄弟，为什么我们兄弟之间一定要刀兵相见呢？"

随后，图库尔提尼努尔塔一世带兵继续前进，当时图达利亚四世和他的赫梯军队正驻扎在尼里亚城，他向赫梯国王送去消息："尼里亚在和我交战，为什么你的军队在尼里亚？我们彼此和平，不是战争状态。我现在要围攻尼里亚城了，向你的军队发出撤退的命令。"这些话的语气有些蛮横，图达利亚四世没有再回复他，显然没有撤兵的意思。图库尔提尼努尔塔一世一定不希望在与尼里亚的国王们交战时，又与赫梯人开战。他写了一块条约泥板交给赫梯国王，上面写道："按照你们的习俗，在太阳下触摸这块泥板。"但图达利亚四世拒绝在太阳下触摸泥板，于是，图库尔提尼努尔塔一世率领军队退后了。从发现的泥板文献中我们已无法确定这是一场怎样诡谲的战役，但可以推想当时双方的军事较量在斗智斗勇。向图库尔提尼努尔塔一世送去书信，表示兄弟之间不愿以战争相见的图达利亚四世似乎使图库尔提尼努尔塔一世相信，赫梯人不会直接向他发动攻击，但实际上，赫梯军队已经处于高度的战争状态，列队完毕，时刻准备发动突然袭击。不愿在尼里亚之地与赫梯人同时交火的亚述国王图库尔提尼努尔塔一世在兵临赫梯军队驻扎的城下后，真的退避了吗？当他从一个赫梯逃兵嘴里知道了赫梯军队的情况后，他立刻召集他的军官，亚述军队的士兵迅速穿上胸甲，登上战车。图库尔提尼努尔塔一世亲自呼喊着，驾驭着他的战车冲锋，迎战赫梯人。这完全是一场亚述军队有着充分准备的正面遭遇战，图库尔提尼努尔塔一世指挥着他的军队，在图达利亚四世始料未及的情况下，从他们已经后撤的营地更加出其不意地对赫梯人发起了反扑。惨烈的恶战之后，亚述国王图库尔提尼努尔塔一世取得了伟大的胜利。[40]

图库尔提尼努尔塔一世征服了尼里亚，将亚述的主权强加给四十多个当地的小王国，版图延伸到了这里。他宣称俘虏了28800名赫梯士兵，并把他们带回了亚述。为了巩固新占领地区的稳定，他也将大批的尼里亚居民迁置到亚述。可以想象，图库尔提尼努尔塔一世下一步将继续西进，他不会放弃包括乌加里特在内的叙利亚地区巨大的利益。现在，他已经到了卡开密什的边上，赫梯帝国在幼发拉底河西岸的领土几乎就是他的囊中之物。而战败的图达利亚四世无奈放弃了帝国的边境，赫梯的军事实力被削弱，他写信指责附庸国伊苏瓦的国王和乌加里特的国王，在他最艰难的时刻远离了他，让他孤军奋战，但是这又能怎样呢？他不能惩罚他们，只能要求他们以后要誓死效忠赫梯国王。可是，对于赫梯人，亚述人给了他们致命的一击，这是之后这个强大帝国突然毁灭的重要因素。

◄ 镶嵌黄金、宝石的象牙牌饰

象牙、黄金、玛瑙、青金石，高10.35厘米，宽6.6厘米—10.2厘米，厚2.45厘米，重151克。尼姆鹿德（古代卡尔胡城），伊拉克，新亚述时期，公元前900年—公元前700年。大英博物馆，伦敦，英国。

这是古代幸存下来最好的雕刻之一，在镶嵌有黄金、玛瑙、青金石的莲花和纸莎草花的背景前，一个年轻人仰面躺着，膝盖弯曲，双手支撑在身后，一头母狮正咬住他的喉咙。这个人的短裙以金叶制作，卷曲的头发上也覆盖了金箔，他的身份可能不一般，他主动将自己的身躯献给了狮子。

加喜特巴比伦的灭亡

尽管加喜特人统治的巴比伦没有再创昔日巴比伦的辉煌，甚至埃及法老拉美西斯二世对巴比伦国王不屑一顾，但是，长期以来赫梯一直承认巴比伦国王是伟大国王，保持与巴比伦的政治联姻，图达利亚四世应该也娶了巴比伦国王的公主为妻。此时的加喜特巴比伦国王卡什提里阿什四世（Kashtiliash IV）认为亚述国王图库尔提尼努尔塔一世的西进一定会受到赫梯帝国的阻击，亚述人的兵力会集中投入西方，甚至可能会被赫梯打败或两败俱伤，因此，他趁机夺取了亚述和巴比伦之间有争议的领土。这个严重的误判为加喜特巴比伦带来了沉痛的灾难，不过，对于赫梯来说却是天大的好事，缓解了图达利亚四世莫大的压力。图库尔提尼努尔塔一世决定先放下向西发展的进程，掉头转向南方，集中力量消灭加喜特巴比伦，他的这种考虑可能也是为了今后再次向西用兵扫除后顾之忧。

亚述的皇家铭文记载道："在众神的支持下，阿淑尔、恩利尔和沙马什，伟大的神，我的主，在女神伊丝塔尔的帮助下，天堂和冥界的女主人走在我的军队的前头，我接近了卡什提里阿什，巴比伦的国王，进行战斗。我给他的军队带去了失败，打倒了他的勇士。在战斗中，我抓住了卡什提里阿什，加喜特人的国王，用脚踩在他尊贵的脖颈上，就像踩在一个脚凳上一样。我把他捆绑着作为俘虏献到阿淑尔面前，我的主人。这样，我成了苏美尔和阿卡德全地的君主，划定了我的领地边界就在那东方的下海。"[41]图库尔提尼努尔塔一世与以往多少对巴比伦心存敬畏的亚述国王不同，他的铭文记录："我在山谷和山洞里堆满他们的尸体，就像堆在他们城边的粮食一样，我把尸体层层摞起；我洗劫了他们的城市，将它们变成一片废墟。"[42]亚述的军队冲进了巴比伦城，摧毁神庙，屠杀民众，中止了加喜特人的统治。图库尔提尼努尔塔一世自己坐上了巴比伦的王位，在这里统治了7年，建立了亚述的官僚体系。作为亚述和巴比伦的国王，他继续开动他的战争机器，南下征服迪尔蒙，打败了埃兰人，空前地扩张了亚述的疆域。

然而，在洗劫巴比伦神庙时，他将巴比伦伟大的马尔都克神像劫掠到了亚述，这个举动酿成了大错，不仅造成了他本人被暗杀，而且为他死后几代亚述国王埋下了祸根。第一次将巴比伦置于亚述的统治之下，是图库尔提尼努尔塔一世一生中最辉煌的时刻。但是，他亵渎巴比伦神灵，夺走马尔都克神像不仅激起了巴比伦人的愤怒，而且在亚述国内也引起了巨大的非议。因为在亚述人中有信奉马尔都克和巴比伦诸神的民众，这使得祭司和军事官僚两大集团之间出现隔阂。图库尔提尼努尔塔一世不得不把注意力全部集中在王国内部的事务上，停止对外征战，改变了以往的国策，动用大量的资源来维护国内的局面。赫梯无疑是最大的受益者，但从此赫梯也与巴比伦中断了联姻的盟友关系。图库尔提尼努尔塔一世决定在他早已选定并新建的一座城市重新大兴土木，这样既可以集中民力，减少事端，又可以彰显他的英明。因为亚述现在很有财力，从巴比伦掠夺来的大量财富现在有了合理的用途，而且还有一个因素，他很可能想要回避那些因为他残忍地摧毁了巴比伦，拿走了马尔都克神像而反对他的宗教和政治群体。他大规模修建的这座城市在亚述城的底格里斯河对岸，以他的名字命名为卡尔-图库尔提尼努尔塔（Kar-Tukulti-Ninurta），这座更加富丽堂皇的城市成了亚述的新首都。当然，他不会惧怕任何反对他的人，但他要向众神和历史证明自己的正确，现在唯一一部亚述史诗就是为了颂扬他战胜加喜特巴比伦而创作的。在史诗中，他着重强调是巴比伦国王卡什提里阿什冒犯了神意，违背了祖先定下的和平条约，巴比伦遭到摧毁、巴比伦人被屠杀是众神的惩罚，但是他更须要解释为何夺走马尔都克神像，亵渎巴比伦的神灵。包括亚述人在内，美索不达米亚人都感到图库尔提尼努尔塔一世对于巴比伦过于残暴，众神也不会放过他的。

征服加喜特巴比伦是图库尔提尼努尔塔一世统治中的巅峰时期，显赫的战绩足以使他被古代近东历史铭记，而且在希腊文学中都可以看到他的身影。在他的王国中卡鲁姆商业据点再次出现，商贸路线重新建立，改变了米坦尼称霸时期由于国力衰弱而被压制的局面，不仅向西与地中海方向，而且向东与底格里斯河以及扎格罗斯山方向的商业活动都活跃起来。然而，从长远来看，图库尔提尼努尔塔一世停止西进，将重心放回美索不达米亚的决策似乎并不明智，这里的物质资源远没有地中海沿岸富饶，依赖灌溉系统的农业需要大量人力，不利于交通往来的山地地形也不能为亚述带来更多的回报。相反，维护这里的稳定，保证中央统治的延续却要付出巨大的代价。他是一位优秀的军事领袖，但随后的历史表明，即使停止了对外征战，他也无力控制接下来发生的内乱。他住进了新都城的深宫里，也许他在逃避，也许已经预感到不测，但令他意料不到的是亵渎神灵的报复来自他的儿子。他的儿子阿舒尔那丁阿普利（Ashur-nadin-apli）带领着反对派武装围困了王宫，并且很可能最终亲手杀死了他伟大的父亲。

◀ 女性雕像

陶土，高31.5厘米，宽16厘米，厚6.7厘米。伊朗西北部，里海地区，公元前1千纪早期。大都会艺术博物馆，纽约，美国。

在古代近东艺术中，女性雕像通常与神的崇拜相关，她们对人类的生育、农业的丰收至关重要。这件古代亚述东北方向山区民族的陶器作品即是作为一种对女神崇拜的器皿。

▶ 金杯

黄金，高6.5厘米。伊朗西北部，里海地区，公元前1千纪早期。大都会艺术博物馆，纽约，美国。

在伊朗西北部出土的这件精美的金杯在西南部古代苏撒也出现过，是亚述东部包括埃兰人在内的各地方民族的艺术作品。在杯体上下纹饰带中间，四只羚羊向左行走，身体上精细的纹路表现出羊毛和肌肉组织，头部、耳朵和羊角突出杯体，是分别焊接固定上的，看不到接口痕迹。这种工艺在伊朗很常见，体现出他们高超的技艺，羊的眼睛和蹄子都有凹陷，可能是为了镶嵌其他的宝石材料。

阿舒尔那丁阿普利登上了亚述的王位，但之后亚述进入另一个不稳定时期，很可能是因为王室内乱导致了亚述衰败，而且，底格里斯河发生了一次改道，天灾对国家经济造成了损失，几代国王不仅无力复兴亚述，巴比伦还趁亚述动荡，重新获得了独立，甚至亚述曾一度臣服于巴比伦。图库

尔提尼努尔塔一世的后代为了与巴比伦重修旧好，奉还了他夺走的马尔都克神像。在很长一段时期里，两国随着各自国王的更替互有胜负，彼此依旧时合时分。

图库尔提尼努尔塔一世对加喜特人的战争严重削弱了巴比伦王国的实力，使其国内矛盾重重，处于风雨飘摇之中。看到亚述的衰落，埃兰人大举入侵加喜特巴比伦的领土，其间也与亚述国王的军队发生过交战，但他们还是冲进了巴比伦的城市，大肆劫掠财物。埃兰国王舒特鲁克-纳胡恩特将包括萨尔贡石碑、汉谟拉比法典石碑、马尼什图苏方尖碑等在内的大量珍宝和艺术品带回了苏撒，这就是为什么现在的考古学家在伊朗发现了这些巴比伦文物的原因。大约在公元前1155年，加喜特巴比伦的国王恩利尔纳丁阿希（Enlil-nadin-ahi）甚至被埃兰人俘虏到苏撒，这是加喜特巴比伦的最后一位国王，历经4个多世纪加喜特人的巴比伦就此结束。然而，它的寿命比那些曾经称霸美索不达米亚的强国还长。入侵巴比伦、推翻加喜特人统治的埃兰人再一次夺走了马尔都克神像，等待他们的又是怎样的后果呢？一位巴比伦本地人马尔都克卡比特阿赫舒（Marduk-kabit-ahheshu）在伊辛建立了一个巴比伦的新王朝，史称伊辛第二王朝，但他的王国依然非常软弱。

赫梯的撕裂

当图达利亚四世在外征战时，赫梯国内发生了巨大的政变，根据考古证据推断，他的对手甚至攻占了首都哈图沙。这个政敌就是塔浑塔萨国王库伦塔，穆瓦塔里二世的小儿子，乌尔希-特舒卜的弟弟。赫梯的历史始终伴随着争夺王位的阴谋与斗争，即使有《铁列平诏令》这样的祖训，也不能阻止宫廷政变的发生，在赫梯历史发展的进程中篡夺王位的战争规模越来越大。赫梯经历了四百多年的历史，二十几位国王，现在“我的太阳有许多兄弟，作为父亲的他们又有许多儿子。赫梯之地充满了王室血统，苏比路里乌马的后代，穆尔西里的后代，穆瓦塔里的后代，哈图西里的后代”。这是图达利亚四世的话，他把这些话写在泥板上，告诫他的官员和臣民。他接着写道：“至于王权，你们必须承认，没有其他人，只有我图达利亚，只能保护图达利亚的子孙和后代。如果在任何时候，邪恶降临到我的太阳（图达利亚）身上，因为我的太阳有很多兄弟，有人会投靠其他人，并说‘我们将自己选择，甚至不是我们主人的儿子’。这样的话绝不能允许！至于王权，你们必须只能保护我的太阳和他的后代，不能接近别人。”[43]库伦塔就是他的一个兄弟，已经造反了，并攻打首都。考古资料显示，哈图沙的一些庙宇和城墙被破坏，在神庙中发现刻有“伟大国王，拉巴尔那，库伦塔”的印章证明，他以武力夺取了王权。那么，从小与图达利亚四世一起长大，一直都忠于图达利亚四世和他的父亲哈图西里三世，被授予封国，两代赫梯国王都给予他特殊优惠的库伦塔为什么会突然发动内战争夺王位呢？

在安纳托利亚半岛南部西里西亚东部地区出土的一些象形文字碑文中，有一组铭文是由一个称为“伟大国王”哈塔普（Hartapu）的人撰写的，他同样使用“伟大国王”称谓他的父亲穆尔西里，学者们认为这个穆尔西里就是穆尔西里三世，也就是乌尔希-特舒卜。在哈图沙有国王在位时，赫梯的土地上没有人敢使用这个头衔，只有自认为具有合法继承权且与哈图沙敌对的人才会大胆地自称“伟大国王”。这些铭文与图达利亚四世的其他铭文风格很接近，如果时间确实落在青铜时代晚期最后几十年里，那么，我们可以推测攻占哈图沙事件的真相。当时，乌尔希-特舒卜离开埃及后，确实跑回了赫梯，他不会放弃夺回本属于自己王位的斗争，无论他的流亡政权在哪里落脚，他最有可能联络的是他的亲兄弟库伦塔，他可能来到了塔浑塔萨。他没有实力与现任的赫梯国王较量，可是他的弟弟库伦塔不仅占据着大片领土，而且拥有不为赫梯国王服务的军队，这也是赫梯国王对他做出的优惠的让步。但是，无论哈图沙给库伦塔多少好处，以提升他封国国王的威望，他还是在哥哥的唆使下，想要夺回本属于他的家族这一支的帝国王位。因此，他带兵攻打哈图沙，在与守城部队发生交战后，胜利地坐上了哈图沙的王位。不过，这一次库伦塔成功地占领哈图沙、夺取王位也存在着一个问题，库伦塔坐上赫梯国王的宝座，那乌尔希-特舒卜又将被置于何地呢?

事态的发展没有给人留下更多的想象空间，失去王位的图达利亚四世手中依然掌握着帝国的主力军队，他很快就将库伦塔从哈图沙赶走，重新夺回了王权。他不仅修复被毁坏的建筑，而且大兴土木，扩建王宫，在更大的区域里建造了二十六座崭新的神庙。这也许是图达利亚四世在帝国走向衰败过程中的无奈之举，也为世界留下了古代近东最伟大的一座城市，他要向世人彰显赫梯的王权和威望，证明他才是帝国真正的主人，也更希望得到众神唯一的庇护。但是，此时赫梯的国库已经空虚，可怕的饥荒造成粮食的极度缺乏，塔浑塔萨的背叛更使得事态雪上加霜。赫梯越来越依赖从国外进口粮食，在埃及法老的铭文中提到了向赫梯运送“维系赫梯之地生存”的谷物，粮食从埃及和迦南经乌加里特转运到赫梯。这条运输线路在安纳托利亚的重要接收港口是乌拉港，它就位于已经与赫梯敌对的塔浑塔萨境内。能否保证粮食的运输路线畅通对赫梯之地生死攸关，为此，图达利亚四世将目光投向了阿拉西亚岛。

◀ 青铜时代晚期浮雕

岩石。刻有卢威安语象形文字。亚孜利卡亚遗址，土耳其。

浮雕展示了赫梯的神沙鲁玛伸出手臂，保护他的信徒——赫梯国王图达利亚四世。在这个赫梯人的宗教圣地，国王用卢威安语象形文字留下了他伟大的名字和王室的标记。

混乱的世界

叙利亚位于美索不达米亚地区的西方，其北方是安纳托利亚，南方是埃及，这里是国际交流的十字路口，又具有其他地方缺乏的物资资源。在这片连接当时世界上所有强国的土地上，通过军事力量取得胜利，不仅能赢得高度的国际威望，而且也可以控制世界贸易的商路。当年米坦尼在强盛时期成功地占领了大片领土，成为近东地区最大的王国，但如今已经灰飞烟灭。亚述趁机崛起，西进军队的步伐已兵临赫梯帝国在叙利亚最重要的封国卡开密什城下，可是，亚述人决定掉头东归，攻打加喜特巴比伦王国。巴比伦在亚述的打击下一蹶不振，不过，亚述也因为自身的混乱陷入了在美索不达米亚的泥潭之中。赫梯依然是近东的霸主，控制着安纳托利亚和叙利亚北部领土及重要的附庸国。在赫梯帝国强劲的霸权势头下，埃及有所退缩，但仍然掌控着迦南和叙利亚南部的一些地区。然而，各国之间除了有对抗和竞争，还存在着广泛的贸易和商业联系，曾经的阿马尔纳书信见证了当时的国际化时代。近东各国之间的关系网络联系紧密，贸易繁荣。亚述人的商业据点也已到达地中海沿岸，巴比伦与埃及的物品交换没有因距离遥远而中断。赫梯帝国的权威显然与它的商业繁荣密切相关，它所掌控的包括白银、铜、铁等金属矿产，石料，木材以及奴隶，不仅在安纳托利亚半岛以及美索不达米亚地区进行贸易，更通过黎凡特沿岸以及海运与地中海对岸的埃及保持大规模的贸易往来。奢华的埃及珠宝、衣服、各种珍贵材料以及玻璃器皿从埃及进入赫梯帝国，尤其是大批的粮食运输对赫梯非常重要。半岛西部包括阿黑亚瓦在内的一些国家的国王，还有阿拉西亚国王都与埃及法老和其他国家之间有通信交流。从这些书信中我们可以看到，近东世界的各国之间都存在着利益往来。航运和陆路的商贸线路不仅为所有国家带来了丰厚的回报，也促进了各国之间相对的友好。

乌加里特即今天叙利亚拉塔基亚市附近的拉斯沙姆拉（Ras-Sharmra）遗址。青铜时代末期，乌加里特的政治影响力远没有阿勒颇和卡开密什大，但优越的港口条件使其成为国际贸易中心，为王国持续创造了丰厚利益。繁华的城市中拥有多座宫殿、神庙、仓库和加工场，街道纵横，房屋林立，集市、店铺繁忙，人口众多，是古代近东人类文明发展历程中的交叉点。在这里进出口的各种染色羊毛、服装、油、青铜器和粮食、葡萄酒等日常用品，以及金银、宝石、玻璃等奢侈品来往于爱琴海、安纳托利亚、阿拉西亚、卡开密什、黎凡特沿岸、埃及和美索不达米亚，沟通了古代地中海与西亚世界。这里的人们不仅可以流利地使用阿卡德语、赫梯语、埃及语以及苏美尔语交流，而且，乌加里特有自己融会了胡里安语、希伯来语和阿拉米语的乌加里特语，字母书体是乌加里特的重大发明，是后来所谓“腓尼基人发明的字母文字”的变体，这与其他早期文明有所不同。

赫梯的衰落，尤其是存在两个“伟大国王”的政权对帝国造成的分裂使原来的附庸国纷纷失去忠诚，一向忠心耿耿的乌加里特也开始动摇，甚至在赫梯新国王登基的重要时刻也没有前来祝贺，为此遭到赫梯王室的指责。然而，乌加里特与阿拉西亚保持了良好的联盟关系，乌加里特国王称阿拉西亚国王为“父亲”，说明很可能两国之间还建立了联姻关系。

◀ 赫梯国王图达利亚四世写给乌加里特国王的信中使用的印章压印

黏土，高10.1厘米，长7.8厘米，直径4.5厘米。乌加里特，约公元前1250年—公元前1220年，卢浮宫博物馆，巴黎，法国。

这封在乌加里特发现的信是赫梯国王图达利亚四世颁布的关于在埃及与赫梯帝国之间信使使用马匹的法令，在赫梯势力范围之内的乌加里特将执行这项规定。信中印有象征王室的有翼太阳圆盘，并刻有“伟大国王”“拉巴尔那图达利亚”的铭文。

赫梯虽然在与亚述的军事对抗中失败了，但亚述人没有进一步将他们的势力范围扩大到叙利亚，赫梯帝国依然是叙利亚地区附庸国的霸主。阿穆鲁王室一直对赫梯忠心耿耿，国王绍什加穆瓦还娶了图达利亚四世的妹妹为妻，进一步加强了两国王室之间的关联。乌加里特同样是赫梯的附庸国，在赫梯与亚述发生尼里亚大战时，亚述国王给乌加里特国王写去了获胜的捷报，显然是想拉拢乌加里特，但后来的事情证明乌加里特国王是忠于赫梯的，没有加入亚述的阵营。这两个忠实的附庸国对图达利亚四世来说都十分重要，尤其是乌加里特，它的地理位置是赫梯帝国包括粮食在内的各种物资的运输港口，也是位于内陆的哈图沙在地中海的海军支援。这两个国家却因为一件王室之间的婚姻事件发生了冲突，图达利亚四世必须干预，否则事态将升级为一场重大危机，因为乌加里特已经准备使用武力来解决事端。原来，乌加里特国王阿米斯坦鲁（Ammistamru）娶了阿穆鲁公主、国王绍什加穆瓦的妹妹为妻，可是，她严重伤害了他，可能是与人通奸，这份耻辱令阿米斯坦鲁很难接受，两人就此离婚。然而，阿穆鲁公主又违背了当时离婚的规定，把嫁妆都带回了阿穆鲁的家。因此，阿米斯坦鲁忍无可忍，要求绍什加穆瓦交出他的妹妹，到乌加里特接受惩罚。绍什加穆瓦知道，他的妹妹如果回到乌加里特只有一死，所以他拒绝了遣返他妹妹的要求，随时准备迎接来自乌加里特的军事报复。图达利亚四世不可能看着自己的两个附庸国之间发生战争，他给绍什加穆瓦施加压力，把妹妹送回了乌加里特。但同时，他要求乌加里特国王赔偿绍什加穆瓦一笔黄金，这笔黄金的数额不可协商，以防止阿穆鲁国王因为妹妹的死索要更多的钱，也不允许乌加里特国王因为自己是受委屈的一方而不想多给钱。[44]可是，不久之后，后任的赫梯国王的一个公主下嫁到乌加里特，竟然也闹出了离婚事件，这在以往赫梯作为近东强国的时代绝不可能发生，赫梯帝国已经衰落了。

阿拉西亚，即今天的塞浦路斯，地处地中海交通和战略要地，而且拥有丰富的木材和铜矿资源，是当时近东各强国的铜的主要来源地，因此，在青铜时代的最后时期变得越来越重要。尤其是对于赫梯帝国，在失去了幼发拉底河方向伊苏瓦地区的铜资源后，这里的铜矿储备自然是赫梯国王一定要获取的补充。赫梯长期以来宣称对阿拉西亚拥有控制权，可是，此时世界局势日趋复杂，为了维系帝国的国际霸权，必须确保对阿拉西亚的实际控制。这样不仅可以更加有效地威慑包括乌加里特在内的地中海沿岸的附庸国以及敌对国家，而且，还能保证来自埃及和迦南地区粮食供应的运输航道不受到任何威胁，这对于帝国更为重要。同时，越来越多的外来入侵者登陆阿拉西亚，这里的政局随时有可能出现变化，似乎只有用武力才能控制局面。

在安纳托利亚内陆，赫梯的内战还在持续，而且，来自边境的国外敌人随时有可能发动战争。在帝国几乎所有地区都面临着需要兵力戒备的情况下，图达利亚四世还是对阿拉西亚发动了一场战役。一块当时赫梯石板上的铭文记载了他的战绩："我抓住了阿拉西亚的国王和他的妻妾、子女，我把所有的金、银和被俘虏的人带回了哈图沙，阿拉西亚之国被我奴役，使它成了我在那里的朝贡国。"[45]然而，不久之后，他的后继国王苏比路里乌马二世（Suppiluliuma II）在父亲图达利亚四世已经征服阿拉西亚的情况下，不得不再次出海，征讨阿拉西亚，看来国际局势越来越难以掌控。

实际上，在图达利亚四世死后，他的王位传给了儿子阿尔努万达三世（Arnuwanda III），但阿尔努万达三世在位时间非常短暂就去世了，王位才由另一个儿子苏比路里乌马二世接替。一篇在苏比路里乌马二世登基时的铭文写道："赫梯的居民不拥戴他（阿尔努万达三世），如果他有子孙，我也不会取代他，我宁愿保护他的后代。因为他没有孩子，我问他有没有怀孕的妻子，但是没有怀孕的妻子。既然现在阿尔努万达没有留下后代，我无法将王位传给他的后代，自己成了另一个主人，难道不对吗？"[46]在赫梯帝国生死存亡的关头，这篇铭文似乎又在暗示，在继承王位的斗争中，还蕴藏着某种阴谋。附庸国的国王没有对新即位的赫梯国王表示敬贺的也正是这位帝国最后一任国王苏比路里乌马二世。

生逢多事之秋的国王苏比路里乌马二世沿用了前辈伟大国王的名字，也继承了出色的军事才能，他没有在乱世面前退缩，他必须战斗。赫梯的内战愈演愈烈，西部的各附庸国开始动荡不安，有学者指出，很有可能塔浑塔萨的政权已经占领了安纳托利亚西南部地区的领土，这迫使苏比路里乌马二世对卢卡地区发动了最后一次军事打击。在哈图沙考古发掘的一座石室中装饰有一位神和国王苏比路里乌马二世的雕像，象形文字铭文记载他先后攻克了那里多个国家和城市。对于塔浑塔萨的政权，苏比路里乌马二世别无选择，一定要消灭它，不仅因为这股分裂的势力严重削弱了赫梯人的力量，更重要的是，赫梯国内粮食短缺急需埃及和迦南运来的谷物，夺回在塔浑塔萨境内的乌拉港对保持粮食运输路线的畅通至关重要。铭文记载，苏比路里乌马二世最终征服了塔浑塔萨，收复了失地。但是，这充其量是一场代价高昂的胜利，因为不久之后，哈图沙发生了巨变。

在阿拉西亚，也许这里持续在反抗赫梯人，尤其是他们的国王及家人被掳到哈图沙，阿拉西亚人更加仇视赫梯，苏比路里乌马二世不得不亲自出海，与"来自阿拉西亚的敌人"激战。"我，苏比路里乌马，伟大国王，立即渡过大海。阿拉西亚的船只在海上与我交战三次，我都重创了他们。我夺了他们的船，在海中将它们焚烧。但当我登上陆地时，来自阿拉西亚的敌人蜂拥而至与我交战。"[47]

不过，从文献资料来看，图达利亚四世对阿拉西亚的完胜应该是成功控制了该岛，他的儿子苏比路里乌马二世再次与这里的敌人作战，他们很可能不是岛上的本地人，况且赫梯人没有自己的海军力量，他们的海战更多地依赖于乌加里特的支援，而乌加里特与阿拉西亚也保持着友好的外交关系。这一次在阿拉西亚岛上的敌人更可能是外来的入侵者，他们一定严重威胁到了赫梯人的利益和航运安全，或者对已经被赫梯人控制的本地政权造成了危害。

苏比路里乌马二世对阿拉西亚的军事行动是赫梯帝国最后的胜利，暂时遏制了外族前进的步伐。那么，这些外来入侵者是些什么人呢？

◀ 马形陶容器

陶土，高22.7厘米。塞浦路斯（古代阿拉西亚），公元前1200年—公元前1050年。大都会艺术博物馆，纽约，美国。

青铜时代晚期，彩绘白陶容器最早在塞浦路斯生产，这是一种独特的陶器，造型和彩绘装饰都以爱琴海元素为主，并结合了黎凡特和塞浦路斯的传统风格。爱琴海、地中海和本地元素的混合反映了当时塞浦路斯政治和文化的风云变化。

▶ 鸟形脸的女性雕像

陶土，高20.8厘米。塞浦路斯（古代阿拉西亚），约公元前1450年—公元前1200年。大都会艺术博物馆，纽约，美国。

这些雕像是典型的塞浦路斯Ⅱ期和Ⅲ期的雕塑艺术。手工制作、表面光滑、中空的雕塑突出表现了女性阴部三角区和乳房部位，这种风格很可能来自叙利亚地区，但塞浦路斯雕塑家创造出了自己的变化。每只眼睛是由一个圆环包围着一个小球制成，在每只大而平的耳朵上有两个孔，每个孔都挂有一个耳环。

“海上民族”

法国埃及学家加斯顿·马斯佩罗（Gaston Maspero）于1881年第一次使用“海上民族”一词定义公元前13世纪至公元前12世纪的入侵者，他们可能包括来自爱琴海的几个部落、闯入意大利半岛的中欧掠夺者、出现在安纳托利亚的难民和一些外国雇佣兵，但他们的真实身份始终笼罩着神秘的色彩。他们的确是由不同的民族组成的，每个民族都有自己的文化特征，通过考古发现了不同风格的陶器、盔甲、武器、船只和其他工艺品，他们的行动轨迹不局限于大海，而是包含了几乎整个近东世界。他们掀起了原本平静的地中海的波涛，所到之处留下遍地尸骨、残垣断壁。数十年的学术研究，将古代近东世界大混乱的肇事者指向这些外来民族，甚至认为他们是青铜时代崩溃的元凶。可是，令人不解的是，没有发现任何属于“海上民族”本身和来自他们自己的记录，当时的古人从没有使用过“海上民族”这个词来指责这些出现在浩瀚的地中海、不知来路的外邦民族，他们是否是一支具有强大摧毁力的军队？“海上民族”真的就是公元前1200年前后文明的终结者吗？

阿拉西亚的地理位置使其成为国际化的交点，有着各民族相互交融的景象。考古证据显示，这里多元性的物质文化是来自迈锡尼、黎凡特等地的人群和阿拉西亚本地文化相互适应与结合的产物。在塞浦路斯发现的轮制的迈锡尼风格烹饪器具与当地手工制作的器物不同，而且一些亚该亚风格的陶器是在当地制造的，表明有迈锡尼移民来到这里，与当地人混居。阿拉西亚出现由本地制造的带有其他国家和地区文化风格的器物暗示着以往各国之间的引渡条约有所失效，来自安纳托利亚、黎凡特、乌加里特和爱琴海的难民在向这里以及近东更广泛的地区迁移。

根据考古学发现以及核心岩相学、孢粉分析等科学研究，公元前1215年至公元前1190年塞浦路斯发生了一系列灾难性的事件，阿拉西亚陷入了极度的恐慌之中。岛上的多个城镇在遭到不止一次的洗劫之后被废弃，这应该不是赫梯的两位国王所为，因为赫梯人打击阿拉西亚旨在获取这里的铜资源和人力，以及保卫新的海运生命线，没有必要将这些良好的居住地焚毁。在一些较小的没有被破坏的定居点遗址，考古学家发现了许多金属工匠隐藏起来的紫铜原料和工具，珠宝和金银被置于石缝和深坑中，没有人再回来取走他们的宝贝，这表明他们随后有可能被杀害或被奴役了。对阿拉西亚更加沉重的打击来自于自然灾害，已经持续了很长时间的干旱导致农作物歉收，国家在饥荒中动荡不安，就在青铜时代晚期最危机的时期，有证据显示，塞浦路斯还遭受了地震的袭击，许多重要的建筑被摧毁，一些农业、采矿业和制陶城镇被破坏，其中大多数被遗弃。缺乏食物的破败环境，很可能导致战斗。首先，不可避免的暴力事件加剧了岛上的混乱，在海岸城市拉纳卡（Larnaka）的考古发现，一座遭到破坏的城镇中，庭院一片狼藉，很多青铜箭头和投石武器散落各处，有一个箭头还嵌在一面墙上，这里显然发生过战斗。其次，这里的迹象显示，敌人没有做任何停留就不知去向了，原来试图在这里建立家园的人最后还是决定离开，再次踏上了寻找新家园的路程。那么，为什么来自爱琴海方向的希腊迈锡尼人或意大利半岛的人以及其他地区的难民会往干旱、饥荒，气候和社会危机如此恶劣的地方迁移呢？

自然灾难下的迈锡尼希腊世界

几个世纪以来，大气环流的作用使得地中海北岸地区持续干旱，在青铜时代末期，同样严峻的寒冷期使海面温度降低，造成海水的蒸发率降低，更导致了降水量减少，最晚从公元前1250年开始，以往并不罕见的干旱此时使人们确实感觉到了将面临一场巨大的灾难。根据考古学家对花粉和树木的分析，地中海森林和灌木带面积缩小，也许就在短短的5年时间里，严重的干旱使赫梯和迈锡尼等国农业生产力出现空前的下降，农作物的收成根本无法满足包括国王和贵族在内所有人的必需。而且，从大约公元前1190年的冰中提取的样本表明，火山活动的加剧也可能导致了气候的不稳定，全球性的自然灾难从爱琴海蔓延到叙利亚、黎凡特甚至波及到埃及。尼罗河流域也处于干旱之中，农作物减产、人口下降也使埃及新王国陷入政治危机，埃及行政当局和军队从迦南撤退，进而导致该领土更加不稳定。

气候危机造成了农作物歉收，大规模的食物短缺必然导致人口数量下降，从而进一步降低农业生产力以及军事实力。就在这民不聊生的危难时期，大量的考古遗址显示，青铜时代末期，地中海文明区域的很多城市和地区发生过地震，整个东地中海地区不稳定的地层构造导致地震多发，一些历史悠久的伟大城市也未能幸免。大自然证明了它对于人类生存与文明的巨大作用力，这些自然灾难的发生为人们提供了应当重视自然环境的先例。人类在大自然面前是如此的脆弱，脆弱到人类自身开始为争夺有限的资源互相残杀、吞噬，彼此以暴力相见。

之前，迈锡尼文明依靠密集的人口、重要的城市、广泛的贸易往来以及军事扩张活力充沛，但是，在公元前13世纪的最后几十年，这里的干旱达到了顶峰，庄稼无法存活，迈锡尼希腊在饥荒中损失惨重。而且，就在此时，希腊大陆的各座城市却纷纷加强了自身的防御工事，有的城市在坚固的堡垒中还挖掘了可汲取地下水源的很深的水井，似乎暗示着他们担心某种入侵，试图在应对城市陷入困境时的危险。公元前13世纪末12世纪初，包括梯林斯（Tiryns）、皮洛斯（Pylos）、底比斯等许多城市惨遭毁灭，或被大火烧毁，或被完全废弃，伯罗奔尼撒半岛绝大多数小型定居地被遗弃，表明人口大量减少，突然之间灾难给这里带来了翻天覆地的变化。

在迈锡尼城，公元前1250年左右遭到了一次地震的袭击，在距离不远的梯林斯，宫殿和城堡的残垣断壁同样证明这里大约公元前1200年也在地震的破坏中衰败。考古证据表明，就在这个时期，希腊多地都遭到了地震的破坏，包括成年男子、女子以及孩子的头骨和脊椎被掉落的石块砸得粉碎，尸体被掩埋在倒塌的瓦砾之下。这些惨状在迈锡尼、梯林斯、米狄亚（Mideia）等许多爱琴海遗址中都有发生。

给迈锡尼政权带来毁灭性终结的破坏事件发生在大约公元前1190年，一场大火吞没了包括王宫和邸宅在内的中心地区。公元前1180年左右，皮洛斯的宫殿也在大火中倒塌，熊熊火焰的高温使这些城市的房屋石墙都被烧得变形，甚至烧化了库房中的陶罐，整个建筑包括其中的所有物品化为齑粉，装饰用的黄金被熔化在废墟之中。考古证据重现了当时持续了数天的灾难，在皮洛斯，有迹象表明这是一次人为的破坏，可能是来自海上的袭击者。迈锡尼的火灾也可能是一场暴力的动乱所致，虽然现有的证据无法得出最终的结论，可是，有学者指出，当时的农民纷纷发动暴乱，宫殿中囤积的粮食和财物被饥饿的农民们抢掠，首先被捣毁的就是迈锡尼王宫的粮仓。[48]也许那些出于防御目的的大规模建筑工程确实增强了统治阶层的权力和地位，然而，高昂的建设投入却给底层的民众和士兵带来了巨大的压力，导致了内部的叛乱。在干旱、饥荒、地震等某一种灾难性事件的突然触发下，社会秩序崩溃，宫殿被摧毁。虽然之后仍有一些人口再次居住在这些城市，但无论如何，迈锡尼和皮洛斯等地的毁灭加剧了粮食的危机，迈锡尼世界迅速衰败，经济结构断裂，代表性的艺术和手工艺消失，线形文字B书写系统停止，失控的领土被放弃，贸易也随之中断，宫廷政权走向灭亡。

迈锡尼希腊世界似乎建立在一个相对简单的权力基础之上，就像《荷马史诗》中所描述的一样，以小城邦的联合体形式发展壮大，每个城邦都有英雄和武士为各自勇敢的国王而战，他们驻守在城堡式宫殿的中心地区，这里是尚武的所在，武力、战争和英雄是他们的生活模式。通过战争掠夺而扩大的财富加强了迈锡尼宫廷的经济实力，泥板上的线形文字B记录了他们控制贸易、手工业和农业，国王和贵族们拥有大量的土地，宫殿里使用大量的妇女和儿童从事纺织生产。而其他大多数人口则生活在宫殿周围的小型定居点和远处零星散落的村庄里，他们从事所有的农业劳动，生产的粮食和农产品供养国王和他的战士们以及各地官僚。各城邦都拥有自己异常坚固的城防，说明他们之间也存在对抗。没有一个希腊的宫廷拥有足够的力量统帅其他城邦，也许只有迈锡尼国王可以在一致对外的侵略战争中将小王国联合在一起，就像《荷马史诗》中的特洛伊战争故事，而对于抵抗外敌入侵的防御战或者更大的自然灾难则未必有统御能力。

希腊大陆和爱琴海以及阿拉西亚残酷的环境变化不仅迫使当地的居民从自己的土地上背井离乡，而且那些已经迁移到新定居地的人们也还会不顾一切地再去寻找新的家园和生存手段，开启他们更大规模的迁徙。考古证据和埃及的文献也为我们提供了一幅更早的迁移场景。

更早的人口迁移

1960年，著名水下考古学家乔治·巴斯的考古团队发现盖利多尼亚角沉船的四柄铜锭。[49]

▲ 青铜剑

青铜。盖利多尼亚角。青铜时代晚期。博德鲁姆水下考古博物馆[50]，博德鲁姆，土耳其。

盖利多尼亚角（Cape Gelidonya），位于土耳其西南沿海。盖利多尼亚角沉船的长度与乌鲁布伦沉船的长度接近，约有16米长，船上的石锚与乌鲁布伦沉船上的24个锚相似，但比它们都大。它可能是地中海东岸的船，但也可能是一艘阿拉西亚的船。根据沉船上陶器等文物的证据，我们推测这艘沉船是公元前13世纪的船只。在沉船上发现的四柄铜锭是铸自塞浦路斯岛的矿石，牛津实验室对这些铸锭的铅同位素分析更具体地指出是该岛的索利亚（Solea）地区。青铜时代晚期，迈锡尼希腊人虽然进驻了阿拉西亚，但岛上的文化仍然更靠近近东，而不是爱琴海。

这是在沉船上发现的一把青铜剑，是第一件真正的武器。

很多的文物证据显示，迈锡尼世界与埃及、塞浦路斯、东地中海地区和安纳托利亚在公元前2千纪初期就已经有了手工制品和建筑等多方面的相互借鉴和融合。在13世纪早期，阿拉西亚作为国际贸易和文化的枢纽，见证了迈锡尼希腊、安纳托利亚南部、叙利亚北部港口城市以及黎凡特地区广泛的商品流通，乌鲁布伦沉船证明了当时国际化的时代各国之间密切的贸易联系。在黎凡特出现的大量阿拉西亚陶器表现出两地之间深入的文化和经济往来。在苏穆尔，迈锡尼陶器在迈锡尼世界崩溃之前就已经在当地生产，这说明有一部分爱琴海地区和地中海西部的人群早就乘船抵达并定居在此。在西顿发现的大约公元前14世纪至公元前13世纪的米诺斯风格的陶罐，有的陶罐的肩部绘有线形文字B的符号，陶器上装饰的在波浪中跳跃的海豚图案表现了克里特文明的风格，而这些陶器也是在西顿本地制造的，是黎凡特融合米诺斯文化的缩影。没有明显的证据显示有任何暴力破坏的迹象，各国之间更可能是一种和平共处的状态，早期来到地中海东岸的移民并不是殖民者，他们以友好的姿态与当地人融合，是整个地中海青铜时代晚期大迁徙的先行者。在公元前13世纪迦南地区的移民浪潮就开始了，他们中有些人只是农民或商人，并非战士，但是，在他们早期海上探索的历程中，也有通过武力侵略的事迹。

从拉美西斯二世时期开始，施尔登人入侵埃及。施尔登人显然是被打败了，之后，他们在公元前1274年的卡叠什之战时成了拉美西斯二世的雇佣兵。到麦伦普塔赫统治埃及时，包括利比亚人在内的更多海外异族被法老打败，同样，他们中的有些人开始在埃及、迦南和黎凡特地区定居下来谋求工作和生活。埃及的文献中称有的民族为战士，暗示他们是为埃及服务的。在比布鲁斯出土的铭文证据中，这些最早的海上民族中还有卢卡人，他们既属于陆地民族，也属于海上民族。这些早期先迁徙的外邦民族没有对近东世界的秩序造成大的破坏，但他们为后来的人群提供了方向和信息。

进入公元前12世纪时，更大规模的迁移浪潮来临，他们是否能因为属于共同的种族、会说共同的语言而免遭后来者的杀戮呢？

安纳托利亚西部一定是非常混乱的地区，因为在青铜时代晚期，这里是大国建立的政治体系首先瓦解的地区，自从阿黑亚瓦国被消灭以后，赫梯帝国也丧失了对该地区的政治和军事主导力。在这里生活的人群越来越复杂，卢卡人不再安分，已经出海向南方展开他们的探险，在来自海上攻击埃及的团体中就有他们的身影。人口的流动性不断加剧，没有了大国之间引渡条约的约束，一些人群开始放弃自己旧的家园，寻找新的适合定居的土地，向条件更好的地区迁徙。人口，对于任何一个王国来说都非常重要，赫梯国王的法令以及与其他国家之间签署的条约中非常在意阻止人口流失，可是现在，局面开始失控。

► 锥形角杯

陶土，直径8.4厘米，高16.3厘米。塞浦路斯恩科米，希腊，公元前1375年—公元前1200年。大英博物馆，伦敦，英国。

锥形角杯的杯身绘有一条红棕色章鱼，底部有条纹装饰，口沿有一个圆环手柄。

迈锡尼的锥形角杯在公元前14世纪至公元前13世纪的黎凡特很普遍，用于在宴会中准备酒饮，说明当地人已经具有这种习惯。在黎凡特地区发掘的大量陶器也带有迈锡尼风格的人物、鱼和其他主题的装饰图案。

◄ 绘有站立人物形象的迈锡尼陶器碎片

陶土。西顿，黎巴嫩。西顿文物总局，黎巴嫩。

这是2010年在西顿考古发掘的陶器碎片中的一件，是一个迈锡尼风格锥形角杯的上半部分的残片。这个装饰图案表现了一个站立的男人的形象，脸转向左方，仅以外轮廓线勾画头部，中心有一只眼睛，眼睛用白色画成一个椭圆，中间有一个小的红点。人物后面的装饰是一组有两片贝壳的图案，这个图案是迈锡尼人物风格装饰中普遍使用的填充元素。这是使用了迈锡尼花瓶装饰图案中的时尚，人物的形象也使用了风格化的方法，粗壮的长腿，短的躯干和长长的脖子，头后有一束头发。这样的图案非常适合装饰这种锥形角杯。[51]

长期迁徙的后果?

到了青铜时代末期，气候条件的恶化破坏了爱琴海宫廷中心的稳定，无论是大自然的力量还是人类自己发动的武力暴乱，给希腊大陆以及迈锡尼世界留下了一片废墟。很多人逃离了是非之地，包括地中海北岸更偏更远的广泛地区的人群，他们以家庭为单位组成一个更大的群体，向地中海东岸迁移，寻找新的家园。在海上，他们乘船登上了阿拉西亚，有些人在那里停留，试图定居。有些人则沿着熟悉的贸易航线继续向着乌加里特进发，进入黎凡特和迦南沿岸，或者直接驶向了埃及，成了一群足够聪明和能够熟练的给近东世界造成破坏的海盗，但这些海盗不是为了财宝，而是为了生存。在陆地上，迁徙的人群主要沿着海岸线前行，来自希腊的外族穿越达达尼尔海峡遭遇特洛伊。

大约在公元前1200年前后，特洛伊城被彻底摧毁，在这里发生的屠杀可能为《荷马史诗》的故事提供了一个悲惨的结局。在特洛伊考古的第Ⅶi（VIIa）层，街道上发现的尸骨来不及被掩埋，嵌在墙上的箭头揭示了曾经发生的战火。在残酷的城市保卫战中，特洛伊人输了，这一次赫梯人没有再来，而入侵的敌人也不是阿黑亚瓦的迈锡尼人。没有证据表明点燃这把毁灭特洛伊烈火的是些什么人，在贯穿地中海东部的移民混乱时期，很可能就是《伊利亚特》中所告诉我们的，他们来自希腊半岛，而被摧毁后遗弃的特洛伊城直到罗马时代才得以恢复。

这或许只是在天下大乱之际来自爱琴海地区具有武装实力的一批人群对特洛伊实施的暴行，更多的难民包括流浪者、农牧民以及被遣散的士兵、雇佣军一波一波自发地进入安纳托利亚，在阿尔扎瓦和卢卡等地与本地的一些族群汇合，包括一些赫梯人在内，一起沿着半岛南部的海岸继续向东移动，直到西里西亚，闯入塔浑塔萨国境内，再南转经过塔尔苏斯、阿拉拉赫和乌加里特一路进入黎凡特南部。事实上，考古证据证明，在他们所经过的这条线路上，多地被完全毁灭，但也有很多地点被遗弃而没有被付之一炬。在黎凡特南部出土的带有爱琴海文化风格的各种文物也证明，在这里定居下来的人群一定与迈锡尼希腊有关。

实际上，在青铜时代末期，所谓的“海上民族”大规模的迁徙并不是一个有组织的团体或单一族群沿着一条固定的线路入侵地中海东部，以当时的人口数量以及基本交通工具的条件来说，他们不可能形成一个大规模的军事力量与大帝国相提并论，他们的移动是在一段漫长的过程中通过陆路和水路移民到地中海。他们穿着不同的衣服，手持不同的武器，以个人或整个家庭组成较大的群体，可能经历了从入侵到被打败、从而定居下来，再与后来的入侵者联合再战的过程。这些人中有文明程度较低的民族，在这个过程中有和平友好的融合，更有残酷的暴力对抗。在一段较长的时期里，对于一座城市或一个地区都可能经受过几波的入侵和军事攻击。这些不受约束的团体，即使每支部队的人数不超过几百（甚至几十）个战士，也可以攻击城市，摧毁它们，或者至少削弱它们的经济和人口实力。因为一些城市在遭到干旱和地震等自然灾害的摧残和侵蚀后，助长了这些入侵者的趁虚而入，入侵者更容易摧毁他们的敌人，无论是当地的国王、贵族和平民，还是那些比他们早移居到那里的同胞。

地中海北岸的难民沿着安纳托利亚半岛西南海岸穿越小亚细亚，攻打赫梯人的附庸国和联盟，进入西里西亚、阿拉拉赫、卡开密什和乌加里特。但是，所有的破坏一定是这些所谓的“海上民族”所为吗？

▶ 乌加里特皇宫废墟遗址

乌加里特与埃及、美索不达米亚、塞浦路斯和迈锡尼希腊保持了密切的贸易往来，这个小城市当时很富有。但是，经过青铜时代末期的动荡，最终灭亡。

长期的干旱给几代人造成了持续的压力，特别是对依赖于高水平旱地农业生产力的地区，粮食短缺以及植被的减少使得许多城市无法养活当地人，更不用说大批新来的人。而自公元前1225年至公元前1175年的50年间，在地中海地区多次爆发的地震给许多城市造成了更大的灾难。安纳托利亚大部分地区处于地震断层区，青铜时代末期强烈的地震不可能放过这个历史上地震活动频繁的地区，考古证据显示位于今天土耳其和叙利亚边境泰勒阿贾纳（Tell Atchana）的阿拉拉赫遭到了地震袭击。但是，实际上，阿拉拉赫大约在公元前1300年时早已被原住民废弃，一些迁移的难民到达这里后没有停留，恶劣的生存环境显然使他们不会眷恋这片废墟，而是继续南下。事实上，从半岛西部一直到叙利亚地区，明确被敌人攻击并摧毁的城市只有三处：特洛伊、乌加里特和埃马尔。其中，在乌加里特发现的历史资料最为翔实，这里人们的遭遇也最触目惊心。

真凶

乌加里特也出现过饥荒，一封在乌加里特发现的来自埃及法老的信中提到，为缓解乌加里特的饥荒，从埃及送来粮食。在其他地区急需粮食供应时，埃及的谷物不得不在成熟后甚至在尚未完全成熟时就收割，立即被装船运往目的地。然而，地中海没有因为干旱而停止它的运行规律，每年地中海飓风的发作也正是在这个时候，海运很有可能遇到海上的风暴，致使船上载满的粮食在海难中损失殆尽。一封提尔国王写给乌加里特国王的信中就记载了这样的事件。

至少在公元前1192年，乌加里特和埃马尔等叙利亚境内的城市依然保持着正常的国际贸易往来。卡开密什作为赫梯在叙利亚地区的统治中心，也在时刻防范可能发生的变化，虽然它的政治地位依然可以控制该地区的大小事务，但是，卡开密什国王似乎并不具备海上的军事力量。有泥板文件记载，在乌加里特的港口有卡开密什的14艘船只，但这些船只已经不适合航行，卡开密什国王也曾致信乌加里特的统治者，关注乌加里特在地中海东岸部署的一支舰队。乌加里特是当时最重要的海军基地，但乌加里特是一个小国，受赫梯的保护，它的主要投入不在军事上，当赫梯需要它的海军力量时，它就自顾不暇了。

在乌加里特发现的一封泥板书信中，赫梯国王苏比路里乌马二世向乌加里特最后一任非常年轻的国王阿穆拉皮（Ammurapi）发出了惊恐和绝望的求助："敌人正朝我们逼近，他们不计其数……而我方的兵力……你有什么就给我送什么吧，只要是用得上的，就请赶快给我找出来。"[52]

阿穆拉皮国王的一封信进一步证明了这场危机正在席卷近东世界，这封信是对阿拉西亚国王请求援助的戏剧性回应，并强调了乌加里特所面临的绝境。信中可以看出乌加里特为了回应赫梯的求援，派出了他所有的力量。"我的父亲，看哪，敌人的船只来了，我的城市被烧毁，他们在我的国家胡作非为。我的父亲，你难道不知我所有的军队和战车都在赫梯之地吗？我所有的战船都在卢卡之地吗？……所以，这个国家完了。愿我的父亲知道：七艘敌船来到这里，使我们蒙受了巨大的损失。"[53]

但是，来自阿拉西亚最高行政长官的信真的让阿穆拉皮感受到了事态的残酷和绝望，信中告诫他要注意保护好自己，因为那些敌人，是他派出去与入侵者作战的自己的船只和船员，他们已经与外来的敌人合作，正是乌加里特人犯下了可怕的罪行。[54]

关键时刻，阿穆拉皮请求卡开密什给予他增援，但卡开密什国王只是回信建议他要坚守城池，与敌人决战。尽管在埃及的记录中卡开密什被列在海上入侵者摧毁的城市名单之中，但事实上，这座城市在战乱中幸存了下来。也许卡开密什国王为了保卫自己的城市，根本没有向乌加里特派出援军，或者在卡开密什的增援部队到达之前，乌加里特已经毁于一旦，彻底成了废墟。一封留存下来的信中写道："我们在打谷场的粮食被烧掉了，葡萄园也被毁了。我们的城市被洗劫一空。愿你知道！愿你知道！"[55]

乌加里特整个城市被大火吞没，留下一堆堆灰烬和残垣断壁。曾经繁华的都市顷刻间被夷为平地，散落在废墟中的大量箭头证明这里曾发生过激烈的巷战，显然这座城市遭受了敌人的袭击，城中大约8000居民在慌乱中逃离，再也没有回来。在乌加里特王国境内的多处城镇也被焚毁，散落在各处的青铜箭头和倒塌的墙壁也显示这是人为的攻击。

大致在同一时间，在幼发拉底河河湾地区，埃马尔也发生了饥荒，在乌加里特发现的文书中提到："这片土地在发生着一场饥荒，每个人都将饿死。"[56]随后，埃马尔和阿穆鲁王国的都城苏穆尔也遭到了与乌加里特同样的命运。

由于在被毁灭的遗址地层中发现了一把刻有法老麦伦普塔赫名字的埃及剑，所以，乌加里特灭亡的时间应该在麦伦普塔赫统治期间或其后。根据对埃及有关事件的阿卡德语信件和一份乌加里特文本的天文观测记录，乌加里特灭亡的时间可以被精确地定在公元前1192年至公元前1186年之间。

乌加里特的主要遗址几乎被彻底摧毁，住所被遗弃，再也没有被重建。根据遗址中有些地方高达2米的大规模破坏程度，我们可以想象当时乌加里特所处的可怕困境。大多数学者都接受这座城市是被来自"海上民族"的敌人所攻击和摧毁的观点，但是，真凶一定是他们吗？

在这段时间内，人们没有发现明显的地震破坏痕迹，这不是一场地震带来的毁灭。乌加里特是一个主要港口，除了一个居民区，大部分地区都被烧毁。在这个居民区的街道、房屋和空地上，挖掘人员发现了32个箭头和12件战争武器。在城市被烧毁后，乌加里特被遗弃。这些证据表明乌加里特在被烧毁之前城市里发生了一场战斗。在乌加里特废墟中发现的一些文字提到“船上的敌人”，在埃及的记录中也似乎有指向“海上民族”的说法，这使得许多学者认为是“海上民族”突袭了这里。

但是，在最著名的拉美西斯三世记录被来自海上敌人摧毁的政权（国家和城市）铭文中并没有乌加里特，而且当时的人们从没有使用过“海上民族”这个词来指控这些人所犯的罪行，他们似乎可以很准确地认出那些敌人是什么人，可以叫出每一个入侵民族的名字。从发现的乌加里特以及赫梯的文字记录中也可知，他们知道当时每一支活动比较猖獗的“海上民族”的名字，但是，当文献中提到“船上的敌人”时，并没有明确这些出现在犯罪现场的人群是谁。

埃马尔很可能是在公元前1185年或稍晚一些被摧毁，在被遗弃的废墟中，只有纪念性建筑和宗教建筑被不明袭击者烧毁，而国内的其他建筑则完好无损。显然这里没有发生地震，在这里发现的泥板提到了“游牧部落”（horde）一词，这不是海上民族。

▶ 拉美西斯三世停灵庙墙壁浮雕（局部）

彩绘。古埃及第二十王朝。梅迪奈特·哈布，卢克索，埃及。

保存完好的浮雕表现了抓获海上俘虏和其他囚犯的情景，这些人与埃及打击来自亚洲和利比亚等地外邦民族入侵的战争有关，他们的服饰体现了多个不同民族的特征。

赫梯人对海上来的异族也十分关注，苏比路里乌马二世命令乌加里特国王把一个名叫伊卜纳杜舒（Ibnadushu）的人交给他问话，但国王阿穆拉皮太不成熟，没有意识到要及时回应。因此，苏比路里乌马二世写信给一位乌加里特的长官，希望他把人送去。伊卜纳杜舒曾被舍克利斯人（Shekelesh）俘虏，与他们生活了一段时间，所以赫梯国王想要从他嘴里了解关于舍克利斯人的军事情报。有趣的是，苏比路里乌马二世特别承诺在审讯完这个人后会把他送回去，可能此时赫梯与乌加里特之间已并非绝对的主从关系，两国需要相互协作。

摧毁乌加里特的袭击者似乎不是“海上民族”，但他们的文件中明确指出敌人有在“船上的”，而且七艘敌船到来后，整个国家就蒙受了巨大的损失。如果以当时每艘正规战舰能承载50人计算，大概总共也只有350名战士，不足以毁灭一个国家。

更有可能的犯罪者是当地的团体，有可能是乌加里特本地人，也有可能是早些时候迁徙到这里的外来移民。当悲剧开始在近东各地发生时，人们发现那些制造混乱的“野蛮人”已经在他们的土地上存在了一段时间。当最后的灾难发生时，战火可能先在乡村点燃，导致宫廷的供给、收入和徭役停止，王国迅速崩溃。在混乱的社会环境中，“船上的敌人”很可能只是毁灭的导火索，当地人在以武力抗击这些海上强盗时，引爆了更大规模的农民起义和雇佣军叛变，甚至那些“船上的敌人”就是乌加里特自己的海员。这里的人们选择了放弃自己的国家，残酷的现实迫使他们背叛了自己的国王阿穆拉皮，与其和乌加里特一起灭亡，不如与强盗为伍。

被摧毁的乌加里特后来没有被重建，没有人再在这里定居。这或许意味着这一地区仍处于自然灾难和外敌攻击的危险之中，不宜居住；或者，这里的居民人口遭受了重大的损失，外来的迁徙人群也没有足够的能力重新建设这座城市；或者，当时乌加里特已经消耗了大量的资源，没有经济实力重建。昔日繁华的贸易中心崩溃，乌加里特已不再重要。

但是，卡开密什不仅在这段混乱的时期中幸存了下来，而且，在赫梯国王苏比路里乌马二世统治期间，卡开密什的王位由苏比路里乌马一世的后代子孙库兹-特舒卜（Kuzi-Tesub）继承，并获取了“伟大国王”的称号。这是因为在乌加里特灭亡之后，哈图沙的中央王朝也走到了尽头。

赫梯帝国的衰落

安纳托利亚高原地处高旱地区，没有森林的草原为牲畜提供了牧场，这里河流很少，只有少数河流入海，大多数河流水流湍急，水量也不大，不适于船只航行，也不利于建造人工灌溉系统，农业耕种只能在沿河的狭长区域作业。赫梯人的农业经济相对脆弱，却是连接欧洲和亚洲商贸往来的桥梁。

无论赫梯是否是因为干旱造成了严重的后果，帝国粮食匮乏都是事实。在乌加里特和其他地方出土的多份泥板文书表明，赫梯陷入极度缺粮的境地，不得不紧急从埃及、乌加里特和迦南调运谷物。大量的文书资料证明，赫梯发生了饥荒。第一个迹象可以追溯到公元前13世纪中期，当时赫梯王后普都赫帕写信给法老拉美西斯二世就迎娶赫梯公主的事宜说“我的土地上没有粮食了”，她要求埃及方面尽快将赫梯公主的嫁妆带回埃及，因为壮观的嫁妆中有大量的马匹、牛、羊和奴隶，这些都需要消耗粮食。之后，赫梯更加迫切地需要粮食，埃及和赫梯人之间的粮食运输受到严格的监督，被记录在文件中。虽然帝国还没有绝望到无法维持整个安纳托利亚人生命的地步，但国王确实要求外国粮食尽快运到哈图沙城以供给他的精英阶层和军队。在宫廷集权的政治结构中，能够书写、识字的书吏是各王国中掌握权力的重要阶层，这些高度专业化的人员极大增加了国家官僚体系的开支，同时，在他们的管理下也加大了对农民的剥削和底层人的压力。

管理一个帝国需要大量的资金，尤其是一个昂贵而庞大的官僚机构，除了行政开支，还有巨大的皇室和军队开销。因此，当系统受到饥荒、战争的压力时，国家税收和徭役大幅度下降。由于缺乏足够的经费维持一个庞大的政府体系，原先宫廷经济对包括铜、锡、谷物、橄榄油、葡萄酒和木材等重要商品的贸易停止，由此所造成的经济损失反过来更加剧了宫廷政府的亏空，迅速的衰落就不可避免了。与此同时，一个被削弱的政府不仅无力应对如农民起义、雇佣军叛变和外族入侵等危机，在军事和国防上显露出的薄弱实力更使他们自己成了敌人攻击的目标，助长了外敌的入侵和对商业贸易的破坏。

可怕的内战和维系帝国势力的军事消耗需要来自附庸国的资源支持，可是，当哈图沙的政权受到严重挑战之后，附庸国的统治者也表现出不服从的举动。与亚述的战争失败之后，在苏比路里乌马二世的统治时期，哈图沙失去了霸主的地位，附庸国不再相信赫梯还能够保护他们，然而，乌加里特虽然出现过动摇，但最终还是选择了维护旧的政治体系，尽全力支援赫梯。

一封在乌加里特发现的来自赫梯国王苏比路里乌马二世的信中写道："关于那些服役的人——我听说阿黑亚瓦人正驻扎在卢卡之地，但是没有给他们铜锭。在这件事上，不要告诉我没有采取适当的行动。我已经派萨塔利去你那里，把船交给他，他可以把铜锭带到阿黑亚瓦人那里去。"这些阿黑亚瓦人可能是为赫梯人效力的雇佣兵，他们或者在保护赫梯的西部边界，或者在支援赫梯对阿拉西亚周边的海战。这些铜锭是他们服役的报酬，这些人可能是居住在该地区的迈锡尼希腊人的残余，或者可能是在希腊大陆发生剧变之后来到这里的。在这封信中，苏比路里乌马二世指责乌加里特国王阿穆拉皮在这件事上没有采取行动，因为他担心这些没有国家立场的雇佣兵只为雇主而战，随时可能叛变。

可是，乌加里特自身没能逃脱灭亡的厄运。失去乌加里特的损失对赫梯来说也许是致命的，不仅是因为它失去了来自这个盟国在财政、海军和资源上的支持，更主要的是，乌加里特是赫梯最重要的国际贸易中转站，是维系帝国生存的运输生命线上的枢纽，赫梯国王与世界各国的商业往来尤其是关乎生命的谷物进口需要在这个港口转运。

▶ 祭祀碗

玄武岩，高22.9厘米，直径20.3厘米。叙利亚，公元前2千纪。犹太博物馆，纽约，美国。

这件由两个碗构成的祭祀器物是对赫梯和叙利亚两位不同的神的崇拜，他们被垂直刻在碗的连接部位。在对太阳神祭祀时，会使用大一些的碗，这样太阳神站在狮子上的形象是正面朝上的。当被反过来时，一位站在蛇上的神（可能是气象神）的形象就会出现正面朝上。祭祀者可能会在碗里放献给神的祭品或祭酒。

脆弱的宫廷经济

图达利亚四世、苏比路里乌马二世与塔泽塔萨的统治者之间对赫梯王位的长期内部斗争造成了哈图沙的困境，这也势必会影响赫梯国王在国际上的地位。长期以来，在埃及、安纳托利亚、美索不达米亚以及黎凡特地区的各王国国王之间建立了"兄弟制度"，彼此通过结盟和赠送礼物来加强友谊，实现贸易往来。不过，以宫廷贸易为主的早期商业一定是脆弱的，它是为了满足小部分社会阶层的需要而进行的利益交换，像金箔一样没有厚度。在乌加里特出土的书信显示出规模很大的商业经营者很可能是王室的亲戚，他们的贸易活动不仅表现在远距离的海运和陆地线路上，而且是直接与外国的国王和高级官员联系。赫梯的马匹交易很可能也是受到国家控制的行业，在一封泥板书信中明确记载，赫梯国王图达利亚四世绝对不允许赫梯的马匹通过信使或商人出口到埃及去。从长远来看，这种制度会出现裂痕而不稳定，例如，乌加里特国王阿穆拉皮与苏比路里乌马二世的女儿离婚并产生财产纠纷时，就不能保证国家之间一定会一直遵循友好的贸易协定。

然而，在阿拉西亚，有证据表明中央集权的政治和经济体系吸收了更具竞争力的独立商人，这些人在古代近东所经营的积极开放的商业活动摆脱了宫廷的绝对控制，掌握在私人手中的经济大权初显了市场和自由贸易的力量。

没有理由说大国之间会突然决定结束关系，相反，埃及，赫梯、乌加里特、阿拉西亚等国在尽力维护国际贸易。在青铜时代末期已经形成的宫廷经济以及越来越复杂的商业繁荣都需要一系列与之相适应的安全条件：中央官僚机构对资源的控制，长途运输线的稳定，国家之间的外交条约，甚至需要权威仲裁的存在，以及作为后盾的军事力量。但是，在危机来临时，依赖于和平环境的国际贸易网络遭到了破坏。

海上的敌人不仅挑起了摧毁乌加里特的战争，而且，在东地中海地区的海盗行径愈演愈烈。

外来入侵者甚至是本地国家的人们对占用战略资源的竞争非常激烈，因为如铜、锡、黄金等贵金属以及宝石、木材等资源比粮食在当时更重要，占用战略物资则意味着拥有武器和权力，从而就有了食物。为了阻止原有国家间货物补给的相互流通，国际贸易线路遭到了破坏，甚至被彻底切断。迈锡尼海员们在常规贸易突然被中断后，转而大肆进行海上劫掠，大批流动的人口和雇佣军的反叛加剧了贸易的破裂。一旦像乌加里特这样的港口被摧毁，不仅商人们没有了做生意的地方，海盗们也失去了理想的抢劫目标，乡村、城市和王国的进一步毁灭使得物质资源和专业化生产的商品失去了贸易的基础，加速了国际贸易的消亡和地区的衰败。当时全球性的贸易将每个国家紧密联系在一起，如果一个国家倒下，其他国家也会跟着倒下，一切取决于商业和文化衰落的速度。难民开始逃亡，有些人可能是为了食物而寻找更好的定居地，有些人可能是为了远离袭击者而寻找安全之所，但是，当新的移民到达一处安身之地开始重建新的生活后，同样的过程也许会再次发生。青铜时代末期，如果有足够的资源，或者当人们还没有意识到各种资源已经威胁到生存时，海盗行为也许是一种可接受、普遍、可行的生活方式，殊不知在文明崩溃的边缘时，这种所谓的正常社会现象将引起毁灭性的后果。

不可忽视的传染病

根据发掘的泥板文书证据，在长期战争和大量人口流动的过程中，疾病不可避免地在近东传播，给人类带来了巨大的损失。由于干旱很可能导致饮用水缺乏，会出现霍乱、疟疾和伤寒等传染病并通过细菌和虱子传染给生活在一起的兵营里的士兵、船上的水手以及难民营里的难民。一种或几种致命性的传染病在历史上第一次出现，并持续对人类构成威胁，这不仅可能造成政权危机，而且对国际金融和贸易的冲击更为严重。

法老阿蒙霍特普三世和他的儿子阿肯那吞统治时期，埃及和迦南南部都出现过鼠疫，医学界的一些著名研究学者认为，从埃及传入赫梯、导致公元前1323年伟大国王苏比路里乌马死亡的瘟疫就是鼠疫。公元前1200年，鼠疫在整个近东地区蔓延。有学者考证，公元前1190年鼠疫入侵了非利士人（Philistines）的军队，这次鼠疫可能来自一艘遇难的船。

另一种致命性很强的传染病也可能是造成青铜时代晚期社会混乱的原因。公元前1335年之前，在比布鲁斯东北部的一个地方爆发了兔热病。这一地区的人被禁止进入比布鲁斯，连驴子也不能用于商队，但最后国王还是被传染了这种病，进而向南方沿海的商路上传播，美吉多也被瘟疫吞噬。这种病也出现于巴比伦，甚至导致当地的贵族染病死亡，来自阿拉西亚的信中曾暗示这种病来自东方，经迦南的港口通过船只在传播。后来，大约公元前1325年，赫梯与埃及在阿姆卡发生战争，兔热病毒通过埃及战俘传播到安纳托利亚，引发了赫梯长年的瘟疫。之后，赫梯人在与阿尔扎瓦的战争中使用了这种病毒，有意使这种病传播开。在当时的医疗条件下，这种无法治愈的疾病会使整个近东世界陷入绝望，从而影响政治和贸易形势。

经证实，瘟疫的爆发是事实，在青铜时代晚期的安纳托利亚和叙利亚文件中经常被提到。因此，疾病可能在很大程度上加剧了包括赫梯帝国在内的一些国家的终结。虽然从公元前1200年开始疾病的流行持续了大约五十年的短暂时期，但在卫生条件较差的时代，没有抗生素和疫苗，只要有包括黑死病、兔热病、霍乱、疟疾、伤寒或者天花、肺结核任何一种致命性传染病的流行，对于人类的文明来说都是重大的破坏因素。

赫梯首都哈图沙废墟，岩石上刻着最后一位国王苏比路里乌马二世的铭文。

哈图沙的毁灭

考古证据显示，哈图沙发生过地震，使这座伟大城市在军事上变得脆弱，从而更容易成为招致攻击的目标。终于，赫梯的最后一位国王苏比路里乌马二世调集全国所有的船只运输国王、王室、官员和军队，他很可能是放弃了首都哈图沙。大约在公元前1190年至公元前1180年，位于安纳托利亚中部高原距大海数百千米之遥的哈图沙在烈火中化为灰烬，王室卫城、防御工事、公共建筑、宫殿和一些神庙以及几座城门被付之一炬，不过，居民区却被保留下来。青铜时代末期来自海上的外族入侵对赫梯王国的覆灭负有不可推卸的责任，但是，哈图沙的毁灭不是他们的所作所为，因为在哈图沙遗址没有发现来自他们的任何足迹。考古人员也证实，这座城市在遭到袭击之前，王室成员早已将财产转移，在被焚毁前哈图沙已经被废弃。城市的毁灭很可能是在赫梯帝国因干旱、饥荒和国际商路中断等其他因素导致国力严重衰弱之后发生的。[57]哈图沙周围的多座城镇也遭受了同样的命运，在被焚烧的地层还发现了尸体，帝国的高地和低地地区也都遭到破坏，一些城市被大火吞噬，更多的遗址被废弃。苏比路里乌马二世的赫梯王国轰然倒塌，昔日最强大的帝国就此毁灭，而国王和他的统治体系神秘地消失在了古代近东的大地上。那么，什么人更可能是这个宏伟中心的直接摧毁者呢?

毁灭哈图沙最终的凶手不是来自远方的“海上民族”，而是把握机会的邻近居民，给赫梯王国最后致命一击的很可能是他们的老对手，伴随着赫梯的历史进程始终困扰着赫梯人却又不能完全摆脱的敌人——卡什卡人。当赫梯内政荒废，国防耗尽，曾经强大的王国沦落到从未有过的虚弱境地时，面对连首都都要抛弃的往日劲敌，卡什卡人不会放过这个猎物，毕竟他们离哈图沙更近，也更了解这个宿敌，他们有着最大的嫌疑。

库兹-特舒卜也许算是一位乱世的受益者，但以往大帝国的政权已经不复存在，卡开密什也像青铜时代末期其他地方的局面一样，以一个小国的形式存在了几代人。随着哈图沙的沦陷，国家完备的行政官僚机构随之解体，没有了大量书吏，赫梯的楔形文字书写系统从安纳托利亚消失了，再也没有恢复。

赫梯政权灾难性地消失了，被烧毁的首都哈图沙没有被重建，但这并不意味着大规模的人口死亡，赫梯人的生命随着迁徙以及与其他民族的重新融合而延续。在安纳托利亚、叙利亚以及地中海沿岸的土地上我们依然可以发现他们生活的痕迹，一些原来生活在小亚细亚土地上的人可能向西去了意大利、亚得里亚海地区和地中海西部的岛屿。曾经融入赫梯王国的卢威安人似乎更具活力，在随后的铁器时代甚至到后来的“黑暗时代”，他们的文化在卡帕多细亚的土地上顽强地存续着。

遭遇埃及

毫无疑问，当时国际上各强国政权的衰弱甚至毁灭对于某些入侵民族来说是最有利的时刻，如果赫梯没有因为内战和灾难性的事件而放弃哈图沙的政权，如果阿穆鲁之地仍然有一支只为自身利益而战斗的强悍军队，那么那些外来的民族一定寸步难行。但是，历史不容假设，难民继续向南。

黎凡特干旱的阶段比希腊大陆、安纳托利亚等地的持续时间短，气候恶化程度比其他地区相对温和，更多的人不断地向南迁移，移民的分布情况与雨水的地区分布不谋而合。[58]但是，在死海地区（以色列和约旦），经检测分析，当时的地下水位下降了五十多米，证明这一地区也出现了极度的干旱。陆地上的移民在黎凡特设立了营地，他们将继续沿着迦南海岸向尼罗河三角洲前进。

学者们关于“海上民族”的论点最直接的证据就是著名的拉美西斯三世在梅迪奈特·哈布（Medinet Habu）的停灵庙墙壁上铭刻的一段信息：“外邦人在他们的岛屿上密谋，顷刻之间，所有的国土在战斗中灰飞烟灭。在他们的武器面前，没有一块土地可以幸免，从赫梯、廓德（卡叠什）、卡开密什、阿尔扎瓦和阿拉西亚开始，一时间，皆被斩断。在阿穆鲁建起了一个营地，他们给那里的人带去了苦难，那里的土地就像从未存在过一样。他们向埃及袭来，迎接他们的是熊熊烈火。他们的联盟是佩雷散特人（Peleset）、杰克尔人（Tjeker）、舍克利斯人（Shekelesh）、达奴人（Denyen）和万舍斯人（Weshesh）。他们的手伸向了大地的边缘，他们的心中充满信心，坚信‘我们的计划必将成功’！”

埃及宫殿浮雕描绘了拉美西斯三世在统治的第五年（公元前1174年）、第八年（公元前1177年）与这些外族入侵者作战的场景，不同群体的盔甲和武器装备也出现在埃及的绘画和墙上的浮雕中，他们“身材高大，皮肤白皙，棕色汗毛，蓝色眼睛”，显然不是亚洲人。他们在阿穆鲁安营扎寨，并派出一支舰队进军埃及。法老又一次在尼罗河口等着他们，遭到伏击的敌人被埃及人大批处决。又过了几年，埃及又与这些“海上民族”发生了激战，无论是从海上还是陆地来的军队都被埃及人击退和斩杀。

▲ 梅迪奈特·哈布停灵庙

在梅迪奈特·哈布宽阔的停灵庙墙壁上的富丽的浮雕展现了拉美西斯三世在阿蒙神的指引下，战胜海上来的外邦入侵者，将俘获的囚犯带到神的面前。铭文中列出了那些在岛上密谋的外国民族的名字。

埃及人对这些来犯之敌的身份并不陌生，不仅可以清楚地识别出他们分别是哪个族群，而且，法老和他的官员们了解北方发生的灾害、人口迁移和战乱，很可能已经洞察到这些人的动机和意图，所以做出了应对的准备。实际上，在混乱的青铜时代晚期，他们中的许多人早已在埃及生活和工作，像其中的施尔登人就曾经作为拉美西斯二世的雇佣军参加过卡叠什战役。

在梅迪奈特·哈布停灵庙上的铭文生动地描述了法老拉美西斯三世为迎战敌人所做的艰苦准备，以及他声称对敌人造成的决定性的打击：

> 我在扎希（Djahi）的边境戒备，我命令首领、步兵队长和贵族们在港口装备他们的战舰和其他船只，就像一堵坚固的城墙，从船头到船尾都是英勇的战士，他们都是埃及军队中的精兵，好像山顶上怒吼的狮子。战车兵都是勇士，所有优秀的军官随时待命。他们的战马四肢抖动，要踩碎它们脚下的来犯之敌……到达了我的境界，他们没有后代，他们的心灵已经永远地死去。至于那些在海上集结的人，他们的前方是熊熊烈火，在港口前，岸上是一堵将他们团团包围的金属墙。他们被拖拽，掀翻在沙滩上。他们从船尾到船头被宰杀成堆，所有的东西都被抛入水中。

▲ 梅迪奈特·哈布停灵庙墙壁浮雕（局部）

浮雕表现了法老拉美西斯三世招募利比亚雇佣军，用烙铁打上火印，又在叙利亚海岸招募海员的情景。在埃及浮雕中出现了“海上民族”与拉美西斯三世作战所使用的船只，有一些无桨的帆船，两头呈直角高起，其中一头的顶端是一只动物头部的造型。根据已知的证据，这种船可能来自叙利亚，或者是塞浦路斯和西里西亚。[59]

这些在海上交火的各族群体，有的曾经是为埃及而战的士兵，现在却成了攻打埃及的敌人，有的以前是埃及的敌人，现在却成了埃及的雇佣军，还有些早期移民被后来的入侵者裹挟着参加了战斗，这更像是一场在混乱中陷入绝望的内战。埃及人为了国家的主权而战，最后取得了胜利，而“海上民族”似乎只为了战胜对手而战。

当异邦民族的船只到达埃及海岸，被埃及舰队摧毁时，他们的陆地部队正沿着黎凡特海岸向南推进，穿过巴勒斯坦，在埃及边界遭到阻止。而且，梅迪奈特·哈布神庙的浮雕显示，在对抗拉美西斯三世的陆地战斗中，作战的佩雷散特和杰克尔勇士身后还有女人和儿童赶着满载的牛车，相伴而行。可见，这不仅是一场雇佣军的反叛，还是难民为了生存的迁徙，但是他们试图进入埃及的方式是暴力的，敢于与强大的埃及军队以武力相见，是什么力量使他们有这种勇气和能力呢？

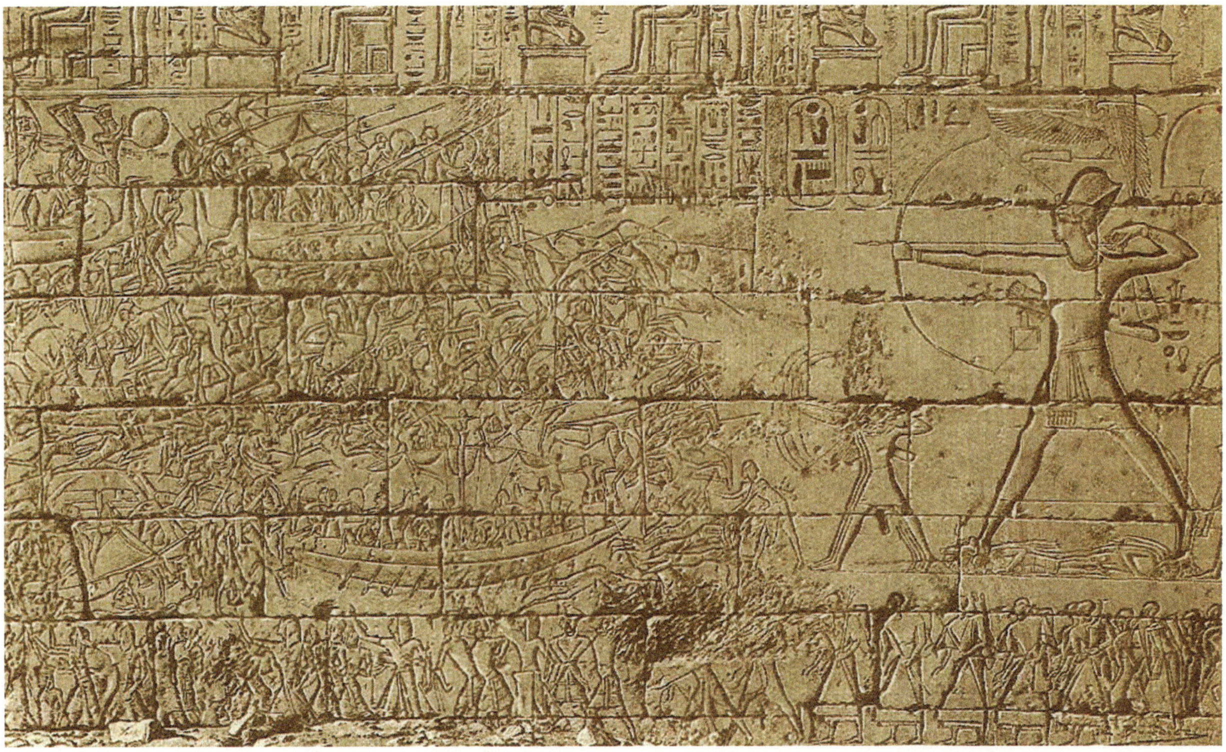

▲ 梅迪奈特·哈布停灵庙墙壁浮雕（局部）

这幅在梅迪奈特·哈布神庙北墙著名的浮雕场景经常被用来说明是埃及人对抗“海上民族”的战役，后来也被称为三角洲之战。虽然铭文中只是简单地描述敌人是来自“北方的国家”，但很多学者比较画面中战士的特征，认为是他们是那些入侵的外邦民族。

战争的变化

越来越成熟的武器制造业，熟练铸造出大量的青铜矛头和长剑，而且铁器生产技术的发展共同促使武器的价格降低，使普通平民也能够用武器武装自己，达到了传统武士贵族无法应对的水平。有些地区的人们已经使用了铁制武器，使步兵大量增加。突然出现的大批步兵投掷标枪，使用杀伤力很强的砍刺武器，可以砍倒一支战车部队。这种新的战争模式意味着整个由战车组成的精英社会秩序变得无力，取而代之的是步兵和骑兵。不断壮大的地方性武装力量已经不再惧怕包括埃及在内的近东各国的正规军，在长期混战和迁移的过程中，鹿死谁手早已不可预测。但是，武器装备不是战争胜负的决定性因素，当时的各大帝国也都有步兵，战车主要是在有利于发挥战车作用的地形条件下使用，而且，在青铜时代结束后仍然可以见到战车的影子。另一个对于作战结果起到一定作用的因素是，无论是海战还是陆地上的战车战争，更灵活的入侵武装不会遵守当时的战争规则，那些无组织的海外入侵者有时以小股部队突袭，有时又会集结成大规模的战舰联军，在战斗中也不会按照古代既定的方法作战。虽然，在拉美西斯三世的神庙记录中，他们被描绘成是一个统一的强大的敌人群体，不过就像卡叠什之战一样，埃及法老的宣称并不足以令人信服。学者们认为，埃及的浮雕艺术和铭文是将长期连续的小冲突和埃及所取得的胜利浓缩成了一两次大的军事事件，纯粹是为了宣称目的而创作的。

◀ 梅迪奈特・哈布神庙浮雕（局部）

罗伯特・德鲁斯（Robert Drews）“认为这些崩溃是这一时期战争性质发生根本变化的结果”[60]。在公元前18世纪至公元前17世纪埃及引进了车夫身后有弓箭手的战车，随后统治了近东战场。他们在爱琴海并不占主导地位，因为地形不同，更崎岖的地形很少有适合战车作战的平坦地区。这些战车由社会和经济上享有特权的战士精英控制（例如，赫梯帝国，迈锡尼王国，叙利亚沿海和黎凡特的城邦，米坦尼的胡里安王国，巴比伦的加喜特王国等）。德鲁斯认为，这些有时由数千辆战车组成的大规模战车编队，在被高度机动的轻装步兵骚扰和杀害时变得不堪一击。这些步兵使用新的、更好的武器，取得了巨大的成功。这些新武器包括：（1）圆盾，一种高度机动的直径为半米至1米的小型盾牌，与大型固定盾牌不同；（2）头部是椭圆形的标枪，而不是倒钩，便于收回，因此可以重复使用。大批编队在奔跑中投掷密集的标枪，对成群的战车非常有效；（3）他们使用一种新型的内夫II型剑（Nave Type II），大约70厘米长，“既适合砍，也适合刺或戳”；（4）步兵配有保护躯干的护甲和膝盖以下的护胫。[61]

▶ 梅迪奈特・哈布神庙浮雕（局部）

浮雕刻画了被抓获的俘虏。

▲ 梅迪奈特·哈布神庙浮雕（局部）

浮雕刻画了埃及战士向法老献上在战争中砍下的敌人的手。长期以来，学者们对这些入侵埃及的“海上民族”进行了深入的研究，但始终不能明确他们的真实身份，一般认为佩雷散特人是来自克里特岛的非利士人。黎凡特的非利士海岸和迈锡尼城市的陶器的相似性进一步证明了这一推测，不过佩雷散特人的起源可能是在安纳托利亚的西部。“在他们的岛屿上密谋”的万舍斯人可能来自意大利，也可能是希腊的亚该亚人。达奴人长久以来与荷马的《伊利亚特》中的达那人（Danaans）联系在一起，他们定居在塞浦路斯，很可能也与卢卡人和西里西亚有关。杰克尔人很可能来自安纳托利亚西北部的特洛伊地区，而在迁徙的人群中也有依然生活在安纳托利亚半岛西部和南部的迈锡尼希腊人。

自然灾害本身并不会引起底层民众的起义，有两种情况可能会促成农民造反。一种情况是自身利益得不到保证，能使他们获得公平再分配的经济管理制度崩溃。早期文明中精英阶层的统治制度还是可以应对当时复杂的社会变故的，但在国家处于危机时，严重的官僚腐败，享受社会财富的人不尽其责会造成受苦受难的人们抱怨这个世界，从而引发社会的混乱。另一种情况是在对世界心怀不满、蠢蠢欲动的人群中出现了强有力的反叛领袖。在民族分立、以种族为单位存在的社会中，一个民族的领袖是容易突现的，他们一定会抓住统治阶层变得脆弱的时机，带领本族人发动武装起义。

黎凡特

埃及抵御了海上外邦的入侵，拉美西斯三世的记录显示，无论如何，他的军队击退了海上和陆地进攻的敌人，并在与邻国利比亚的几次较大规模的战役中也取得了胜利。受阻后的外邦移民退回到了他们从黎凡特出发的新定居地，也就是今天的黎巴嫩、巴勒斯坦、以色列和约旦地区。在迦南沿岸城市发现的包括陶器、壁炉、厨具、浴缸以及建筑等物质文化表明，佩雷散特人在被破坏的迦南城市埃克龙（Ekron）和阿什杜德（Ashdod）定居下来，在阿什克伦（Askelon）与当地人融合，在加沙和迦特（Gath）重新安家。施尔登人似乎是在美吉多和约旦河谷定居，杰克尔人定居在更北的阿卡（Acre）地区，万舍斯人和达奴人可能生活在非利士人与杰克尔人之间的地带。

然而，这些地区在青铜时代末期同样处于地震与干旱的摧残之中。考古发现，美吉多、阿卡、阿什杜德和拉吉（Lachish）等地都遭受过地震的袭击。“毫无疑问，美吉多及其周边地区一定经历了足以引起重大或彻底破坏的强烈地震。”[62]卡梅尔断层沿线的大地震造成了美吉多北部和南部的一些城市的破坏，多处墙体倒塌，被突然的巨大外力袭击的尸体周围散落着陶器碎片和贵重金属。这显然是因为地震所致，而不是入侵者的所为，因为敌人不会损坏那些有价值的物品而不去掠夺它们。

虽然黎凡特的平原地区受到气候危机的影响较小，人们希望能迁移到这里定居，但实际上，这里受到人为破坏的程度相对于安纳托利亚和叙利亚北部地区更为严重。美吉多因地震已经被遗弃，背井离乡的人们从城市中撤离，加剧了地区的不安。拉吉在烈火中被夷为平地，城中被发现的青铜箭头和尸骨说明这又是一场暴力对抗。青铜时代结束之际，战火不仅在沿海的城市加沙、阿什杜德、阿卡和雅法（Jaffa）燃烧，而且还蔓延到内陆地区的哈佐尔、伯特利（Bethel）、贝特谢梅什（Beit Shemesh）、伊矶伦（Eglon）、底璧（Debir）等多座城市，很多被摧毁的城市长达30年未被重建。但也有如比布鲁斯、西顿等一些城市没有被破坏，文化得以延续。所有的这些同样不能明确都是“海上民族”所为，但本地人一定受到了冲击，不过，阿拉米人以及以色列人却是这场古代近东文明崩溃的受益者，他们也可能是凶手。

最终，在拉美西斯三世被割喉，遇刺身亡之后，埃及第二十王朝的辉煌也宣告结束，在他之后的法老们没能再复兴新王国的辉煌。一些定居在南黎凡特地区的民族摆脱了埃及人的统治，在阿什杜德、阿什克伦等地建立了自己带有爱琴海文化特征的城市。

从公元前13世纪末期开始，经历了上千年的文明被相继扼杀在青铜时代结束之际的悲剧之中，而这场崩溃的时间跨度却是很短，大约只有几十年。大批难民在整个地中海东部地区的多次迁移带来了残暴的武装冲突，有的整座城市被摧毁和焚烧，也有很多城市被完好无损地遗弃，由此造成了人类第一个国际化时代的贸易中断，从爱琴海沿海地区到黎凡特、从安纳托利亚北部到埃及的许多国家纷纷灭亡或衰落。然而，那些由失去公民权利的战士、老练的海员、被遣散的雇佣兵、武装反叛者以及由失地的农民、牧民组成的海盗难民并不是青铜时代崩溃的元凶，他们只是那个时代的产物和症状。或许严重的干旱和地震等自然灾害以及无情的疾病更可能是崩溃的原因，自然环境的恶化对人类所造成的破坏更加无法抵御。突然间，近东各大帝国终结，埃及虽没有覆灭，但也只是一个苍白的存在。所有失去的荣耀，不仅包括他们的宫殿和城市，还包括他们的历史、宗教、政体、寺庙、商业、技术和艺术。随后在长达三四个世纪漫长的“古代黑暗时代”，铁取代了青铜，而政治、经济、文化，特别是文字，再也没有恢复。随着意识形态的转变，近东地区进入小国格局和乡村文化的时代，直到古典希腊、新亚述、波斯帝国和希伯来人的出现才重整旗鼓。

美索不达米亚

在美索不达米亚，亚述、巴比伦和埃兰得以幸存，亚述和巴比伦也可能遭受了干旱的侵袭，因为在随后亚述人的信件中提到雨水的“吝啬”“极其严重的饥荒”，甚至有开始食人肉的现象，但巴比伦和埃兰没有受到来自西方沿海地区敌人的攻击。公元前12世纪末期，巴比伦出现了一位雄才伟略的国王——尼布甲尼撒一世（Nebuchadrezzar I）。在稳定了国内局势后，他率领军队出征埃兰，在遭到埃兰人顽强的抵抗后，他出其不意地攻入埃兰首都苏撒，将那里洗劫一空，夺回了马尔都克的神像，让埃兰人尝到了痛苦的教训。不过，尼布甲尼撒一世对巴比伦的复兴只是昙花一现，在他的统治结束时，巴比伦的命运与其他强国一样，在古代近东文明的崩溃中被淹没。

只有一个古代强国依然完好无损，那就是亚述。[63]实际上，没有受到冲击的只是亚述防御严密的中心地带。直到公元前12世纪末，提格拉特帕拉沙尔一世（Tiglath-Pileser I）统治时期，这位好战的国王重振雄风，一度使亚述恢复到鼎盛时期。他首先率领勇敢的亚述战士向北击败了一支2万人的穆什基人（Mushki）军队，据说他将敌人的头颅像粮食一样堆积如山，随后他继续向西北进军，重新征服了库穆赫（Kummuhi）并打到了幼发拉底河的源头那伊里（Nairi）地区，迫使那里的23个王和60个部落每年向亚述进贡1.2万匹马，2000头牛。在提格拉特帕拉沙尔一世统治的48年里，铭文记载他带领着亚述的战车和士兵一路披荆斩棘，使对手血流成河，向西北进入小亚细亚地区，向东征服了山地

▲ 拉玛苏（lamassu），人首飞牛石雕

雪花石，高311.2厘米，长276.9厘米，宽62.2厘米，重7257.4千克。尼姆鹿德（古代卡尔胡城），伊拉克，新亚述时期，约公元前883年—公元前859年。大都会艺术博物馆，纽约，美国。

拉玛苏是守护亚述王宫大门的重要建筑装饰，这种有翼人首牛身神兽是亚述标志性的雕像，也是古代西亚杰出的艺术品之一。有角的头饰证明它的神性，健硕的身躯和身上系的带子象征着它的力量。当时的雕刻家赋予它五条腿，从前面看，他是稳健站立的姿态，从侧面看，它似乎在大步前进。大多数雕像上都有铭文：“我筑起了宫殿……山脉和大海的神兽，我把它树立在大门，使宫殿富丽壮观。”

民族，向西28次越过幼发拉底河，一天之内夺取卡开密什，使其他城市望风而降。他与劲敌阿拉米人艰苦作战，虽未能取得最后的胜利，但当打到叙利亚海滨时，他乘船在地中海的海面上射猎海豚，阿穆鲁国王以及在那里的赫梯人向他臣服。在亚述国王的武力震慑下，比布鲁斯、西顿等黎凡特城市向亚述献上贡品，就连埃及法老也向他敬献了一条鳄鱼作为礼物。

亚述在青铜时代结束之际成了最后的赢家，这与他们几代国王对国际形势的判读和战略决策有关。当赫梯与埃及两大帝国在卡叠什决战之后，亚述人看到了穷兵黩武的赫梯在走向衰落，他们选择了侵蚀临近的赫梯领土和利益。埃及人虽然在权衡利弊后撤出了卡叠什战役，但依靠自身的资源仍然是一个强国，亚述人没有与遥远的埃及为敌。果然，在与软弱无力的赫梯军队交战之后，亚述在人口、资源和国际贸易中获取到巨大的红利，进一步加强和巩固了国家的实力。亚述在政治、经济、技术以及文化上并不比其他国家先进，但他们懂得在一个混乱的世界中识别敌友、寻求自保，进而凭借自己的武力优势称雄世界，尽管他们对阿拉米人的判断失误了。

青铜时代的终结

公元前3500年至公元前1100年人们见证了城市国家和帝国的发展，如乌鲁克王国、阿卡德王朝、古埃及王国、赫梯帝国和希腊迈锡尼王国。人类创造力的爆发产生了神圣的宗教、王权官僚政治、先进的金属加工、楔形文字、现代数学、信用体系、长途贸易、航海运输、国际外交和大型建筑等辉煌的文明。阿卡德语成为国际间交流的通用语，留存下来的泥板文字揭示了包括军事、诗歌和婚姻的片段，证实了统治者之间的接触程度，大量的文物也为今天的人们展现了古代近东世界文明的兴盛。

然而，青铜器时代末期，迈锡尼、巴比伦、赫梯、黎凡特以及埃及新王国的文化突然崩溃，中央集权的宫廷经济在多种因素的作用下瓦解，难以捉摸的“海上民族”在迁徙中的暴力破坏导致以领土为基础的政权国家破碎，不以主权、种族为根本的小规模政治体系在可能的地区落脚，谋求发展。历史学家认为近东文明在向铁器时代过渡的这段时期充斥着武力对抗，在文化上具有颠覆性，包括迈锡尼、哈图沙、乌加里特和阿穆鲁王国的多座城市惨遭摧毁和遗弃，国家灭亡，其中有些城市再也没有被恢复重建，安纳托利亚西部四分五裂，迦南地区也一度陷入混乱，各大国之间以及与小国的政治秩序恶化使贸易网络破裂，进而严重影响了近东世界的文字系统。

大国失去了对资源的掌控，霸权不再起作用，而国际贸易的中断更使得统治者难以维持对国家的控制，中央集权的政体一旦解体，就不可能再重新建立权威。在某种程度上，影响深远的贸易和外交路线是为了确保不同国家对重要自然资源的获得。在青铜时代，各国尤其需要同时获得铜和锡，不像铁，这使它们更容易失去安全的来源。引用学者卡罗尔·贝尔的话：“锡在LBA（青铜时代晚期）中的战略重要性……可能与今天的原油相差不大……有足够的锡来生产……武器级青铜，这一定是哈图沙的伟大国王和底比斯的法老的思想……”[64]当时中央宫廷经济体系受到冲击，各入侵民族和地区的私有经济体和商人必然会开拓新的经济机遇，获取原材料和可能的新市场。到铁器时代早期，以地方为基础、更灵活的自由贸易出现，而曾经以农业为基础，以王室贵族和上层精英主导的集权政治、经济体系以及意识形态消亡。

学者们认为青铜时代的文明经历了一次全面崩溃，当时的经济基础过于薄弱，贸易网络依赖于一个相对和平的环境，还有一些社会问题，如债务奴役、土地转让、贵族对农民的虐待，以及宫廷内部的政治斗争引起了国内的不满，然后，在公元前13世纪末，海盗和军事冲突破坏了贸易，而贸易的大幅下降反过来导致了经济崩溃、起义和社会制度的全面崩溃。

当然，崩溃不会以可预测的顺序发生，在关键的时刻，自然灾害（地震）和气候变化（干旱和饥荒）给整个地中海地区造成了更为严重的破坏，不可否认，大自然的因素固然具有摧毁地球物种、改变人类命运的力量，青铜时代末期自然灾害使人们感受的压力达到顶点，是文明崩溃最重要的原因。但是，在古代近东世界，没有哪一次自然灾害会使人们无法维持生计，停止建设自己的家园，为什么这一次那些伟大的城市没有在灾难发生后被重建和再使用？

灾难产生的难民中的“一部分”成了海上的强盗和陆地上的入侵者，在进入当地人的领地以及接受了当地人的救济之后，他们不是怀着友好和感激之情，而是极具暴力和侵略性，抢夺当地人的食物和财产，占据当地人的家园，杀害当地人。而当地人在面对袭击时的反应也是耐人寻味的，他们在回击来犯之敌的同时，也开始使用暴力，可是，在混战中，他们逐渐不分敌友，甚至为了利益，进而自己也可能变身为海盗。然而，相对于气候变化、政治解体、国际化依赖、内战、疾病等因素，难民成为文明毁灭的催化剂与导火索。

亚述和巴比伦是内陆国，它们没有受到“海上民族”的入侵，得以保全。赫梯的地理位置也是内陆国家，却悄然地消失在了历史的长河中。一方面，长期为争夺王权的内战以及像卡叠什战役这样的大规模军事行为致使大量的人力损失，大兴土木建筑以彰显统治阶层的权威也导致劳动力的消耗。在年复一年的政变与战争中，古代世界赖以生存的农业基础遭受了严重的毁坏，人口的流动加剧了区域生产力的下降，在自然灾害的双重打击下，伟大城市的抵抗力被严重消弱。另一方面，赫梯的发展使得这个帝国更加国际化，不仅必须面对内陆的各种势力，而且无论如何都得与半岛沿海的所有国家和民族打交道，国家的经济基础与叙利亚地区密切相关，对附庸国以及包括埃及在内的其他国家的依赖使赫梯处于非常被动的境地，尤其在国家政权分裂的局势下，当失去了帝国权威，没有了系统维持帝国运转的外来支援和合作时，便会瞬间崩溃。实际上，这种情况在稍早前与亚述的战争中就已经显现，图达利亚四世没有像以往赫梯人发动战争那样，他几乎没能召集起任何一个附庸国成为联军参加他的战役，结果战败。这可能是赫梯帝国灭亡的真正原因，当像乌加里特这样的附庸国无力再向帝国提供人力和物力时，赫梯也就丧失了重要的支撑。

尽管在人类发展的历程中，青铜时代秩序的崩溃似乎只是一瞬间，但对于经历过它的人来说，这个过程则十分漫长，持续了几十年。起初，贸易、外交和权力的衰落缓慢，然后以惊人的加速度衰落。虽然我们不能回到古代的真实环境中，无法还原当时所发生的一切，但战乱、自然灾害与难民，都是动摇人类文明根基的重要因素，并最终导致文明的崩溃。

青铜时代的结束对于世界文明而言一定是意味着进步，铁与碳的结合技术在公元前12世纪开始传播，文明出现了新的形态，青铜时代的伟大文明落幕了，可它又开启了更加进步的人类文明。

注释

1. 埃里克·H.克莱因.文明的崩塌:公元前1177年的地中海世界.贾磊,译.北京:中信出版社,2018:117.

2. Trevor Bryce. The Kingdom of the Hittites. Oxford Scholarship Online. January 2010:230.

3. Trevor Bryce, The Kingdom of the Hittites. Oxford Scholarship Online. January 2010:228.

4. 塞缪尔·E.芬纳.统治史(卷一):古代的王权和帝国——从苏美尔到罗马.王震,马百亮,译.上海:华东师范大学出版社,2014:205.

5. Trevor Bryce. The Kingdom of the Hittites. Oxford Scholarship Online. January 2010:236.

6. Trevor Bryce. The Kingdom of the Hittites. Oxford Scholarship Online. January 2010:237.

7. Wilson, John A. The Texts of the Battle of Kadesh. The American Journal of Semitic Languages and Literatures, Vol. 34, no. 4, July 1927:278.

8. Joyce Tyldesley. Ramesses II: Egypt's Greatest Pharaoh. Penguin Books, 2000:70–71.

9. Trevor Bryce. The Kingdom of the Hittites. Oxford Scholarship Online. January 2010:239.

10. Laroche, Emmanuel. Catalogue des textes Hittites. Paris: Klincksieck, 1971:86.

11. Trevor Bryce. LETTERS OF THE GREAT KINGS OF THE ANCIENT NEAR EAST. The Royal Correspondence of the Late Bronze Age. London, the USA and Canada: The Taylor & Francis e-Library, 2005:83.

12. Trevor Bryce, The Kingdom of the Hittites. Oxford Scholarship Online. January 2010:258.

13. Laroche, Emmanuel. Catalogue des textes Hittites. Paris: Klincksieck, 1971:171.

14. Trevor Bryce, The Kingdom of the Hittites. Oxford Scholarship Online. January 2010:258.

15. Peter Pavúk – Věra Klontza-Jaklová – Anthony Harding (eds). ΕΥΔΑΙΜΩΝ. Studies in honour of Jan Bouzek. Opera Facultatis philosophicae Universitatis Carolinae Pragensis vol. XVIII. 2018:62. Beckman et al. 2011, AhT 4§15.

16. Laroche, Emmanuel. Catalogue des textes Hittites. Paris: Klincksieck, 1971:383–384.

17. Laroche, Emmanuel. Catalogue des textes Hittites. Paris: Klincksieck, 1971:85.

18. Trevor Bryce. LETTERS OF THE GREAT KINGS OF THE ANCIENT NEAR EAST. The Royal Correspondence of the Late Bronze Age. London, the USA and Canada: The Taylor & Francis e-Library, 2005:77.

19. Laroche, Emmanuel. Catalogue des textes Hittites. Paris: Klincksieck, 1971:173.

20. Trevor Bryce, The Kingdom of the Hittites. Oxford Scholarship Online. January 2010:275.

21. Trevor Bryce. LETTERS OF THE GREAT KINGS OF THE ANCIENT NEAR EAST. The Royal Correspondence of the Late Bronze Age. London, the USA and Canada: The Taylor & Francis e-Library, 2005:97.

22. Trevor Bryce. LETTERS OF THE GREAT KINGS OF THE ANCIENT NEAR EAST. The Royal

Correspondence of the Late Bronze Age. London, the USA and Canada: The Taylor & Francis e-Library, 2005:84.

23. Trevor Bryce. LETTERS OF THE GREAT KINGS OF THE ANCIENT NEAR EAST. The Royal Correspondence of the Late Bronze Age. London, the USA and Canada: The Taylor & Francis e-Library, 2005:206.

24. Sara E. Kimball and Jonathan Slocum. The University of Texas at Austin, the Linguistics Research Center. Hittite Online Lesson 6. https://lrc.la.utexas.edu/eieol/hitol/60.

25. Laroche, Emmanuel. Catalogue des textes Hittites. Paris: Klincksieck, 1971:155.

26. Trevor Bryce. LETTERS OF THE GREAT KINGS OF THE ANCIENT NEAR EAST. The Royal Correspondence of the Late Bronze Age. London, the USA and Canada: The Taylor & Francis e-Library, 2005:209.

27. Bryce. The "Eternal Treaty" from the Hittite perspective. British Museum Studies in Ancient Egypt and Sudan, 2006:1.

28. Steve Law & Kari Rohde. ENORMOUS STATUE OF RAMESSES II FOUND! FURTHER EVIDENCE OF EXODUS TIMING? Patterns of Evidence: March 16, 2017. https://patternsofevidence.com/.

29. Trevor Bryce. The Kingdom of the Hittites. Oxford Scholarship Online. January 2010:336.

30. 维克多・V.瑞布里克.世界古代文明史.师学良等,译.上海:上海人民出版社,2010:164.

31. 维克多・V.瑞布里克.世界古代文明史.师学良等,译.上海:上海人民出版社,2010:139.

32. The History Files, Ancient Egypt, African Kingdoms. 999-2021 Kessler Associates. https://www.historyfiles.co.uk/KingListsAfrica/EgyptAncient.htm.

33. Trevor Bryce. LETTERS OF THE GREAT KINGS OF THE ANCIENT NEAR EAST. The Royal Correspondence of the Late Bronze Age. London, the USA and Canada: The Taylor & Francis e-Library, 2005:109.

34. Trevor Bryce. LETTERS OF THE GREAT KINGS OF THE ANCIENT NEAR EAST. The Royal Correspondence of the Late Bronze Age. London, the USA and Canada: The Taylor & Francis e-Library, 2005:109.

35. The Greek Age of Bronze, Trojan War. 2021. http://www.salimbeti.com/micenei/war.htm.

36. Laroche, Emmanuel. Catalogue des textes Hittites. Paris: Klincksieck, 1971:191.

37. Tawagalawa Letter, Gurney in Garstang and Gurney,1959.

38. Trevor Bryce, The Kingdom of the Hittites. Oxford Scholarship Online. January 2010:315.

39. Keilschrifturkunden aus Boghazköi. Berlin: KUB XIX 55 + KUB XLVIII 90, Hoffner,1982.

40. Trevor Bryce. LETTERS OF THE GREAT KINGS OF THE ANCIENT NEAR EAST. The Royal Correspondence of the Late Bronze Age. London, the USA and Canada: The Taylor & Francis e-Library, 2005:217.

41. Trevor Bryce, The Kingdom of the Hittites. Oxford Scholarship Online. January 2010:319.

42. 苏珊·鲍尔. 古代世界史. 李盼,译. 北京:北京大学出版社,2011:181.
43. Laroche, Emmanuel. Catalogue des textes Hittites. Paris: Klincksieck, 1971.
44. Trevor Bryce. New Enterprises, New Threats: The Reign of Tudhaliya IV. (c.1237-1209).
45. Keilschrifturkunden aus Boghazköi. Berlin XII 38 I, 3-8, after Güterbock. 1967a:77.
46. Laroche, Emmanuel. Catalogue des textes Hittites. Paris: Klincksieck, 1971.
47. Laroche, Emmanuel. Catalogue des textes Hittites. Paris: Klincksieck, 1971. KBo.
48. 费尔南·布罗代尔. 地中海考古:史前史和古代史. 蒋明炜等,译. 北京:社会科学文献出版社,2005:131.
49. James D. Muhly. LOOKING BACK AT FIFTY YEARS OF NAUTICAL ARCHAEOLOGY. The four-handled copper ingots pictured here were a major discovery for Bass' team at Cape Gelidonya (1960). Penn Museum, 2020: Volume 56: Articles. https://www.penn.museum/sites/expedition/looking-back-at-fifty-years-of-nautical-archaeology/.
50. Joan Aruz, Sarah B. Graff, and Yelena Rakic. Cultures in contact from Mesopotamia to the Mediterranean in the second millennium B.C.. New York: The Metropolitan Museum of Art, 2013:65.
51. Joan Aruz, Sarah B. Graff, and Yelena Rakic. Cultures in contact from Mesopotamia to the Mediterranean in the second millennium B.C.. New York: The Metropolitan Museum of Art, 2013:137.
52. 理查德·迈尔斯. 古代世界:追寻西方文明之源. 金国,译. 北京:社会科学文献出版社,2018:82.
53. Trevor Bryce. The Kingdom of the Hittites. Oxford Scholarship Online. January 2010:334.
54. Trevor Bryce. The Kingdom of the Hittites. Oxford Scholarship Online. January 2010:335.
55. 埃里克·H.克莱因. 文明的崩塌: 公元前1177年的地中海世界. 贾磊,译. 北京:中信出版社,2018:219.
56. 埃里克·H.克莱因. 文明的崩塌: 公元前1177年的地中海世界. 贾磊,译. 北京:中信出版社,2018:282.
57. 埃里克·H.克莱因.文明的崩塌:公元前1177年的地中海世界. 贾磊,译.北京:中信出版社,2018:182.
58. 费尔南·布罗代尔. 地中海考古:史前史和古代史. 蒋明炜等,译.北京:社会科学文献出版社,2005:131.
59. 费尔南·布罗代尔. 地中海考古:史前史和古代史. 蒋明炜等,译. 北京:社会科学文献出版社,2005:133-134.
60. Robert Drews. End of the Bronze Age. Princeton: Princeton University Press, 1995.
61. Robert Drews. End of the Bronze Age. Princeton: Princeton University Press, 1995.
62. Stanford geophysicist says: Stanford geophysicist Amos Nur. Don't blame the Trojan Horse: Earthquakes toppled ancient cities.

63. 塞缪尔・E.芬纳.统治史(卷一):古代的王权和帝国——从苏美尔到罗马. 王震,马百亮,译. 上海:华东师范大学出版社,2014:185.

64. 埃里克・H.克莱因. 文明的崩塌: 公元前1177年的地中海世界. 贾磊,译. 北京:中信出版社,2018:自序 V.